Il diritto delle obbligazioni e dei contratti

Lineamenti di parte generale

IUSTITIAM COLIMUS

Giovanni Di Rosa

Il diritto delle obbligazioni e dei contratti

Lineamenti di parte generale

Giappichelli

VIA PO, 21 - TEL. 011-81.53.111
http://www.giappichelli.it

ISBN/EAN 979-12-211-0751-7
ISBN/EAN 979-12-211-5747-1 (ebook - pdf)

G. Giappichelli Editore

MARCHIO STORICO

Questo libro è stato stampato su
carta certificata, riciclabile al 100%

Stampa: Stampatre s.r.l. - Torino

Alla memoria e al futuro

«*La mediocrità non conosce nulla di più alto di sé,*
ma il talento riconosce il genio all'istante»

(Arthur Conan Doyle)

INDICE

pag.

Introduzione XV

PARTE I
IL DIRITTO DELLE OBBLIGAZIONI

CAPITOLO I
IL RAPPORTO GIURIDICO OBBLIGATORIO

1. Tratti strutturali e caratteri operativi. Il rapporto giuridico unisoggettivo 3
2. (*Segue*). Il debito e il credito quali situazioni giuridiche soggettive 7
3. L'identificabilità (successiva) degli elementi della relazione obbligatoria 9
4. Gli aspetti contenutistici delle situazioni giuridiche debitorie e creditorie 12
5. Il prospettato superamento del carattere relativo del rapporto obbligatorio. Tutela esterna del credito e contratto con effetti protettivi verso terzi 17

pag.

CAPITOLO II

LE OBBLIGAZIONI SOGGETTIVAMENTE COMPLESSE

1. Di alcune specie di obbligazioni 27
2. La complessità soggettiva del rapporto obbligatorio 28
3. (*Segue*). Le obbligazioni solidali e le obbligazioni parziarie 30
4. Le obbligazioni condominiali 37
5. (*Segue*). Le scelte operate dal legislatore della riforma 44

CAPITOLO III

INADEMPIMENTO E RESPONSABILITÀ PATRIMONIALE

1. La mancata attuazione del rapporto obbligatorio 49
2. La responsabilità patrimoniale del debitore 56
3. Il diritto civile della crisi economica e la nuova disciplina del sovraindebitamento. Tratti ricostruttivi 60
4. (*Segue*). Le procedure di composizione della crisi da sovraindebitamento. Cenni riassuntivi 65

CAPITOLO IV

LE GARANZIE DEL CREDITO

1. Il sistema delle garanzie del credito. Cenni introduttivi 73
2. Le garanzie personali. Il modello (classico) fideiussorio 77
3. (*Segue*). La (nuova) garanzia autonoma 86
4. Le garanzie reali. Tradizione e innovazione 98
5. (*Segue*). Il pegno non possessorio 101
6. Alienazioni in funzione di garanzia e divieto del patto commissorio 111
7. (*Segue*). Il correttivo del patto marciano. Prassi negoziale e interventi normativi di settore 121

pag.

PARTE II
IL DIRITTO DEI CONTRATTI

CAPITOLO V
L'AUTONOMIA PRIVATA

1. Il significato giuridico dell'autonomia dei privati 131
2. L'autonomia privata personale e patrimoniale 133
3. Principio di autonomia privata e strumento contrattuale 137
4. Autonomia contrattuale e libertà dei contraenti 140

CAPITOLO VI
LA FATTISPECIE CONTRATTUALE

1. Modello codicistico e processi di sviluppo 147
2. La nozione di contratto. Cenni 158
3. L'area del contratto. Operatività e limiti 161
4. Persona e mercato. Diritti della personalità e contratto di sponsorizzazione 166
5. Persona e solidarietà oblativa. Principi fondamentali e accordo di maternità per sostituzione 170
6. Libera determinazione del contenuto contrattuale e atipicità negoziale 182
7. (*Segue*). Tipicità e atipicità contrattuale 185
8. Meritevolezza degli interessi e contratto atipico 193
9. Autonomia contrattuale e attività di impresa. La tipizzazione (legale) del contratto di locazione finanziaria 200
10. La variazione (in)essenziale del tipo legale. Contratto di assicurazione e clausole *claims made* 206

pag.

CAPITOLO VII
LA CONCLUSIONE DELL'ACCORDO

1. Il contratto come procedimento 227
2. I procedimenti di formazione del contratto 229
3. La conclusione del contratto attraverso lo scambio di proposta e accettazione. Tratti generali e tipi di problemi 230
4. Individuazione della proposta (e dell'accettazione) 232
5. Luogo e tempo di conclusione dell'accordo 233
6. La proposta irrevocabile 234

CAPITOLO VIII
LA FORMAZIONE PROGRESSIVA DEL CONTRATTO

1. La costruzione a tappe del contratto 241
2. Accordi preparatori e contratti preparatori 243
3. Il patto di preferenza (o prelazione). Cenni descrittivi 245
4. (*Segue*). I problemi di disciplina 248
5. L'inquadramento della prelazione convenzionale 253
6. L'incidenza del meccanismo preferenziale nella circolazione dei beni 256
7. Il patto d'opzione 259
8. (*Segue*). Opzione e prelazione 263
9. Il contratto preliminare. Origini e sviluppo 266
10. (*Segue*). Disciplina codicistica e legislazione speciale 272
11. La sequenza contratto preliminare-contratto definitivo. Orientamenti dottrinali e applicazioni giudiziali 273
12. Contratto preliminare, opzione e prelazione 281
13. Il contratto preliminare di preliminare (o pre-preliminare) 285
14. La trascrizione del contratto preliminare. Gli ordini di problemi 295
15. I tratti essenziali della nuova regolamentazione. Il carattere prenotativo della trascrizione 297

pag.

16. (*Segue*). Gli atti assimilati al contratto definitivo e il termine di efficacia della trascrizione 304
17. (*Segue*). I rapporti con i creditori 306
18. La promessa di acquisto di immobili da costruire 313

INTRODUZIONE

L'esperienza maturata attraverso la redazione nell'ultimo quadriennio di due testi didattici, entrambi per i tipi dell'editore Giappichelli, l'uno dedicato alla trattazione di alcuni temi di parte generale del contratto, l'altro destinato alla disamina di taluni istituti del diritto delle obbligazioni, mi consente oggi di compiere un altro passo in avanti nella direzione in precedenza tracciata. L'unificazione delle due parti, infatti, con i richiesti aggiornamenti e i necessari ampliamenti, ascrivibili in una certa misura anche a qualche intervenuta novità, traduce un tentativo (sia pure ancora provvisorio) di compiuta organizzazione degli argomenti affrontati. L'obiettivo rimane sempre lo stesso, rendere cioè disponibile agli studenti del mio corso di Diritto civile, che ormai impartisco da quasi dieci anni nel Dipartimento di Giurisprudenza dell'Università degli Studi di Catania, un essenziale materiale di riferimento per la relativa preparazione, arricchito di riflessioni che fanno parte delle ricerche condotte parallelamente all'attività didattica. Il positivo riscontro ricevuto sia durante lo svolgimento delle lezioni sia al momento del sostenimento dell'esame mi fanno ben sperare per il futuro, almeno limitatamente a questa piccola realtà, a fronte di un complessivo quadro generale per nulla roseo e talora celato da enfatici proclami di improbabili miglioramenti in corso d'opera.

A ogni modo, continuando a credere nell'insostituibile ruolo dell'Università, luogo di crescita integrale dello studente, ho voluto questa volta affidare il senso del mio lavoro alle parole di chi, intriso di realismo tipicamente meridionale, continua a essere vivificante testimonianza di uno dei più tragici periodi della nostra storia repubblicana. Lo statista Aldo Moro, barbaramente trucidato a motivo delle proprie idee, a un proprio allievo dell'Università degli Studi di Bari, che avrebbe poi rivestito prestigiose cariche istituzionali, ebbe a dire, a mo' di insegnamento sempre attuale, che «Bisogna distinguere tra semplificare e banalizzare. Chi semplifica toglie consapevolmente il superfluo, chi banalizza toglie inconsapevolmente l'essenziale». Lo smarrimento dell'essenziale, a tutti i livelli e in tutti i campi (compreso quella della conoscenza e della formazione), costituisce davvero una perdita incalcolabile, a cui forse si sta facendo improvvidamente l'abitudine.

PARTE I

IL DIRITTO DELLE OBBLIGAZIONI

CAPITOLO I
IL RAPPORTO GIURIDICO OBBLIGATORIO

SOMMARIO: 1. Tratti strutturali e caratteri operativi. Il rapporto giuridico unisoggettivo. – 2. (*Segue*). Il debito e il credito quali situazioni giuridiche soggettive. – 3. L'identificabilità (successiva) degli elementi della relazione obbligatoria. – 4. Gli aspetti contenutistici delle situazioni giuridiche debitorie e creditorie. – 5. Il prospettato superamento del carattere relativo del rapporto obbligatorio. Tutela esterna del credito e contratto con effetti protettivi verso terzi.

1. *Tratti strutturali e caratteri operativi. Il rapporto giuridico unisoggettivo*

Nel rapporto giuridico obbligatorio sono rinvenibili i tratti caratterizzanti del modello classico di rapporto giuridico (inteso quale schema relazionale), almeno per come tradizionalmente esso è stato inteso. In termini generali, infatti, ogni istituto giuridico, e questo vale ovviamente anche per l'obbligazione (e il rapporto obbligatorio), presenta una propria struttura e una correlativa propria funzione. Su questo duplice piano, quindi, può articolarsi una indagine di senso, traducendo il primo (ossia la struttura) la configurazione dei relativi elementi costitutivi, descrittivi e, allo stesso tempo, identificativi del modello normativamente assunto; rapportandosi il secondo (ossia la funzione) ai risultati da conseguire in ragione del ruolo assegnato. Manca, tuttavia, nella prospettiva adottata dal codice civile, un modello di riferimento, ossia una definizione di obbligazione che possa qui rappresentare l'oggetto di un processo interpretativo. Peraltro, a fronte della mancanza di una risultanza definitoria è certamente possibile rinvenire alcuni dati, ricavabili proprio dal codice civile e utili in chiave ricostruttiva [1].

---

[1] Sulla categoria giuridica dell'obbligazione, di derivazione romanistica, e sui relativi successivi sviluppi, da ultimo, A. NICOLUSSI, *Le obbligazioni*, Milano, 2021, p. 1 ss.

L'espressione rapporto obbligatorio traduce una relazione nell'àmbito del giuridicamente rilevante, esprimendo dunque una relazione qualificata proprio dall'aggettivo utilizzato, deputato a specificare il contesto di riferimento e di corrispondente rilevanza. Peraltro, per potersi discutere di relazione occorre fissare i relativi termini di riferimento, ossia ciò tra cui, dunque, essa si pone; una relazione, infatti, per essere tale deve avere (almeno) due poli di riferimento tra i quali, propriamente, si instaura un rapporto. Tradizionalmente i poli di riferimento della relazione obbligatoria vengono ravvisati nei relativi soggetti, ossia debitore e creditore, in una prospettiva dunque soggettiva, che costituirebbe, per l'appunto, il *proprium* della relazione obbligatoria. Rispetto a questa, per così dire, ordinaria prospettazione è stata indagata la possibilità di un'altra (differente) rappresentazione ricostruttiva, muovendo da talune ipotesi normative che ne fonderebbero la relativa ammissibilità (il riferimento è, in particolare, alle previsioni contenute, rispettivamente, negli artt. 490 e 1395 c.c.).

Si tratta allora, di verificare se, assunto il dato caratteristico, costituito dalla ordinaria dualità dei soggetti della relazione giuridica obbligatoria, si possa prescindere, sia pure in ipotesi particolari (normativamente date), dalla sussistenza di uno dei due soggetti, non venendo tuttavia meno l'obbligazione (e il correlativo rapporto obbligatorio). Si discute al riguardo di rapporto giuridico cosiddetto unisoggettivo, con specifico riferimento sia all'ipotesi dell'accettazione dell'eredità con beneficio di inventario (art. 490 c.c.) sia all'ipotesi del contratto con se stesso (art. 1395 c.c.) [(2)].

Quanto alla prima previsione normativa, ossia l'art. 490 c.c., posto che l'accettazione con beneficio di inventario da parte del chiamato all'eredità produce, a differenza dell'accettazione pura e semplice, l'effetto specifico di evitare la confusione tra i due patrimoni (quello dell'erede e quello del *de cuius*), essa impedisce l'indistinta aggressione da parte dei creditori (sia dell'erede sia del *de cuius*). La questione assume uno specifico interesse nel caso in cui sussisteva in precedenza, ossia prima

---

[(2)] Il tema della permanenza in vita (ma anche della possibile costituzione) di un rapporto giuridico con un solo soggetto è al centro delle riflessioni, a cui si farà riferimento nel prosieguo, di S. PUGLIATTI, *Il rapporto giuridico unisoggettivo*, ora in ID., *Diritto civile. Metodo – Teoria – Pratica*, Milano, 1951, p. 395 ss., adesso in ID., *Scritti giuridici*, III, 1948-1957, Milano, 2011, p. 517 ss.

dell'apertura della successione, un rapporto obbligatorio, intercorrente tra chi oggi è erede e chi oggi non è più in vita, essendo il secondo tenuto nei confronti del primo ad assumere un certo comportamento, costituente per l'appunto la prestazione che forma oggetto della pregressa relazione. In via di principio, infatti, secondo quanto statuito dall'art. 1253 c.c., la riunione della qualità di creditore e di debitore nella stessa persona determina la estinzione dell'obbligazione, effetto che nell'ipotesi di successione ereditaria appare pienamente rispondente alla fattispecie dell'accettazione pura e semplice, con la conseguente confusione tra i due patrimoni.

Nell'ipotesi disciplinata nell'art. 490 c.c., invece, pur venendosi a concentrare (rispetto al caso esaminato della preesistente relazione obbligatoria tra erede e *de cuius*) nel medesimo soggetto le posizioni (inizialmente soggettivamente distinte) di creditore e debitore, il rapporto giuridico obbligatorio rimane in vita e non si estingue per confusione; infatti, «l'erede conserva verso la eredità tutti i diritti e tutti gli obblighi che aveva verso il defunto, tranne quelli che si sono estinti per effetto della morte» (art. 490, comma 2, n. 1 c.c.).

Pertanto, la relazione permane (con esclusione dei diritti intrasmissibili) tra le situazioni giuridiche soggettive, ossia il debito e il credito, e non invece tra il debitore (ormai defunto) e il creditore. Sono dunque proprio le situazioni giuridiche soggettive a costituire i termini di riferimento identificativi del rapporto obbligatorio, essendo quest'ultimo divenuto (nel caso di specie) per l'appunto unisoggettivo (una volta venuta meno la dualità soggettiva), atteso che l'eredità, in quanto tale, non può considerarsi un soggetto quanto piuttosto un oggetto, ossia un complesso di beni unitariamente considerati quale *universitas iuris* (universalità di diritto). Peraltro, anche la prospettazione secondo la quale tale risultato sarebbe dovuto alla mancata unificazione o alla distinzione dei patrimoni non introduce ulteriori, differenti elementi per escludere la permanenza (ossia la mancata estinzione) del rapporto tra erede e defunto, sebbene le due qualità di debitore e di creditore, per causa della successione, si siano concentrate nella persona dell'erede. In buona sostanza la relativa relazione si presenta come strutturata tra situazioni che fanno capo non tanto a soggetti quanto piuttosto a centri di interessi diversi (a cui si riferiscono per l'appunto le situazioni soggettive), traducendosi pertanto la (sia pure eccezionale) ricorrenza, in mancanza di due soggetti distinti, di un unico soggetto che funge da titolare di entrambe le situazioni (proprio quello che si definisce rapporto giuridico unisoggettivo). In definitiva, l'erede che accetta con beneficio di inventario sarà responsabile (quale successore a titolo universale) per i debiti ereditari (oltre che per i legati), quantunque nei limiti dei beni a lui pervenuti (art. 490, comma 2, n. 2 c.c.); d'altro canto, nella misura in cui l'erede subentra nell'identica posizione del proprio dante causa (ossia il defunto suo debitore), riunisce in sé (per l'appunto nella propria qualità di erede) la doppia veste di debitore e di creditore, senza che l'obbligazione si estingua a motivo della disposta separazione patrimoniale, ossia tra patrimonio ereditario (al quale appartiene il debito) e patrimonio personale dell'erede (al quale appartiene il credito) [(3)].

Quanto, invece, alla seconda previsione normativa, ossia l'art. 1395 c.c., essa consente l'annullabilità del contratto che il rappresentante conclude con se stesso, in proprio o come rappresentante di un'altra parte, a meno che il rappresentato lo abbia autorizzato specificamente ovvero il contenuto del contratto sia determinato in modo da escludere la possibilità di conflitto di interessi. Si tratta di una disposizione che, in parte speciale dei singoli contratti, trova puntuale riscontro in quanto previsto nell'art. 1735 c.c., rispetto alla figura del commissionario contraente in proprio. Al riguardo, assunto che il contratto di commissione è «un mandato che ha per oggetto l'acquisto o la vendita di beni per conto del committente e in nome del commissionario» (art. 1731 c.c.), il commissionario, incaricato di comprare o vendere titoli, divise o merci aventi un prezzo corrente, ove il committente non abbia diversamente disposto, «può fornire al prezzo suddetto le cose che deve comprare, o può acquistare per sé le cose che deve vendere, salvo, in ogni caso, il suo diritto alla provvigione» (art. 1735, comma 1 c.c.), secondo quanto peraltro già vigente nella legislazione abrogata (il riferimento è all'art. 386 cod. comm. del 1882).

Ora, se si muove dall'idea che creditore e debitore sono soggetti fisicamente (ma anche giuridicamente) distinti nell'àmbito del rapporto

---

[(3)] Riferimenti anche in L. BIGLIAZZI GERI-U. BRECCIA-F.D. BUSNELLI-U. NATOLI, *Diritto civile*, 1.1., *Norme, soggetti e rapporto giuridico*, Torino, 1987, p. 347 s., ove si riporta che «l'obbligazione si conserva con le due distinte responsabilità patrimoniali (art. 2740) e l'erede, nella sua veste di creditore, potrà rivalersi – concorrendo con gli altri creditori personali del defunto (e con i legatari) – nei confronti della massa ereditaria» (p. 348).

obbligatorio, la fattispecie indagata risulta estranea a esso. Nel caso di specie, infatti, da un lato, un soggetto è incaricato, ad esempio, di vendere un bene e, dall'altro, ne diviene compratore, assumendo quindi una duplice veste, risultando così creditore della prestazione pecuniaria (sia pure in nome e per conto altrui, ossia del rappresentato) e debitore della prestazione pecuniaria (sia pure in nome e per conto proprio o in nome e per conto altrui, ossia di un terzo). Il soggetto in questione, dunque, identifica esattamente entrambe le figure (debitore e creditore), risultando portatore di interessi contrapposti; dunque, un unico soggetto fisico portatore di interessi diversi, atteso che nel momento in cui egli vende è portatore dell'interesse del rappresentato, mentre nel momento in cui egli compra è portatore di un interesse proprio (o di altri) come controparte contrattuale.

Il tema, ancora una volta, non è il dualismo delle figure soggettive, quanto piuttosto la differenziazione delle situazioni giuridiche soggettive; all'interno di un rapporto obbligatorio devono comunque essere strutturalmente presenti un «credito» e un «debito». Discorso diverso è l'imputazione (o riferibilità) soggettiva del credito e del debito, che nell'ipotesi disciplinata dall'art. 1395 c.c. fanno capo a un identico soggetto quale persona che però, nello stesso tempo, è portatore di interessi diversi e assume correlativamente ruoli distinti. In altri termini, nel caso in esame, il contratto si conclude unicamente ad opera del rappresentante, quale autocontratto, da cui nasce un rapporto giuridico unisoggettivo.

Quando, dunque, si discute di rapporto obbligatorio occorre tenere in mente che il relativo tratto identificativo non è costituito dalla relazione tra i soggetti, debitore e creditore, ma dalla relazione tra le situazioni giuridiche soggettive di cui poi i relativi soggetti sono titolari. Ciò tuttavia non esclude che un unico soggetto sia portatore di interessi tra di loro contrapposti, in termini cioè di debito e di credito, quale espressione del rapporto giuridico obbligatorio (per questo motivo) unisoggettivo.

2. (Segue). *Il debito e il credito quali situazioni giuridiche soggettive*

Questa è, allora, la ragione per la quale, nella disamina del rapporto giuridico, segnatamente di tipo obbligatorio, si analizzano le specifiche situazioni soggettive, per l'appunto il debito e il credito, ossia la situazione debitoria e la situazione creditoria. Nello specifico una situazione giuridica soggettiva può essere presa in esame e correlativamente qualificata da un duplice angolo di osservazione: anzitutto sotto il profilo del risultato, ovviamente abbinato all'interesse tutelato dall'ordinamento, posto che una situazione giuridica soggettiva designa un interesse a cui l'ordinamento assicura protezione, in un modo o in un altro; in secondo luogo sotto il profilo delle modalità di realizzazione di questo interesse che è il substrato della situazione giuridica soggettiva [4]. Il credito ovviamente, e il relativo riconoscimento da parte dell'ordinamento, presuppone un interesse volto ad assicurare un risultato favorevole per il relativo titolare, traducendo il diritto di ricevere un *quid*, qualunque ne sia l'oggetto (contenuto del credito). Il creditore ha dunque il diritto di esigere (*ius exigendi*), quindi è titolare di una posizione autonoma che può attivare per la soddisfazione del proprio interesse. Ecco perché il diritto di credito viene qualificato come situazione giuridica soggettiva di natura attiva e di vantaggio: di vantaggio perché consente il conseguimento di un risultato favorevole per il relativo titolare che è il creditore; attiva in quanto implica il riconoscimento dell'ordinamento al soggetto titolare della possibilità di agire per ottenere, cioè di rendere autonomamente azionabile la propria pretesa per soddisfare gli interessi sottesi (il nucleo essenziale del credito). In posizione assolutamente speculare sarà invece il debito, ossia il *quid* dovuto dal debitore, imputandosi a questi un risultato sfavorevole; parallelamente, siccome il debitore deve adempiere, tale situazione si connota per il proprio carattere attivo, essendo tenuto il debitore ad assumere il comportamento necessario a soddisfare il creditore, ad attivarsi dunque in tal senso. Ecco perché, in maniera del tutto speculare alla configurazione giuridica del credito, il debito si caratterizza per l'essere una situazione giuridica anch'essa attiva dal punto di vista della realizzazione del risultato, atteso che è il debitore a doversi attivare, ma di svantaggio, perché attraverso

---

[4] Si riprende qui l'articolata ed efficace rappresentazione fornita da L. BIGLIAZZI GERI-U. BRECCIA-F.D. BUSNELLI-U. NATOLI, *Diritto civile*, 1.1., cit., p. 282 ss., con riguardo alla ricognizione dei tratti caratteristici differenziali e all'identificazione dei criteri capaci di consentire un corretto inquadramento delle singole situazioni giuridiche soggettive.

la relativa attivazione il debitore medesimo consegue un risultato che è favorevole per il creditore (che otterrà il *quid* dovuto), ma a sé sfavorevole (dovendosi necessariamente privare di qualcosa).

Il nucleo centrale della relazione obbligatoria è proprio caratterizzato dalla contrapposizione tra queste due situazioni, il credito e il debito, a prescindere dalla titolarità riferibile a soggetti distinti perché accanto all'ordinario rapporto giuridico (almeno) bisoggettivo (o duale), vi possono essere anche ipotesi (sia pure eccezionali e con le precisazioni in precedenza fornite) di rapporto giuridico unisoggettivo.

3. *L'identificabilità (successiva) degli elementi della relazione obbligatoria*

I requisiti strutturali di un rapporto obbligatorio sono dunque fondamentalmente riferibili, da un lato, alle situazioni giuridiche soggettive, che a loro volta prevedono ordinariamente (ma non necessariamente) la pluralità (almeno duale) dei soggetti del rapporto obbligatorio; dall'altro, all'oggetto dell'obbligazione, e quindi alla prestazione e all'oggetto della prestazione. Al riguardo, accanto al già esaminato tema della possibile sussistenza (sia in termini di permanenza sia in termini di nascita) di un rapporto obbligatorio quale relazione (non tra soggetti ma) tra situazioni giuridiche soggettive, può ora considerarsi l'ulteriore questione relativa alla eventuale necessaria o meno individuazione identificativa *ab origine* degli elementi (soggettivi e oggettivi) del rapporto obbligatorio.

Anche in questo caso è possibile prospettare alcuni esempi, tratti da due riferimenti normativi: l'uno riguarda il profilo soggettivo, l'altro il profilo oggettivo della relazione obbligatoria.

Quanto al primo, la relativa previsione è contenuta nell'articolo 1401 c.c., in merito al contratto per persona da nominare, una fattispecie che gravita nell'area delle forme giuridiche di cooperazione nell'altrui sfera giuridica [5]. Si prevede al riguardo che nel momento della conclusione

---

[5] L'istituto è indagato, tra gli altri, da C. LAZZARA, *Il contratto per persona da nominare*, Milano, 1965; ID., *Il contratto per persona da nominare*, in *Trattato di diritto privato*, diretto da M. Bessone, XIII, *Il contratto in generale*, VI, Torino, 2000, p. 159 ss.

del contratto una parte (detta stipulante) può riservarsi la facoltà di nominare successivamente la persona (detta nominato) che deve acquistare diritti e assumere gli obblighi nascenti dal contratto stesso. L'interrogativo concerne proprio l'attribuzione di senso rispetto alla riconosciuta possibilità che al momento della conclusione del contratto una parte possa riservarsi la facoltà di nominare successivamente colui il quale deve acquistare diritti e assumere gli obblighi nascenti dal contratto stesso. L'operazione risponde fondamentalmente a questo schema organizzativo: lo stipulante si è riservata la nomina, rispetto alla controparte, onde (e con cui) individuare successivamente altro soggetto (il nominato), al quale riferire diritti e obblighi nascenti dal contratto, come parte dunque del rapporto. L'interrogativo è se il rapporto obbligatorio sia sorto o meno, ed eventualmente tra quali soggetti e con quali effetti (originari o successivi).

Nel caso di specie, a fronte della chiara e definita posizione giudica della controparte, l'imputazione dei diritti e degli obblighi avverrà, al momento della scadenza del termine per la nomina, o nei confronti del nominato oppure nei confronti dello stipulante, senza alcuna cesura per l'ordinamento tra il momento della conclusione del contratto (a cui comunque si riferiscono gli effetti) e il momento del definitivo consolidamento degli effetti (con efficacia retroattiva). Pertanto, al momento della conclusione del contratto, una parte sarà già chiaramente individuata; l'individuazione dell'altra seguirà le regole deputate a governare l'intervenuta riserva di nomina, che spiega la non necessaria immediata identificazione *ex ante* dei soggetti del rapporto obbligatorio, purché essi siano identificabili attraverso parametri certi e predeterminati. In questo caso, pertanto, all'interno del rapporto si trova un soggetto non ancora determinato, quantunque l'obbligazione sia già sorta e si riferirà, secondo la tecnica predisposta dall'ordinamento e le regole in tal senso previste, o al soggetto successivamente individuato (ma individuabile attraverso l'indicazione che lo stipulante si è riservato di effettuare entro tre giorni o altro termine pattuito ai sensi dell'art. 1402 c.c.), oppure in capo allo stesso stipulante secondo quanto disposto dall'art. 1405 c.c.

Si è dunque in presenza di un'ipotesi di identificazione, in via definitiva, di uno dei (due) soggetti del rapporto obbligatorio, successiva alla conclusione del contratto. Essa deve peraltro ritenersi distinta da altre ipotesi che, pur presentando il tratto (apparentemente comune) della indeterminatezza soggettiva provvisoria, risultano ben differenti, atteso che il destinatario degli effetti viene successivamente determinato sulla base di criteri altri. Questo è il caso, ad esempio, del contratto per conto di chi spetta che, differentemente dal contratto per persona da nominare, «ricorre nelle ipotesi in cui, essendo incerto l'avente diritto in ordine ad un rapporto determinato o controverso e nelle more della sua individuazione, la legge autorizza a stipulare un contratto per conto e cioè nell'interesse di colui (l'avente diritto) che sarà individuato successivamente (artt. 1513, 1690 e 1891 c.c.)»[(6)].

In ordine, invece, ai profili oggettivi del rapporto obbligatorio il riferimento è dato dall'art. 1346 c.c., ai cui sensi l'oggetto del contratto deve essere possibile, lecito, determinato o determinabile. Dunque è già lo stesso legislatore a prevedere che al momento del sorgere del rapporto obbligatorio l'oggetto dell'obbligazione e, quindi, la prestazione che forma oggetto della obbligazione possa non essere *ex ante* determinata, purché sia determinabile, individuandosi cioè previamente i parametri di successiva identificabilità, la cui eventuale assenza (in quanto assolutamente indeterminati o indeterminabili) produce la nullità per mancanza di un requisito essenziale dell'oggetto. Si tratta, in ogni caso, di questione non agevole, considerato che il problema, in concreto, diventa poi quello, come giustamente fatto rilevare, di stabilire il limite tra un oggetto indeterminato ma determinabile e tra un oggetto indeterminato e indeterminabile.

Può esemplificativamente richiamarsi, traendo spunto dalle indicazioni provenienti dalla giurisprudenza di legittimità, il riferimento, ai fini della determinabilità di un elemento del contratto (ad esempio il prezzo in un contratto di vendita), ai parametri prefissati dalle parti, tali da consentire loro per il carattere di precisione e di concretezza la corrispondente futura determinazione (ovvero al giudice nel caso di loro dissenso). In particolare, il requisito va riconosciuto sussistente «ove la determinazione del prezzo venga dalle parti collegata al criterio del prezzo ricavabile da una libera contrattazione ovvero di quello che la parte acquirente pagherà in sede di futuri acquisti nella zona adiacente l'immobile compravenduto: in ambo i casi, infatti, la determinazione del prezzo resta ancora a criteri obbiettivi, per cui l'eventuale disaccordo sul

---

(6) C. TURCO, *Diritto civile*, I, Torino, 2014, p. 545; indicazioni puntuali già in L. BIGLIAZZI GERI-U. BRECCIA-F.D. BUSNELLI-U. NATOLI, *Diritto civile*, 1.2., *Fatti e atti giuridici*, Torino, 1987, p. 575 e p. 577 s.

punto tra le parti in sede di determinazione concreta del prezzo ben può essere risolto dal giudice, che quindi sovrapporrà in via autonoma la propria determinazione a quella non raggiunta dalle parti sulla base dei criteri obbiettivi pur da esse stabiliti in contratto»[7].

Si è altresì affermato che la clausola con la quale le parti rimettono a un momento successivo alla conclusione del contratto la determinazione concordata della superficie del bene oggetto della prestazione costituisce elemento che rende quest'ultima determinabile, dovendo in tal caso reputarsi che i contraenti si siano in tal modo rimessi al criterio dell'equo apprezzamento, applicabile, in difetto di loro accordo, dal giudice. Si è così ritenuto determinabile l'oggetto di un futuro contratto di rivendita di bene immobile attraverso la relativa identificazione (dunque individuato e individuabile) «nella concessione su una determinata area della minore superficie sufficiente alla sosta di una sola autovettura»[8].

4. *Gli aspetti contenutistici delle situazioni giuridiche debitorie e creditorie*

Il rapporto obbligatorio, in cui a fronte del diritto di credito (inteso come pretesa all'adempimento) si pone la situazione debitoria (in termini di comportamento dovuto), è caratterizzato dal tratto della cooperazione. Esso si fonda sulla relazione cooperativa tra debitore e creditore, a differenza delle situazioni reali, rappresentative di un modello, per definizione, dove la cooperazione è assente (emblematico in tal senso il riferimento al diritto di proprietà). Nel rapporto obbligatorio, dunque, il tema della cooperazione è fondamentale, in quanto il debitore è tenuto perché obbligato nei confronti di uno specifico soggetto, per l'appunto il creditore. Più specificamente, come già accennato, la situazione debitoria è una situazione attiva ma di svantaggio, essendo preordinata a determinare un risultato sfavorevole nella sfera giuridica del debitore e favorevole nella sfera giuridica del creditore. Attraverso l'iniziativa del primo si pone in essere un comportamento dovuto, che si traduce in

---

[7] Cass., 27 giugno 1985, n. 3853, in *Giur. it.*, 1986, I, 1, c. 336 ss.

[8] Cass., 1° dicembre 2003, n. 18321, in *Notariato*, 2005, p. 147 ss., con nota di L. Di Lorenzo, *Ammissibilità del contratto di opzione a favore di terzo.*

un'attività giuridicamente rilevante, sia essa determinata dal compimento di un solo atto o da atti plurimi ma coordinati tra di loro in funzione della realizzazione dell'interesse creditorio, a seconda chiaramente del tipo di rapporto obbligatorio di cui si discute.

Questo tipo di cooperazione è di competenza esclusiva del debitore, ma può anche non essere estranea al creditore, nel senso che comunque, alla luce di doveri generali (che sono peraltro i doveri generali di correttezza che incombono su entrambi i soggetti del rapporto obbligatorio), anche il creditore deve cooperare affinché il debitore possa assicurare la realizzazione del proprio interesse [9]. Non si spiega diversamente, al riguardo, l'esistenza dell'istituto della mora *credendi* (artt. 1206 ss. c.c.), che trasferisce rischi e responsabilità in capo al creditore, piuttosto che, come nell'ipotesi della mora *debendi* (artt. 1219 ss. c.c.), in capo al debitore. La logica cooperativa anima, dunque, il rapporto obbligatorio e lo distingue da altre relazioni giuridiche su cui insistono differenti situazioni giuridiche soggettive.

Occorre allora adesso, mutando angolo di osservazione, esaminare le situazioni giuridiche soggettive tra le quali si instaura il rapporto obbligatorio, ossia il credito e il debito, in precedenza prese in considerazione dal punto di vista della corrispondente qualificazione giuridica, cercando di individuare la relativa consistenza, analizzandone quindi il corrispondente profilo contenutistico [10]. In assenza di specifiche indi-

---

[9] Su un piano diverso, ma di sicuro interesse nella ricostruzione della relazione debito-credito, si pone il tema dell'ingerenza del creditore nella sfera giuridica del debitore, con particolare riguardo ai rapporti tra imprese, di recente indagato da T. SICA, *Il debitore "eterodiretto". Contributo alla teoria del rapporto obbligatorio*, Pisa, 2022, che, muovendo dalla ricognizione dei tratti dell'obbligazione codicistica, analizza le ricadute di talune forme di esercizio dell'autonomia negoziale nell'attività imprenditoriale che abilitano l'intervento conformativo del creditore nella sfera giuridica del creditore, collocandosi dunque in una prospettiva differente da quella indicato in testo in ordine ai doveri di cooperazione creditoria. Sulle forme di ingerenza o interferenza del creditore nella sfera giuridica del debitore, per il tramite di fattispecie tipiche o clausole atipiche restrittive o conformative dell'autonomia privata, in particolare nella contrattazione bancaria, diffusamente G. GAROFALO, *Profili di controllo e «funzione di garanzia» nei rapporti civili di credito*, Napoli, 2021, nel quadro della complessiva disamina del fenomeno del controllo del creditore sull'attività svolta dal debitore.

[10] Anche su questi profili di rilievo (e particolarmente condivisibile) appare l'impostazione di L. BIGLIAZZI GERI-U. BRECCIA-F.D. BUSNELLI-U. NATOLI, *Diritto civile*, 1.1., cit., p. 291 ss.

cazioni, a parte quella che ha come termine di riferimento normativo l'art. 1174 c.c. (che però non si presta appropriatamente al tipo di problemi che qui si considerano), può tentarsi un parallelismo con quanto indicato nell'art. 832 c.c. (a proposito del diritto di proprietà), la cui rubrica è, per l'appunto, «Contenuto del diritto», ossia l'*ubi consistam* della situazione giuridica soggettiva. Secondo la previsione ora richiamata «Il proprietario ha diritto di godere e di disporre delle cose in modo pieno ed esclusivo, entro i limiti e con l'osservanza degli obblighi stabiliti dall'ordinamento giuridico».

In termini generali il contenuto di una situazione giuridica soggettiva sostanzialmente corrisponde a quel complesso di facoltà che fanno capo al titolare; il contenuto del diritto non è dunque altro che l'insieme di quelle possibilità che l'ordinamento riconosce al relativo titolare. Quanto al proprietario, costui ha fondamentalmente due facoltà, quella di godere e quella di disporre del bene [11]. Immaginando una trasposizione operativa sul versante del rapporto obbligatorio e, dunque, del diritto di credito, possiamo allora indicare sia la facoltà di godimento (ossia di utilizzo) sia la facoltà di disposizione (e i possibili atti di relativo esercizio).

Il termine «credito» ha una radice etimologica ben precisa, traducendo la logica dell'affidamento, atteso che chi fa credito ripone la propria fiducia sulla persona (e, in concreto, sul patrimonio) del debitore nei cui confronti vanta una pretesa all'adempimento. Il credito rappresenta allora un'utilità che fa capo al patrimonio del soggetto che ne pretende la realizzazione attraverso l'attività del debitore (attività dovuta e non discrezionale, in quanto il debitore, come già rilevato, è obbligato). È così possibile cogliere il peculiare tratto distintivo che fa capo ai diversi modelli organizzativi preordinati dal legislatore per consentire che le forme della ricchezza si traducano negli schemi giuridici soggettivi corrispondenti, fondamentalmente riconducibili alla bipartizione diritti reali-diritti di credito. In tal senso, infatti, la logica dell'appartenenza caratterizza le situazioni reali; differentemente deve dirsi quanto alle si-

---

[11] Diffusamente, in un articolato quadro storico-ricostruttivo, A. GAMBARO, *Il diritto di proprietà*, in *Trattato di diritto civile e commerciale*, diretto da A. Cicu e F. Messineo, continuato da L. Mengoni, VIII, 2, Milano, 1995, p. 183 ss.; sul tema non possono non richiamarsi, a vario titolo, i contributi di Stefano Rodotà, già raccolti, nella versione accresciuta, in ID., *Il terribile diritto. Studi sulla proprietà privata*², Bologna, 1990.

tuazioni creditorie, la cui logica è quella (diversa) della spettanza [12]. La logica dell'appartenenza traduce una dimensione non relazionale dal punto di vista soggettivo, trattandosi (specificamente nel caso del diritto di proprietà) di un rapporto che si esaurisce tra il soggetto e il bene di cui quegli è titolare, essendo il relativo utilizzo autonomo e indipendente. Nel caso del diritto di credito, evidentemente, questo non è possibile, perché il rapporto giuridico obbligatorio trova compiuto svolgimento (e piena realizzazione) in una dimensione relazionale.

La rilevata diversità tra il modello dell'appartenenza e il modello della spettanza indica una distinzione in ordine all'esercizio del diritto, essendo diretto e autonomo nel caso del diritto reale e, invece, mediato dalla necessaria cooperazione del debitore nel caso del diritto di credito. Da questo punto di vista allora è chiaro che la posizione del creditore non è corrispondente a quella del proprietario, non essendo riferibile al primo (il creditore) in termini di contenuto del suo diritto una immediata (e diretta) facoltà di godimento come per il secondo (il proprietario). Al creditore fa dunque primariamente capo, quale parte (significativa) del contenuto del diritto, la facoltà di pretesa, ossia di pretendere dal debitore ciò che questi si è impegnato ad assicurare quale oggetto del rapporto obbligatorio. La facoltà di pretendere è assolutamente in linea con la logica della spettanza, esistendo al riguardo una stretta correlazione. Questa facoltà di pretesa ovviamente traduce anche una concreta possibilità di esercizio da parte del creditore, in ragione della relativa titolarità. Essa (ossia la facoltà di pretesa) è peraltro suscettibile di attuazione in ragione del fatto che il diritto di credito è una situazione giuridica attiva, nel senso che non presuppone (esclusivamente) un'attesa da parte del creditore, ma implica (anche) la legittima possibilità di attivazione. I riferimenti normativi al riguardo sono rinvenibili, per un verso, nella disciplina della parte generale del rapporto obbligatorio e, per altro verso, nella disciplina della parte generale del contratto, rispettivamente, quanto alla prima, l'art. 1219 c.c. e, quanto alla seconda, l'art. 1454 c.c.

---

[12] Recenti riflessioni di interesse sono al riguardo rinvenibili in V. CONFORTINI, *Il primato del credito*, Napoli, 2020, p. 33 ss., che peraltro sviluppa una prospettiva che individua nel credito una forma di ricchezza sin dal sorgere del vincolo, dunque attuale (e di questo, in una certa misura, si darà conto a breve, proprio rispetto ai poteri del creditore connotanti la specifica situazione giuridica soggettiva).

L'art. 1219 c.c. riguarda la fattispecie della costituzione in mora, che traduce, in disparte i casi in cui la mora sia *ex re* (cioè automatica), un'iniziativa del creditore; il debitore può infatti essere costituito in mora attraverso l'apposito meccanismo previsto con le conseguenze previste a danno del debitore. Ai sensi del disposto normativo in esame «Il debitore è costituito in mora mediante intimazione o richiesta fatta per iscritto». L'istituto in esame ha un chiaro obiettivo conservativo della relazione obbligatoria perché l'effetto che deriva dalla costituzione in mora ha carattere accessorio rispetto alla (intatta) permanenza dell'originario rapporto tra debitore e creditore, producendosi, proprio in ragione dell'iniziativa del secondo, determinati effetti a carico del primo (ossia il risarcimento del danno e la cosiddetta *perpetuatio obligationis*).

Sul versante opposto, ma traducendo una logica sostanzialmente corrispondente dal punto di vista delle regole di attivazione della posizione creditoria, si trova l'art. 1454 c.c., che disciplina l'istituto della diffida ad adempiere, quale ipotesi (tradizionalmente intesa) di risoluzione per inadempimento (cosiddetta di diritto) in via stragiudiziale del contratto. Anche in quest'ultimo caso la regola data è espressione della facoltà di pretesa che il creditore legittimamente esercita nell'ambito di una relazione ordinariamente sinallagmatica, quale quella rispetto a cui opera la risoluzione del contratto per inadempimento. In questa ipotesi, tuttavia, essa si articola in maniera ancora più stringente, atteso che nella costituzione in mora ai sensi dell'art. 1219 c.c. il legislatore muove dall'idea, come già evidenziato, che questo strumento abbia carattere conservativo del rapporto, avendo cioè la funzione di consentire la prosecuzione della relazione obbligatoria con taluni effetti ulteriori a tutela della posizione creditoria. Nel caso della diffida ad adempiere di cui all'art. 1454 c.c. l'effetto può, invece, essere alternativamente conservativo o risolutivo, a seconda che nel termine previsto il debitore adempia o meno. Entrambe le previsioni, comunque, rappresentano la traduzione normativa della facoltà di pretesa che è parte del contenuto del diritto di credito.

Accanto alla facoltà di pretesa deve riconoscersi al creditore anche la facoltà di disposizione, di cui ovviamente, al pari della facoltà di pretesa, occorre individuare i riferimenti normativi e gli eventuali limiti, dei quali poi occorre appropriatamente tratteggiare la *ratio*. Giova preliminarmente rilevare che, a maggior ragione quando si discute del diritto di credito, l'atto di disposizione si caratterizza per la propria dimensione relazionale, indipendentemente dagli effetti che lo stesso è in grado di realizzare. La facoltà di disposizione da parte del creditore si può esercitare attraverso plurimi atti, ciascuno dei quali traduce modelli operativi dagli effetti giuridici diversi, che rappresentano comunque il vario risultato dell'esercizio del diritto.

In maniera sintetica può dirsi che la rilevanza economica del credito consente il compimento di operazioni dispositive, anche se con risultati finali differenti, in ragione comunque del comune dato dell'esercizio dispositivo del credito da parte del relativo titolare. Possono allora individuarsi gli atti dispositivi-traslativi (ossia di trasferimento del diritto ad altri, come accade nella cessione del credito, di cui agli artt. 1260 ss. c.c.); gli atti dispositivi-estintivi (ossia di estinzione del diritto, come accade nella remissione del debito, *ex* artt. 1236 ss. c.c.); gli atti dispositivi-estintivi/attributivo-costitutivi, dunque dal duplice effetto (ossia di estinzione del diritto ma di contestuale costituzione di un rapporto nuovo per l'oggetto o per il titolo, diverso dall'originaria relazione obbligatoria, per l'appunto venuta meno, ai sensi degli artt. 1230 ss. c.c., relativi alla disciplina della novazione). La facoltà di disposizione implica dunque un potere del creditore variamente indirizzato in relazione agli effetti che lo stesso creditore vuole che si determinino dall'esercizio del proprio diritto: la circolazione in senso stretto, attraverso la cessione del credito; la estinzione, attraverso la remissione del debito oppure la estinzione, con la ricostituzione di un rapporto *ex novo*, come nel caso della novazione.

5. *Il prospettato superamento del carattere relativo del rapporto obbligatorio. Tutela esterna del credito e contratto con effetti protettivi verso terzi*

Alla luce di quanto sinora messo in evidenza è possibile ribadire che il rapporto giuridico obbligatorio ha una propria specificità che vive nella dimensione soggettiva, più puntualmente delle situazioni giuridiche soggettive. Esso traduce la particolare logica del credito, tipica cioè delle situazioni giuridiche relative che, in quanto tali, si contrappongono alle situazioni giuridiche assolute; si tratta della tradizionale e risalente contrapposizione tra diritti reali e diritti di credito, tra il modello dell'assolutezza delle situazioni reali e quello della relatività delle situazioni obbligatorie [13].

È peraltro noto che la stessa contrapposizione tra situazioni reali e situazioni obbligatorie, le une caratterizzate per l'appunto dal tratto della assolutezza, le altre connotate dal tratto della relatività, è (da tempo) posta in discussione. Esemplificativi in tal senso sono i riferimenti alla cosiddetta tutela esterna del credito (rispetto cioè alla lesione del credito da parte di terzi), con l'introduzione del tema del pregiudizio alla situazione relativa da parte di soggetti estranei alla relazione obbligatoria, e ai cosiddetti contratti con effetti protettivi verso (ossia nei confronti dei) terzi, con il prospettato superamento, dunque, della dimensione relazionale (e relativa) del rapporto debito-credito/debitore-creditore.

Quanto al primo àmbito (lesione del credito da parte di soggetti terzi e, dunque, estranei al rapporto obbligatorio, ossia cosiddetta lesione esterna del credito) può esemplificativamente prospettarsi l'ipotesi in cui il debitore (famoso pianista) sia tenuto alla esecuzione di una prestazione concertistica nei confronti del creditore. Tuttavia, nel caso in cui il terzo abbia arrecato pregiudizio alla persona del debitore (avendolo ad esempio investito mentre quest'ultimo attraversava le strisce pedonali), il creditore non potrà più ricevere, secondo le modalità pattuite, la relativa prestazione (avente carattere personale e infungibile). Se si muove dall'idea della relatività del rapporto obbligatorio, il creditore può giuridicamente dolersi (in astratto) solo nei confronti del debitore, che potrebbe invocare (nel caso di specie) l'impossibilità oggettiva e assoluta dell'esecuzione della prestazione dovuta, a motivo dell'evento pregiudizievole imputabile al terzo, il quale ha per l'appunto determinato l'impossibilità di soddisfare l'interesse creditorio. Il creditore non potrebbe invece chiedere (in astratto) alcunché al terzo, nei cui confronti potrebbe rivalersi (in concreto) solo il debitore (o i suoi eredi nel caso di decesso), prospettando una responsabilità da fatto illecito (ossia l'investimento durante l'attraversamento delle strisce pedonali).

La questione ha formato oggetto di un vivace dibattito, prendendo le mosse da due vicende sviluppatesi nel secolo scorso. La prima vicenda,

---

[13] Sulla distinzione, di recente, A. ALBANESE, *Il rapporto obbligatorio: profili strutturali e funzionali*, Piacenza, 2014, p. 1 ss.

conclusasi giudiziariamente nel 1953 [14], riguarda la famosa tragedia della basilica di Superga a Torino. Il 4 maggio 1949 l'aereo che trasportava la squadra del Torino calcio, di rientro da una trasferta in Portogallo (per una amichevole con la locale squadra del Benfica), si schiantava contro la basilica di Superga, con il perimento di tutti i giocatori che peraltro, all'epoca, costituivano anche l'ossatura della nazionale italiana. L'instaurata controversia tra l'Associazione calcio Torino e la compagnia di trasporto aereo A.l.i. ha ad oggetto il ristoro del pregiudizio subito dalla prima a motivo della perdita del «parco giocatori», costituente, ad avviso del ricorrente, «l'azienda dell'Associazione o il nucleo essenziale del patrimonio aziendale» [15]; ciò, in ragione peraltro della invocata applicabilità (quale primo motivo del ricorso) dell'art. 2043 c.c., che assicurerebbe tutela non soltanto alla lesione dei diritti assoluti (diritto alla vita, alla libertà e ai diritti reali in genere) ma anche alla lesione dei diritti relativi (diritti di credito in genere) determinata dall'operato (colposo o doloso) di soggetti terzi (estranei cioè al rapporto obbligatorio), con una rappresentazione innovativa dunque rispetto a quanto tradizionalmente affermato.

La prima prospettiva (quella cioè relativa alla lesione di un diritto assoluto costituito dalla pretesa reale avente ad oggetto la squadra, quale cioè *ius in re*) viene immediatamente respinta dai giudici di legittimità, ritenendosi (peraltro correttamente) che il bene aziendale a servizio dell'impresa «è rappresentato dal diritto alla detta prestazione, diritto che è esclusivamente di credito, mentre nessun diritto di diverso genere acquista l'imprenditore sulla persona stessa del lavoratore, il quale essendo uno dei soggetti del rapporto di lavoro non può certo esserne contemporaneamente l'oggetto» [16]. La questione si sposta, pertanto, sull'altra prospettiva invocata dal ricorrente (quale primo motivo del ricorso), ossia la tutelabilità delle situazioni relative attraverso l'applicazione dell'art. 2043 c.c., sostenendosi cioè che un danno ingiusto possa determinarsi anche in dipendenza della lesione di un diritto relativo (è questo il caso, già oggetto di positivo riconoscimento, della tutela del

---

(14) Si tratta della decisione di Cass., 4 luglio 1953, n. 2085, ora in *Lex Aquilia – Giurisprudenza*, Allegato al n. 1 – "L'ingiustizia del danno (1)", Bologna-Roma, 2005, p. 1 ss.

(15) Cass., 4 luglio 1953, n. 2085, cit.

(16) Cass., 4 luglio 1953, n. 2085, cit.

credito alimentare vantato nei confronti di chi sia rimasto ucciso per dolo o colpa ad altri imputabile). Tuttavia, nel caso di specie, anche tale ricostruzione viene respinta, in ragione dell'affermata mancanza di un nesso di causalità immediata e diretta tra il danno lamentato dal ricorrente e il sinistro occorso all'aereo, ricollegandosi tali pregiudizi alla lesione di un diritto (quello di credito alla prestazione calcistica) che a propria volta è conseguenza della lesione di altro diritto (quello assoluto alla vita e alla integrità personale degli atleti) sul primo prevalente e preminente. Peraltro, la stessa invocata infungibilità della prestazione non è stata ritenuta assoluta dal decidente (forse in questo caso non del tutto appropriatamente), «non potendosi del tutto escludere la possibilità di sostituire uno o più eccellenti calciatori con altrettanti non meno eccellenti, tanto più poi che la scelta oggi si estende anche fuori i confini della Patria» [17].

Si tratta di una decisione che appare del tutto in linea con le correnti ricostruzioni dell'epoca, essendosi certamente in presenza di un rapporto obbligatorio (di lavoro) intercorrente tra i tesserati calcistici e la Associazione calcio Torino (quale datore di lavoro), in virtù del quale il calciatore esegue una prestazione lavorativa e riceverà un emolumento come controprestazione della relazione giuridica così instaurata. Se, dunque, così come tradizionalmente ritenuto per le situazioni giuridiche obbligatorie, il pregiudizio che può essere arrecato al creditore è determinato dal comportamento del debitore che non adempie, la pretesa del primo (alla prestazione) è vantabile esclusivamente nei confronti del secondo. Nel caso di specie il tema in questione non è l'inadempimento, quanto piuttosto l'estinzione dell'obbligazione; si è infatti in presenza di una impossibilità di eseguire la prestazione dovuta alla morte dell'obbligato, prestazione peraltro non trasferibile mediante successione in capo agli eredi in quanto infungibile. Come visto, tuttavia, la soluzione della giurisprudenza non muta, ritenendosi che al creditore non possa riconoscersi alcunché in quanto nulla questi può chiedere al debitore, al quale non può certamente contestarsi l'inadempimento, atteso che l'obbligazione si è estinta per la morte del debitore medesimo a causa di comportamento ascrivibile a un terzo; a quest'ultimo, del resto, nulla potrà chiedersi in quanto estraneo al rapporto obbligatorio, la cui

---

[17] Cass., 4 luglio 1953, n. 2085, cit.

tutela è confinata ai rapporti interni tra creditore e debitore.

La questione si ripresenta a distanza di qualche decennio, protagonista ancora una volta la società (s.p.a.) Torino calcio. Nella notte del 15 ottobre 1967 un minorenne (Attilio Romero) alla guida di un'automobile investe e uccide un giocatore della squadra di calcio (Luigi Meroni). Anche in questo caso (come nella vicenda Superga) la società calcistica perde (in via definitiva e irreparabile) un proprio tesserato; si ripropone ancora una volta il tema se al terzo possa essere imputata (ai fini risarcitori) la lesione del credito. In altri termini, come rilevato dalla giurisprudenza nomofilattica, intervenuta proprio per comporre l'insorto contrasto giudiziale (18), si tratta «di stabilire quale tutela possa invocare la società ricorrente di fronte al fatto illecito del terzo che la privò delle prestazioni atletiche del giocatore Meroni: problema che va impostato e risolto previa definizione della natura giuridica del rapporto che legava la vittima alla società» (19). Ovviamente, che si tratti di un rapporto obbligatorio, fonte dunque di un diritto di credito, non appare in dubbio; occorre pertanto decidere «se un siffatto rapporto sia tutelabile, a favore del creditore, di fronte al fatto illecito del terzo che abbia inciso sulla persona del debitore, sopprimendola e, ancor prima, (...) se sia ammissibile la tutela aquiliana di cui all'art. 2043 cod. civ., in caso di lesione del credito da parte di soggetto estraneo al rapporto obbligatorio» (20). Le Sezioni Unite ritengono che il principio (su cui era stata fondata, tra l'altro, la precedente decisione del 1953 sul caso Superga) di rigida separazione e contrapposizione tra diritti assoluti e diritti relativi, «in quanto venga invocato a giustificazione di un diverso trattamento delle due categorie ai fini della risarcibilità dei fatti lesivi, meriti di essere riconsiderato» (21).

Vengono così indicate, da parte del decidente, le condizioni in presenza delle quali è possibile che trovi riconoscimento, in concreto, la tutela esterna del credito, laddove l'esistenza del credito dipenda stretta-

---

(18) Il riferimento è alla pronuncia di Cass., Sez. Un., 26 gennaio 1971, n. 174, ora in *Lex Aquilia – Giurisprudenza*, Allegato al n. 1 – "L'ingiustizia del danno (1)", Bologna-Roma, 2005, p. 1 ss.

(19) Cass., Sez. Un., 26 gennaio 1971, n. 174, cit.

(20) Cass., Sez. Un., 26 gennaio 1971, n. 174, cit.

(21) Cass., Sez. Un., 26 gennaio 1971, n. 174, cit.

mente dalla permanenza in vita dell'obbligato, cosicché l'illecito del terzo privi sia il debitore del bene della vita sia il creditore della prestazione a cui il primo era tenuto. Quanto al primo profilo occorre che la morte del debitore determini, in quanto tale, l'estinzione dell'obbligazione e, correlativamente, del diritto del creditore, con riferimento dunque a tutte le prestazioni che consistono in un *facere* infungibile (e, pertanto, non trasmissibili agli eredi dell'obbligato). Quanto al secondo profilo occorre che la perdita subìta dal creditore, a motivo della morte del proprio debitore, sia definitiva e irreparabile (dovendosi dunque distinguere in ragione del tipo di prestazioni e del correlativo oggetto); essa potrà quindi trovare ristoro, anche nel caso di pregiudizio arrecato da un terzo, laddove si tratti di obbligazioni di fare rispetto alle quali vi è insostituibilità del debitore, nel senso che non sia possibile procurare, se non a condizioni più onerose, prestazioni uguali o equipollenti. Il principio di diritto enunciato dai giudici di legittimità capovolge, pertanto, l'antico orientamento, statuendosi per l'appunto che non è corretto aprioristicamente escludere la tutela *ex* art. 2043 c.c. a favore del creditore che sia pregiudicato nel proprio diritto dal fatto (colposo o doloso) del terzo.

Quanto al secondo àmbito (contratto con effettivi protettivi verso terzi) può farsi riferimento, nel solco di autorevole dottrina che ha preso le mosse dall'analisi degli obblighi di protezione all'interno del rapporto obbligatorio (e, dunque, circoscritti alle relazioni tra debitore e creditore) (22), al contratto di portierato che lega il soggetto titolare del rapporto obbligatorio in qualità di portiere e il condominio all'interno del quale trova attuazione questo particolare contratto di lavoro con prestazioni diversificate (pulizia, distribuzione della corrispondenza, guardianìa) (23). Di questo contratto beneficiano (nel senso che possono beneficiare) anche i componenti del nucleo familiare del dipendente, essendo normale che condividano l'immobile (il cui godimento è parte della retribuzione contrattuale) all'interno dello stabile condominiale.

(22) Il riferimento è all'opera di C. CASTRONOVO, *Obblighi di protezione e tutela del terzo*, in *Jus*, 1976, p. 123 ss.

(23) Viene qui ripresa l'esemplificazione sinteticamente riportata da F. GAMBINO, *Il rapporto obbligatorio in generale*, in *Diritto civile. Norme, questioni, concetti*^{2}, I, a cura di G. Amadio e F. Macario, Bologna, 2022, p. 328.

Se, a motivo dell'umidità presente in questa abitazione, si producono dei pregiudizi che coinvolgono non soltanto il titolare del rapporto di portierato ma anche i familiari conviventi, ci si interroga se questi soggetti abbiano o meno titolo per chiedere ristoro per i danni subiti, ricollegabili tuttavia a un contratto che intercorre tra soggetti diversi rispetto a loro, essendo dunque terzi in quanto giuridicamente estranei alla relazione obbligatoria.

Certo, se si muove dall'idea tradizionale e consolidata della relatività del diritto di credito dovrebbe dirsi in via di principio che mentre il portiere, quale parte contrattuale, può certamente agire nei confronti della propria controparte negoziale, ossia il condominio, per i pregiudizi subiti, che si ricollegano alla disponibilità del bene assicurato a fronte delle diversificate prestazioni dedotte nel contratto di portierato, lo stesso non potrebbe dirsi per i suoi familiari, estranei a questo rapporto contrattuale, non essendo legati cioè a (e da) questa relazione contrattuale. Se, invece, si ritiene che, in realtà, l'effetto pregiudizievole deriva dall'instaurato rapporto contrattuale perché, in assenza di questa relazione obbligatoria, i familiari non avrebbero abitato in quello stabile e, dunque, non avrebbero subìto quei pregiudizi, allora la categoria del contratto con effetti protettivi verso (ossia nei confronti dei) terzi consente la tutela di questi soggetti. Pertanto, anche se costoro non sono parti in senso contrattuale, non vantano quindi tecnicamente alcun diritto di credito nei confronti della relativa controparte negoziale, atteso che il rapporto intercorre soltanto tra datore di lavoro e portiere, tuttavia essi hanno il diritto di non essere pregiudicati. Possono dunque pretendere, in caso contrario, tutela, essendo esposti (anche se terzi) al medesimo rischio al quale è esposta la parte negoziale in ragione del particolare rapporto che li lega a quest'ultima.

In buona sostanza il terzo diventa titolare non certo di una propria pretesa alla prestazione principale ma del diritto a non essere danneggiato dalla correlativa esecuzione. Si realizza, così, la dilatazione degli obblighi di conservazione dell'altrui sfera giuridica, che graverebbero sulle parti del contratto in forza del principio di buona fede (o, secondo altra prospettiva, secondo il dovere di solidarietà *ex* art. 2 Cost.) quali obblighi di protezione, sino a ricomprendere, in termini di beneficiari, soggetti terzi, ossia estranei alla relazione obbligatoria. Dunque, come efficacemente rilevato, «Nel contratto con effetto di protezione per il terzo, in altre parole, il dovere di comportarsi con cautela (...), dovere che sempre grava sul debitore nei confronti del creditore, viene esteso sino al punto di farne beneficiare anche il terzo, nei cui confronti si ritiene dunque esistere un dovere secondario di risarcimento assoggettato alle regole della responsabilità contrattuale» [24].

Tale categoria ha trovato diffusa applicazione da parte della giurisprudenza nel campo della responsabilità medica, oggi destinataria di puntuale disciplina ad opera della recente legge 8 marzo 2017, n. 24, recante disposizioni in materia di sicurezza delle cure e della persona assistita, nonché in materia di responsabilità professionale degli esercenti le professioni sanitarie. In particolare, viene riconosciuta al padre del nascituro (e a quest'ultimo) la possibilità di agire contrattualmente (pur essendo in posizione di terzietà) in caso di inadempimento della struttura sanitaria rispetto al contratto (di spedalità) concluso con la gestante, escludendosi il ricorso a tale figura in fattispecie diverse da questa [25]. Si è al riguardo, infatti precisato che «La figura del contratto con effettivi protettivi verso terzi è utilizzata da questa corte solo con riguardo al contratto della gestante con l'ospedale e dunque per riconoscere al padre del nascituro ed a quest'ultimo l'azione da contratto in caso di inadempimento, mentre è escluso che la figura possa servire in fattispecie diverse da quella (Cass., 11 maggio 2009, n. 10741; Cass., 18 aprile 2019, n. 10812; Cass., 20 marzo 2015, n. 5590; Cass., 8 luglio 2020, n. 14258). (...) La figura del contratto con effetti protettivi verso terzi è giustificata con l'argomento che il terzo ha un interesse identico a quello dello stipulante, un interesse che viene coinvolto dalla esecuzione del contratto nello stesso modo in cui è coinvolto l'interesse della parte contrattuale, del creditore della prestazione. Nel contratto tra la struttura e la gestante, l'interesse di quest'ultima è la nascita del figlio: la donna si affida alla struttura sanitaria (o al medico) allo scopo di avere assistenza al parto. L'esecuzione del contratto, si osserva, soddisfa (o lede, in caso di inadempimento) l'interesse dell'altro genitore allo stesso mo-

---

[24] M. MAGGIOLO, *Effetti contrattuali a protezione del terzo*, in *Riv. dir. civ.*, 2001, I, p. 41.

[25] In tal senso la recentissima decisione di Cass., 15 settembre 2020, n. 19188, in *Pluris*, che ha escluso la tutelabilità per via contrattuale della posizione delle figlie rispetto all'intervenuto decesso della madre proprio in ragione della ritenuta insussistenza della configurabilità, nel caso di specie, del contratto con effetti protettivi verso terzi.

do di come soddisfa o lede l'interesse della gestante contraente. Non v'è dunque motivo di riconoscere azione da contratto all'una ed azione da delitto all'altro» [26].

In conclusione, dunque, i due àmbiti ora presi in esame, cioè la tutela esterna del credito (ossia la lesione del credito da parte del terzo) e il contratto con effetti protettivi verso (ossia nei confronti di) terzi, evidenziano il (tendenziale) superamento della relatività del rapporto obbligatorio, che appare messa in crisi proprio dalla rilevanza assegnata alla posizione del terzo estraneo (nell'un senso o nell'altro).

---

[26] Cass., 15 settembre 2020, n. 19188, cit., rilevando che l'interesse leso in capo alle figlie non è il medesimo di quello in capo alla madre (derivante dal contratto concluso con la struttura sanitaria). Il contestato inadempimento, infatti, ha leso due beni diversi (dunque facenti riferimento a interessi distinti), ossia la salute (anzi, la vita) quanto alla madre e il rapporto parentale quanto alle figlie; viene così a mancare la ragione che giustifica la figura degli effetti protettivi verso terzi, ossia l'identità dell'interesse coinvolto dalla esecuzione del contratto.

CAPITOLO II
LE OBBLIGAZIONI SOGGETTIVAMENTE COMPLESSE

SOMMARIO: 1. Di alcune specie di obbligazioni. – 2. La complessità soggettiva del rapporto obbligatorio. – 3. (*Segue*). Le obbligazioni solidali e le obbligazioni parziarie. – 4. Le obbligazioni condominiali. – 5. (*Segue*). Le scelte operate dal legislatore della riforma.

1. *Di alcune specie di obbligazioni*

Nell'àmbito del titolo I del libro quarto, dedicato alle obbligazioni in generale, il modello che il codice civile ha fatto proprio, dopo le disposizioni di carattere preliminare (artt. 1173-1175 c.c.) e nell'ambito delle disposizioni di carattere generale (art. 1176-1320 c.c.), si traduce, per quel che in questa sede si intende esaminare, nella prospettazione normativa di alcune specie di obbligazioni, ossia di singole e specifiche fattispecie obbligatorie (artt. 1277-1320 c.c.). Si tratta, in buona sostanza, di una classificazione di tipi di obbligazioni che risponde a plurimi (e distinti, quantunque combinabili) criteri ordinanti: ora quanto allo specifico oggetto della prestazione (è il caso delle obbligazioni pecuniarie di cui agli artt. 1277-1284 c.c.); ora quanto all'oggetto della prestazione rispetto al possibile (diversificato) adempimento del debitore (è il caso delle obbligazioni alternative di cui agli artt. 1285-1291 c.c.); ora quanto alle modalità di adempimento dell'obbligazione (perché) connotate dalla pluralità (variamente articolata) dei soggetti della relazione obbligatoria, in presenza cioè di più debitori, di più creditori o di più debitori e di più creditori insieme (è il caso delle obbligazioni in solido, passive, attive o, unitamente, passive e attive, di cui agli artt. 1292-1313 c.c.); ora quanto alla natura della prestazione (è il caso delle obbligazioni divisibili e indivisibili di cui agli artt. 1314-1320 c.c.).

Nel prosieguo si presterà particolare attenzione al tema delle obbligazioni che risultano caratterizzate da complessità sul versante soggettivo della relazione obbligatoria, che può a sua volta correlarsi, rendendo il quadro ancora più articolato, con il versante oggettivo della relazione medesima (con possibile varia combinazione); ciò, anche per un successivo approfondimento in ragione di permanenti contrasti in ordine a un particolare (e rilevante) settore dell'esperienza giuridica, quello cioè dell'adempimento delle obbligazioni rispetto al condominio negli edifici. La terminologia correntemente utilizzata per designare l'àmbito di riferimento è quella di obbligazioni soggettivamente complesse (o plurisoggettive), proprio per designare il peculiare tratto delle (due) parti del rapporto obbligatorio, comprensive di una pluralità di soggetti (due o più) (1).

2. *La complessità soggettiva del rapporto obbligatorio*

Le obbligazioni plurisoggettive, o soggettivamente complesse, ricorrono allorché l'adempimento della prestazione coinvolge una pluralità di debitori o di creditori oppure ancora di debitori e di creditori insieme; l'analisi sarà dedicata, in particolare, al tema della pluralità di debitori, allorché dunque la parte risulti soggettivamente complessa dal lato passivo del rapporto obbligatorio.

Queste obbligazioni vengono tradizionalmente ricondotte a due possibili categorie normative, disciplinate dal codice civile, anche se la dottrina ha affiancato una terza categoria che però non trova espressa regolamentazione. Le due categorie principali sono costituite dalle obbliga-

---

(1) Sul tema L. BIGLIAZZI GERI-U. BRECCIA-F.D. BUSNELLI-U. NATOLI, *Diritto civile*, 3, *Obbligazioni e contratti*, Torino, 1989, p. 26 ss.; per un compiuto inquadramento e un'analisi articolata, per tutti, F.D. BUSNELLI, *L'obbligazione soggettivamente complessa. Profili sistematici*, Milano, 1974; ID., *Obbligazioni soggettivamente complesse*, in *Enc. dir.*, XXIX, Milano, 1979, p. 330 ss.; più di recente A. D'ADDA, *Le obbligazioni plurisoggettive*, in *Trattato di diritto civile e commerciale Cicu-Messineo*, già diretto da L. Mengoni, continuato da P. Schlesinger, V. Roppo, F. Anelli, V, Milano, 2019.

zioni solidali e dalle obbligazioni parziarie; la categoria elaborata dalla dottrina, ma non disciplinata dal codice, è quella delle obbligazioni ad attuazione congiunta a cui peraltro si contrappongo (nei termini che a breve saranno indicati) le obbligazioni cosiddette collettive. Le obbligazioni ad attuazione congiunta ricorrono allorquando sono chiamati ad adempiere la prestazione una pluralità di debitori, i quali sono tutti tenuti ad eseguirla al fine dell'attuazione della pretesa creditoria: è il caso dell'esecuzione di un concerto da parte di un gruppo musicale o di un'orchestra (ove tutti i debitori devono eseguire l'obbligazione, alla quale contribuiranno ciascuno con la propria opera); della predisposizione di un progetto da parte di un gruppo di esperti (ingegneri, architetti), della prestazione di consulenza ad opera di un gruppo di esperti giuridici o della prestazione medica da parte di un'équipe sanitaria. Non va peraltro trascurata una importante applicazione pratica (che ha comunque tuttavia un riferimento normativo esterno al codice civile) in ordine, più specificamente, all'esecuzione di opere non scorporabili da parte delle imprese temporaneamente riunite nell'àmbito degli appalti pubblici (sin dalla legge 8 agosto 1977, n. 584, recante norme di adeguamento delle procedure di aggiudicazione degli appalti di lavori pubblici alle direttive della Comunità economica europea e, oggi, dal codice dei contratti pubblici di cui al decreto legislativo 31 marzo 2023, n. 36) [2]. Si tratta di ipotesi che non sono riconducibili né alla disciplina delle obbligazioni solidali né a quella delle obbligazioni parziarie, oggetto di regolamentazione negli artt. 1292 ss. c.c.

Quanto, invece, alle obbligazioni collettive deve preliminarmente rilevarsi che i relativi riferimenti normativi sono molteplici in ragione della variegata pluralità delle fattispecie alle stesse riconducibili. Si tratta, in buona sostanza, di obbligazioni riferite a un gruppo, qualificabile come ente collettivo, costituito per il raggiungimento di un fine che trascende il singolo rapporto obbligatorio che può rappresentare (e tradurre) una delle forme di attuazione del fine medesimo. La relativa disciplina, ovviamente, muta in ragione del tipo di ente a cui si fa riferi-

---

[2] In merito, quanto ai tratti distintivi della relazione inter-imprenditoriale e alle connesse forme di disciplina della responsabilità, G. DI ROSA, *Il modello organizzativo dell'associazione temporanea di imprese*, in *Oss. dir. civ. e comm.*, 2013, p. 235 ss.; ID., *Organizzazione e responsabilità delle imprese riunite negli appalti privati*, in *Riv. dir. civ.*, 2014, p. 1040 ss.

mento, ad esempio se lucrativo o meno, in considerazione delle diverse logiche che ispirano i differenti gruppi (più o meno organizzati). Pertanto, diversamente da quanto accade per le obbligazioni ad attuazione congiunta, ove l'adempimento del rapporto obbligatorio soddisfa, in buona sostanza, l'interesse per il cui raggiungimento la pluralità di debitori si è costituita come parte soggettivamente complessa, nelle obbligazioni collettive l'adempimento della prestazione, riferibile al gruppo, si inserisce all'interno di un complessivo quadro di cui il singolo rapporto obbligatorio rappresenta una delle componenti dirette alla realizzazione del fine (più ampio) a cui tende la pluralità di soggetti costituenti il gruppo medesimo. Correlativamente, di regola l'adempimento dell'obbligazione ad attuazione congiunta determina il venir meno, oltre che di quel singolo rapporto obbligatorio, anche della parte soggettivamente complessa in quanto tale; differentemente, invece, accade per le obbligazioni collettive il cui adempimento, che certo determina il venir meno del singolo rapporto obbligatorio, non implica il venir meno del gruppo (il cui fine, per l'appunto, trascende la singola obbligazione, funzionale comunque alla realizzazione del fine medesimo).

3. (Segue). *Le obbligazioni solidali e le obbligazioni parziarie*

Per quanto attiene alle obbligazioni solidali, premesso che ci si occuperà (come meglio sopra precisato) di quelle passive (ossia con pluralità di debitori), qualche breve indicazione rispetto alle obbligazioni solidali dal lato attivo (ossia con pluralità di creditori) può comunque risultare di utilità. In ordine alla solidarietà attiva può intanto riassuntivamente riportarsi il relativo riferimento normativo, ai cui sensi «L'obbligazione è in solido (…) quando tra più creditori ciascuno ha diritto di chiedere l'adempimento dell'intera obbligazione e l'adempimento conseguito da uno di essi libera il debitore verso tutti i creditori» (art. 1292, seconda parte c.c.). Una puntuale esemplificativa applicazione può rinvenirsi con riguardo al contratto di conto corrente (e delle relative operazioni bancarie), riconoscendosi, in termini generali, al correntista di «disporre in qualsiasi momento delle somme risultanti a suo credito, salva l'osservanza del termine di preavviso eventualmente pattuito» (art. 1852 c.c.). Più specificamente poi, per quel che qui rileva, nell'ipotesi di conto corrente intestato a più persone (dunque cointestato) il successivo art. 1854 c.c. dispone che «Nel caso in cui il conto sia intestato a più persone, con facoltà per le medesime di compiere operazioni anche separatamente, gli intestatari sono considerati creditori o debitori in solido dei saldi del conto»[(3)].

Quanto alle obbligazioni solidali dal lato passivo sono così riassumibili le relative regole di disciplina, inerenti tanto ai rapporti esterni quanto ai rapporti interni alla relazione obbligatoria: a) l'unico creditore, nel caso di solidarietà passiva, può esigere l'adempimento da uno solo dei condebitori per l'intera prestazione e detto adempimento libera gli altri ai sensi dell'art. 1292 c.c.; b) il condebitore che ha adempiuto per l'intero al creditore può agire in regresso, per ottenere la quota parte a lui non riferibile, nei confronti degli altri condebitori, chiedendo a questi ultimi ciò che ciascuno deve rispetto alla propria posizione; c) nei rapporti interni tra i condebitori la presunzione di proporzionalità e di eguaglianza nella ripartizione delle quote nonché della parità nell'escussione può essere derogata, sia per quanto riguarda quest'ultima sia per quanto riguarda le quote; d) il creditore risulta agevolato dal potere richiedere l'adempimento, piuttosto che a ciascuno dei debitori, direttamente a uno tra questi, ovviando così al rischio che qualcuno tra costoro sia insolvente. Più specificamente l'art. 1298 c.c. stabilisce che «Nei rapporti interni l'obbligazione in solido si divide tra i diversi debitori o tra i diversi creditori, salvo che sia stata contratta nell'interesse esclusivo di alcuno di essi. Le parti di ciascuno si presumono uguali, se non risulta diversamente»; inoltre, secondo quanto previsto nell'art. 1299, comma 2 c.c. «Se uno di questi è insolvente, la perdita si ripartisce per contributo tra gli altri condebitori, compreso quello che ha fatto il pagamento», ripartendosi dunque tra gli altri condebitori (obbligati in solido) il rischio dell'insolvenza di uno di loro.

Quanto, invece, alla *ratio* delle regole deputate alla disciplina della solidarietà passiva, va individuato il giudizio di valore operato dal legislatore davanti al conflitto di interessi prospettato, qui intercorrente tra l'interesse del creditore, che vuole soddisfare il proprio credito, e l'inte-

---

(3) Al riguardo, di recente, R. MAZZARIOL, *Conto corrente cointestato e morte di un correntista: alle soglie di un nuovo contrasto*, in *Nuova giur. civ. comm.*, 2020, p. 1199 ss.; altresì A. COSTA, *Conto corrente bancario cointestato e morte del contitolare*, in *Contratti*, 2021, p. 216 ss.

resse dei debitori a non soffrire, eventualmente, l'insolvenza di qualcuno tra questi. La scelta fatta appare in favore dell'interesse del creditore, tanto che si riconosce a questa regola una funzione di garanzia del creditore rispetto all'insolvenza di qualcuno dei condebitori e a fronte delle spese che a lui comporterebbe il dovere escutere singolarmente ciascuno dei propri debitori. La stessa giurisprudenza di legittimità, anche recentissimamente, ha confermato che «il fondamento ultimo di tale regime obbligatorio (è) da identificarsi in una posizione di salvaguardia del creditore, munito dal diritto sostanziale, a tal fine, di più debitori nei cui confronti azionare, anche separatamente, un medesimo diritto» (4).

In maniera più articolata, all'interno di una compiuta disamina, si è peraltro fatto rilevare che la nozione di solidarietà delineata nell'art. 1292 c.c., pur preoccupandosi degli effetti del già rappresentato congegno esecutivo, suggerisce, nella evidenziazione dell'interesse creditorio, «come la solidarietà si imponga quando la pluralità dei debitori assuma verso il medesimo creditore la medesima prestazione, satisfattiva dell'interesse creditorio» (5). La tecnica della solidarietà rappresenta, quindi, «Lo strumento ordinariamente idoneo a regolare l'esecuzione dell'obbligazione in coerenza con il quadro degli interessi inferibile dal titolo» (6). Un tale rilievo, in particolare, si rileva di significativa utilità, traducendo una condivisibile scelta di metodo, nella misura in cui pone le basi per la risoluzione di problematiche concrete in ordine alle quali,

---

(4) Cass., 21 ottobre 2020, n. 22984, in *www.ilcaso.it*, p. 7 s. La dottrina più recente, pur consapevolmente concorde sul comune (e indiscusso) rilievo che la ragione della solidarietà sia da rintracciare nel *favor creditoris*, si è posta nella prospettiva, oggetto dell'accurata indagine di L. BUONANNO, *Solidarietà obbligatoria e attuazione del debito. Contributo allo studio della fideiussione*, Torino, 2024, «di esaminare la possibilità di ricondurre ulteriori interessi nell'alveo del dispositivo identificato dall'art. 1292 c.c.» (p. 3), ravvisando, al termine dell'ampia disamina, nell'attuazione del debito il tratto minimo ed essenziale della solidarietà.

(5) A. D'ADDA, *Le obbligazioni plurisoggettive*, cit., p. 24; già in precedenza R. SICLARI, *Delle obbligazioni in solido*, in A. GORASSINI-R. SICLARI, *Di alcune specie di obbligazioni*, in *Trattato di diritto civile del Consiglio Nazionale del Notariato*, diretto da P. Perlingieri, Napoli, 2013, p. 132 ss., individuava nella «medesima prestazione» il «vero epicentro della disposizione» (p. 134).

(6) A. D'ADDA, *Le obbligazioni plurisoggettive*, cit., p. 26, evidenziando il rapporto tra la previsione dell'art. 1292 c.c. e quella dell'art. 1294 c.c.

come si vedrà, il dibattito (dottrinale e giurisprudenziale) risulta oggi ancora non sopito (è questo il caso delle obbligazioni condominiali di cui si tratterà a breve).

Più specificamente occorre dunque tenere presente, in una appropriata relazione di senso tra le previsioni degli artt. 1292 e 1294 c.c., che «La prima delinea il meccanismo della solidarietà, ponendo l'accento sulla situazione dei diversi debitori impegnati alla medesima prestazione verso il medesimo creditore. La seconda precisa come, nel nostro sistema, quando più debitori assumono insieme uno stesso debito verso il comune creditore, la disciplina del rapporto obbligatorio è quella della solidarietà, e che solo un patto di segno diverso consente di limitare la responsabilità di ciascun debitore alla quota di pertinenza» (7). Da un lato, quindi, l'art. 1292 c.c., che assume «la veste classica di norma strutturata secondo l'ordinario schema ipotetico, nella quale, con l'eccezione della *eadem causa obligandi* (...), trovano ad un tempo compiuta indicazione sia i referenti materiali della fattispecie obbligatoria oggetto di definizione (quella solidale in senso proprio) che «gli effetti essenziali e più caratteristici» da essa scaturenti (l'incertezza dell'adempimento per ciascun consorte; l'assolutezza dell'effetto estintivo del pagamento individuale» (8); dall'altro, l'art. 1294 c.c., la cui regola presuntiva «riguarda le ipotesi di condebito di genesi contrattuale (...): regola generale rispetto al solo settore di riferimento (*eadem causa obligandi*) sul quale è stata modellata; non è più tale fuori di tale cornice, e correlativamente non possono *ipso facto* relegarsi al ruolo di norme eccezionali quelle disposizioni che prevedono la solidarietà oltre tale perimetro (ed in particolare quelle ascritte all'area della solidarietà ad interesse unisoggettivo, fondate su più titoli connessi) o quelle che, al contrario, prevedono una diversa modalità di attuazione per obbligazioni scaturenti da un titolo unitario ma non contrattuale» (9).

La disciplina delle obbligazioni solidali non si risolve peraltro, esclusivamente, nella individuazione del modo in cui deve avvenire l'adempimento e del modo in cui deve essere ripartito il rischio di un'eventuale insolvenza da parte di qualcuno dei condebitori. È, infatti, presente la

(7) A. D'Adda, *Le obbligazioni plurisoggettive*, cit., p. 27.

(8) R. Siclari, *Delle obbligazioni in solido*, cit., p. 137.

(9) R. Siclari, *Delle obbligazioni in solido*, cit., p. 167.

regolamentazione di varie vicende che possono incidere sul rapporto debitorio plurisoggettivo, ossia la remissione del debito, la transazione, l'interruzione della prescrizione e la costituzione in mora. In merito è principio generale che le vicende favorevoli al debitore (e, pertanto, i correlativi effetti) si propagano anche agli altri debitori, mentre le vicende sfavorevoli si circoscrivono alla sfera individuale del debitore che le ha subite. Al riguardo una attenzione particolare merita la disciplina della remissione del debito, atteso la possibilità che il creditore si sia riservato l'azione nei confronti degli altri condebitori. In questo caso se il creditore rimette il debito nei confronti di uno dei condebitori non si può addossare il costo di ciò agli altri condebitori, essendo dunque evidente che il creditore potrà anche mantenere il proprio diritto nei confronti dei suoi condebitori, ma dovrà decurtarsi la quota che spettava al condebitore a cui è stato rimesso il debito. In tal senso l'art. 1301, comma 1 c.c. dispone che «La remissione a favore di uno dei debitori in solido libera anche gli altri debitori, salvo che il creditore abbia riservato il suo diritto verso gli altri, nel qual caso il creditore non può esigere il credito da questi, se non detratta la parte del debitore a favore del quale ha consentito la remissione». La prima parte della disposizione indicata sancisce il principio della propagazione degli eventi (e dei correlativi effetti) positivi, mentre la seconda parte esplicita la (sempre possibile) riserva dell'azione da parte del creditore remittente nei confronti degli altri (residui) condebitori. Quanto, invece, alla costituzione in mora e alla interruzione della prescrizione occorre distinguere. La costituzione in mora, infatti, rientra nella regola generale secondo la quale, come già precisato, gli effetti sfavorevoli non si propagano agli altri condebitori; ciò è confermato dall'art. 1308 c.c., che tuttavia fa salvo il disposto del successivo art. 1310 c.c. il quale si riferisce agli atti interruttivi della prescrizione, statuendosi che «Gli atti con i quali il creditore interrompe la prescrizione contro uno dei debitori in solido, oppure uno dei creditori in solido interrompe la prescrizione contro il comune debitore, hanno effetto riguardo agli altri debitori o agli altri creditori». L'atto di costituzione in mora, quindi, non estende la propria efficacia ai debitori nei confronti dei quali esso non sia stato rivolto, se non per l'effetto dell'interruzione dell'eventuale prescrizione.

Le obbligazioni parziarie, a differenza delle obbligazioni solidali, ricorrono allorché ciascuno dei condebitori può essere chiamato ad adempiere l'obbligazione esclusivamente per la quota allo stesso spettante. Pertanto, nel caso in cui uno dei condebitori risulti inadempiente o sia insolvente, il relativo costo sarà addossato non già agli altri condebitori (come nelle obbligazioni solidali) ma al creditore.

Onde stabilire quando in un rapporto obbligatorio dovrà trovare applicazione la disciplina della solidarietà piuttosto che quella della parziarietà può farsi riferimento al principio generale sancito dall'art. 1294 c.c. ai cui sensi «I condebitori sono tenuti in solido, se dalla legge o dal titolo non risulta diversamente». L'obbligazione è dunque solidale a meno che, anzitutto, la legge non disponga la parziarietà dell'obbligazione e della relativa responsabilità. Occorre, pertanto, che risulti diversamente in tal senso, rispetto alla regola generale. È questo il caso, ad esempio, della ripartizione dei debiti ereditari tra gli eredi, secondo quanto stabilito dall'art. 752 c.c., per il quale «I coeredi contribuiscono tra loro al pagamento dei debiti e pesi ereditari in proporzione delle loro quote ereditarie, salvo che il testatore abbia altrimenti disposto». In questo specifico àmbito, dunque, la efficacia interna della distribuzione della responsabilità, ossia nel rapporto interno tra i debitori, opera anche all'esterno, cioè nella relazione con il creditore, come confermato dalla previsione dell'art. 1295 c.c., secondo cui «Salvo patto contrario, l'obbligazione si divide tra gli eredi di uno dei condebitori o di uno dei creditori in solido, in proporzione delle rispettive quote». Lo stesso dicasi per l'operatività dell'eventuale titolo (ossia la fonte dell'obbligazione, ad esempio il contratto) che stabilisca, in contrapposizione alla regola generale e tendenziale della solidarietà, la diversa soluzione della parziarietà.

Resta peraltro il dubbio se la menzione di una diversa disposizione di legge debba intendersi nel senso che sono fatti salvi i casi in cui la legge, puntualmente ed espressamente, indichi un'ipotesi specifica in cui opererà la (opposta) regola della parziarietà. Al riguardo il richiamato art. 1294 c.c., al fine di individuare tale regola, utilizza l'espressione «se dalla legge non risulta diversamente». Ora, il termine «risulta» è un termine diverso da «è previsto», «è espressamente previsto» o «è specialmente disciplinato», potendo il dato normativo essere anche inteso nel senso che «è il risultato di un'indagine interpretativa». A quest'ultimo proposito appare opportuno precisare che nelle indagini interpretative, in diritto civile a differenza che in diritto penale, strumento centrale è l'analogia; essa, infatti, consente dinamicità ed evoluzione dell'applicazione della legge, finalizzata a favorire la razionalità del sistema normativo e anche la possibilità che il sistema medesimo si adegui alle mutate condizioni degli assetti sociali e generali [10]. Basti pensare, in termini corrispondenti, a quanto riportato dall'art. 1418, comma 1 c.c., laddove si dispone che «Il contratto è nullo quando è contrario a norme imperative, salvo che la legge disponga diversamente». Certamente vi sono casi in cui c'è contrarietà a norma imperativa e la legge dispone diversamente, come nell'ipotesi dell'annullabilità del contratto per violenza; in tali casi, infatti, risulta la contrarietà a norma imperativa, che impone di non usare violenza privata, eppure si ha il rimedio dell'annullamento e non (come dovrebbe attendersi) della nullità. Pertanto, si tratta di stabilire se questa diversa disposizione di legge, che l'art. 1418 c.c. fa salva, deve essere espressamente prevista o meno. La risposta non può che essere negativa, perché in diritto civile va privilegiato un approccio funzionalista, onde ricercare una soluzione che meglio garantisca la coerenza e la logicità del sistema nel suo complesso.

Del resto, anche con riferimento alla previsione dell'art. 1374 c.c., ai cui sensi «Il contratto obbliga le parti non solo a quanto è nel medesimo espresso, ma anche a tutte le conseguenze che ne derivano secondo la legge, o, in mancanza, secondo gli usi e l'equità», se si intendesse l'espressione «secondo la legge» come «secondo puntuali previsioni di legge» si dovrebbe escludere nel diritto dei contratti l'operatività del procedimento analogico, mentre invece con riferimento ai contratti atipici può certamente farsi applicazione dell'analogia, prima di dare spazio agli usi e all'equità. Pertanto, almeno in via di principio, non è precluso individuare casi di responsabilità parziaria nonostante l'assenza di una precisa e puntuale disposizione, la quale preveda espressamente come parziaria quell'obbligazione plurisoggettiva; può infatti essere sufficiente un'indagine interpretativa, operata dal giudice, per consentire all'ordinamen-

---

[10] Su questo importante istituto dell'ordinamento, che consente dinamicità ed evoluzione dell'applicazione della legge, finalizzata a favorire la razionalità del sistema normativo e anche la possibilità che il sistema medesimo si adegui alle mutate condizioni degli assetti sociali e generali può leggersi, con sicuro profitto, A. BELFIORE, *L'interpretazione della legge. L'analogia*, in *Studium iuris*, 2008, p. 421 ss.; in precedenza, con esemplare chiarezza, G. TARELLO, *L'interpretazione della legge*, in *Trattato di diritto civile e commerciale*, diretto da A. Cicu e F. Messineo, continuato da L. Mengoni, I, 2, Milano, 1980, p. 350 ss.

to scritto di evolversi, al fine di fornire una nuova soluzione a nuovi conflitti di interessi, scaturenti dalle dinamiche sociali e dal mercato. Tale indicazione deve ovviamente essere vagliata provvedendo a verificare se la prospettazione di una ipotesi di responsabilità parziaria, in assenza di una puntuale indicazione del legislatore, sia congrua.

4. *Le obbligazioni condominiali*

La questione a cui in precedenza si è fatto riferimento, ossia i rapporti tra solidarietà e parziarietà nelle obbligazioni plurisoggettive dal lato passivo, si è posta in maniera stringente rispetto alle obbligazioni assunte dal condominio, risultando qui centrale (e preliminare) il tema della configurazione giuridica del condominio, se cioè soggetto autonomo e distinto dai singoli (soggetti) condòmini. Questo tipo di problema è stato risolto dalla dottrina e dalla giurisprudenza prevalenti nel senso che il condominio non può ritenersi un autonomo e distinto centro di imputazione di interessi, dotato dunque di una propria soggettività giuridica [(11)]; esso, infatti, traduce un (mero) regime di contitolarità (quanto alle parti comuni) coesistente con la pluralità delle proprietà individuali facenti capo ai singoli condòmini [(12)]. A tale peculiare conno-

---

[(11)] Ciò pur non condividendosi l'utilizzo giudiziale della espressione ente di gestione per qualificare il condominio, peraltro assai diffuso e ricorrente come da ultimo testimoniato da Cass., 19 novembre 2021, n. 35576, in *www.ilcaso.it*; sulla necessità di abbandonare tale formula giurisprudenziale, ritenuta giustamente inconsistente e pigra, A. SCARPA, *La natura giuridica*, in A. CELESTE-A. SCARPA, *Il condominio negli edifici*, Milano, 2017, p. 15 ss., che pure ritiene possa oggi discutersi di una autonoma soggettività del condominio. Su questi temi, da ultimo, R. CATERINA, *Il condominio come ente di gestione e come soggetto: percorsi giurisprudenziali*, in *Giur. it.*, 2022, p. 244 ss.

[(12)] Sulla insufficienza, rispetto alla complessità del regime condominiale, di una ricostruzione in chiave di mera coesistenza tra proprietà esclusive e proprietà comuni, di recente, F.G. VITERBO, *Variabilità e relatività dei rapporti condominiali: proprietà, persone, gruppo*, Napoli, 2021, che evidenzia l'interazione tra situazioni giuridiche soggettive di natura (certamente) patrimoniale (come quelle di cui si discute in testo) e situazioni giuridiche soggettive di natura (diversamente) esistenziale, come appropriatamente rilevato a commento da G. CARAPEZZA FIGLIA, *Recensione*, in *Rass. dir. civ.*, 2023, p. 751 ss.

tazione corrisponde, per certi versi in maniera speculare, una certa articolazione (sia pure non chiaramente esplicitata) dei correlativi princìpi di responsabilità patrimoniale, non sussistendo evidenti regole in grado, per così dire, di rendere autonome e indipendenti le obbligazioni del condominio, distinte cioè da quelle dei singoli condòmini [13]. In tale direzione, più o meno implicitamente, si è del resto orientato il legislatore nella disciplina di riforma del condominio di cui alla legge 11 dicembre 2012, n. 220, quantunque talune disposizioni sembrino indicare una diversa prospettiva ricostruttiva [14].

Le obbligazioni condominiali (in cui parte debitrice è ritenuto il condominio) sono allora in realtà riferibili, come si avrà modo di meglio rappresentare nel prosieguo, a una pluralità di debitori, per l'appunto i singoli condòmini, caratterizzandosi pertanto quali obbligazioni soggettivamente complesse dal lato passivo [15]. Tale soluzione, del resto, è as-

---

[13] Verrà qui ripresa e sviluppata l'impostazione già seguita, anche alla luce di precedenti riflessioni sul tema, in G. DI ROSA, *Le obbligazioni condominiali*, in *Giur. it.*, 2022, p. 254 ss.

[14] Sul senso della operata riforma, tra diversi, M. BASILE, *Le modifiche al regime condominiale*, in *Riv. dir. civ.*, 2013, p. 617 ss.; M. CAVALLARO, *Prime considerazioni sulla riforma della disciplina condominiale*, in *Nuove leggi civ. comm.*, 2013, I, p. 933 ss.; G. DI ROSA, *Profili ricostruttivi della nuova disciplina del condominio negli edifici*, in *Riv. dir. civ.*, 2013, I, p. 789 ss.; R. AMAGLIANI, *La riforma del condominio ed il rilievo delle destinazioni d'uso*, in *Rass. dir. civ.*, 2015, p. 1111 ss.; da ultimo, diffusamente, M. CAVALLARO, *Il condominio negli edifici. Condominio, amministratore e assemblea. La nuova disciplina*, in *Il codice civile. Commentario*, Artt. 1129-1137, fondato da P. Schlesinger e diretto da F.D. Busnelli e G. Ponzanelli, Milano, 2021, p. 3 ss., nonché EAD., *Prassi giurisprudenziale e norma nella disciplina del condominio*, in AA.VV., *Sui mobili confini del diritto. Tra pluralità delle fonti ufficiali e moltiplicarsi dei formanti formativi "di fatto", Scritti in onore di Massimo Paradiso*, a cura di M. Cavallaro, F. Romeo, E. Bivona, M. Lazzara, II, Torino, 2022, p. 473 ss.; da ultimo E. CAPOBIANCO, *Il condominio come parte negoziale: ente, gruppo, consumatore?*, in *Persona e Mercato*, 2023, p. 450 ss., con ampia ricostruzione del dibattito dottrinale e giurisprudenziale.

[15] Tale rappresentazione non pare del resto in contrasto con quanto autorevolmente evidenziato già da S. PUGLIATTI, *La proprietà nel nuovo diritto*, Milano, 1964, p. 144 ss., rispetto al tratto composito dell'istituto condominiale, ove «la linea di sviluppo è segnata da una esigenza di natura collettiva, che da prima affiora e si afferma, accanto all'originaria esigenza individuale, quindi mette radice e fa sentire il suo peso, infine assume la funzione di centro di gravitazione» (p. 173); l'avvertita preminenza, infatti, dell'elemento collettivistico (e del relativo interesse) non elide (né preclude) il riferimento ai singoli condòmini, quale parte unitaria della relazione obbligatoria dal lato

solutamente in linea con quanto tradizionalmente ritenuto in materia condominiale, sostenendosi variamente che le obbligazioni contratte nei confronti di un terzo (ad esempio, relativamente alle parti comuni dell'edificio, un'impresa di pulizia oppure un'impresa appaltatrice di lavori di ristrutturazione edilizia) dovessero essere soggette ai princìpi delle obbligazioni solidali, ossia alla regola della solidarietà quanto all'adempimento e quanto alla correlativa responsabilità debitoria [16]. La soluzione della parziarietà viene invece adottata ormai diversi anni fa al massimo livello giudiziale [17], innovando del tutto l'orientamento precedente e venendo altresì confermata di recente [18].

Le ragioni poste a fondamento dell'inversione di rotta, diretta cioè ad affermare la regola della responsabilità parziaria per le obbligazioni dei condòmini, sono rinvenibili nella disamina operata dalla pronuncia nomofilattica con riferimento alla struttura del rapporto solidale. Si sostiene, in particolare, che la regola della solidarietà debba applicarsi in presenza di un'unica prestazione che sia, più precisamente, indivisibile, mentre nelle obbligazioni condominiali vengono in considerazione prestazioni pecuniarie che sono certamente divisibili. Questa prima argomentazione si basa sulla nozione concettuale della solidarietà passiva che deve riferirsi a un'unica prestazione, coinvolgente più soggetti, e che troverebbe la propria giustificazione perché la prestazione deve es-

---

passivo, nella forma della responsabilità con pluralità di debitori (salvo precisare il tipo di vincolo soggettivamente complesso sussistente tra gli stessi).

[16] In passato, per tutti, G. BRANCA, *Comunione. Condominio negli edifici*, art. 1110-1139, in *Commentario del codice civile*[5], a cura di A. Scialoja e G. Branca, Bologna-Roma, 1972, p. 331 ss.; per la solidarietà limitata a coloro che hanno stipulato il contratto (e quelli che lo hanno approvato) L. SALIS, *Solidarietà nelle obbligazioni dei condomini*, in *Riv. giur. edil.*, 1966, I, p. 1011; nel senso della responsabilità sussidiaria del singolo condòmino, sia pure per l'intero ammontare, R. AMAGLIANI, *L'amministratore e la rappresentanza degli interessi condominiali*, Milano, 1992, p. 253.

[17] Il riferimento è alla decisione di Cass., Sez. Un., 8 aprile 2008, n. 9148, in *Corr. giur.*, 2008, p. 773 ss., con note (critiche) di A. DI MAJO, *Solidarietà e parziarietà nelle obbligazioni condominiali: l'eterno ritorno* e N. IZZO, *L'attuazione parziaria delle obbligazioni condominiali: una restaurazione ottocentesca del* favor debitoris*?*

[18] In tal senso, nella giurisprudenza di legittimità, Cass., 9 gennaio 2017, n. 199, Cass., 9 giugno 2017, n. 14530 e Cass., 29 settembre 2017, n. 22856, tutte in *www.ilcaso.it*; altresì, sia pure in forma di *obiter dictum*, Cass., 14 maggio 2019, n. 12715, *www.ilcaso.it*. Conformemente, nella giurisprudenza di merito, Trib. Monza, 27 aprile 2016, in *www.ilcaso.it*; in senso contrario Trib. Ascoli Piceno, 26 novembre 2015, in *www.ilcaso.it*.

sere eseguita una volta per tutti. La seconda argomentazione fa leva sull'art. 1314 c.c. il quale, con riguardo alle obbligazioni indivisibili, dispone che «Se più sono i debitori o i creditori di una prestazione divisibile e l'obbligazione non è solidale, ciascuno dei creditori non può domandare il soddisfacimento del credito che per la sua parte, e ciascuno dei debitori non è tenuto a pagare il debito che per la sua parte». Pertanto, se più sono i debitori di una prestazione divisibile e l'obbligazione non è solidale, ciascuno dei debitori non è tenuto a pagare il debito che per la sua parte; correlativamente, nel caso di obbligazioni divisibili la regola è la parziarietà (e non la regola generale della solidarietà), mentre l'inciso normativo «e l'obbligazione non è solidale» viene inteso come «se non è previsto dalla legge o dal titolo che l'obbligazione sia solidale», con la conseguenza della parziarietà. La previsione normativa ora richiamata, unitamente all'art. 1316 c.c., per il quale «L'obbligazione è indivisibile, quando la prestazione ha per oggetto una cosa o un fatto che non è suscettibile di divisione per sua natura o per il modo in cui è stato considerato dalle parti contraenti», e all'art. 1317 c.c., ai cui sensi «Le obbligazioni indivisibili sono regolate dalle norme relative alle obbligazioni solidali, in quanto applicabili, salvo quanto è disposto dagli articoli seguenti», permette ai giudici di affermare che la regola della presunzione della solidarietà vale solo per le obbligazioni indivisibili, in ragione del rilievo che deve essere corrisposta un'unica prestazione. In tal senso, infatti, si precisa che «Poiché la solidarietà, spesso, viene ad essere la configurazione ex lege, nei rapporti esterni, di una obbligazione intrinsecamente parziaria, in difetto di configurazione normativa dell'obbligazione come solidale e, contemporaneamente, in presenza di una obbligazione comune, ma naturalisticamente divisibile, viene meno uno dei requisiti della solidarietà e la struttura parziaria dell'obbligazione prevale»[19].

La responsabilità dei condòmini sarebbe retta, pertanto, dal criterio della parziarietà, con la conseguenza che le obbligazioni assunte nell'interesse del condominio si imputano ai singoli componenti, in ragione altresì del difetto di struttura unitaria del condominio, soltanto in proporzione delle rispettive quote, secondo criteri simili a quelli dettati dagli art. 752 e 1295 c.c. per le obbligazioni ereditarie e conformemente al dettato dell'art. 1123, comma 1 c.c. di ripartizione parziaria delle spese,

---

[19] Cass., Sez. Un., 8 aprile 2008, n. 9148, cit.

per l'appunto «sostenute dai condòmini in misura proporzionale al valore della proprietà di ciascuno».

Tale percorso ricostruttivo desta tuttavia più d'una perplessità [20]. In primo luogo, infatti, non pare condivisibile l'affermazione secondo la quale la solidarietà si fonderebbe sulla indivisibilità della prestazione, atteso che l'interpretazione più aderente al testo dell'art. 1314 c.c. è che in questa disposizione non si fa salva l'ipotesi in cui la legge preveda la solidarietà ma piuttosto si fa salvo il caso che l'obbligazione non sia solidale, che è cosa del tutto diversa; comunque, si sta facendo salva l'ipotesi che l'obbligazione sia solidale, nonostante la divisibilità della prestazione. Che non vi sia una incompatibilità tra la configurabilità dell'obbligazione come solidale (questione che attiene all'adempimento) e la sua struttura come obbligazione divisibile (questione che attiene alla prestazione) risulta già dall'art. 1298 c.c., per il quale «Nei rapporti interni l'obbligazione in solido si divide tra i diversi debitori o tra i diversi creditori, salvo che sia stata contratta nell'interesse esclusivo di alcuno di essi. Le parti di ciascuno si presumono uguali, se non risulta diversamente». L'ipotesi tipica tenuta presente dal legislatore per le obbligazioni solidali è pertanto quella della divisibilità [21]; anche se è vero, peraltro, che la prestazione deve essere la medesima, meno vero è che il titolo debba essere, comunque e sempre, unico [22]. La vera caratteristica delle obbligazioni solidali è certamente allora la medesimezza della prestazione [23], ma ciò non implica necessariamente il requisito della divisi-

---

[20] Similmente M. CAVALLARO, *Il condominio negli edifici*, in *Il codice civile. Commentario*, Artt. 1117-1128, fondato da P. Schlesinger e diretto da F.D. Busnelli, Milano, 2009, *sub* art. 1123, p. 222 ss.; altresì A. D'ADDA, *Le obbligazioni plurisoggettive*, cit., p. 69 ss.

[21] Nel senso che solidarietà e indivisibilità possono convivere A. BENEDETTI, *Delle obbligazioni in solido*, in *Commentario del codice civile*, diretto da E. Gabrielli, *Delle obbligazioni*, a cura di V. Cuffaro, *Artt. 1277-1320 – Leggi collegate*, Torino, 2013, *sub* art. 1292, p. 255 s., proprio alla luce del dettato normativo, segnatamente le previsioni di cui agli artt. 1298 e 1314 c.c.

[22] Al riguardo la recente decisione di Cass., Sez. Un., 27 aprile 2022, n. 13143, in *wwwildirittoamministrativo.it*, ha affermato che la responsabilità solidale risarcitoria prevista dall'art. 2055 c.c. sussiste quantunque i titoli di responsabilità di ciascuno dei danneggianti risultino diversi (ad esempio l'uno contrattuale e l'altro extracontrattuale).

[23] Per il rilievo che nelle obbligazioni solidali in generale è tutelato l'interesse all'esatto adempimento della medesima prestazione principale, da ultimo, Cass. (ord.), 31

bilità, estraneo all'interesse del creditore a essere sottratto al rischio dell'inadempienza di qualcuno dei condebitori in solido [24].

Ulteriori riflessioni possono poi essere condotte analizzando l'istituto della comunione, pure peraltro tenuto presente nella decisione che qui si analizza, i cui rapporti con il condominio (al di là della collocazione all'interno del medesimo titolo) trovano un preciso fondamento normativo nella previsione di rinvio dell'art. 1139 c.c., ove infatti si dispone che «Per quanto non è espressamente previsto da questo capo si osservano le norme sulla comunione in generale». Le indicazioni normative di interesse sono qui rappresentate dall'art. 1101 c.c., secondo cui «Le quote dei partecipanti alla comunione si presumono eguali. Il concorso dei partecipanti, tanto nei vantaggi quanto nei pesi della comunione, è in proporzione delle rispettive quote», e dall'art. 1104 c.c., per il quale «Ciascun partecipante deve contribuire nelle spese necessarie per la conservazione e per il godimento della cosa comune e nelle spese deliberate dalla maggioranza a norma delle disposizioni seguenti, salva la facoltà di liberarsene con la rinunzia al suo diritto. La rinunzia non giova al partecipante che abbia anche tacitamente approvato la spesa. Il cessionario del partecipante è tenuto in solido con il cedente a pagare i contributi da questo dovuti e non versati». Ora, proprio facendo leva su tali previsioni, relative alle obbligazioni dei comproprietari, si è respinto il tentativo di sottrarre al principio della cosiddetta presunzione di solidarietà le obbligazioni dovute da una pluralità di soggetti rispetto a un interesse certamente ricostruibile come comune (sul presupposto della contitolarità della *res* e dell'assunzione dell'obbligazione in ragione e in funzione di tale posizione giuridica). Si è infatti al riguardo autorevolmente evidenziato che la (normativamente) richiamata «ripartizione *pro quota* delle spese comuni attiene infatti esclusivamente ai c.d. rapporti interni tra comunisti; essa non implica pertanto anche un'attuazione parziaria dell'obbligazione per quanto concerne i rapporti (c.d. esterni)

---

marzo 2021, n. 8874, in *Contratti*, 2021, p. 531 s., con nota di R. CARLI, *Contratto autonomo di garanzia: differenze funzionali con il contratto di fideiussione*.

[24] Secondo A. DI MAJO, *Obbligazioni solidali (e indivisibili)*, in *Enc. dir.*, XXIX, Milano, 1979, p. 310, è al risultato di unificazione normativa «delle diverse posizioni (prestazioni) debitorie "in una medesima prestazione"» che si collega l'effetto ulteriore «consistente nel fatto che ciascun condebitore "può essere costretto all'adempimento per la totalità e l'adempimento da parte di uno libera gli altri" (art. 1292)».

con il creditore»[(25)], e «ciò contrariamente a quanto ha deciso qualche sentenza in tema di condominio negli edifici, riproponendosi una tesi assai diffusa mentre vigeva il codice civile del 1865 (ove però mancava una disposizione corrispondente all'art. 1294»[(26)].

Quanto, invece, al richiamato àmbito delle obbligazioni ereditarie, rispetto a cui non opera il regime della solidarietà ma quello della parziarietà, a fronte del già surriferito art. 752 c.c., che, come l'art. 1123 c.c. dettato in tema di condominio, attiene ai rapporti interni, occorre prendere in considerazione, con riferimento ai rapporti esterni, l'art. 754 c.c. il quale chiaramente delinea la natura parziaria dell'obbligazione (e della responsabilità) dei coeredi per debiti e pesi ereditari, ivi statuendosi che «Gli eredi sono tenuti verso i creditori al pagamento dei debiti e pesi ereditari personalmente in proporzione della loro quota ereditaria e ipotecariamente per l'intero. Il coerede che ha pagato oltre la parte a lui incombente può ripetere dagli altri coeredi soltanto la parte per cui essi devono contribuire a norma dell'articolo 752, quantunque si sia fatto surrogare nei diritti dei creditori».

Tale previsione, tuttavia, più che suffragare la tesi seguita dalle Sezioni Unite, milita in verità a sostegno della tesi opposta. È infatti qui evidente che il legislatore conosce la tecnica attraverso la quale connotare (all'esterno) quella particolare obbligazione plurisoggettiva come obbligazione parziaria, secondo del resto quanto statuito nell'art. 1295 c.c. con riguardo alla divisione dell'obbligazione tra gli eredi dei condebitori in solido in proporzione delle rispettive quote. Risulterebbe pertanto molto strano che, per le obbligazioni dei coeredi, il legislatore sia stato in grado di congegnare la regola appropriata, mentre, invece, quanto alla disciplina delle obbligazioni condominiali, non sia riuscito a prevedere una regola adatta o appropriata. Né, altresì, pare ricavabile

---

(25) F.D. BUSNELLI, *L'obbligazione soggettivamente complessa*, cit., p. 457 ss.; in tal senso del resto, in tempi più vicini, Cass., 21 ottobre 2011, n. 21907, in *Guida al diritto*, 45, 2011, p. 30, ha ribadito la natura solidale dell'obbligo contributivo dei comproprietari di una unità immobiliare sita in condominio quanto al pagamento degli oneri condominiali, quali condebitori di un'obbligazione contratta per la cosa comune.

(26) F.D. BUSNELLI, *L'obbligazione soggettivamente complessa*, cit., p. 458; riferisce (con tratti di adesione) del mutamento di prospettiva della giurisprudenza in materia condominiale (avvenuto nel 1956) nel senso della solidarietà dell'obbligo dei condòmini, rispetto alla originaria (peraltro non unanime) ricostruzione in termini di parziarietà, A. DI MAJO, *Obbligazioni solidali*, cit., p. 313 s.

da dati chiari, evidenti e inequivoci che il conflitto tra i coeredi e l'unico creditore sia equiparabile a quello che viene a sorgere tra condòmini e creditori. Tipicamente, anzi, i coeredi sono del tutto estranei alla nascita dell'obbligazione da parte del *de cuius* nei confronti del creditore. Diversamente, invece, i condomini hanno avuto la possibilità, attraverso l'esercizio del loro potere deliberativo, di decidere se far sorgere (o meno) quello specifico rapporto obbligatorio, assumendo eventualmente a livello convenzionale che l'obbligazione dovesse essere adempiuta attraverso il criterio della parziarietà, dal momento che il titolo può prevedere diversamente [27]. Anche nella prospettiva di un ricorso allo strumento dell'analogia, non sembrerebbe agevole individuare un conflitto di interessi simile, che possa pertanto fondare e giustificare un'analoga regolamentazione.

5. (Segue). *Le scelte operate dal legislatore della riforma*

Alle critiche già mosse all'epoca della decisione ora esaminata e rinnovabili alla successiva giurisprudenza che ha ritenuto di (continuare a) seguire l'indirizzo nomofilattico, debbono aggiungersi i rilievi formulabili alla luce della successiva riforma condominiale, rispetto alla quale, peraltro, deve preliminarmente rilevarsi l'assenza di una precisa presa di posizione nel senso della solidarietà o in quello della parziarietà. Proprio questo primo rilievo [28] ha indotto a valorizzare (in un senso o nell'altro) i novellati indici normativi, anche in relazione alla connessa e rilevante questione della (più o meno limitata) soggettività del condominio che, comunque, sembra doversi risolvere in senso negativo, pur con

[27] È quanto accaduto nella vicenda decisa da Trib. Trani, 25 ottobre 2021, in *Amministrare immobili*, 259, 2021, p. 16 s., con (previo) commento di C. BELLI, *Per qualche clausola in più! Alla ricerca della "*parziarietà*" perduta*, che ha ritenuto valida la clausola negoziale contenuta in un contratto d'appalto con cui si escludeva la solidarietà tra condòmini per il pagamento del corrispettivo.

[28] Per la cui relativa, dettagliata disamina si rinvia a V. COLONNA, *Del condominio negli edifici*, in *Commentario del codice civile*, diretto da E. Gabrielli, *Della proprietà*, a cura di A. Jannarelli e F. Macario, *Artt. 1100-1172*, Torino, 2013, *sub* art. 1129, p. 364 ss. e, in particolare, p. 374 ss.

tutte le incertezze interpretative del testo legislativo [29] e nonostante le prese di posizione sul punto (favorevoli ma del tutto apodittiche) da parte della giurisprudenza sovranazionale [30].

L'attenzione, in particolare, è stata rivolta alla modificata previsione dell'art. 63 disp. att. c.c. in tema di inadempimento dei condòmini, poteri (e compiti) dell'amministratore e tutele creditorie, ai sensi del cui comma «Per la riscossione dei contributi in base allo stato di ripartizione approvato dall'assemblea, l'amministratore, senza bisogno di autorizzazione di questa, può ottenere un decreto di ingiunzione immediatamente esecutivo, nonostante opposizione, ed è tenuto a comunicare ai creditori non ancora soddisfatti che lo interpellino i dati dei condomini morosi». L'amministratore, pertanto, può (e deve), di propria iniziativa e senza informare i condòmini, richiedere e ottenere i decreti ingiuntivi immediatamente esecutivi (in base allo stato di ripartizione approvato dall'assemblea), prevedendosi altresì che i condòmini non morosi han-

(29) In senso diverso R. CATERINA, *Il condominio come ente di gestione*, cit., p. 248 s. La giurisprudenza, dal canto suo, in un primo momento ha sostenuto con Cass., Sez. Un., 18 settembre 2014, n. 19663, in *Corr. giur.*, 1531 ss., con nota di A. CARRATO, *Legge Pinto e legittimazione del condominio: il dictum delle Sezioni Unite*, la sicura soggettività autonoma del condominio, per poi ritornare sui propri passi con Cass., Sez. Un., 18 aprile 2019, n. 10934, in *Foro it.*, 2019, I, p. 3673 ss., escludendo che in sede di riforma il legislatore abbia voluto riconoscere al condominio personalità giuridica, anche in ragione dell'operato confronto tra testo provvisorio e testo definitivo del provvedimento.

(30) Il riferimento è alla decisione di Corte di Giustizia UE, 2 aprile 2020, causa C-329/19, in *Nuova giur. civ. comm.*, 2020, p. 848 ss., con commento previo (e giustamente assai critico) di G. DE CRISTOFARO, *Diritto dei consumatori e rapporti contrattuali del condominio: la soluzione della Corte di Giustizia UE, ivi*, p. 842 ss., quanto alla ritenuta non applicabilità della disciplina comunitaria a tutela del consumatore ai contratti conclusi dal condominio con un professionista, escludendo, per un verso, la qualifica di consumatore per il condominio che, pur soggetto giuridico secondo il diritto nazionale italiano, non è né una persona fisica né una persona giuridica e tuttavia riconoscendo, per altro verso, la compatibilità con il diritto unionale di un orientamento giurisprudenziale interno inclusivo; *adde* D. FORESTA, *Il recente approdo della Corte di Giustizia sul condominio consumatore*, in *Studium iuris*, 2021, p. 16 ss. La pronuncia segue il rinvio pregiudiziale di Trib. Milano, 1° aprile 2019, in *Nuova giur. civ. comm.*, 2019, p. 1171 ss., con nota di D. FORESTA, *Condominio e consumatore: un connubio possibile?*, che per l'appunto aveva formulato il quesito in ordine ai contratti conclusi dal condominio per scopi estranei alla propria attività professionale e in una situazione di inferiorità nei confronti del professionista sia quanto al potere di trattativa sia quanto al potere di informazione.

no diritto di ricevere notizie rispetto all'identità dei condòmini morosi (secondo peraltro quanto introdotto, in ordine allo stato dei pagamenti, dall'art. 1130 n. 9 c.c.). Il riconosciuto potere in capo all'amministratore e l'introdotto diritto di accesso da parte degli altri condòmini non si spiegherebbero se il rischio dell'insolvenza dovesse ricadere sul creditore e se, dunque, l'obbligazione fosse da ritenere parziaria.

A questa argomentazione può aggiungersene una ulteriore, basata sulla previsione del novellato art. 63, comma 2, disp. att. c.c., ove si dispone che «I creditori non possono agire nei confronti degli obbligati in regola con i pagamenti, se non dopo l'escussione degli altri condomini». La preclusa possibilità per i creditori di agire nei confronti degli obbligati in regola con i pagamenti, se non dopo l'escussione degli altri condòmini, sembra mal conciliarsi con la tesi della parziarietà. Il creditore del condominio, infatti, potrà agire anche nei confronti di coloro i quali hanno già adempiuto l'obbligazione relativa alla propria quota, dovendosi dunque escludere la prospettiva della parziarietà, sia pure sula base di un vincolo di solidarietà temperato dalla richiesta preventiva escussione dei condòmini morosi [31]. Tale instaurato meccanismo è stato ritenuto, in senso contrario, indicativo del criterio della doppia parziarietà o doppia responsabilità parziaria dei condòmini verso i creditori [32]. In particolare, secondo il prospettato criterio, il *debitum* in capo ai condòmini che abbiano regolarmente pagato la propria quota di contribuzione alle spese condominiali andrebbe qualificato in termini di obbligazione (legale di garanzia) sussidiaria ed eventuale, favorita dal *beneficium excussionis*, con esclusione dunque di qualsiasi vincolo di (originaria) solidarietà tra i condòmini [33]. In questa direzione, del resto, si

---

[31] In tal senso anche V. COLONNA, *Del condominio negli edifici*, cit., *sub* art. 1129, p. 378, nt. 172.

[32] Si tratta della posizione, a quel tempo esposta in forma dubitativa, di A. SCARPA, *Condomini morosi, condomini garanti e «doppia parziarietà» nella Riforma del condominio*, in *Immobili & proprietà*, 2013, p. 219 ss.

[33] Questa la ricostruzione, oggi meditatamente più decisa, di A. SCARPA, *Le spese e le obbligazioni*, in A. CELESTE-A. SCARPA, *Il condominio negli edifici*, Milano, 2017, p. 1001 ss., assimilando «La posizione del condòmino in regola con i pagamenti, chiamato dal creditore a rispondere delle quote dovute dai morosi, dopo la preventiva escussione degli stessi, (...) a quella di un **fideiussore *ex lege***. Il condomino solvente garantisce l'adempimento del contributo imposto al moroso, ovvero un debito altrui»; diversamente V. COLONNA, *Del condominio negli edifici*, cit., *sub* art. 1129, p. 383, indivi-

muove decisamente anche la giurisprudenza di legittimità, ormai abbastanza conforme nel senso della natura parziaria delle obbligazioni condominiali e della obbligazione sussidiaria di garanzia in capo ai condòmini in regola con i pagamenti per le obbligazioni dei condòmini morosi, modellata per l'appunto come una sorta di fideiussione *ex lege* con beneficio di preventiva escussione dei condòmini morosi [34].

In verità il pur articolato e complesso sistema messo in campo dal legislatore della riforma non sembra delineare tratti di reale diversità in relazione a un rapporto obbligatorio che rimane comunque plurisoggettivo con vincolo di solidarietà. Diversamente, infatti, non si spiegherebbe perché sia espressamente riconosciuta al creditore la possibilità di aggredire anche i condòmini non morosi, rispetto ai quali l'introdotto *beneficium excussionis* può agevolmente ricondursi, all'interno della disciplina delle obbligazioni solidali, alla contemplata diversità delle modalità con le quali siano tenuti i singoli debitori, senza che ciò escluda la solidarietà, secondo quanto puntualmente previsto dall'art. 1293 c.c. Tra queste modalità, già in tempi risalenti, veniva autorevolmente indicata la previsione dello specifico onere della procedura esecutiva contro un condebitore prima di potere aggredire il patrimonio dell'altro [35].

---

duando un duplice livello di solidarietà, ossia quello dei condòmini morosi e, poi, quello dei condòmini in regola con i pagamenti; similmente M. CAVALLARO, *Prassi giurisprudenziale e norma nella disciplina del condominio*, cit., p. 478, individuando nell'esigenza di tutela dei creditori la riconduzione della fattispecie della responsabilità per debito residuo in capo ai condòmini non morosi nell'alveo della solidarietà.

[34] In tal senso, da ultimo, Cass. (ord.), 6 dicembre 2023, n. 34220, in *www.ilcaso.it*, richiamando peraltro precedenti decisioni conformi e statuendo con riferimento all'iniziativa del creditore procedente (nel caso di specie per parziale inadempimento contrattuale in ordine a lavori di ristrutturazione condominiale) che «*l'onere di preventiva escussione dei condòmini "morosi" gravante, ai sensi dell'art. 63, comma 2, disp. att. c.c., sul creditore solo parzialmente soddisfatto e munito di titolo esecutivo, non ha ad oggetto la sola somma corrispondente alla quota millesimale del condòmino moroso sull'importo residuo dell'obbligazione di cui al titolo esecutivo, ma l'intero importo della suddetta "morosità", cioè l'intera originaria quota dell'obbligazione condominiale imputabile al singolo condòmino, detratto quanto eventualmente già pagato al creditore dall'amministratore, in nome e per conto di detto condòmino, in virtù dei versamenti dallo stesso effettuati nelle casse condominiali, secondo l'imputazione comunicata ai sensi dell'art. 63, comma 1, disp. att. c.c., e/o quanto versato direttamente dal singolo condòmino al terzo*».

[35] Il riferimento è a P. RESCIGNO, *Studi sull'accollo*, Milano, 1958, p. 68 ss.

Del resto lo stesso legislatore della riforma, laddove avesse voluto, avrebbe avuto a disposizione e, dunque, avrebbe potuto adottare il ben noto modello delle obbligazioni collettive, deputato a differenziare, sia pure all'interno di una variegata pluralità di fattispecie alle stesse riconducibili, le forme di responsabilità di gruppi, comunque qualificabili come entità collettive, variamente declinabili in termini di soggettività ma certamente distinte dai singoli componenti. A questa logica risultano infatti ispirati i differenti schemi della soggettività degli enti collettivi non riconosciuti, lucrativi o meno, cui corrispondono, sul versante della responsabilità per le obbligazioni assunte, le articolate regole della diversa, graduata imputazione alle singole persone fisiche (tutte o solo alcune) rispetto al fondo comune o al patrimonio sociale [36].

---

[36] Diversamente, sia pure prima della riforma, C.M. BIANCA, *Diritto civile*, 4, *L'obbligazione*, Milano, 1993, p. 773 s., ritenendo che il rapporto obbligatorio faccia capo al condominio e che di esso risponda personalmente e illimitatamente l'amministratore che ha lo assunto in nome proprio o genericamente in nome del condominio, mentre i singoli condòmini risponderebbero delle obbligazioni condominiali con i beni facenti parte della gestione comune; per condivisibili rilievi di segno contrario in ordine all'applicazione delle regole codicistiche dettate in tema di enti di fatto M. CAVALLARO, *Il condominio negli edifici*, cit., p. 16 ss.

CAPITOLO III

INADEMPIMENTO
E RESPONSABILITÀ PATRIMONIALE

SOMMARIO: 1. La mancata attuazione del rapporto obbligatorio. – 2. La responsabilità patrimoniale del debitore. – 3. Il diritto civile della crisi economica e la nuova disciplina del sovraindebitamento. Tratti ricostruttivi. – 4. (*Segue*). Le procedure di composizione della crisi da sovraindebitamento. Cenni riassuntivi.

1. *La mancata attuazione del rapporto obbligatorio*

Il rapporto obbligatorio, come in precedenza messo in evidenza, sorge in previsione del proprio (successivo) venire meno, attraverso cioè l'ordinario percorso di estinzione dell'obbligazione in ragione del corrispondente adempimento, deputato a realizzare, per un verso, il risultato atteso dal creditore e assicurare, per altro verso, al debitore, che ha fatto quel che doveva (a cui per l'appunto era tenuto in quanto obbligato), la liberazione dalla sua posizione di svantaggio. Ciò, ovviamente, rappresenta la normale traduzione di una vicenda che può, però, presentare andamenti differenti, con tutto ciò che questo comporta quanto ai possibili risvolti in termini (o meno) di tutela (ed eventualmente quale) della posizione di vantaggio del creditore. Verranno pertanto qui prese in considerazione le relazioni tra attuazione e mancata attuazione del rapporto obbligatorio in ragione (più specificamente) del dovuto comportamento tenuto dal debitore nel primo caso o della corrispondente assenza di quanto richiesto al debitore nel secondo. In buona sostanza, messo di canto il tema, per un verso, della possibile realizzazione dell'interesse del creditore per il tramite di un comportamento ascrivibile a soggetto differente dal debitore (è il caso, ad esempio, dell'adempimento del terzo di cui all'art. 1180 c.c.) e, per altro verso, della possibile mancata realizzazione dell'interesse medesimo per una causa non riferibile al debitore (è questo il caso, ad esempio, dell'impossibilità sopravvenuta della prestazione per causa non imputabile al debitore), si tratta di prendere in esame i rapporti tra adempimento e inadempimento, sottintendendo poi quest'ultimo il richiamo ai connessi e consequenziali aspetti della responsabilità e della garanzia.

Preliminare appare l'individuazione dei termini di riferimento normativi, decisivi per focalizzare l'attenzione sugli ordini di problemi che attengono ai rapporti tra le tecniche di tutela del credito e le tecniche di tutela della posizione debitoria, laddove si verifichi inadempimento dell'obbligazione (a prescindere dalla relativa fonte) [1].

Il richiamo è, anzitutto, alle previsioni generali degli artt. 1218 e 2740 c.c. (senza, tuttavia, dimenticare l'art. 2910 c.c.). La prima è dettata (all'interno del titolo I del libro quarto) con riguardo alle disposizioni

---

[1] Peraltro, la persistenza dell'inadempimento, rispetto a certi rapporti obbligatori soggettivamente qualificati, può produrre (a certe condizioni) una situazione in grado di incidere in maniera particolare sulla relazione obbligatoria. È questo il caso del cosiddetto *default*, la cui nuova nozione, in vigore dal 1° gennaio 2021, modifica quella originariamente prevista dal regolamento europeo 26 giugno 2013, n. 575, relativo ai requisiti prudenziali per gli enti creditizi e le imprese di investimento, con riguardo (ai sensi del relativo art. 178) alle condizioni in presenza delle quali esso può ritenersi verificato. Al riguardo, introducendo criteri più stringenti rispetto a quelli sinora previsti, la nuova definizione di *default* prevede, secondo quanto indicato nella sintesi della Banca d'Italia, che «ai fini del calcolo dei requisiti patrimoniali minimi obbligatori per le banche e gli intermediari finanziari, i debitori siano classificati come deteriorati (*default*) al ricorrere di almeno una delle seguenti condizioni: a) il debitore è in arretrato da oltre 90 giorni (in alcuni casi, ad esempio per le amministrazioni pubbliche, 180) nel pagamento di un'obbligazione rilevante; b) la banca giudica improbabile che, senza il ricorso ad azioni quali l'escussione delle garanzie, il debitore adempia integralmente alla sua obbligazione». In particolare, un debito scaduto va considerato rilevante «quando l'ammontare dell'arretrato supera entrambe le seguenti soglie: i) 100 euro per le esposizioni al dettaglio e 500 euro per le esposizioni diverse da quelle al dettaglio (*soglia assoluta*); ii) l'1 per cento dell'esposizione complessiva verso una controparte (*soglia relativa*)». Pertanto, la coesistenza dei presupposti della persistenza dell'inadempimento (debito scaduto da oltre 90 giorni), del superamento della soglia assoluta e del superamento della soglia relativa, determinano la considerazione (giuridicamente rilevante) del debito in *default*. Va precisato che la soglia assoluta è pari a 100 euro per il settore *Retail* (ossia persone fisiche e piccole e medie imprese con esposizione nei confronti della banca inferiore a 1 milione di euro) e di 500 euro per il settore *Corporate*.

di parte generale della disciplina delle obbligazioni ed è dedicata (insieme ad altre) proprio alla regolamentazione dell'inadempimento del rapporto obbligatorio; la seconda, invece, è dettata (all'interno del titolo III del libro sesto) in apertura delle disposizioni generali in tema di responsabilità patrimoniale del debitore, cause di prelazione e conservazione della garanzia patrimoniale [(2)]. Le due regole vanno analizzate specularmente perché la prima è presupposto di operatività dell'altra. All'art. 1218 c.c. viene, infatti, deputata la individuazione dell'inadempimento del debitore, per stabilire cioè quando si verifichi l'inadempimento, con l'indicazione dunque dei criteri di imputazione della relativa responsabilità, ossia «le condizioni generali di nascita della responsabilità per inadempimento, ossia le condizioni di rilevanza del danno-evento definendo, al contempo, le condizioni di risarcibilità del pregiudizio correlato al valore obiettivo della prestazione rimasta ineseguita (danno intrinseco)» [(3)]. All'art. 2740 c.c. il legislatore affida invece un'altra funzione, ossia individuare, una volta verificatosi l'inadempimento, l'oggetto della responsabilità debitoria, definendo dunque la tutela del creditore per la realizzazione del proprio interesse, pregiudicato dall'inadempimento del debitore. Pertanto, la responsabilità patrimoniale ivi statuita, in rapporto di evidente strumentalità con l'obbligazione, «presidia dall'esterno il buon funzionamento del rapporto obbligatorio, e ne assicura comunque il risultato utile anche contro l'inerzia e la cattività volontà del debitore: ne assicura il risultato esponendo i beni di quest'ultimo (...) all'azione esecutiva promossa dal creditore» [(4)].

Occorre dunque in prima battuta mettere in evidenza gli elementi identificativi e costitutivi della fattispecie dell'art. 1218 c.c., ai cui sensi «Il debitore che non esegue esattamente la prestazione dovuta è tenuto al risarcimento del danno, se non prova che l'inadempimento o il ritar-

---

[(2)] Sul tema, già, L. RICCA, *La prelazione nel sistema delle garanzie*, Milano, 1971, p. 21 ss.; *adde* E. ROPPO, *La responsabilità patrimoniale del debitore*, in *Trattato di diritto privato*, diretto da P. Rescigno, 19, I, Torino, 1985, p. 363 ss.; più di recente G. SICCHIERO, *La responsabilità patrimoniale*, in *Trattato di diritto civile*, diretto da R. Sacco, Torino, 2011, p. 18 ss.

[(3)] A. BELFIORE, *Dissesto economico da inadempimento (o da fatto illecito) e risarcimento del danno: la figura del «danno estrinseco» e il sistema degli artt. 1223, 1225 e 1227, co. 2, c.c.*, in *Europa e dir. priv.*, 2019, p. 357.

[(4)] E. ROPPO, *Responsabilità patrimoniale*, in *Enc. dir.*, XXXIX, Milano, 1988, p. 1043.

do è stato determinato da impossibilità della prestazione derivante da causa a lui non imputabile».

Si tratta anzitutto di una responsabilità da inadempimento del rapporto obbligatorio, che pertanto prescinde, rispetto alla previsione dell'art. 1218 c.c., dallo specifico titolo costitutivo ossia dalla fonte dell'obbligazione, indifferentemente potendo essa predicarsi sia che si faccia riferimento a un titolo convenzionale, sia che si faccia riferimento a un titolo unilaterale o che si faccia, infine, riferimento a un titolo che trova fondamento nella legge, quale è il caso, ad esempio, dell'obbligazione alimentare (artt. 433 ss. c.c.).

Dalla formulazione dell'art. 1218 c.c. è peraltro possibile ricavare sia (in via immediata) i tratti costituenti l'inadempimento sia (in via mediata) i tratti che contraddistinguono l'adempimento, consentendone dunque la relativa individuazione, ricavabile, *a contrario*, proprio dal modello che il legislatore prospetta quanto alla fattispecie dell'inadempimento. In altri termini, la nozione (positiva) di adempimento si ricava dalla nozione (negativa) di inadempimento, che per l'appunto è non adempimento. Dal momento che il legislatore dispone che il debitore il quale non esegue esattamente la prestazione dovuta è, in quanto inadempiente, tenuto a risarcire il danno cagionato, l'adempimento è, in senso inverso, l'esatta esecuzione della prestazione dovuta; il termine «esattezza», tuttavia, pur essendo apparentemente di agevole comprensione, operativamente, ossia dal punto di vista applicativo, risulta molto complesso.

Al riguardo, per comprendere cosa debba intendersi per «adempimento esatto», la cui inesattezza produce l'inadempimento e, dunque, genera la responsabilità (risarcitoria), bisogna fare necessario riferimento alle due componenti costitutive, oggettiva e soggettiva, del rapporto obbligatorio, le quali contribuiscono alla identificazione della corrispondente relazione. L'esattezza dell'adempimento deve essere valutata dunque sul versante oggettivo e su quello soggettivo, dovendosi intendere l'adempimento sia come soddisfazione della pretesa creditoria (dunque, *a latere creditoris*) sia come liberazione del debitore (dunque, *a latere debitoris*). Può peraltro accadere, come già in precedenza rilevato, che non sussista corrispondenza tra i due aspetti, essendo cioè possibile che vi sia soddisfazione creditoria senza che a questa corrisponda liberazione debitoria e viceversa (può farsi il caso, quanto alla prima evenienza, dell'adempimento del terzo *ex* art. 1180 c.c. e, quanto alla seconda, dell'impossibilità sopravvenuta della prestazione *ex* art. 1256 c.c.). Nella situazione considerata, ad esempio, l'esecuzione della prestazione nei confronti di un soggetto rispetto al quale non si è obbligati non può realizzare l'adempimento (soggettivamente) esatto, proprio perché il soggetto nei confronti del quale il debitore ha eseguito la prestazione non è quello nei confronti del quale egli è tenuto; siamo cioè in presenza di una evidente difformità soggettiva. Lo stesso deve ritenersi con riferimento alla componente oggettiva, rispetto alla quale il *quid* dovuto dal debitore può avere diverso contenuto (sia esso un *dare* una cosa materiale, un comportamento attivo consistente in un *facere*, un comportamento negativo consistente in un obbligo di astensione o di *non facere*). Se la prestazione eseguita è difforme da quella che forma oggetto del rapporto obbligatorio ci sarà inesattezza e, correlativamente, inadempimento. L'inesattezza può, a sua volta, riguardare profili differenti, ossia può essere quantitativa, qualitativa, parziale o totale; in quest'ultimo caso (ossia allorché totale) rientra l'ipotesi del cosiddetto *aliud pro alio* (ad esempio, trasferimento dell'immobile privo del necessario requisito di abitabilità).

La mancata esatta esecuzione della prestazione (nel senso meglio sopra precisato) traduce l'inadempimento ed è per l'ordinamento presupposto generatore della responsabilità, nel senso che il debitore, inadempiente e dunque responsabile, deve riparare il pregiudizio arrecato. L'inadempimento, inteso come inesatta esecuzione della prestazione dovuta e generatore di responsabilità, può tuttavia essere escluso, quanto alla relativa imputabilità e, dunque, alla corrispondente riferibilità alla sfera debitoria, secondo la espressa indicazione del già richiamato art. 1218 c.c., che affida all'onere della prova a carico del debitore l'esclusione della relativa responsabilità. Si tratta di una tecnica opposta rispetto alla disciplina predisposta per l'area della responsabilità extracontrattuale, ove invece (ai fini della relativa sussistenza) occorre che il danneggiato (per vantare la pretesa creditoria-risarcitoria) provi tutti gli elementi costitutivi della invocata responsabilità: il nesso eziologico tra la condotta e l'evento pregiudizievole, l'elemento soggettivo (la colpa o il dolo) e il danno. Nel caso della responsabilità contrattuale (ossia da violazione del preesistente rapporto obbligatorio) il debitore che non esegue esattamente la prestazione dovuta è tenuto a risarcire il danno se non prova che l'inadempimento o il ritardo è stato determinato da impossibilità della prestazione derivante da causa a lui non imputabile.

Come è stato acutamente rappresentato, quanto al perseguito obiettivo da parte del legislatore del 1942 di coordinare le logiche del diritto sostanziale con le logiche proprie del diritto processuale, si è qui fatto ricorso alla tecnica della riduzione (o scissione) della fattispecie costitutiva, «vale a dire la tecnica della configurazione in negativo – e, quindi, come elemento impeditivo – di un fatto qualificabile come costitutivo secondo le logiche del diritto sostanziale; così, per esempio, secondo le logiche del diritto sostanziale, l'imputabilità dell'inadempimento al debitore è indubbiamente elemento costitutivo della responsabilità contrattuale; ma il creditore «ha scarsa possibilità di accertare le vicende che hanno condotto all'inadempimento, poiché queste si sono verificate nella sfera di attività e di organizzazione del creditore», sicché*, in forza delle logiche proprie del diritto probatorio* (in questo caso, l'esigenza di effettività del diritto sostanziale), l'imputabilità cambia *ai fini probatori* natura e, assunto il volto della non imputabilità, si tramuta da elemento costitutivo (la cui prova sarebbe a carico del creditore) in elemento impeditivo della responsabilità (e la prova sarà, allora, a carico del debitore: e v. l'inciso finale dell'art. 1218 c.c.)»[(5)]. Occorre allora individuare il contenuto della indicata prova liberatoria, ossia l'impossibilità della prestazione derivante da causa non imputabile al debitore.

Al riguardo sono possibili due (distinte) prospettive interpretative, che traducono un diverso modo di costruire e (dunque) rappresentare il giudizio di responsabilità[(6)]. L'una traduce l'idea di una responsabilità debitoria fondata sulla colpa, per cui il debitore che voglia rendersi esente da responsabilità dovrà provare di non essere in colpa; l'altra traduce l'idea di una responsabilità debitoria normativamente costruita in termini oggettivi, per cui al debitore non è consentito escludere la propria responsabilità adducendo il proprio comportamento non col-

---

(5) A. BELFIORE, *Onere della prova e responsabilità contrattuale*, in *Annali del Seminario Giuridico dell'Università di Catania*, VIII (2006-2007), Milano, 2008, p. 6 s.; sul tema, certamente non agevole, del riparto degli oneri probatori in materia di responsabilità contrattuale, da ultimo L. MODICA, *La prova di adempimento o inadempimento*, in *Il regime probatorio nel giudizio sulla responsabilità da inadempimento*, a cura di M. Maggiolo, Milano, 2022, p. 253 ss.

(6) In termini C.M. BIANCA, *Diritto civile*, 5, *La responsabilità*[2], Milano, 2012, p. 13 ss.; da ultimo A. NICOLUSSI-G. PORTONERA, *Buona fede e correttezza nel rapporto obbligatorio*, Torino, 2023, p. 49 ss.

pevole. Si tratta di due prospettive diametralmente opposte perché la prima rende, ovviamente, più agevole la posizione del debitore, quantunque egli debba provare di aver agito secondo diligenza, in ciò richiamandosi la previsione di cui all'art. 1176 c.c.; la seconda invece riduce, e di molto, i margini di tutela del debitore, nei cui confronti è molto più facile (per il creditore) imputare la responsabilità a seguito di inadempimento, esponendo il debitore al massimo rischio della oggettiva (e non soggettiva) (im)possibilità della prestazione.

Occorre, pertanto, stabilire se la indicata impossibilità della prestazione debba avere connotazione oggettiva, dunque valevole per tutti i debitori, a prescindere dalla caratterizzazione in via puntuale di quello specifico debitore rispetto al concreto rapporto obbligatorio; oppure soggettiva, dunque connotante quello specifico debitore e rispetto al peculiare rapporto obbligatorio di cui si discute. In talune ipotesi è certamente agevole individuare l'esimente della responsabilità, ad esempio rappresentata dal fatto del terzo (come nei già indagati casi Superga e Meroni), dal momento che il comportamento pregiudizievole ascrivibile a un terzo estraneo al rapporto obbligatorio esclude sicuramente la responsabilità del debitore; oppure consistente nel successivo provvedimento normativo che incida sulla dinamica del rapporto obbligatorio, come per le recenti vicende legate all'emergenza da pandemia e la consequenziale adozione di una regolamentazione d'urgenza, contenuta nel decreto legge 17 marzo 2020, n. 18, recante misure di potenziamento del servizio sanitario nazionale e di sostegno economico per famiglie, lavoratori e imprese connesse all'emergenza epidemiologica da COVID-19 (poi convertito in legge 24 aprile 2020, n. 27), il cui art. 91 ha introdotto all'art. 3 decreto legge 23 febbraio 2020, contenente misure urgenti in materia di contenimento e gestione dell'emergenza epidemiologica da COVID-19, il comma 6 *bis*, ove si dispone che «Il rispetto delle misure di contenimento di cui al presente decreto è sempre valutata ai fini dell'esclusione, ai sensi e per gli effetti degli articoli 1218 e 1223 c.c., della responsabilità del debitore, anche relativamente all'applicazione di eventuali decadenze o penali connesse a ritardati o omessi adempimenti». A quest'ultimo riguardo può in questa sede sinteticamente rilevarsi che l'introdotta previsione normativa non sembra, in verità, avere una reale portata innovativa, atteso che la responsabilità del debitore impossibilitato ad adempiere in quanto tenuto ad adeguarsi alle imposte misure di contenimento avrebbe già potuto essere esclusa proprio in applicazione dell'art. 1218 c.c. D'altro canto, non del tutto chiaro appare il riferimento all'art. 1223 c.c., che, nel sistema del codice civile, unitamente alle altre disposizioni di cui agli artt. 1225 e 1227, comma 2 c.c., contribuisce a definire «le condizioni di rilevanza del danno da mancato impiego della prestazione valutato in concreto (o *da impiego* di una prestazione *inesatta)* attraverso *requisiti aggiuntivi,* rendendo così risarcibili perdite e mancati guadagni («danno estrinseco)» correlati ad un evento dannoso, positivo o negativo («danno-conseguenza»), *altrimenti irrilevante*» [7].

2. *La responsabilità patrimoniale del debitore*

Come già evidenziato, l'inadempimento genera responsabilità. Più specificamente si tratta di una responsabilità patrimoniale, rilevando in tal senso la richiamata previsione di cui all'art. 2740 c.c., tema al quale vanno altresì ricollegati gli altri due ambiti espressamente richiamati dalla rubrica del titolo III del libro sesto, ossia le cause di prelazione e la conservazione della garanzia patrimoniale [8].

Preliminarmente occorre precisare, per un verso, che il rapporto tra il debito e la responsabilità è tale sul piano, non già genetico, ma funzionale, nel senso che, «solo ove l'obbligazione non venga adempiuta, opera il vincolo di responsabilità che coinvolge il «patrimonio» del debitore» [9]; per altro verso, che la responsabilità del debitore per l'inadempimento delle obbligazioni assunte è per l'ordinamento di natura squisitamente economico-patrimoniale, ossia si traduce in un corrispondente valore monetario (così superandosi la risalente previsione dell'arresto per debiti), che incide sul patrimonio del debitore e traduce la

---

(7) A. BELFIORE, *Dissesto economico da inadempimento (o da fatto illecito)*, cit., p. 357 s.

(8) Al riguardo L. BARBIERA, *Responsabilità patrimoniale. Disposizioni generali*, in *Il codice civile. Commentario*, Artt. 2740-2744, diretto da P. Schlesinger, Milano, 1991, *sub* art. 2740, p. 3 ss.

(9) A. DI MAJO, *Debito e patrimonio nell'obbligazione*, in *Le obbligazioni e i contratti al tempo della crisi economica. Italia e Spagna a confronto*, a cura di G. Grisi, Napoli, 2014, p. 23.

logica riparatoria per equivalente, tranne che sia diversamente possibile, ossia la tutela in forma specifica, la quale peraltro non esclude il tratto risarcitorio.

Il secondo àmbito, quello cioè delle cause di prelazione, nel contesto della patologia del rapporto obbligatorio opera la ben nota differenziazione tra categorie di creditori (individuando quelli preferiti rispetto a quelli non preferiti in ordine all'attuazione delle proprie pretese rimaste insoddisfatte a motivo dell'inadempimento del debitore). Il terzo àmbito, relativo alla conservazione della garanzia patrimoniale, consente di distinguere (anche rispetto agli individuati strumenti di tutela del creditore) una responsabilità patrimoniale generica (ossia sull'intero patrimonio del debitore) e una responsabilità patrimoniale specifica (ossia su specifici beni del patrimonio del debitore).

Le indicazioni normative di riferimento sono dunque rappresentante dalle previsioni (di carattere generale) degli artt. 2740-2744 c.c. La prima previsione è pertanto costituita dall'art. 2740 c.c. ai cui sensi «Il debitore risponde dell'adempimento dell'obbligazione con tutti i suoi beni presenti e futuri. Le limitazioni della responsabilità non sono ammesse se non nei casi stabiliti dalla legge». Il debitore risponde allora (in termini per l'appunto patrimoniali) dell'inadempimento con tutti i suoi beni presenti e futuri; è dunque regola generale dell'ordinamento che il complesso dei beni, inteso come complesso delle utilità economiche facenti capo al patrimonio del debitore, sia a disposizione del creditore costituendone la cosiddetta garanzia patrimoniale generica. Questa è propriamente la risposta dell'ordinamento al *vulnus* prodotto dall'inadempimento del debitore, accadimento che traduce una inefficienza del sistema, a cui fare fronte nel miglior modo possibile e con tutti gli strumenti consentiti e praticabili nel contesto socioeconomico storicamente dato. In linea con la regola generale (espressa nell'art. 2740, comma 1 c.c.) sta la successiva previsione contenuta nell'art. 2740, comma 2 c.c. Rispetto infatti alla disposta responsabilità patrimoniale che impegna il debitore con tutti i suoi beni, non è consentito a quest'ultimo potere sottrarre qualcosa al preordinato soddisfacimento del creditore, in termini cioè di limitazioni al generale principio della responsabilità patrimoniale del debitore, tranne che ciò sia espressamente (ed eccezionalmente) consentito dalla legge.

Si tratta di regole (sia la prima sia la seconda) assolutamente conformi a una lineare scelta di politica del diritto da parte di un legislatore attento alle dinamiche dei rapporti tra diritto ed economia. Al riguardo le soluzioni adottate appaiono dirette ad agevolare la concessione del credito quale incentivo alle attività economiche. Il credito, infatti, consente, allo stesso tempo, di dare fiducia (al debitore da parte del creditore) e creare affidamento (da parte del creditore nei confronti del debitore). Correlativamente (e coerentemente) si predispongono regole volte, per un verso, a massimizzare la responsabilità debitoria, estendendo cioè l'oggetto della tutela creditoria non solo ai beni attuali, ma anche a quelli che potrebbero entrare a far parte del patrimonio del debitore, deputati dunque ad assicurare al creditore il soddisfacimento della propria pretesa (sia in via originaria, quale garanzia patrimoniale generica o specifica, sia in via successiva, ossia allorquando, una volta verificatosi l'inadempimento, occorre riparare il pregiudizio arrecato al creditore dalla condotta del proprio debitore); regole dirette, per altro verso, a evitare l'introduzione o lo sviluppo (per via dell'autonomia privata) di modelli derogatori al principio generale summenzionato, che altrimenti sarebbe sostanzialmente vanificato dal possibile proliferare di limitazioni della responsabilità debitoria, disincentivando così la concessione del credito.

Sotto questo profilo la previsione contenuta nell'art. 2740, comma 2 c.c. ha un significato duplice: confermativo della regola generale della responsabilità patrimoniale (comprendente tutti i beni, presenti e futuri, del debitore) e, allo stesso tempo, limitativo (se non *ex lege*) di possibili eccezioni a questa regola generale. In merito, e ancora più puntualmente, statuire che «Le limitazioni della responsabilità non sono ammesse se non nei casi stabiliti dalla legge» (art. 2740, comma 2 c.c.) significa per l'appunto indicare che la materia è sottratta all'autonomia privata. Pertanto le uniche ipotesi in cui è possibile circoscrivere (limitandola) l'area della responsabilità debitoria sono quelle (e soltanto quelle) espressamente menzionate dal legislatore. Si è dunque in presenza di una vera e propria riserva di legge, onde evitare che i privati possano organizzare operazioni dirette, in buona sostanza, a eludere le direttrici ordinamentali (espressione di principi di ordine pubblico economico e, per questo, di natura sicuramente imperativa).

Tra le tradizionali ipotesi di limitazione alla regola generale della responsabilità debitoria può annoverarsi quella relativa alle persone giuridiche, atteso che le singole persone fisiche componenti non rispondono con il proprio patrimonio dei debiti dell'ente (se non eventualmente con e nei limiti di quanto a suo tempo conferito), dovendo piuttosto rispondere l'ente, dotato di soggettività giuridica piena e di autonomia patrimoniale perfetta. Può altresì farsi menzione del patrimonio destinato a uno specifico affare, secondo le (nuove) previsioni degli artt. 2447 *bis* ss. c.c.; è stata infatti normativamente introdotta la possibilità della destinazione patrimoniale da parte della società di un complesso di beni in funzione della realizzazione di uno specifico obiettivo, determinando così la separazione patrimoniale dal resto del patrimonio sociale e, correlativamente, anche la separazione in termini di responsabilità patrimoniale nei rapporti con i creditori sociali rispetto a quelli con i creditori del patrimonio destinato (art. 2447 *quinquies* c.c.) [10].

A fronte del modello generale della garanzia patrimoniale, intesa come garanzia patrimoniale generica, sta in continuità, dal punto di vista logico, la successiva previsione dell'art. 2741 c.c., a proposito di concorso dei creditori e cause di prelazione, disponendosi che «I creditori hanno eguale diritto di essere soddisfatti sui beni del debitore, salve le cause legittime di prelazione. Sono cause legittime di prelazione i privilegi, il pegno e le ipoteche». Alla regola della responsabilità patrimoniale generica, *a latere debitoris*, fa dunque riscontro l'eguale diritto di tutti i creditori di essere soddisfatti sul patrimonio, secondo il principio della aggredibilità soggettiva indifferenziata da parte di tutti coloro i quali vantano una pretesa nei confronti del debitore. Si determina così il concorso dei creditori, un concorso in regime di parità di condizioni (*par condicio creditorum*), a meno che sussistano delle cause legittime di prelazione. Rispetto a queste ultime, e precisato che esse possono avere fonte legale (i privilegi) oppure (anche) volontario-convenzionale (pegno o ipoteca), deve precisarsi che l'aggettivo «legittime» traduce non semplicemente l'idea (abbastanza elementare) di conformità alla legge, quanto piuttosto della riserva (affidata alla legge) nella individuazione della tipologia di cause che consentano di superare il principio (generale) della *par condicio creditorum*, introducendone una «alterazione» (o «superamento») attraverso la prevista garanzia patrimoniale specifica, ossia non soltanto su eventuali specifici beni ma, altresì, a favore di par-

---

[10] Si tratta, come autorevolmente rilevato da F. GALGANO, *Trattato di diritto civile*^{3}, edizione aggiornata a cura di N. Zorzi Galgano, IV, Padova, 2015, p. 196, di una responsabilità «limitata, per ogni affare intrapreso, allo specifico patrimonio ad esso destinato».

ticolare categorie di creditori (differenziati dagli altri, che sono invece i creditori chirografari o «comuni» in quanto non privilegiati).

Per un verso, dunque, le limitazioni di responsabilità traducono un'eccezione alla responsabilità patrimoniale generica e quindi alla garanzia patrimoniale generica; per altro verso, dal punto di vista della tutela di specifiche situazioni creditorie, la cui garanzia è assicurata da specifici tipi di impegni rispetto (per l'appunto) a specifiche tipologie di diritti di credito, si riconferma il primato della legge e della correlativa tutela normativa. In buona sostanza, quanto a quest'ultimo aspetto, non è esclusa l'ammissibilità di cause di prelazione aventi fonte volontaria nella misura in cui, però, è lo stesso legislatore ad assegnare all'autonomia privata la possibilità di ricorrere, laddove si volesse, a tali garanzie, seguendo uno schema normativo preordinato e non modificabile. Si riconosce, pertanto, all'autonomia privata facoltà di scelta, ma non facoltà di determinazione del relativo contenuto, che sarà sempre quello assegnato dal legislatore, in una equilibrata distribuzione delle posizioni del debitore e del creditore, né tanto meno possibilità di dare luogo a schemi (totalmente) altri.

Da questo punto di vista ben si comprende come tra le previsioni di cui agli artt. 2740 e 2741 c.c. sia ravvisabile una continuità logico-giuridica, nell'ambito di un sistema che il legislatore tecnicamente ha riservato a sé, sottraendolo alla libera determinazione dell'autonomia privata. Peraltro, come appropriatamente rilevato, tali norme hanno carattere sovraordinato rispetto a quelle degli artt. 2742, 2743 e 2744 c.c., costituendo «il nucleo centrale delle norme di tutela dei crediti, che fissano i principi regolatori dei conflitti di interessi fra creditore e debitore (art. 2740 c.c.) e fra più creditori dello stesso debitore (art. 2741 c.c.)» [11].

3. *Il diritto civile della crisi economica e la nuova disciplina del sovraindebitamento. Tratti ricostruttivi*

Il sistema ora delineato deve peraltro tenere in debito conto le recenti innovazioni che si inseriscono, determinando talune significative mo-

---

[11] L. BARBIERA, *Responsabilità patrimoniale*, cit., *sub* art. 2740, p. 4.

difiche, proprio nel contesto dei richiamati rapporti tra inadempimento del rapporto obbligatorio e responsabilità patrimoniale del debitore. Il riferimento è, in particolare, alla recente esperienza giuridica connotata dal quel diritto di nuovo conio (peraltro relativo a plurimi settori disciplinari) ed efficacemente indicato (per ciò che in questa sede interessa) come «diritto civile della crisi economica»; tale terminologia è per l'appunto deputata a indicare quegli strumenti che l'ordinamento mette a disposizione dei privati per sovvenire a intervenute criticità, che possono riguardare sia l'attività di impresa (dunque attenere al versante della relativa tutela dell'imprenditore) sia l'attività consumeristica (dunque attenere al versante della relativa tutela del consumatore). Un'azione normativa diretta, dunque, a incidere su àmbiti strettamente correlati, posto che lo svolgimento dell'attività di impresa è funzionale alla produzione di beni e servizi destinati all'attività di consumo; così come l'attività di consumo presuppone, necessariamente, la produzione da parte dell'imprenditore di beni e servizi diretti a soddisfare i bisogni della generalità dei consumatori.

In questo contesto si colloca propriamente la disciplina contenuta nella legge 27 gennaio 2012, n. 3, recante disposizioni in materia di usura e di estorsione, nonché di composizione delle crisi da sovraindebitamento [12]. Si tratta di una articolata regolamentazione più volte modifi-

---

[12] In tema, senza alcuna pretesa di completezza, L. MODICA, *Profili giuridici del sovraindebitamento*, Napoli, 2012; EAD., *Tutela del sovraindebitamento incolpevole (L. 3/2012) o sanzione per omessa verifica del merito creditizio (art. 124 TUB)? Il piano del consumatore in funzione punitiva*, in *Diritto civile contemporaneo*, n. 2/2014; E. PELLECCHIA, *Dall'insolvenza al sovraindebitamento. Interesse del debitore alla liberazione e ristrutturazione dei debiti*, Torino, 2012; F. MACARIO, *Sovraindebitamento e procedure di esdebitazione per i debitori «non fallibili». Il completamento della riforma*, in *Oss. dir. civ. e comm.*, 2012, p. 203 ss.; E. CATERINI, *Sovraindebitamento, ristrutturazione del debito e datio in solutum*, in *Rass. dir. civ.*, 2014, p. 337 ss.; nonché il più recente volume collettaneo *Sovraindebitamento e rapporto obbligatorio*, a cura di G. D'Amico, Torino, 2018; da ultimo L. NIVARRA, *Sovraindebitamento e responsabilità patrimoniale*, in *Europa e dir. priv.*, 2020, p. 314 ss. e M. BARCELLONA, *Il sovraindebitamento, l'esdebitazione e le "sirene dell'ordine pubblico"*, in AA.VV., *Sui mobili confini del diritto. Tra pluralità delle fonti ufficiali e moltiplicarsi dei formanti formativi "di fatto", Scritti in onore di Massimo Paradiso*, a cura di M. Cavallaro, F. Romeo, E. Bivona, M. Lazzara, II, Torino, 2022, p. 17 ss. Sul versante professionale degli operatori del diritto si segnala, sia pure prima dell'ultima riforma in materia, lo studio n. 57-2020/E del Consiglio Nazionale del Notariato ad opera di C. CALDERONI, *Problematiche notarili della vendita nell'am-*

cata, da ultimo, in particolare, con la legge 18 dicembre 2020, n. 176, di conversione in legge, con modificazioni, del decreto-legge 18 ottobre 2020, n. 137, recante ulteriori misure urgenti in materia di tutela della salute, sostegno ai lavoratori e alle imprese, giustizia e sicurezza, connesse all'emergenza epidemiologica da COVID-19, il cui art. 4 *ter* è per l'appunto rubricato «Semplificazioni in materia di accesso alle procedure di sovraindebitamento per le imprese e i consumatori di cui alla legge 27 gennaio 2021, n. 3, e norme relative alle procedure pendenti» [13].

A tale nuova normazione si deve l'incidenza sul tema delle tecniche di tutela della posizione debitoria, nel quadro dei rapporti tra stato di insolvenza (o crisi finanziaria) e responsabilità patrimoniale, rispetto cioè a situazioni di notevole difficoltà o, addirittura, di impossibilità di fare fronte ai debiti assunti da persone fisiche (consumatori e professionisti), famiglie o anche piccole imprese quali soggetti tecnicamente «non fallibili» o «non assoggettabili a liquidazione giudiziale». Si è così anticipato, in buona sostanza, l'impianto complessivo tradotto dal nuovo codice della crisi di impresa e dell'insolvenza, introdotto, in attuazione della legge 19 ottobre 2017, n. 155, dal decreto legislativo 12 gennaio 2019, n. 14, la cui entrata in vigore è stata nuovamente rinviata al 15 luglio 2022 (in disparte talune disposizioni già in vigore). Un assetto generale, quindi, delineato dalla stessa previsione concernente l'àmbito di applicazione del nuovo codice, che «disciplina le situazioni di crisi o insolvenza del debitore, sia esso consumatore o professionista, ovvero imprenditore che eserciti, anche non a fini di lucro, un'attività commerciale, artigiana o agricola, operando quale persona fisica, persona giuridica o altro ente collettivo, gruppo di imprese o società pubblica, con esclusione dello Stato e degli enti pubblici» (art. 1, comma 1 d.lgs. n. 14/2019). Da un lato, pertanto, gli imprenditori minori e le altre categorie non imprenditoriali (consumatori e professionisti), quali debitori non soggetti né assoggettati a liquidazione giudiziale (o altre procedure concorsuali), che, sussistendo le condizioni e i presupposti che nel prosieguo saranno illustrati, possono accedere alle nuove procedure sul sovraindebitamento; dall'altro, tutte le altre figure imprenditoriali, desti-

---

bito della composizione delle crisi da sovraindebitamento: natura e disciplina, approvato dalla Commissione esecuzione immobiliari e attività delegate il 19 ottobre 2020.

[13] Sulle novità di recente apportate S. LEUZZI, *La riscrittura natalizia del sovraindebitamento*, in *www.inexecutivis.com*, 27 dicembre 2020.

natarie di quanto specificamente contenuto nel nuovo codice della crisi di impresa e dell'insolvenza in ordine alle procedure ivi previste che, in questa sede, non saranno ovviamente prese in esame.

Oggetto dell'attenzione del legislatore è, in concreto, il sovraindebitamento passivo, ossia una situazione relativa a soggetti incolpevoli che, in ragione di accadimenti indipendenti dalla propria volontà, non sono più in grado di onorare i debiti assunti quando, invece, si trovavano nelle condizioni di poterlo fare. È questo il caso, solo per riportare talune esemplificazioni esplicative, di chi ha acquistato a rate un bene di consumo (ad esempio la televisione o l'automobile); oppure ha contratto un debito per consentire ai propri figli di studiare e, poi, non ha più a disposizione i mezzi economici per farvi fronte (perché, ad esempio, è intervenuta una grave malattia comportante l'incapacità lavorativa). Ciò vale, altresì, per colui che ha accumulato negli anni debiti tributari per rilevanti importi, per mancato versamento di imposte dirette, mantenendo una gestione disordinata delle proprie entrate; a questi si è infatti riconosciuta la possibilità di accedere, nell'àmbito delle procedure di composizione della crisi, al beneficio (massimo) della definitiva chiusura della propria esposizione debitoria, in presenza di tutti i presupposti di legge, ove il sopravvenire di una grave malattia gli abbia impedito di proseguire l'attività lavorativa, anche diretta al progressivo rientro dal debito tributario [14].

Dal sovraindebitamento passivo si distingue il sovraindebitamento attivo (o strategico), che è riferibile a chi, ben consapevole di non potere adempiere, contrae debiti o assume obbligazioni per ragioni assolutamente futili (questo è il caso, ad esempio, del giocatore d'azzardo); tale situazione non è oggetto di alcuna disciplina in Italia, a differenza di quanto accade in altri Paesi. In disparte, dunque, questa tipologia che non trova (ancora oggi) alcuna tutela nel nostro ordinamento, deve comunque rilevarsi che il tema del sovraindebitamento (passivo) traduce ordini di problemi assolutamente peculiari, esprimendo una situazione

---

[14] In tal senso, in ordine all'istituto (di cui a breve si dirà) dell'esdebitazione del debitore incapiente *ex* art. 14 *quaterdecies* l. n. 3/2012, Trib. Milano, 25 novembre 2021, in *Pluris*, con riguardo a un soggetto che, al tempo in cui sorgevano le obbligazioni oggetto poi della procedura di composizione, svolgeva attività di lavoro subordinato, nello specifico direttore di produzione, compromessa in seguito da una grave ischemia cerebrale.

del tutto estranea alla logica e alle dinamiche del codice civile. In merito, infatti, mentre rispetto a quest'ultimo ciò che rileva ed è oggetto di disciplina è la singola relazione debitore-creditore, nel sovraindebitamento risulta invece rilevante la relazione tra un debitore e una pluralità di creditori, i quali hanno il medesimo diritto a essere soddisfatti sul patrimonio (parzialmente incapiente) del debitore medesimo. Si è dunque qui in presenza di un problema di gestione complessiva dell'esposizione debitoria del soggetto e quindi, correlativamente, di gestione collettiva dell'insolvenza *a latere creditorum*. Così come pure si pone l'ulteriore problema della rilevanza (o meno) delle condizioni soggettive dell'obbligato rispetto alla sopravvenuta impotenza finanziaria che, dal punto di vista del codice civile, non ha alcun rilievo. Nella prospettiva del legislatore del 1942 il complessivo assetto patrimoniale del debitore è funzionale, come già evidenziato, alla soddisfazione (anche per via coattiva) della posizione creditoria, piuttosto che essere deputato ad assicurare all'obbligato una composizione della propria situazione di crisi. Ciò rileva, in misura se possibile ancora maggiore, quando vengono in gioco (come è tipico del sovraindebitamento) le obbligazioni pecuniarie, rispetto alle quali l'antico brocardo *genus numquam perit* proietta nel tempo la permanenza della relazione obbligatoria avente ad oggetto la dazione di una somma di denaro (sempre, dunque, possibile) [15].

In termini più generali, come si avrà modo di meglio esplicitare attraverso la (sia pure succinta) disamina della nuova disciplina, si avverte chiaramente l'incidenza dell'intervento legislativo sul sistema dato, sia delle relazioni giuridiche patrimoniali sia dello stesso complessivo assetto sociale ed economico. Si rileva giustamente al riguardo che il principio generale (di carattere indispensabile) *pacta sunt servanda*, così qui fortemente messo in discussione e sostanzialmente incrinato, ha il proprio substrato nell'obbligazione «con i suoi dispositivi di garanzia e di protezione degli impegni che il debitore assume verso il creditore» [16]; pertanto, il depotenziamento della «vincolatività della promessa, seppur

---

[15] Rileva peraltro che dovrebbero comunque parimenti venire in gioco a questi fini anche obbligazioni diverse (sicuramente quelle generiche, rispetto al dare, ma anche quelle di fare) M. BARCELLONA, *Il sovraindebitamento*, cit., p. 22 ss.

[16] C. CAMARDI, *Il sovraindebitamento del consumatore e il diritto delle obbligazioni. Alcune riflessioni ai* confini *del sistema del diritto civile*, in *Sovraindebitamento e rapporto obbligatorio*, a cura di G. D'Amico, Torino, 2018, p. 142.

in circostanze che un minimo senso dell'etica sociale chiede di valorizzare, ha un costo che deve essere considerato ed un rischio che deve essere calcolato, almeno fino a quando la funzione fiduciaria svolta dalla vincolatività della promessa e dal principio *pacta sunt servanda* non venga riaffidata ad altre regole e ad altri meccanismi» [17].

4. (Segue). *Le procedure di composizione della crisi da sovraindebitamento. Cenni riassuntivi*

Nel modello compiutamente oggi delineato dal sovrapporsi degli interventi normativi all'originario impianto del 2012 possono fondamentalmente rinvenirsi, sia pure in maniera assolutamente sintetica e riassuntiva, seguendo peraltro la sistematica regolativa delle procedure di composizione della crisi da sovraindebitamento: finalità (art. 6 l. n. 3/2012); presupposti di ammissibilità (art. 7 l. n. 3/2012); profili contenutistici e procedurali dell'accordo o del piano del consumatore (artt. 8 e 9 l. n. 3/2012), successivamente declinati in ragione della specifica tipologia di riferimento, se cioè accordo di composizione della crisi (artt. 10, 11 e 12 l. n. 3/2012) oppure piano del consumatore (artt. 12 *bis* e 12 *ter* l. n. 3/2012), e rispetto alla consequenziale attività esecutiva (art. 13 l. n. 3/2012) anche con riguardo ai possibili elementi di criticità (artt. 14 e 14 *bis* l. n. 3/2012). A fronte degli specifici procedimenti di composizione della crisi da sovraindebitamento si pongono poi gli aspetti relativi alla liquidazione del patrimonio del debitore (artt. 14 *ter*-14 *duodecies* l. n. 3/2012) e all'importante istituto della esdebitazione, ossia all'ammissione del debitore (persona fisica) al beneficio della liberazione dei debiti residui nei confronti dei creditori concorsuali e non soddisfatti, ricorrendo le puntuali condizioni di legge (artt. 14 *terdecies* l. n. 3/2012), o anche se incapiente (art. 14 *quaterdecies* l. n. 3/2012) [18].

---

[17] C. CAMARDI, *Il sovraindebitamento del consumatore*, cit., p. 144.

[18] Al riguardo, da ultimo, M. LAZZARA, *Esdebitazione e meritevolezza. Lineamenti di una ricerca per definire la condotta che "libera" dai debiti*, in *Dir. fall.*, 2021, p. 673 ss., con l'obiettivo di delineare un criterio unitario per l'utilizzo dell'istituto in esame, identificando significato e funzioni uniformi alle condizioni prescritte per l'esdebitazione; EAD., *Esdebitazione e patrimonio vincolato a garanzia dei creditori concorsuali*, in

L'obiettivo legislativo dichiarato è, per l'appunto, quello di porre rimedio alle situazioni di sovraindebitamento dei debitori non sottoponibili a liquidazione giudiziale (o, secondo la comune e risalente terminologia, non fallibili); per ottenere questo tipo di risultato «è consentito al debitore concludere un accordo con i creditori nell'ambito della procedura di composizione della crisi disciplinata dalla presente sezione. Con le medesime finalità, il consumatore può anche proporre un piano fondato sulle previsioni di cui all'articolo 7, comma 1 ed avente il contenuto di cui all'articolo 8» (art. 6, comma 1 l. n. 3/2012). Rilevano, pertanto, sia la condizione di sovraindebitamento, sia la qualifica di consumatore, rispetto alle procedure consentite. In ordine alla prima, per sovraindebitamento si intende «la situazione di perdurante squilibrio tra le obbligazioni assunte e il patrimonio prontamente liquidabile per farvi fronte, che determina la rilevante difficoltà di adempiere le proprie obbligazioni, ovvero la definitiva incapacità di adempierle regolarmente» (art. 6, comma 2, lett. a, l. n. 3/2012). In ordine alla seconda, per consumatore si intende «la persona fisica che agisce per scopi estranei all'attività imprenditoriale, commerciale, artigiana o professionale eventualmente svolta, anche se socio di una delle società appartenenti ad uno dei tipi regolati nei capi III, IV e VI del titolo V del libro quinto del codice civile, per i debiti estranei a quelli sociali» (art. 6, comma 2, lett. b, l. n. 3/2012).

Quanto, invece, agli aspetti procedurali, è previsto il ricorso a un accordo di ristrutturazione dei debiti e di soddisfazione dei crediti sulla base di un preciso piano, proposto dal debitore in stato di sovraindebitamento ai creditori con l'ausilio degli organismi di composizione della crisi (OCC) (art. 7, comma 1 l. n. 3/2012); oppure a un piano avente il medesimo contenuto dell'accordo di ristrutturazione, proposto dal consumatore in stato di sovraindebitamento con l'ausilio degli organismi di composizione della crisi (OCC) (art. 7, comma 1 *bis* l. n. 3/2012). In ogni caso non può avere accesso alle procedure da sovraindebitamento il debitore (anche consumatore) che, tra le altre ipotesi, ha già beneficiato dell'esdebitazione per due volte (art. 7, comma 2, lett. d-*bis*, l. n. 3/2012); ha determinato, nella cornice del piano del consumatore, la si-

---

AA.VV., *Sui mobili confini del diritto. Tra pluralità delle fonti ufficiali e moltiplicarsi dei formanti formativi "di fatto", Scritti in onore di Massimo Paradiso*, a cura di M. Cavallaro, F. Romeo, E. Bivona, M. Lazzara, II, Torino, 2022, p. 93 ss.

tuazione di sovraindebitamento con colpa grave, malafede o frode (art. 7, comma 2, lett. d-*ter*, l. n. 3/2012); ha commesso, rispetto all'accordo di composizione della crisi, atti diretti a frodare le ragioni dei creditori (art. 7, comma 2, lett. d-*quater*, l. n. 3/2012).

Proprio uno tra i profili da ultimo indicati, oggetto della rivisitazione operata dall'ultima riforma, ossia il richiamo alla necessità, nella cornice del piano del consumatore, che quest'ultimo soggetto non abbia determinato la situazione di sovraindebitamento con colpa grave, malafede o frode, ha già formato oggetto di taluni interventi giudiziali. Se ne è, in particolare, segnalata la sostanziale corrispondenza interpretativa al precedente requisito della meritevolezza, inteso come criterio riassuntivo della condotta del debitore e oggetto di valutazione da parte del giudice, per come espresso nella originaria, estesa formula della esclusione dell'assunzione di obbligazioni senza la ragionevole prospettiva di poterle adempiere o della colposa determinazione del sovraindebitamento, anche per mezzo di un ricorso al credito non proporzionato alle proprie capacità patrimoniali [19]. In questa direzione, dunque, il presupposto di ammissibilità introdotto dal legislatore con l'art. 7 l. n. 3/2012, secondo il quale deve escludersi che il debitore abbia determinato la situazione di sovraindebitamento con colpa grave o mala fede, viene interpretato in modo analogo al requisito della meritevolezza vigente prima della modifica apportata dalla l. n. 176/2020. Tale prospettazione ha quindi indotto a ritenere che non sia meritevole di accedere all'omologazione della proposta di piano il debitore cui sia addebitabile la colpa grave di avere assunto debiti in misura del tutto sproporzionata rispetto alle entrate disponibili rapportate, evidentemente, all'epoca della instaurazione dei singoli rapporti obbligatori [20]; in buona sostanza, «l'assunzione di obbligazioni senza alcuna valutazione di sostenibilità delle stesse, anche nel futuro, non può che essere segno manifesto dell'assenza di diligenza da parte del contraente; e ciò – si badi – indipendentemente dalla eventuale errata o colpevole valutazione che il finanziatore abbia compiuto al momento della concessione del finanziamento» [21].

Vero è peraltro che, a seguito dell'intervento di riforma operato dalla

---

[19] Il riferimento è alla decisione di Trib. Catania, 5 marzo 2021, in *www.ilcaso.it*.

[20] In tal senso Trib. Catania, 5 marzo 2021, cit.

[21] Trib. Catania, 5 marzo 2021, cit.

l. n. 176/2020 sulla l. n. 3/2012, «si è assistito al passaggio dall'assenza di colpa (*rectius* presenza della meritevolezza) necessaria, prima della riforma, per procedere all'omologazione, all'**assenza di colpa grave, malafede, frode, ora espressamente richiesta ai fini dell'omologa del piano del consumatore**, con un evidente restringimento delle maglie avuto riguardo al profilo della responsabilità del debitore, novità introdotta da intendere come espressione del favor ordinamentale nei confronti di quello tra i soggetti contraenti che si connota per una intrinseca fragilità contrattuale»[22]. Non è dubbio, in ogni caso, che la valutazione giudiziale della condotta debitoria consista «in un giudizio di prognosi postuma avente per oggetto la ragionevolezza della prospettiva di adempimento al momento dell'assunzione dell'obbligazione e, conseguentemente, la **diligenza adottata dal debitore nella fase genetica del rapporto**, allorquando egli si è prospettato le proprie concrete possibilità di adempimento alla luce dei redditi dallo stesso percepiti»[23]. Tale ordine di rilievi sembra condiviso anche dalla giurisprudenza di legittimità che ha evidenziato in materia il mutato assetto normativo, con la scomparsa del richiesto requisito della meritevolezza, quando cioè «potesse escludersi che il consumatore avesse assunto le obbligazioni senza la ragionevole prospettiva di poterle adempiere, ovvero avesse colposamente determinato il sovraindebitamento, anche per mezzo di un ricorso al credito non proporzionato alle proprie capacità patrimoniali»[24]. Diversamente rispetto al passato, quindi, il giudice dell'omologa è adesso onerato «della verifica circa l'ammissibilità e la fattibilità del piano, oltre che dell'idoneità dello stesso ad assicura il pagamento dei crediti impignorabili. L'art. 7, comma 2, lett. d) *ter* della l. n. 3/2012 oggi prevede, d'altro canto, che la proposta del piano del consumatore sia inammissibile ove il debitore abbia «*determinato la situazione di sovraindebi-*

---

[22] Trib. Benevento, 26 gennaio 2021, in *www.osservatorio-oci@org*, cui *adde*, con richiamo in senso conforme, Trib. Messina, 20 dicembre 2021, in *www.ilcaso.it.* Si tratta di una prospettiva che trova riscontro anche nella successiva giurisprudenza di merito, essendosi esclusa da Trib. Torino, 26 luglio 2023, in *www.ilcaso.it*, la sussistenza della colpa grave, mala fede o frode, con conseguente ammissibilità della proposta, proprio in ragione della documentata ludopatia di cui il debitore risulta affetto e per contrastare la quale ha già iniziato un appropriato percorso terapeutico.

[23] Trib. Messina, 20 dicembre 2021, cit.

[24] Cass. (ord.), 27 luglio 2023, n. 22890, in *www.ilcaso.it.*

tamento con colpa grave, mala fede o frode»; tale condizione non era prima contemplata. Si comprende, quindi, come i requisiti per il riconoscimento dell'ammissibilità della proposta e la sua omologazione siano mutati» [25].

Nella disciplina recentemente rivisitata appare di rilievo, altresì, la risposta al sovraindebitamento dei nuclei familiari, essendo cioè oggi previsto che anche «I membri della stessa famiglia possono presentare un'unica procedura di composizione della crisi da sovraindebitamento quando sono conviventi o quando il sovraindebitamento ha un'origine comune» (art. 7 *bis*, comma 1 l. n. 3/2012); per membri della stessa famiglia si intendono, «oltre al coniuge, (...) i parenti entro il quarto grado e gli affini entro il secondo, nonché le parti dell'unione civile e i conviventi di fatto di cui alla legge 20 maggio 2016, n. 76» (art. 7 *bis*, comma 2 l. n. 3/2012). Tale previsione, pur nella disposta distinzione tra masse attive e masse passive (art. 7 *bis*, comma 3 l. n. 3/2012), consente così di raggiungere lo scopo della risoluzione complessiva dell'indebitamento della famiglia, quale situazione di inadempienza assoluta e irreversibile a cui potere fare fronte con un'unica richiesta di composizione della crisi da sovraindebitamento o, in presenza di più richieste relative a membri della stessa famiglia, attraverso il coordinamento assicurato dai provvedimenti giudiziali consequenziali (art. 7 *bis*, comma 4 l. n. 3/2012).

Ora, limitando l'attenzione alla procedura di composizione della crisi rappresentata dal piano del consumatore, atteso che la proposta di accordo risulta più articolata, con un differente ruolo del giudice, del-

---

[25] Cass., 27 luglio 2023, n. 22890, cit., riconoscendo peraltro l'applicazione al caso di specie della nuova (più favorevole) regolamentazione, intervenuta nelle more dell'adozione del provvedimento, di cui il giudice si era riservata la decisione all'esito dell'udienza tenutasi a seguito della relativa fissazione ai sensi dell'art. 10, comma 3 l. n. 3/2012. Diversamente, almeno così sembra, Cass. (ord.), 22 settembre 2022, n. 27843, in *www.ilcaso.it*, indicandosi quale criterio determinativo per l'applicazione delle originarie previsioni normative l'atto introduttivo del procedimento di sovraindebitamento, senza nessun riferimento ai successivi passaggi formali, con onere dunque in capo al debitore istante di provare la sussistenza del requisito della meritevolezza, ossia «di essersi indebitato con la ragionevole prospettiva di poter adempiere le obbligazioni assunte, sia di essere ricorso al credito in misura proporzionata alle proprie capacità patrimoniali, e di essere stato quindi impossibilitato a fronteggiare il debito assunto a causa di eventi sopravvenuti e non imputabili».

l'organismo di composizione della crisi (OCC) e degli stessi creditori (chiamati a manifestare con dichiarazione sottoscritta il proprio consenso alla proposta, che deve raggiungere la misura del sessanta per cento dei crediti ai fini della relativa omologazione giudiziale), può rilevarsi quanto segue. Richiamato integralmente quanto già rappresentato in merito a finalità e presupposti, il relativo procedimento, che ha inizio con il deposito della proposta di piano del consumatore, recante il contenuto indicato nell'art. 8 l. n. 3/2012, presso il tribunale del luogo ove questi ha la residenza (art. 9, comma 1 l. n. 3/2012), appare caratterizzato dalla gestione, per così dire, autoritativa del rapporto debito-credito. In altri termini l'omologazione del piano del consumatore da parte del giudice, sulla base della proposta formulata dal consumatore, non presuppone alcun consenso (e in alcuna misura) da parte dei creditori, i quali, di fatto, vengono espropriati della propria situazione giuridica soggettiva, in una prassi connotata da una riduzione del credito sempre superiore al cinquanta per cento della relativa entità. L'utilità di una simile soluzione viene ravvisata nella sussistenza di valide ragioni che trovano fondamento nelle logiche di mercato, consentendo cioè al debitore liberato (pur in presenza di un adempimento parziale) di reinserirsi in un circuito economico dal quale, altrimenti, sarebbe rimasto escluso con grave pregiudizio per l'intero sistema produttivo e di consumo [26].

Evidente risulta, peraltro, la deroga alla generale previsione dell'art. 2740 c.c., nella misura in cui, a fronte di una certa esposizione debitoria, non è correlativamente prevista l'operatività della disciplina della responsabilità patrimoniale del debitore con tutti i propri beni, presenti e futuri [27]; parimenti, anche il tema della proiezione nel tempo dell'ob-

---

[26] Non può, invero, non condividersi la prospettiva di chi, come S. PAGLIANTINI, *L'insolvenza del consumatore tra debito e responsabilità: lineamenti dell'esdebitazione*, in *Sovraindebitamento e rapporto obbligatorio*, a cura di G. D'Amico, Torino, 2018, p. 49 ss., perspicuamente rileva che «l'interesse al consumo, un tempo in *posizione pariordinata* se non *subalterna* alla tutela del credito, adesso invece *lo precede* visto che il consumatore viene legittimato a rispondere delle sole passività/obbligazioni che un giudice reputa sia in grado di sopportare, cancellando quelle *eccedenti*» (p. 74).

[27] In tal senso, chiaramente, G. D'AMICO, *Esdebitazione e concorso dei creditori nella disciplina del sovraindebitamento*, in *Sovraindebitamento e rapporto obbligatorio*, a cura di G. D'Amico, Torino, 2018, p. 1 s., che evidenzia altresì nel declino della tutela esecutiva individuale l'altro profilo di maggiore attenzione (da un punto di vista generale) della nuova normativa.

bligazione pecuniaria, sino dunque all'estremo della soddisfazione coattiva, viene messo in discussione [28]. In buona sostanza viene affidata al debitore-consumatore, attraverso la proposta di piano, soggetta all'omologazione giudiziale, la possibilità di predisporre e articolare un programma di riordino della propria situazione economica prospettando pagamenti parziali, rimodulando le scadenze, mettendo a disposizione redditi futuri e così via, al fine di assicurare ai creditori una soddisfazione parziale delle proprie pretese.

Il giudice, del resto, omologa il piano «Verificate l'ammissibilità e la fattibilità del piano nonché l'idoneità dello stesso ad assicurare il pagamento dei crediti impignorabili e risolta ogni altra contestazione anche in ordine all'effettivo ammontare dei crediti» (art. 12 *bis*, comma 3 l. n. 3/2012), con un decreto che «deve intendersi equiparato all'atto di pignoramento» (art. 12 *bis*, comma 7 l. n. 3/2012). L'omologazione può anche avvenire, sussistendo determinate condizioni, in presenza di contestazioni dei creditori (o di qualunque altro interessato) in ordine alla convenienza del piano (art. 12 *bis*, comma 4 l. n. 3/2012); nessuna opposizione o reclamo né prospettazione di cause di inammissibilità possono comunque provenire da quei creditori che hanno colpevolmente determinato la situazione di indebitamento o che hanno violato i princìpi introdotti con l'art. 124 *bis* decreto legislativo 1° settembre 1993, n. 385, contenente il testo unico delle leggi in materia bancaria e creditizia, in ordine alla verifica del merito creditizio del consumatore, sia quanto alla fase che precede la conclusione del contratto di credito sia quanto alla fase che concerne l'eventuale modifica dell'importo totale del credito dopo la conclusione del contratto medesimo (art. 12 *bis*, comma 3 *bis* l. n. 3/2012).

Quale effetto della procedura liquidatoria, modello previsto in alternativa alla proposta per la composizione della crisi (artt. 14 *ter*-14 *duodecies* l. n. 3/2012), particolare rilievo assume (in termini generali) l'istituto, in precedenza già richiamato, dell'esdebitazione (art. 14 *terdecies* l

---

[28] In tema si rileva da G. D'Amico, *Esdebitazione e concorso dei creditori*, cit., p. 41 ss., che lo stesso istituto della esdebitazione (di cui si è già riferito in precedenza e con ulteriori considerazioni a breve in testo) «non comporta l'estinzione (parziale) dell'obbligazione (pecuniaria), ma solo una (eccezionale) limitazione della responsabilità del debitore, ai sensi del comma 2 dell'art. 2740 c.c.» (p. 45), riferendo peraltro di contrari orientamenti sul punto.

n. 3/2012), ossia della liberazione dei debiti residui a favore del debitore persona fisica «nei confronti dei creditori concorsuali e non soddisfatti» (art. 14 *terdecies*, comma 1 l. n. 3/2012); ciò, al ricorrere di talune condizioni, tra le quali possono essere ricordate l'avere cooperato al regolare ed efficace svolgimento della procedura, il non avere beneficiato di altra esdebitazione negli otto anni precedenti la domanda e la soddisfazione (almeno in parte) dei creditori per titolo e causa anteriore al decreto di apertura della liquidazione (art. 14 *terdecies*, comma 2 l. n. 3/2012).

Per quel che in questa sede può risultare di maggiore interesse l'attenzione si rivolge a quel peculiare (e innovativo) tipo di esdebitazione previsto (per una sola volta) a beneficio del debitore incapiente e che si distingue dalla precedente fattispecie indicata perché destinato al «debitore persona fisica meritevole, che non sia in grado di offrire ai creditori alcuna utilità, diretta o indiretta, nemmeno in prospettiva futura (...), fatto salvo l'obbligo di pagamento del debito entro quattro anni dal decreto del giudice nel caso in cui sopravvengano utilità rilevanti che consentano il soddisfacimento dei creditori in misura non inferiore al 10 per cento» (art. 14 *quaterdecies*, comma 1 l. n. 3/2012); ciò, nel rispetto della prevista procedura che muove dalla presentazione della relativa domanda per il tramite dell'organismo di composizione della crisi (OCC) al giudice competente (art. 14 *quaterdecies*, comma 3 l. n. 3/2012). Centrale appare, rispetto alla concessione con decreto di tale tipo di esdebitazione, la valutazione della meritevolezza del debitore e la verifica, a tal fine, dell'assenza di atti in frode e la mancanza di dolo o colpa grave nella formazione dell'indebitamento (art. 14 *quaterdecies*, comma 7 l. n. 3/2012).

CAPITOLO IV
LE GARANZIE DEL CREDITO

SOMMARIO: 1. Il sistema delle garanzie del credito. Cenni introduttivi. – 2. Le garanzie personali. Il modello (classico) fideiussorio. – 3. (*Segue*). La (nuova) garanzia autonoma. – 4. Le garanzie reali. Tradizione e innovazione. – 5. (*Segue*). Il pegno non possessorio. – 6. Alienazioni in funzione di garanzia e divieto del patto commissorio. – 7. (*Segue*). Il correttivo del patto marciano. Prassi negoziale e interventi normativi di settore.

1. *Il sistema delle garanzie del credito. Cenni introduttivi*

Il rapporto tra responsabilità patrimoniale del debitore, principio della *par condicio creditorum* e cause legittime di prelazione caratterizza, come già analizzato, le disposizioni di cui agli artt. 2740 e 2741 c.c.

Adesso, più specificamente, ci si occuperà del tema delle garanzie del credito, preordinate cioè a rafforzare le ragioni creditorie, essendo tecnicamente la garanzia quello che accede al credito; ciò, proprio in ragione della funzione, a cui la stessa è deputata, di accrescere (o, come detto, rafforzare), per un dato creditore, la probabilità di essere soddisfatto. Con il termine garanzia si fa dunque riferimento a tutti i mezzi coattivi diretti ad assicurare l'adempimento del rapporto obbligatorio (garanzia primaria o generica e garanzia specifica) [1], ossia agli strumen-

---

[1] Accanto a questo primo significato ne può certamente essere indicato un altro (e qui non rilevante), indicativo dell'obbligo di chi trasferisce il diritto di assicurarne l'esistenza e il godimento (come nel caso della garanzia per evizione). Sulla molteplicità di fattispecie (peraltro eterogenee) che si fanno rientrare (sia pure in senso atecnico) nel concetto di garanzia M. FRAGALI, *Garanzia (dir. priv.)*, in *Enc. dir.*, XVIII, Milano, 1969, p. 448 s. Per un'approfondita indagine sulle pattuizioni di garanzia, espressione

ti attraverso cui si attribuisce al creditore una maggiore sicurezza di essere soddisfatto. Si deve quindi indicare con il termine garanzia (del credito) la categoria dei cosiddetti diritti e obblighi accessori di garanzia, volti cioè ad assicurare, per l'appunto, l'adempimento delle obbligazioni, in quanto finalizzati «alla sicurezza nei rapporti giuridici e, in particolare, all'attuazione dei diritti soggettivi di credito» [(2)].

Nello schema classico si determina così una relazione tra due tipi di rapporti. Si ha infatti il rapporto obbligatorio principale, quindi la relazione obbligatoria originaria intercorrente tra debitore e creditore, nei confronti (e sul presupposto) del quale si innesta (aggiungendosi) il rapporto obbligatorio di garanzia, ossia un'ulteriore relazione obbligatoria intercorrente o tra gli stessi soggetti del rapporto obbligatorio principale oppure tra soggetti (parzialmente) differenti, aggiungendosi in quest'ultimo caso al debitore originario (del rapporto principale) un ulteriore debitore (del rapporto di garanzia) nei confronti del medesimo creditore.

La garanzia propriamente detta opera dunque sull'obbligazione dall'esterno perché nulla aggiunge al contenuto di essa. Tale rapporto di garanzia può avere carattere personale oppure reale (è questo secondo il caso a cui si riferisce l'art. 2741 c.c., certamente almeno quanto al pegno e all'ipoteca, mentre un discorso differente deve valere per i privilegi). Pertanto, gli strumenti a sostegno dell'affidamento del credito, idonei quindi a rendere più sicura la realizzazione della pretesa creditoria, possono essere connotati, alternativamente, dal tratto della personalità o della realità. Già nell'esperienza giuridica romana possono distin-

---

dell'esercizio dell'autonomia privata nella contrattazione, e sul più recente ritorno a tale strumento nella tecnica legislativa, L. REGAZZONI, *La garanzia nel diritto dei contratti. Logiche economiche, scelte legislative e autonomia privata*, Milano, 2022, rilevando che le eterogenee fattispecie di riferimento della prassi (ma analogamente rinvenibili nella legge) hanno in comune «la circostanza per cui uno dei contraenti non intende assumere un determinato rischio con riguardo alla buona riuscita dell'operazione (ossia con riguardo alla piena attuazione del risultato da lui atteso), preferendo piuttosto pagare un prezzo supplementare per vedersi attribuita la «sicurezza» che, qualora per qualsiasi ragione l'esito voluto non si verifichi, potrà ricevere una forma di indennizzo sostitutiva dell'utilità mancata» (p. 3).

(2) F. MASTROPAOLO, *Contratti, obbligazioni, garanzie*, in *I contratti di garanzia*, I, a cura di F. Mastropaolo, in *Trattato dei contratti*, diretto da P. Rescigno ed E. Gabrielli, Torino, 2006, p. 4.

guersi del resto, sia pure in età classica, le figure tipiche delle garanzie personali (*sponsio*, *fideiussio*, *fidepromissio*) e delle garanzie reali (*fiducia cum creditore*, *pignus*, *hypotheca*)[3]. Peraltro, l'utilizzo del termine garanzia, per indicare la categoria dogmatica delle garanzie delle obbligazioni, è abbastanza recente, risalendo al XIX secolo, ove si formulò dalla pandettistica sistematica proprio la categoria dei contratti di garanzia (*Garantieverträge*), sui quali si tornerà a breve nel prosieguo della trattazione.

I due modelli (garanzia personale e garanzia reale) sono nettamente differenti. Basti pensare, anzitutto, che le garanzie personali, disciplinate nell'ambito dei contratti nominati (è il caso della fideiussione e del mandato di credito), sono affidate all'area della determinazione negoziale convenzionale, ossia all'autonomia dei privati. Il legislatore, infatti, pur avendo preordinato schemi negoziali tipici di garanzia personale, ha riconosciuto ai privati, attraverso la previsione contenuta nell'art. 1322 c.c., la possibilità di determinare il contenuto contrattuale e di elaborare forme contrattuali nuove, ossia ignote all'ordinamento. Pertanto il sistema delle garanzie personali è caratterizzato sia dalla presenza di garanzie tipiche (in quanto approntate dall'ordinamento) sia dalla presenza di garanzie atipiche (in quanto frutto dell'autonomia privata), rispetto a cui comunque controparte negoziale del rapporto accessorio è un terzo.

Differentemente accade invece rispetto al sistema delle garanzie reali, ove è tradizionalmente sussistente (in tema per l'appunto di situazioni giuridiche reali) il principio della tipicità (e del *numerus clausus*), unitamente alla opponibilità *erga omnes*, con indifferente possibilità di costituzione da parte del debitore o di un terzo. Il modello delineato dall'art. 2741, comma 2 c.c. è dunque un modello normativamente chiuso, escluso da possibili altre determinazioni ad opera dell'autonomia privata e affidato esclusivamente alla competenza del legislatore. Si tratta peraltro di uno schema che si sviluppa in linea di continuità con quello precedente rinvenibile nel codice civile del 1865, in assenza di innovazioni sostanziali, essendo il sistema imperniato sulla tendenziale identità

---

(3) In proposito G. NICOSIA, *Nuovi profili istituzionali di diritto privato romano*[6], edizione rinnovata, Catania, 2013, rispettivamente, quanto alle obbligazioni di garanzia, p. 426 ss. e, quanto ai diritti di garanzia, p. 330 ss.

della disciplina del pegno e dell'ipoteca e nel rifiuto delle garanzie occulte, nonché nel senso della tipicità delle cause di prelazione come principio di ordine pubblico. In quest'ambito le cause di prelazione vengono individuate come limiti, dunque eccezionali, al principio della *par condicio creditorum* di cui all'art. 2741 c.c. (4), dal momento che, comunque, i principi in materia di eguale concorso dei creditori e di tipicità delle cause di prelazione risultano principi inderogabili di ordine pubblico economico (5). Pertanto, il principio dell'eguale concorso dei creditori si pone come limite, sotto il profilo sostanziale, all'autonomia privata del debitore nel costituire legittimamente situazioni di preferenza a favore di uno o più dei suoi creditori.

Occorre, peraltro, considerare la perdita di centralità del ruolo della garanzia generica e lo scolorimento del principio della *par condicio creditorum* in considerazione dell'aumentato numero dei privilegi. Sotto questo profilo, poi, il legislatore speciale è intervenuto allargando l'ambito di operatività del privilegio convenzionale, che ha comunque sempre fonte legale in quanto, per l'appunto, ammesso espressamente in via normativa. Può farsi al riguardo riferimento, per esemplificare, alla previsione dell'art. 46 decreto legislativo 1° settembre 1993, n. 385, recante il testo unico delle leggi in materia bancaria e creditizia, che ha tuttavia intaccato la formula originaria del privilegio e i relativi rapporti con le altre cause legittime di prelazione (pegno e ipoteca).

Nel complesso, dunque, il risultato fornito da questo modello organizzativo delle garanzie non è stato particolarmente positivo, nel senso che la prassi ha tentato di individuare formule nuove o di adattare le formule tradizionali modificandole attraverso determinate clausole per rispondere a esigenze di maggiore funzionalità della garanzia medesima, anche in considerazione dello scarso apporto della giurisprudenza a uno sviluppo del modello delle garanzie reali così come delineate dal nostro legislatore. Peraltro, accanto a questa tendenza, che si esaminerà di qui a breve, occorre evidenziare che l'autonomia privata, per superare il tradizionale principio della parità tra creditori, ha utilizzato funzionalmente a scopo di garanzia istituti strutturalmente deputati al trasferi-

---

(4) In termini M. BUSSANI, *Il modello italiano delle garanzie reali*, in *Contr. e impr.*, 1997, p. 163 ss.

(5) Al riguardo G. TUCCI, *Garanzia*, in *Digesto disc. priv. (sez. civ.)*, VIII, Torino, 1992, p. 591.

mento dei beni, come la riserva di proprietà (il riferimento è all'art. 1524, comma 2 c.c.) e il trasferimento fiduciario, con i connessi problemi (in quest'ultimo caso) di opponibilità del *pactum fiduciae* ai terzi [(6)]. In verità la non compiuta affermazione di queste due vie, per motivi differenti, ha portato, come prima si accennava, a una proliferazione (disordinata) dei privilegi, ma anche a battere strade diverse, oggi approdate, come si vedrà, a nuove soluzioni, attraverso la rivisitazione normativa di modelli classici di garanzia reale.

2. *Le garanzie personali. Il modello (classico) fideiussorio*

Non è dubbio peraltro che anche il sistema delle garanzie personali appaia imperniato su modelli normativamente tipizzati, rispetto ai quali tuttavia è possibile un intervento dei privati proprio in ragione dell'autonomia determinativa agli stessi riconosciuta dall'ordinamento. Sotto questo profilo lo schema normativo di riferimento delle garanzie personali, in buona sostanza l'archetipo, è rappresentato dalla fideiussione *ex* artt. 1936 ss. c.c., il cui modello strutturale e funzionale specifico replica il modello strutturale e funzionale generale in precedenza evidenziato [(7)]. Sussiste dunque una duplice relazione, quella obbligatoria (originaria e principale) tra debitore e creditore e quella di garanzia (successiva, logicamente secondaria, e accessoria) che trova fondamento in un contratto (propriamente la fideiussione) concluso tra un terzo (garante o fideiussore) e il creditore (beneficiario), rispetto al debitore (garantito), con il quale il primo garantisce al secondo l'adempimento dell'obbligazione originaria (altrui).

Sotto questo profilo appare chiara la diversità tra la fideiussione e le possibili figure affini ma distinte, proprio in relazione alla diversità degli obblighi assunti. Il fideiussore, più specificamente, non promette di adoperarsi affinché il debitore adempia la prestazione, distinguendosi

---

[(6)] In tal senso G. TUCCI, *Garanzia*, cit., p. 592 s., a proposito dei rapporti tra garanzie reali e autonomia privata.

[(7)] Diffusamente, di recente, L. RUGGERI, *La fideiussione*, in L. RUGGERI-S. MONTICELLI, *Garanzie personali*, in *Trattato di diritto civile del Consiglio Nazionale del Notariato*, diretto da P. Perlingieri, Napoli, 2005, p. 3 ss.

così il modello fideiussorio dalla promessa del fatto del terzo (art. 1381 c.c.); così come non si è un presenza dell'assunzione di un obbligo da parte di un soggetto nei confronti di un altro, che gli ha conferito l'incarico, a fare credito a un terzo in nome e per conto proprio, secondo lo schema del mandato di credito (art. 1958 c.c., ove pure, peraltro, l'incaricante risponde come fideiussore di un debito futuro). Peraltro, pur differenziandosi la fideiussione dalle fattispecie cosiddette di modificazioni dal lato passivo del rapporto obbligatorio (delegazione, espromissione e accollo) (8), essa può comunque sempre ricondursi al fenomeno generale dell'intervento del nuovo debitore in un rapporto di debito, intervento caratterizzato da un effetto cumulativo.

L'analisi può allora essere condotta proprio muovendo alla previsione dell'art. 1936 c.c., anche per valutarne la attuale rispondenza alle moderne necessità del mercato del credito. Ai sensi della richiamata disposizione «È fideiussore colui che, obbligandosi personalmente verso il creditore, garantisce l'adempimento di un'obbligazione altrui. La fideiussione è efficace anche se il debitore non ne ha conoscenza». Il rapporto fideiussorio si colloca, pertanto, accanto al rapporto principale intercorrente tra debitore e creditore originari. Si tratta di un rapporto di garanzia che si innesta sul rapporto principale coinvolgendo un soggetto terzo che instaura una (ulteriore) relazione obbligatoria con il creditore, nei cui confronti si obbliga personalmente garantendo con l'intero proprio patrimonio l'adempimento dell'obbligazione altrui (ossia quella originaria e principale). La causa della fideiussione è rappresentata dunque dalla garanzia dell'adempimento dell'obbligazione altrui di cui all'art. 1936 c.c., essendo la fideiussione destinata a rafforzare la tutela dell'interesse del creditore all'attuazione di un proprio credito verso un terzo (9). Non appare chiaro, peraltro, perché si ritenga che

---

(8) Per un'accurata analisi degli istituti richiamati, di recente, U. LA PORTA, *L'assunzione del debito altrui*, in *Trattato di diritto civile e commerciale*, già diretto da A. Cicu, F. Messineo e L. Mengoni, continuato da P. Schlesinger, Milano, 2009, il quale esclude quale tratto comune di delegazione, espromissione e accollo l'assunzione del debito altrui, rinvenendo piuttosto come connotato condiviso «*l'intervento del terzo nel rapporto obbligatorio altrui (non in fase solutoria) con assunzione di un'obbligazione soggettivamente nuova verso l'originario creditore*» (p. 6).

(9) In merito M. FRAGALI, *Fideiussione (dir. priv.)*, in *Enc. dir.*, XVII, Milano, 1968, p. 354 s.

l'attuale formulazione dell'art. 1936 c.c. costituisca correzione dell'originaria previsione contenuta nell'art. 1898 c.c. del 1865, sotto il profilo cioè della precisazione di garanzia per un'obbligazione altrui e non anche propria (ossia del fideiussore)[10]. Al riguardo, infatti, la formulazione originaria contenuta nell'art. 1898 c.c. del 1865, prevedendo testualmente che «Quegli che si costituisce fideiussore per un'obbligazione, si vincola verso il creditore a soddisfare alla stessa obbligazione, qualora il debitore non vi soddisfaccia», evidenziava un carattere che è rimasto comunque proprio della attuale disciplina fideiussoria, ossia la circostanza dell'identità della prestazione (oggetto dell'obbligazione) dovuta, senza affatto confondere un presunto carattere «proprio» dell'obbligazione fideiussoria con l'obbligazione (altrui, cioè) del debitore garantito.

Un caso particolarmente ricorrente è quello del rapporto principale di mutuo a fronte del quale il mutuante (che ha concesso il prestito, ordinariamente di somme di denaro) richiede una garanzia, al fine cioè di elevare la soglia di sicurezza in ordine al soddisfacimento della propria pretesa creditoria. La acquisita garanzia fideiussoria significa per il creditore, in buona sostanza, avere aggiunto (al debitore originario) un altro debitore (anche se a quest'ultimo sia stato riconosciuto il *beneficium excussionis*, ossia la accordata preventiva escussione del debitore principale rispetto al debitore in garanzia). Si avrà dunque, nel caso di specie, un rapporto obbligatorio originario (il mutuo) a cui accede un rapporto obbligatorio secondario (la fideiussione), con la conseguenza che, ove risultasse inadempiuto il rapporto principale, sarà attivata la garanzia rappresentata dal rapporto obbligatorio accessorio, tramite il quale il creditore otterrà quanto avrebbe dovuto ottenere dal debitore originario e principale. Nel caso preso in esame sia l'oggetto dell'obbligazione principale (derivante dal contratto di mutuo) sia l'oggetto dell'obbligazione secondaria (derivante dal contratto di fideiussione) sono pur sempre una obbligazione pecuniaria, che consiste cioè nella dazione, in restituzione, di una somma di denaro, unitariamente agli interessi dovuti quale remunerazione del capitale concesso in prestito; vi è qui dun-

---

(10) Il riferimento è a M. FRAGALI, *Fideiussione (dir. priv.)*, cit., p. 355; diversamente, di recente, G. STELLA, *Le garanzie del credito. Fideiussione e garanzie autonome*, in *Trattato di diritto privato*, a cura di G. Iudica e P. Zatti, Milano, 2010, p. 10 s. e specialmente p. 247 ss.

que un'assoluta coincidenza tra la prestazione garantita e la prestazione di garanzia, trattandosi entrambe di prestazioni pecuniarie.

Laddove però le prestazioni fossero diverse, ad esempio se la prestazione garantita fosse quella di eseguire la costruzione di un immobile (dunque un *facere* specifico e non un *dare* generico), occorre domandarsi a che cosa sarà tenuto il fideiussore, terzo rispetto al rapporto originario e principale, in caso di inadempimento del debitore obbligato alla realizzazione del bene. Se si muove dall'idea della «medesimezza» (ossia della identità) delle prestazioni, dovrebbe ritenersi che (anche) il fideiussore sia tenuto al *facere* specifico oggetto dell'obbligazione del debitore principale, ma non è detto che ciò sia sempre possibile e, soprattutto, che sia proprio questo l'oggetto dell'accordo fideiussorio. Così come pure è possibile che l'adempimento fideiussorio non sia preordinato a soddisfare la posizione creditoria ma sia piuttosto diretto a operare come forma risarcitoria per equivalente, secondo cioè il noto meccanismo, peraltro risalente, della cosiddetta *fideiussio indemnitatis*, quale forma di garanzia surrogatoria o sostitutiva del rapporto principale rimasto inadempiuto e avente funzione sostanzialmente risarcitoria (11).

Emerge allora da questi ultimi rilievi il particolare interesse della questione relativa alla individuazione dell'oggetto dell'obbligazione fideiussoria, dal momento che proprio in relazione a tale tematica lo sviluppo del modello delle garanzie (atipiche) ha determinato, come a breve si vedrà, significative variazioni. Al riguardo, infatti, è risalente il principio secondo cui il fideiussore non si obbliga a far conseguire al creditore l'equivalente di ciò che il debitore doveva prestare, in modo che il suo debito sia di risarcimento (12). Peraltro, è ammessa la fideiussione per un'obbligazione non pecuniaria, ossia di dare (non solo, dunque, somme di denaro) o di fare infungibile, la quale verrebbe garantita

---

(11) Sulla possibilità della comunanza nell'oggetto delle rispettive prestazioni o della diversificazione risarcitoria dell'obbligazione fideiussoria rispetto a quella principale garantita F. MASTROPAOLO-A. CALDERALE, *Fideiussione e contratti di garanzia personale*, in *I contratti di garanzia*, I, a cura di F. Mastropaolo, in *Trattato dei contratti*, diretto da P. Rescigno ed E. Gabrielli, Torino, 2006, p. 422 s.; per una recente disamina dei tratti caratterizzanti la cosiddetta *fideiussio indemnitatis*, nell'operato distinguo tra negozio fideiussorio e negozio assicurativo, C. PETTA, *Profili funzionali e meritevolezza delle garanzie autonome e indennitarie*, Napoli, 2021, p. 241 ss.

(12) Si tratta della posizione di M. FRAGALI, *Fideiussione (dir. priv.)*, cit., p. 355.

mediante la prestazione di quell'*id quod interest* che è ugualmente dovuto dal debitore [13]. Tale rilievo, in verità, ossia l'ammissibilità di una fideiussione per un *facere* infungibile, implica che l'accordo raggiunto tra fideiussore e creditore determini la accettazione da parte di quest'ultimo della possibilità che un soggetto diverso dal debitore originario possa adempiere una prestazione non sostituibile, senza peraltro riconoscersi unanimemente che in caso di inutile richiesta della prestazione al debitore il creditore possa poi chiedere il relativo risarcimento dei danni a qualunque tra gli obbligati [14]. In questo contesto allora non appare sempre chiaro il rilievo di chi afferma che la prestazione fideiussoria non debba necessariamente avere lo stesso oggetto della prestazione garantita, nel senso che il fideiussore potrebbe obbligarsi a pagare una somma di denaro al posto della *res debita* o dare una cosa invece che denaro oppure una *res* differente rispetto a quella originariamente dovuta [15].

Attraverso la prestazione della garanzia il fideiussore diventa debitore al pari del debitore originario, anche ovviamente in caso di fideiussione prestata da più persone [16], ma la sua obbligazione è accessoria ri-

---

[13] In tal senso ancora M. FRAGALI, *Fideiussione (dir. priv.)*, cit., p. 357; in precedenza M. GIORGIANNI, *L'obbligazione*, Milano, 1959.

[14] In senso contrario A. RAVAZZONI, *Fideiussione*, in *Noviss. dig. it.*, VIII, Torino, 1968, p. 279 s., anche sulla base del successivo rilievo che affida a questo àmbito (rispetto cioè a prestazioni infungibili) l'operatività della *fideiussio indemnitatis*, che comunque rientra (sia pure con taluni distinguo) nel modello fideiussorio, traducendosi peraltro in una «garanzia prestata non già per l'adempimento di una obbligazione, ma della prestazione di risarcimento dei danni, in ipotesi di inadempimento» (p. 286).

[15] In questa direzione si muove M. FRAGALI, *Fideiussione (dir. priv.)*, cit., p. 357 s., partendo dall'idea (in precedenza rappresentata) che tra le due obbligazioni (quella principale e quella fideiussoria) «esiste identità soltanto nell'interesse finale che il creditore vi deduce, tenendo le due obbligazioni a fargli conseguire la medesima utilità» (p. 355); sull'identità dell'interesse del credito, in senso conforme, F. MASTROPAOLO-A. CALDERALE, *Fideiussione e contratti di garanzia personale*, cit., p. 422 s.

[16] La cofideiussione di cui all'art. 1946 c.c. postula, infatti, che più persone prestino fideiussione a garanzia del debito di un medesimo debitore principale e si distingue, pertanto, come da ultimo evidenziato da Cass., 13 dicembre 2023, n. 34989, in *www.ilcaso.it*, dalla fideiussione del fideiussore di cui all'art. 1940 c.c. che ha invece per oggetto, anziché l'obbligazione del debitore principale, il debito di altro fideiussore di primo grado, difettando qui (anche nell'ipotesi di pluralità di garanti) l'intento di garantire congiuntamente un identico debito (del debitore originario nei confronti del creditore) e

spetto a quella del debitore principale, secondo cioè l'antico e risalente principio della stipulazione passivamente accessoria [17]. Pertanto, dato caratterizzante del modello fideiussorio è la accessorietà, ossia la inscindibile relazione di dipendenza dal rapporto principale, nel senso che le sorti del rapporto (secondario) di garanzia sono legate alle sorti del rapporto (principale) garantito. Emerge così la dipendenza genetica e funzionale del rapporto di garanzia dal rapporto garantito, con la conseguenza che tutto ciò che attiene all'esistenza, alla validità e, più in generale, quanto interessa le vicende del rapporto garantito si ripercuote sull'esistenza, sulla validità e, più in generale, sulle vicende del rapporto di garanzia. Se, ad esempio, è nullo il rapporto garantito è nullo anche il rapporto di garanzia; se viene adempiuto e si estingue il rapporto garantito si estingue anche il rapporto di garanzia. Questo stretto nesso di dipendenza strutturale e funzionale del rapporto di garanzia rispetto al rapporto garantito ovviamente può creare qualche difficoltà al creditore, la cui posizione rispetto al terzo fideiussore dipende dalla propria posizione con il debitore originario e principale. Per un verso, pertanto, il rapporto di garanzia eleva la soglia di affidabilità del debitore, essendo diretto ad assicurare maggiore tutela al creditore; per altro verso, tuttavia, trovandosi il fideiussore nella stessa posizione del debitore principale rispetto al creditore, quest'ultimo potrà risentirne (così come rispetto al debitore principale) anche nei confronti del terzo fideiussore.

Il carattere dell'accessorietà, ossia della dipendenza dell'obbligazione di garanzia dall'obbligazione garantita, è chiaramente desumibile dagli artt. 1939, 1941 e 1945 c.c., rispetto alla quale ultima previsione si ritiene che essa astragga dall'obbligazione garantita quella di garanzia limitatamente al caso di incapacità del debitore per il quale è stata prestata fideiussione [18]. Accessorietà, peraltro, non significa priorità cronologica dell'obbligazione garantita; la fideiussione, pertanto, può essere prestata per obbligazioni ancora non sorte, essendo l'accessorietà di

---

trovando così giustificazione la regola (residuale e derogabile ma certo di rilievo) per la quale «Il fideiussore del fideiussore non è obbligato verso il creditore, se non nel caso in cui il debitore principale e tutti i fideiussori di questo siano insolventi, o siano liberati perché incapaci» (art. 1948 c.c.).

[17] Si richiama qui l'insegnamento di M. TALAMANCA, *Fideiussione (storia)*, in *Enc. dir.*, XVII, Milano, 1968, p. 329 ss.

[18] In tal senso M. FRAGALI, *Fideiussione (dir. priv.)*, cit., p. 347.

carattere funzionale, operante cioè all'atto di escussione del fideiussore[19].

Quanto alla posizione del fideiussore, rispetto al creditore, può preliminarmente rilevarsi, al di là della menzionata disposizione di cui all'art. 1945 c.c., che la solidarietà fideiussoria (art. 1944, comma 1 c.c.) funge da indice di riconoscibilità della forma «astratta» della solidarietà, nel senso che la concezione più appropriata della solidarietà va individuata non come forma concreta di un assetto di interessi, come comunemente ritenuto, ma come forma astratta, ossia come forma che può rispecchiare un assetto di interessi variabile[20]. Occorre cioè muovere dalla premessa che il vincolo di solidarietà rappresenta una delle risposte complessive date dall'ordinamento al fenomeno della presenza di pluralità di soggetti con riferimento a situazioni di rapporto che presentano un forte grado di connessione, vuoi perché lo scopo (economico) a cui tendono i rapporti è il medesimo o vuoi perché già in partenza l'un rapporto si pone con carattere accessorio e strumentale rispetto ad altro (principale), come nell'ipotesi in quest'ultimo caso della fideiussione.

Il nucleo specifico della solidarietà è, pertanto, individuato, dalle sue componenti normative e formali, tra cui quella della medesima prestazione di cui all'art. 1292 c.c.[21]. Correlativamente, la possibile (ove effettivamente sussistente) diversità tra la solidarietà ordinaria e la solidarietà fideiussoria[22], non sembra elidere la caratteristica comune a en-

---

(19) Si rinvia, al riguardo, a M. VIALE, *La fideiussione e il contratto autonomo di garanzia*, in *I contratti del commercio, dell'industria e del mercato finanziario*, 1, Trattato diretto da F. Galgano, Torino, 1995, p. 765 s.

(20) Il richiamo è al pensiero di A. DI MAJO, *Obbligazioni solidali (e indivisibili)*, in *Enc. dir.*, XXIX, Milano, 1979, p. 308 ss.

(21) In questa prospettiva A. DI MAJO, *Obbligazioni solidali*, cit., p. 310.

(22) In termini M. FRAGALI, *Fideiussione (dir. priv.)*, cit., p. 360; adesivamente G. BOZZI, *La fideiussione, le figure affini e l'anticresi*, in *Trattato di diritto privato*, diretto da P. Rescigno, 13, Torino, 1985, p. 252 ss., in ragione dell'autonomia della posizione del fideiussore, «caratterizzata dall'assenza di quella comunione di interessi, propria invece della solidarietà ordinaria» (p. 253); da ultimo F. MASTROPAOLO-A. CALDERALE, *Fideiussione e contratti di garanzia personale*, cit., p. 423, ritengono che non sia possibile qualificare le due obbligazioni (quella principale e quella fideiussoria) come solidali «(malgrado l'indubbia analogia con la solidarietà nel debito). Esse infatti derivano da cause diverse, essendo di garanzia (...) la causa dell'obbligazione fideiussoria e di-

trambe, ossia l'identità della prestazione dovuta (sia pure a diverso titolo), cioè la medesima prestazione nel senso di cui all'art. 1292 c.c., riconoscendosi peraltro che la solidarietà fideiussoria nasce dal ceppo della coobligazione solidale [(23)]. Il debito fideiussorio, peraltro, è naturalmente, ma non essenzialmente solidale, poiché è possibile escludere la solidarietà attraverso la pattuizione del *beneficium excussionis* (art. 1944, comma 2 c.c.) o, nell'ipotesi di confideiussione, del *beneficium divisionis* (artt. 1946 e 1947 c.c.) [(24)].

Il tema poi dell'oggetto della garanzia fideiussoria rileva anche sotto altro profilo, relativo alle fideiussioni prestate per obbligazioni future, che il testo originario dell'art. 1938 c.c. (unitamente alle obbligazioni condizionali) consentiva senza particolari precisazioni; si statuiva, infatti, al riguardo che «La fideiussione può esser prestata anche per un'obbligazione futura o condizionale» (art. 1938 c.c.). Sul punto si riscontrava la diffusa pratica da parte (in particolare) del sistema bancario che continuava a concedere credito al debitore, anche per il periodo successivo al sorgere del rapporto fideiussorio e al relativo svolgimento, senza di fatto alcuna possibilità di controllo da parte del fideiussore della entità del dovuto. Allorché tuttavia l'esposizione debitoria era divenuta particolarmente notevole, ci si rivolgeva al fideiussore escutendone la garanzia in ragione dell'assunta copertura assicurata per le obbligazioni future, anche se in assenza della determinazione del relativo ammontare, per l'appunto non sussistente al momento del sorgere della fideiussione (ma a questa, quale rapporto di base, ricollegato o ricollegabile).

Tale prassi, come è di intuitiva evidenza, determinava veri e propri abusi a danno del fideiussore, al quale peraltro era ordinariamente imposta dal creditore beneficiario la rinunzia preventiva a potersi valere della previsione liberatoria dell'art. 1956 c.c. (di cui a breve si dirà), con connesso significativo contenzioso. Il legislatore si è pertanto determinato a intervenire e, con legge 17 febbraio 1992, n. 154, recante norme per la trasparenza delle operazioni e dei servizi bancari e finanziari, ha

---

pendendo quella dell'obbligazione principale dalle fonti più disparate e aventi le cause più varie».

[(23)] Così M. FRAGALI, *Fideiussione (dir. priv.)*, cit., p. 361, precisando che «essa forma un sottotipo della solidarietà obbligatoria».

[(24)] Sul punto, tra tanti, G. BOZZI, *La fideiussione*, cit., p. 255 ss.

(tra l'altro) introdotto una regola (codificata per l'appunto nel nuovo testo dell'art. 1938 c.c.) che sostanzialmente àncora la garanzia per l'assunta obbligazione, al momento non esistente in quanto futura, alla previsione dell'importo massimo garantito. Ciò avviene attraverso la previa specificazione, laddove la garanzia sia prestata per un'obbligazione futura, di quella esposizione entro la quale il fideiussore risponderà, superata la quale a quest'ultimo il creditore non potrà chiedere più alcunché. In tal senso infatti il nuovo testo dell'art. 1938 c.c. è formulato nel senso che «La fideiussione può essere prestata anche per un'obbligazione condizionale o futura con la previsione, in questo ultimo caso, dell'importo massimo garantito». Pertanto, anche laddove la garanzia venisse prestata per un'obbligazione futura il fideiussore deve sapere, al momento del sorgere della garanzia, a che cosa patrimonialmente potrà andare incontro, ossia conoscere preventivamente l'entità della possibile esposizione patrimoniale (25).

Al medesimo ordine di problemi, evidenziandosi la necessità della tutela delle posizioni debitorie (originarie e accessorie), si correla la già richiamata previsione, relativa all'estinzione della fideiussione e, più precisamente, alla liberazione del fideiussore per obbligazione futura, contenuta nell'art. 1956, comma 1 c.c., ai cui sensi «Il fideiussore per un'obbligazione futura è liberato se il creditore, senza speciale autorizzazione del fideiussore, ha fatto credito al terzo, pur conoscendo che le condizioni patrimoniali di questo erano divenute tali da rendere notevolmente più difficile il soddisfacimento del credito». Tale disposto, proprio in occasione del già menzionato intervento operato dalla l. n. 154/1992, è stato arricchito, nell'ottica del rafforzamento della posizione del fideiussore, di un successivo comma, prevedendosi, proprio per contrastare una prassi distorta, che «Non è valida la preventiva rinuncia del fideiussore ad avvalersi della liberazione» (art. 1956, comma 2 c.c.).

---

(25) Dà conto in maniera compiuta degli ordini di problemi posti dalla originaria formulazione dell'art. 1938 c.c. e del relativo dibattito dottrinale e giurisprudenziale M. LO BUONO, *I contratti di garanzia*, in *Trattato di diritto civile del Consiglio Nazionale del Notariato*, diretto da P. Perlingieri, Napoli, 2007, p. 62 ss., che si interroga parimenti sui modi attraverso cui la nuova previsione normativa possa assicurare effettiva tutela al fideiussore, con particolare riguardo al «ricorso sempre più frequente alla garanzia nell'ambito di rapporti caratterizzati da posizioni asimmetriche» (p. 77).

In tal senso, peraltro, la giurisprudenza di legittimità ha precisato che «nella fideiussione per obbligazione futura, l'onere del creditore, di richiedere l'autorizzazione del fideiussore prima di far credito al terzo, le cui condizioni patrimoniali siano peggiorate dopo la stipulazione del contratto di garanzia, assolve precipuamente alla finalità di consentire al fideiussore di sottrarsi, negando l'autorizzazione, all'adempimento di un'obbligazione divenuta, senza sua colpa, più gravosa. Dalla violazione di tale regola di comportamento di buona fede discende pertanto non solo la liberazione del fideiussore, come previsto dall'art. 1956 c.c., ma anche, ove provato, un danno risarcibile, e tale rilievo costituisce un ulteriore elemento per considerare la rilevanza dell'obbligo di "protezione" cui è tenuto il creditore, che non si esaurisce al tempo del rilascio della fideiussione, ma permane per tutto il tempo della sua vigenza» (26). Pertanto, «al fine di valutare se il fideiussore si sia liberato dall'obbligazione di garanzia per un'obbligazione futura *ex* art. 1956 c.c., rileva che, in assenza di specifica autorizzazione del fideiussore, il creditore abbia concesso credito al debitore nella consapevolezza del mutamento delle condizioni patrimoniali di questo, tali da rendere notevolmente più difficile il soddisfacimento del credito da parte del fideiussore, tenuto conto dell'andamento generale del rapporto di affidamento tra creditore e debitore principale in relazione alle conoscenze acquisite o acquisibili dal creditore e dal fideiussore prima e dopo la stipula del negozio fideiussorio, valutate sulla base della diligenza *dell'homo eiusdem condicionis et professionis*» (27).

3. (Segue). *La (nuova) garanzia autonoma*

Proprio il tratto dell'accessorietà dello schema fideiussorio, in ragione delle rappresentate connesse conseguenze e dei possibili problemi rispetto a una efficace tutela creditoria, ha indotto la prassi negoziale a operare, anzitutto, attraverso l'inserimento nel modello base di due clausole con funzione caratterizzante il contratto in esame: la clausola di

(26) Cass., 13 dicembre 2019, n. 32774, in *www.ilcaso.it*.

(27) Cass., 13 dicembre 2019, n. 32774, cit.

sopravvivenza e la clausola a semplice richiesta. In base alla prima, anche nell'ipotesi di invalidità dell'obbligazione garantita, il fideiussore si impegna a garantire la restituzione delle somme comunque erogate dalla banca. Per effetto della seconda, invece, il fideiussore si obbliga a pagare alla banca a prima richiesta, ossia nonostante ogni opposizione del debitore principale.

Si tratta, per quanto riguarda quest'ultima, di una possibilità introdotta espressamente dall'art. 113 decreto legislativo 12 aprile 2006, n. 163, recante il codice dei contratti pubblici relativi a lavori, servizi e forniture in attuazione delle direttive 2004/17/CE e 2004/18/CE, il quale rinvia all'art. 30, comma 2 *bis* legge 11 febbraio 1994, n. 109, legge quadro in materia di lavori pubblici, così come modificato dalla legge 1° agosto 2002, n. 166, contenente disposizioni in materia di infrastrutture e trasporti. Più precisamente si dispone che la fideiussione (a scelta dell'offerente) bancaria, assicurativa o rilasciata dagli intermediari finanziari autorizzati (in quanto iscritti nello speciale albo di riferimento), relativamente alla cauzione provvisoria e a quella definitiva, «deve prevedere espressamente la rinuncia al beneficio della preventiva escussione del debitore principale, la rinuncia all'eccezione di cui all'articolo 1957, comma 2, del codice civile, nonché l'operatività della garanzia medesima entro 15 giorni, a semplice richiesta scritta della stazione appaltante» (art. 113, comma 2 d.lgs. n. 163/2006). Scelta pienamente confermativa è poi venuta dal successivo art. 93, comma 4 legge 18 aprile 2016, n. 50, recante il codice dei contratti pubblici, relativamente alle garanzie per la partecipazione alla procedura e, da ultimo, dal corrispondente e sostitutivo art. 106, comma 4 decreto legislativo 31 marzo 2023, n. 36, contenente il (nuovo) codice dei contratti pubblici in attuazione dell'articolo 1 della legge 21 giugno 2022, n. 78, recante delega al Governo in materia di contratti pubblici.

Tali clausole rappresentano, pertanto, altrettante deroghe al principio dell'accessorietà, sia nel senso della previsione contenuta nell'art. 1939 c.c., sia sotto il profilo dell'opponibilità delle eccezioni contemplato nell'art. 1945 c.c. Queste divergenze rispetto al modello classico fideiussorio hanno tuttavia sollevato numerose perplessità, oltre alla richiesta verifica della rispondenza (in termini di compatibilità) con lo schema legale approntato dal codice civile. Peraltro, quantunque oggi la questione possa ritenersi superata, il vero problema è rappresentato dalla possibilità di facili abusi a danno del fideiussore [28].

Giova peraltro precisare che, di per sé, l'inserimento della clausola di pagamento a prima richiesta non è sufficiente a rendere autonoma la garanzia sia dal rapporto di provvista (che attiene alla relazione obbligatoria tra debitore garantito e terzo garante) sia dal rapporto di valuta (che attiene alla relazione obbligatoria tra debitore garantito e creditore beneficiario) e dunque, almeno così sembrerebbe, a consentire la individuazione di uno schema divergente da quello fideiussorio. A fronte della apposizione della richiamata clausola si rinvengono diversi tipi di funzione, secondo uno schema che è possibile così tripartire: a) funzione strettamente procedimentale con l'unico effetto rappresentato dall'inversione dell'onere probatorio, nei termini cioè della dispensa a favore del beneficiario della prova dei presupposti legittimanti la richiesta di pagamento (quantunque questo profilo sembri strettamente connesso al successivo, ossia di clausola *solve et repete*); b) funzione di *solve et repete* (rispetto a cui spesso la giurisprudenza assimila il carattere autonomo della garanzia); c) funzione sostanziale di autonomizzazione del diritto al pagamento della prestazione oggetto del contratto di garanzia rispetto al rapporto garantito: solo in questo caso, evidentemente, la rilevanza delle eccezioni inerenti al rapporto garantito è esclusa e non solamente, come nel caso precedente in via di successivo giudizio e, in via di previa paralisi della richiesta in quello ulteriormente precedente, posposta.

Dunque, una presunzione di accessorietà del contratto (o dell'obbligazione) di garanzia rispetto al contratto (o all'obbligazione) oggetto della garanzia; tale presunzione deve essere superata attraverso una valutazione complessiva del testo contrattuale della garanzia (in particolare, ma non solo, ai sensi dell'art. 1363 c.c.), come ormai la più ricorrente giurisprudenza ha riconosciuto [29]. Deve tuttavia al riguardo segnalarsi, in linea con una prospettiva evolutiva che formerà oggetto dei successivi approfondimenti, quanto più di recente statuito in senso diverso, attraverso cioè il definitivo rovesciamento della richiamata presunzione di accessorietà, dalla giurisprudenza di legittimità in funzione

[28] Vari al riguardo sono stati gli interventi della giurisprudenza che ha richiamato il principio di buona fede *ex* artt. 1175 e 1375 c.c.

[29] In tal senso Cass., 7 gennaio 2004, n. 52, in *Contratti*, 2004, p. 915 ss., con nota di M. PECORARO, Performance bond *e fideiussione*.

nomofilattica. Si è infatti in merito chiarito che «L'inserimento in un contratto di fideiussione di una clausola di pagamento «a prima richiesta e senza eccezioni» vale di per sé a qualificare il negozio come contratto autonomo di garanzia (c.d. «*Garantievertrag*»), in quanto incompatibile con il principio di accessorietà che caratterizza il contratto di fideiussione, salvo quando vi sia un'evidente discrasia rispetto all'intero contenuto della convenzione negoziale»[30]. Pertanto, a differenza di quanto in precedenza rappresentato, è solamente un esame del contenuto negoziale a consentire, eventualmente, il superamento della presunzione di autonomia della garanzia a prima richiesta e senza eccezioni. Si esclude, peraltro, l'operatività del criterio sancito dall'art. 1370 c.c., secondo cui «Le clausole inserite nelle condizioni generali di contratto o in moduli o formulari predisposti da uno dei contraenti si interpretano, nel dubbio, a favore dell'altro», in considerazione del carattere professionale dell'operatore economico con funzione di garante e si opta, quindi, nel dubbio per la natura più gravosa dell'obbligazione di garanzia[31]. Del resto la stessa dottrina che si è occupata della questione è apparsa sin da tempi risalenti divisa in ordine alla valenza di una clausola di pagamento a prima richiesta e senza eccezioni, in ordine cioè sia alla validità rispetto al modello fideiussorio sia alla possibilità che la relativa apposizione determini una variazione del tipo incidendo appunto sulla causa fideiussoria[32].

In questa (ultima) direzione si è mossa allora la riflessione che ha accompagnato l'introduzione nel nostro ordinamento del contratto auto-

---

(30) Cass., Sez. Un., 18 febbraio 2010, n. 3947, in *Banca, borsa, tit. cred.*, 2010, II, p. 257 ss., con note di G.B. BARILLÀ, *Le Sezioni unite e il* Garantievertrag *un quarto di secolo dopo: una pronuncia storica fa chiarezza sui differenti modelli di garanzie bancarie autonome* e, *ivi*, p. 425 ss., di F. NAPPI, *Un tentativo (non convincente) di "definitivamente chiarire" la differenza tra fideiussione e* Garantievertrag.

(31) Sul punto L. PONTIROLI, *Garanzia (contratti autonomi di)*, in *Digesto disc. priv. (sez. comm.)*, VI, Torino, 1991, p. 362 s. e, *ivi*, nt. 103, sia pure riferendosi, ma impropriamente, alla diversa ipotesi contemplata nell'art. 1367 c.c. (che non è rappresentativa, come invece riportato richiamando altra dottrina, della *interpretatio contra stipulatorem*).

(32) Nel senso della nullità di simile clausola, sia pure risalente nel tempo, A. MARINI, *Sull'art. 1939 del codice civile*, in *Dir. e giur.*, 1968, p. 380 ss.; favorevolmente, invece, in ordine sia alla validità sia alla compatibilità con la fideiussione sotto il profilo esclusivamente procedimentale, M. SESTA, *Pagamento a prima richiesta*, in *Contr. e impr.*, 1985, p. 947 ss.

nomo di garanzia, proprio per segnalare, anzitutto, l'emersione di promesse di garanzia (particolarmente diffuse nella prassi commerciale e bancaria) che presentano, a motivo delle clausole sopra menzionate, tratti non riconducibili allo schema tipico della fideiussione[33]. In tal senso si è autorevolmente rilevato che la questione non sembra attenere, in sé, a profili di contrarietà (ossia di invalidità) rispetto alla fideiussione quanto, piuttosto, a profili di riconducibilità (o meno) a quest'ultima delle cosiddette varianti negoziali che, però, appaiono incidere sul nucleo fondamentale dell'accessorietà della garanzia[34], traducendo, in buona sostanza, un tipo di garanzia nuova (e diversa).

Occorre dunque prendere atto della progressiva affermazione, anche nel nostro ordinamento, di nuovi modelli contrattuali di garanzia, caratterizzati dalla separazione rispetto al rapporto obbligatorio principale garantito, rompendo cioè il legame di dipendenza tra rapporto principale garantito e rapporto secondario di garanzia[35]. Non a caso la terminologia utilizzata è proprio quella (sia pure all'interno di un quadro di certo variegato) di contratto autonomo di garanzia, la cui autonomia consiste per l'appunto nell'assicurare questa separazione, prevedendosi pertanto la inopponibilità al creditore da parte del terzo garante di tutte le eccezioni che avrebbe potuto opporre il debitore principale (cosid-

---

[33] Tra tanti contributi R. NATOLI, *Riflessioni sulla struttura del contratto autonomo di garanzia e della polizza fideiussoria*, in *GIURETA, Rivista di diritto dell'economia, dei trasporti e dell'ambiente*, 2012, p. 1 ss., che segnala, quale appropriato metodo di indagine, i rapporti tra diritto e prassi mercantile; in precedenza S. MONTICELLI, *Le garanzie autonome*, in L. RUGGERI-S. MONTICELLI, *Garanzie personali*, in *Trattato di diritto civile del Consiglio Nazionale del Notariato*, diretto da P. Perlingieri, Napoli, 2005, p. 203 ss., richiamando la ormai consolidata prassi in tal senso dei rapporti commerciali tra imprese, ma anche tra queste ultime e i committenti pubblici; da ultimo C. PETTA, *Profili funzionali e meritevolezza della garanzia*, cit., p. 19 ss. e specialmente p. 267 ss.

[34] Esemplare, in tal senso, lo studio di G.B. PORTALE, *Fideiussione e* «Garantievertrag» *nella prassi bancaria*, in AA.VV., *Le operazioni bancarie*, a cura di G.B. Portale, II, 1978, p. 1043 ss., nonché tutti i successivi contributi dell'illustre Autore.

[35] Il compiuto e autorevole riconoscimento si deve, in giurisprudenza, a Cass., Sez. Un., 1° ottobre 1987, n. 7341, in *Dir. banca e mercato finanziario*, 1988, I, p. 504 ss., con nota di G.B. PORTALE, *Le Sezioni Unite e il contratto autonomo di garanzia («causalità» ed «astrattezza» nel* Garantievertrag*)* e in *Foro it.*, 1988, I, c. 106 ss., con nota di M. VIALE, *Sfogliando la margherita:* Garantievertrag *e fideiussione* omnibus *in Cassazione.*

detta clausola di pagamento, quindi di adempimento, a prima richiesta e senza eccezioni) [36].

Giustamente, peraltro, si segnala la pluralità delle possibili fattispecie di riferimento, preferendosi discutere (al plurale) di contratti autonomi di garanzia, quali «*negozi bilaterali atipici*, a contenuto patrimoniale, mediante i quali un soggetto si obbliga a titolo di garanzia ad eseguire, a richiesta del creditore, la prestazione dovuta dal debitore o una prestazione indennitaria, e nei quali è inserita una clausola incidente sulle eccezioni da lui opponibili e tendente ad escluderle, (...) che svincola il contratto di garanzia dal rapporto principale, rendendolo da questo autonomo. Il creditore ha quindi diritto di pretendere immediatamente, a sua semplice richiesta e senza l'onere di provare la fondatezza del suo diritto, la prestazione per la quale si è impegnato il garante; costui non può quindi opporgli eccezioni, in particolare quelle che invece spetterebbero al debitore primario garantito» [37].

Tale assunto è stato messo in rilievo anche da giurisprudenza costante, rilevando che caratteristica fondamentale di tale contratto è la carenza dell'elemento dell'accessorietà e, corrispondentemente, la determinazione di una posizione perfettamente autonoma in capo al garante, con l'assunzione da parte di quest'ultimo di un'obbligazione principale (e non accessoria). Più precisamente si è riconosciuto, una volta acclarato l'isolamento dell'obbligazione di garanzia dal vincolo principale, che «Il contratto autonomo di garanzia (*Garantievertrag*) ha la funzione di tenere indenne il creditore dalle conseguenze del mancato adempimento della prestazione gravante sul debitore principale, che può riguardare anche un fare infungibile. La causa concreta del contratto è quella di trasferire da un soggetto ad un altro il rischio economico connesso alla mancata esecuzione di una prestazione contrattuale, sia essa dipesa o meno da inadempimento colpevole. In sostanza, il rischio del beneficiario è coperto dal trasferimento dello stesso sul garante. La prestazione dovuta dal garante è, quindi, qualitativamente diversa da quella dovuta dal debitore principale; consiste, infatti, non nell'assicurare l'adempimento della prestazione dedotta in contratto ma, soltanto la soddisfa-

---

(36) F. MASTROPAOLO-A. CALDERALE, *Fideiussione e contratti di garanzia personale*, cit., p. 532 ss.

(37) F. MASTROPAOLO-A. CALDERALE, *Fideiussione e contratti di garanzia personale*, cit., p. 532 ss.

zione dell'interesse economico del beneficiario compromesso dall'inadempimento. E l'oggetto della garanzia è il rischio contrattuale da preservare, ovvero l'interesse economico sotteso all'obbligazione principale. La funzione che ricopre il contratto autonomo di garanzia è, in definitiva, quella di indennizzare il creditore insoddisfatto. La prestazione del garante ha quindi una funzione riparatoria del pregiudizio subito dal creditore a causa dell'inadempimento del debitore»[38].

Proprio alla luce di questi rilievi può mettersi in evidenza la differenza, talora risultata di non agevole comprensione (e, forse, accettazione), rispetto alla fideiussione a cui accedano le particolari clausole negoziali modificative in precedenza indicate, che tuttavia non riescono a recidere in via definitiva il nesso di accessorietà che connota, come meglio prima evidenziato, il tradizionale schema codicistico. In tal senso, infatti, il nuovo modello fa proprio della previsione dell'obbligo di pagamento a prima richiesta e senza eccezioni il carattere preminente e distintivo di tali operazioni, nella misura in cui la nuova regola utilizzata per impedire rifiuti da parte del fideiussore non valga altresì per il debitore principale, in quanto si tratterebbe di una (non ammessa) fideiussione *in duriorem causam*.

Si tratta allora di comprendere dove possa essere individuata anzitutto la diversità tra fideiussione con clausola a prima richiesta (e senza eccezioni) e garanzia (atipica) autonoma. Sotto questo profilo è intanto opportuno valutare la diversa funzione della fideiussione rispetto alla garanzia autonoma, in quanto nella prima ciò che viene garantito è proprio l'adempimento di un debito altrui (art. 1936 c.c.) e quindi la soddisfazione (almeno in via di principio) del medesimo interesse creditorio a ricevere la prestazione che forma oggetto dell'obbligazione principale; nella seconda, invece, l'interesse tutelato è diverso, trattandosi piuttosto di tenere indenne il beneficiario dai rischi derivanti dalla mancata o non corretta esecuzione dell'obbligazione stessa, operando dunque una traslazione del rischio e una tutela sostitutiva rispetto all'adempimento dell'obbligazione principale, con funzione (dunque) tecnicamente risar-

---

[38] Cass., Sez. Un., 3 giugno 2013, n. 13900, in *Corr. giur.*, 2014, p. 184, con nota di G.B. BARILLÀ, *Contratto autonomo di garanzia, prestazione caratteristica e giurisdizione applicabile al vaglio delle Sezioni Unite: alcune considerazioni critiche*; in senso conforme, da ultimo, Cass., 3 novembre 2021, n. 31313, in *www.rivistapactum.it*.

citoria[39]. Dunque, mentre la causa fideiussoria si rinviene nell'esigenza di garantire l'adempimento di un debito altrui, la causa di garanzia consiste nel far conseguire al beneficiario (creditore) l'oggetto della prestazione, dedotta nella garanzia autonoma, indipendentemente dalle vicende del rapporto principale, a copertura appunto del mancato raggiungimento da parte del creditore del risultato economico relativo alla prestazione garantita.

Pertanto, la causa delle garanzie (segnatamente bancarie) autonome consiste non tanto nel garantire il puntuale adempimento dell'obbligazione principale, quanto piuttosto (come da ultimo evidenziato dalla giurisprudenza di legittimità ora richiamata) nella copertura del rischio connesso all'oggettivo inadempimento del rapporto sottostante, attraverso un meccanismo contrattuale nel quale trovano espressione e fusione, oltre a elementi propri della fideiussione, anche elementi del deposito cauzionale e dell'assicurazione. Ciò implica, quindi, che la prestazione del garante non è né identica né omogenea rispetto a quella del debitore principale, ma consiste sempre nel pagamento di una somma di denaro. Evitando in tal maniera le contestazioni (pagamento a prima richiesta e senza eccezioni) si trasla sul garante il rischio dell'inadempimento (colpevole o non colpevole) del debitore principale. Sotto questo profilo, rispetto alla tradizionale figura fideiussoria, si è sviluppata, come già considerato, la cosiddetta fideiussione (indennitaria) per il risarcimento del danno, prestata cioè per garantire l'azione risarcitoria in caso di inadempimento. Peraltro la prevalente (anzi, esclusiva) funzione indennitaria della garanzia autonoma, in considerazione altresì della tendenziale equivalenza (e non omogeneità) intercorrente tra la prestazione di garanzia e la prestazione dedotta nel rapporto garantito sottostante consentono la individuazione della relativa causa nella copertura di un rischio atipico non necessariamente legato all'inadempimento, ma in ogni caso relativo alla mancata realizzazione dell'interesse economico creditorio.

In ragione, poi, della eliminazione del nesso di accessorietà, in rapporto al modello fideiussorio, di tali nuove forme di garanzia personale, si è tratto l'ulteriore corollario della correlativa, sostanziale «astrattez-

---

[39] In merito, già, M. VIALE, *La fideiussione e il contratto autonomo di garanzia*, cit., 772.

za»; con tale terminologia si è voluto per l'appunto segnalare la mancanza di una propria causa (segnatamente di garanzia), essendo dovuta la prestazione oggetto del rapporto di garanzia anche in difformità rispetto all'obbligazione garantita. In senso contrario può tuttavia rilevarsi che la richiamata formula espressiva non appare nuova; sussistono infatti nell'impianto del nostro codice civile sufficienti esplicazioni, ossia specifici indici normativi, del possibile tratto della «astrattezza» di taluni rapporti, senza che però ciò implichi la mancata giustificazione della prestazione, introducendosi cioè la possibilità di adempimenti, comunque, indebiti. Questo è il caso, ad esempio, della delegazione, relativamente alla disciplina delle eccezioni opponibili dal delegato (art. 1271 c.c.); oppure l'ipotesi, citata in senso negativo rispetto alla clausola a semplice richiesta, contemplata dall'art. 1462 c.c., che tuttavia è stato rettamente inteso come riferentesi alle sole eccezioni (di un certo tipo, ossia nullità, annullabilità e rescissione del contratto) riguardanti il rapporto principale e non quello garantito; infine, la previsione contenuta nell'art. 1530, comma 2 c.c. a proposito del credito documentario irrevocabile, ivi statuendosi, con riferimento alla fattispecie del pagamento contro documenti a mezzo banca, che «La banca che ha confermato il credito al venditore può opporgli solo le eccezioni derivanti dall'incompletezza o irregolarità dei documenti e quelle relative al rapporto di conferma del credito». Può dunque così trovare positivo riscontro il ritenuto profilo causale del contratto autonomo di garanzia in termini di (ammissibile) rafforzamento della tutela patrimoniale del garantito [40].

Una testimonianza dello sviluppo di tale forma di garanzia sembra esservi stata (anche) nell'àmbito del diritto tributario, con riguardo alla previsione della (cosiddetta) fideiussione di cui all'art. 38 *bis* decreto Presidente della Repubblica 26 ottobre 1972, n. 633, recante istituzione e disciplina dell'imposta di valore aggiunto, in ordine alla complessa fattispecie del rimborso dell'imposta di valore aggiunto (IVA) laddove versata dal contribuente allo Stato in misura superiore a quanto effettivamente dovuto. In merito, infatti, attesa la distanza temporale tra l'istanza di rimborso (ordinariamente presentata l'anno successivo a quello dell'effettuato versamento) e il periodo concesso allo Stato per effet-

---

[40] In questi termini G. STELLA, *Garanzie*, in *Trattato dei contratti*, IV, *Opere e servizi*, 2, a cura di V. Roppo, Milano, 2014, p. 952 s.; in giurisprudenza Cass., 14 febbraio 2007, n. 3257, in *Pluris*.

tuare i controlli (tre anni), si potrebbe verificare che solo a distanza di tempo si accerti l'insussistenza del (diritto al) rimborso. Onde allora evitare di escludere in via preventiva ogni forma di rimborso prima dell'intervenuto decorso del tempo previsto per i controlli (con il rischio però di caricare l'imprenditore di un peso economico che potrebbe risultare non facilmente sostenibile), si è individuata una soluzione che consente di ovviare a questo tipo di inconveniente. Più precisamente, è stato previsto il rimborso (solo ove) assistito da garanzie per il caso della insussistenza del relativo diritto a seguito dei disposti controlli. In tal senso, dunque, «La garanzia (...) è prestata per una durata pari a tre anni dall'esecuzione del rimborso, ovvero, se inferiore, al periodo mancante al termine di decadenza dell'accertamento, sotto forma di cauzione in titoli di Stato o garantiti dallo Stato, al valore di borsa, ovvero di fideiussione rilasciata da una banca o da una impresa commerciale che a giudizio dell'Amministrazione finanziaria offra adeguate garanzie di solvibilità ovvero di polizza fideiussoria rilasciata da un'impresa di assicurazione» (art. 38 *bis*, comma 5 d.P.R. n. 633/1972).

Questa fideiussione, in verità, viene sostanzialmente interpretata come un contratto autonomo di garanzia, attraverso la affermata negazione o limitazione del nesso di accessorietà tra l'obbligazione garantita (che è di natura tributaria e pubblicistica) e l'obbligazione di garanzia (che è di natura negoziale e privatistica) in considerazione della previsione della clausola di pagamento a prima richiesta e senza eccezioni [41]. Tale impostazione, tuttavia, non sembra convincere chi ritiene, differentemente, che la compressione del nesso di accessorietà tra il rapporto di garanzia e quello garantito confligga con gli interessi pubblicistici dell'azione negoziale dell'Amministrazione finanziaria [42]. Sul punto, però, anche di recente la giurisprudenza di legittimità ha avuto modo di ribadire che la polizza fideiussoria in esame, stipulata per l'appunto per garantire all'amministrazione finanziaria la restituzione dei rimborso IVA, è un contratto autonomo di garanzia la cui durata è collegata ai tempi di accertamento dell'imposta, con la conseguenza che se una legge, sopravvenuta rispetto alla stipula del contratto, proroghi i termini di ac-

---

(41) In tal senso Cass., Sez. Un., 15 ottobre 1998, n. 10188, in *Giust. civ.*, 1999, I, p. 2407 ss.

(42) Si tratta del pensiero di S. LA ROSA, *Appunti sulle garanzie negoziali nel diritto tributario*, ora in ID., *Scritti scelti*, II, Milano, 2011, p. 589 ss. e specialmente p. 591 ss.

certamento dell'imposta, tale proroga non incide sulla durata del contratto di garanzia, potendo essere richiesta una integrazione temporale della prestata garanzia [43].

Conferma peraltro di questa impostazione viene anche sul versante dell'affermato riparto di giurisdizione in ordine alla precisata distinzione tra questioni che attengono all'obbligazione garantita e questioni che attengono all'obbligazione (autonoma) di garanzia. Si è in proposito, infatti, autorevolmente statuito, in ordine a una controversia concernente l'adempimento di una polizza fideiussoria stipulata dal privato a favore di un'amministrazione comunale a garanzia del pagamento degli oneri dovuti a fronte dell'ottenuto rilascio della concessione edilizia collegata a una convenzione di lottizzazione, che «Stante l'autonomia dell'obbligazione di garanzia oggetto di causa, in base alla quale s'è proposta l'opposizione alla ingiunzione fondata su un obbligo sorto per effetto della polizza, da tenere distinto rispetto agli oneri concessori, non può che affermarsi la giurisdizione del giudice ordinario sulle somme pretese nella specie, dovendosi, nella opposizione all'ingiunzione, considerare solo la esistenza e validità del contratto di garanzia e l'esistenza dell'inadempimento che vincola la società assicuratrice a corrispondere quanto dovuto dal garantito inadempiente, per le somme oggetto del decreto ingiuntivo» [44].

L'affermata sussistenza anche nel *Garantievertrag* di una propria causa, per quanto distinta da quella fideiussoria, al fine di escludere la configurabilità di una garanzia prestata in assenza di un rischio, onde cioè evitare l'ingresso di un negozio privo di causa, attraverso la legittimazione di spostamenti patrimoniali privi di una ragione giustificativa (appunto la causa), e la rilevata puntualizzazione del senso dell'autonomia e indipendenza della garanzia dal rapporto garantito consentono peraltro di valutare appieno le problematiche legate proprio alle relazione tra ciò che viene assicurato al creditore (beneficiario) da parte del terzo (garante) e l'oggetto della prestazione garantita del debitore (originario). Si tratta, in altri termini, di valutare fino a che punto possa spingersi la rilevata autonomia, che non può mai superare due ordini di

---

[43] Il riferimento è alla decisione di Cass., 5 ottobre 2018, n. 24530, in *Pluris*.

[44] Cass., Sez. Un., 13 giugno 2012, n. 9592, in *Corr. giur.*, 2012, p. 1207, con nota di V. CARBONE, *L'evoluzione del contratto autonomo di garanzia*.

limiti: quello iniziale, rappresentato dalla illiceità della causa del rapporto di valuta (che attiene alla relazione obbligatoria tra debitore garantito e creditore beneficiario), e quello successivo (che attiene alla relazione obbligatoria tra debitore garantito e terzo garante), costituito dall'abuso del diritto da parte dello stesso creditore (beneficiario). Nel primo caso, così come anche nel secondo, il profilo autonomo del contratto di garanzia lascia (giustamente) il posto al principio causale e alle corrispondenti relazioni con il concetto specifico di garanzia, atteso che in queste due ipotesi (e solo rispetto alle stesse) è possibile individuare eccezioni opponibili relative al rapporto garantito (l'originaria illiceità o l'intervenuta estinzione) al fine di bloccare l'operatività della garanzia, onde evitare escussioni abusive [45].

Peraltro, si ritiene comunemente (sia pure con talune eccezioni) che il profilo di tutela della posizione del debitore, rispetto alla richiesta escussione da parte del creditore beneficiario nei confronti del garante, debba costruirsi in termini di vero e proprio obbligo in capo al garante, a protezione dell'ordinante, rispetto alla proponibilità (ed eccepibilità) dell'*exceptio doli generalis* contro la richiesta fraudolenta o abusiva del creditore [46].

---

[45] Quanto alla prima ipotesi (originaria illiceità) può richiamarsi, da ultimo, Cass., 6 settembre 2021, n. 24011, in *Riv. giur. sarda*, 2022, p. 1 ss., con nota di A. TORRISI, *Violazione di norme imperative e contratto autonomo di garanzia*, che ha ritenuto il garante legittimato a proporre eccezioni fondate sulla nullità anche parziale del contratto base per contrarietà a norme imperativa, nel caso di specie nei confronti della banca quanto alla eccezione di nullità della clausola anatocistica, atteso che la soluzione contraria consentirebbe al creditore di ottenere (per il tramite del garante) un risultato che l'ordinamento vieta. In ordine, invece, alla seconda ipotesi (intervenuta estinzione) può rinviarsi alla recente decisione di Cass., 21 giugno 2018, n. 16345, in *De Jure*, che, pur valutando come legittimo il comportamento del garante, nel caso di specie tradottosi nel non resistere all'escussione della garanzia da parte del commissario giudiziale, ha confermato il carattere abusivo dell'escussione medesima tutte le volte in cui il richiedente abbia sottaciuto, tra le altre, situazioni sopravvenute al contratto, aventi forza modificativa o estintiva del diritto.

[46] Per una chiara e lineare rappresentazione dei relativi ordini di problemi, in un compiuto quadro ricostruttivo, da ultimo L. BOZZI, *Escussione abusiva del contratto autonomo di garanzia. Profili rimediali: l'*exceptio doli, in *Percorsi interdisciplinari in tema di rapporto obbligatorio*, Atti delle giornate di studi (Catania, 10 ottobre 2019 – 9 luglio 2020 – 1 e 22 marzo 2021), a cura di G. Di Rosa, S. Longo, T. Mauceri, Torino, 2021, p. 29 ss.

4. *Le garanzie reali. Tradizione e innovazione*

Può adesso accennarsi al differente sistema delle garanzie reali, sostanzialmente corrispondenti alle cause legittime di prelazione, se si eccettua la ricomprensione in queste ultime dei privilegi, che non sono tecnicamente diritti reali di garanzia. Centrale nel rapporto tra garanzie reali (ossia pegno e ipoteca) e privilegi è la esclusione, quanto a questi ultimi, di privilegi volontari, trovando piuttosto gli stessi fondamenti nella fonte legale [47]. Il privilegio ha infatti esclusivamente fonte legale in quanto riconosciuto dall'ordinamento in ragione del credito che esso garantisce e secondo un'articolazione gerarchica che designa l'ordine dei privilegi. Tale sistema è stato oggetto di recente delega per un complessivo riordino (rispetto alla attuale ormai disordinata parcellizzazione anche a seguito di una incontrollata proliferazione normativa disordinata) da parte della legge 19 ottobre 2017, n. 155, contenente per l'appunto delega al Governo per la riforma delle discipline della crisi di impresa e dell'insolvenza, nel quadro cioè della (più generale) commissionata (e richiamata) riforma.

Il sistema delle garanzie reali è dunque tradizionalmente affidato ai diritti reali di garanzia del pegno e dell'ipoteca [48]. La relativa valutazione deve essere operata sia rispetto alle ragioni di efficienza del mercato del credito quanto alla possibilità di accesso da parte del debitore sia rispetto alle ragioni di effettiva tutela del creditore quanto alla possibilità di appropriata soddisfazione del concesso affidamento. Gli istituti richiamati, in verità, hanno, in parte, sovraesposto economicamente il debitore e, in altra parte, non paiono più del tutto funzionali all'efficienza del mercato del credito e nemmeno in linea con la corrispondente evoluzione di un modello appropriato di effettiva tutela creditoria [49].

---

(47) Per un inquadramento sistematico S. CICCARELLO, *Privilegio (dir. priv.)*, in *Enc. dir.*, XXXV, Milano, 1986, p. 723 ss., ove specifica indicazione e trattazione dei connotati caratterizzanti il privilegio, ossia legalità, tipicità e relatività.

(48) Di recente, sul pegno, E. GABRIELLI, *Il pegno*, in *Trattato di diritto civile*, diretto da R. Sacco, Torino, 2005; quanto all'ipoteca A. CHIANALE, *L'ipoteca*, in *Trattato di diritto civile*, diretto da R. Sacco, Torino, 2005.

(49) Sulle criticità delle tradizionali forme di garanzia reale, da ultimo, T. RUMI, *I recenti sviluppi della «garanzia» del credito e il concetto di obbligazione*, Napoli, 2023, p. 27 ss., all'interno di un appropriato quadro di insieme.

In termini generali può rilevarsi, quanto al pegno, che esso si caratterizza (anche qui storicamente) per lo spossessamento; il relativo riferimento normativo è rinvenibile nell'art. 2786 c.c., il cui comma 1 espressamente dispone che «Il pegno si costituisce con la consegna al creditore della cosa o del documento che conferisce l'esclusiva disponibilità della cosa». Il debitore si priva così della disponibilità materiale e giuridica del bene sul quale il creditore acquista il relativo diritto reale con le prerogative che ne derivano. Pertanto, acquisita da parte del creditore la causa legittima di preferenza, ossia «Il diritto di farsi pagare con prelazione sulla cosa ricevuta in pegno» (art. 2787, comma 1 c.c.), laddove il bene dato in pegno costituisca, per il debitore, strumento della propria attività produttiva, ciò comporterà la privazione di quel che quest'ultimo avrebbe potuto destinare alla produzione di ricchezza e che invece, in capo al creditore, non consente di ricavare alcuna utilità, con evidente (inutile) immobilizzazione patrimoniale.

Quanto, poi, all'ipoteca, essa si costituisce con l'iscrizione (quale forma di pubblicità costitutiva) e non dà luogo a spossessamento alcuno del bene, come risulta dalla previsione dell'art. 2808 c.c., ai sensi del cui comma 2 «L'ipoteca può avere per oggetto beni del debitore o di un terzo e si costituisce mediante iscrizione nei registri immobiliari». Si pongono, al riguardo, anche se diversamente dal pegno, ordini di problemi similari in caso di inadempimento del debitore quanto al grado di soddisfazione del credito. In sé, infatti, l'attribuzione a favore del creditore (e il correlativo esercizio) «del diritto di espropriare, anche in confronto del terzo acquirente, i beni vincolati a garanzia del suo credito e di essere soddisfatto con preferenza sul prezzo ricavato dall'espropriazione» (art. 2808, comma 1 c.c.) non appare risolutiva. L'effettiva realizzazione della pretesa e, dunque, il positivo esito per il creditore ipotecario dipendono, in buona sostanza, dalla procedura esecutiva, ossia dalla sottoposizione del bene ipotecato a un complesso percorso procedimentale, il cui decorso temporale è spesso lungo e improduttivo.

Appare allora del tutto evidente la (maggiore) appropriatezza di queste forme di garanzia nel contesto storico e socioeconomico del codice civile del 1942, diversamente da quanto invece accade oggi. Peraltro, mentre il sistema delle garanzie personali, come visto, può ammodernarsi per il tramite dell'autonomia privata, il sistema delle garanzie reali, in quanto affidato ai principi della tipicità e del *numerus clausus*, appare precluso agli interventi dei privati, dovendosi piuttosto affidare alle possibili modifiche normative [50]. Il contesto di riferimento appare del resto ancora caratterizzato (rispetto al tema dei diritti reali di garanzia) dalla persistenza (nei limiti di cui a breve si dirà) del divieto del patto commissorio. La corrispondente previsione dell'art. 2744 c.c., riferibile sia al patto accessorio sia al patto autonomo rispetto ad un rapporto obbligatorio originario e principale, connotato dalla sussistenza di una garanzia reale (pegno o ipoteca), dispone che «È nullo il patto col quale si conviene che in mancanza del pagamento del credito nel termine fissato, la proprietà della cosa ipotecata o data in pegno passi al creditore. Il patto è nullo anche se posteriore alla costituzione dell'ipoteca o del pegno».

Le risposte del nostro ordinamento prendono gradualmente corpo al fine di mitigare le criticità ora evidenziate, sia sul fronte della rivisitazione dell'istituto del pegno, a partire dalla legge 24 luglio 1985, n. 401, contenente norme sulla costituzione di pegno sui prosciutti a denominazione di origine tutelata e sino alle recenti innovazioni, di carattere generale, contenute (sempre rispetto al pegno mobiliare non possessorio) nell'art. 1 decreto legge 3 maggio 2016, n. 59, recante misure urgenti in materia di procedure esecutive e concorsuali, nonché a favore degli investitori in banche in liquidazione, convertito nella legge 30 giugno 2016, n. 119; sia sul fronte dell'ampliamento dell'area di operatività dei privati in ordine alla deroga al divieto del patto commissorio (a partire dal decreto legislativo 21 maggio 2004, n. 170, di attuazione della direttiva 2002/47/CE in materia di contratti di garanzia finanziaria), sino a giungere alle applicazioni rappresentate dagli artt. 48 *bis* e 120 *quinquiesdecies* d.lgs. n. 385/1993, rappresentando entrambe le misure il superamento delle rigide categorie dei diritti reali (il primo, introdotto dal già menzionato d.l. n. 59/2016 con riguardo al finanziamento alle imprese garantito da trasferimento di bene immobile sospensivamente condizionato; il secondo, relativo all'inadempimento del consumatore e inserito, unitamente all'intero capo I *bis*, dedicato al credito immobiliare ai consumatori, dal decreto legislativo 21 aprile 2016, n. 72, di attuazione della direttiva 2014/17/UE sui contratti di credito ai consumatori).

---

[50] Sul complesso rapporto tra autonomia privata e costituzione delle garanzie reali E. Gabrielli, *Garanzia e garanzie reali*, ora in Id., *Studi sulle garanzie reali*, Torino, 2015, p. 29 ss.

5. (Segue). *Il pegno non possessorio*

Sul primo fronte (diritto reale di pegno) nella l. n. 401/1985 viene individuata un'ipotesi particolare di pegno (cosiddetto sui prosciutti), che formerà oggetto di alcune riflessioni, individuandosi la possibile adozione (in termini generali) di una variante tipologica del pegno che ne modifica ma non ne snatura il normale modo di funzionamento. Il riferimento è alla cosiddetta fattispecie del pegno (mobiliare) non possessorio o con patto di rotatività (cosiddette garanzie rotative o fluttuanti, traducenti pertanto un pegno mobiliare non possessorio assistito dal patto di rotatività)[(51)]. L'innovativa fattispecie forma oggetto della richiamata disciplina introdotta dalla l. n. 401/1985, nell'ambito di una specifica attività economica, produttiva di un certo tipo di beni[(52)]. Si tratta, in buona sostanza, di un risultato a cui si approda alla luce, per un verso, dell'incremento della produzione interna di prosciutto e, per altro verso, della relativa commercializzazione all'estero, dovendosi assicurare al settore dei prodotti a denominazione di origine tutelata un afflusso sufficiente di capitali.

Più specificamente, il soggetto imprenditore ottiene un finanziamento da parte di un istituto di credito per lo svolgimento della propria attività, dando in pegno l'oggetto della trasformazione (dalla materia prima originariamente costituita dagli animali), il cui svolgimento (in termini di filiera alimentare) determina la realizzazione del prodotto finito da lavorazione (ossia il prosciutto). Si tratta, pertanto, di un pegno che, a seguito del percorso di lavorazione, si costituisce sul risultato della trasformazione (il prosciutto). In forza del rinvio operato dall'art. 2785 c.c. si esclude, attraverso questo tipo di regolamentazione speciale, lo spossessamento e si consente la costituzione del vincolo tramite l'apposizione di uno speciale contrassegno sulla coscia fresca del prosciutto, applicabile peraltro in qualunque fase della produzione al fine di tutelare la posizione del creditore[(53)]. Per soddisfare invece il versante dell'e-

---

(51) In tema, riprendendo i precedenti e approfonditi contributi monografici, E. GABRIELLI, *Pegno*, ora in ID., *Studi sulle garanzie reali*, Torino, 2015, p. 113 ss.

(52) Prime indicazioni in A. FONTANA, *Pegno senza spossessamento: ancora qualche riflessione sulla legge 24 luglio 1985, n. 401*, in *Quadrimestre*, 1991, p. 60 ss.

(53) Sul punto A. FONTANA, *Pegno senza spossessamento*, in *Studi parmensi*, XXX, Padova, 1992, p. 305.

steriorizzazione del vincolo, si prevede, oltre alla marchiatura sulla coscia di prosciutto, una segnalazione tramite iscrizione in appositi registri vidimati annualmente.

Appare del tutto evidente la sostanziale contrapposizione al tradizionale modello codicistico, dove la caratteristica del pegno è data, come già evidenziato, dallo spossessamento. Il legislatore riformatore muove dunque dall'idea che determinati settori, innervati nel sistema economico e produttivo, non possono essere sottoposti all'operatività del pegno consegnatoci dalla tradizione normativa, quantunque anche il nuovo modello non possessorio possa presentare problemi la cui soluzione deve garantirne l'appropriato funzionamento. Al riguardo, come già anticipato, il riferimento è all'evidenza scritturale; essa, in buona sostanza, sostituisce l'originario possesso in capo al creditore (quale garanzia di indisponibilità da parte del debitore), nel senso che alla (nuova) permanenza del possesso in capo al debitore fa ora da corrispondente strumento di conservazione del mutato oggetto della garanzia da parte del creditore il modello scritturale che ne determina l'opponibilità e sulla base del quale circolano i beni così realizzati, il cui valore deve continuare a garantire il credito originario.

Per quanto attiene a quest'ultimo aspetto, ossia la permanente corrispondenza del valore economico, mentre nel modello fondato sullo spossessamento il bene resta sempre uguale a se stesso, con evidente (in quanto non mutata, almeno in astratto) equivalenza economica, nella nuova operazione il legislatore introduce un meccanismo di controllo per evitare la diminuzione della garanzia, atteso che in ogni caso deve rimanere inalterato l'oggetto valutario corrispondente al valore economico della garanzia. D'altro canto, la predisposta apposizione dei contrassegni indelebili sulla coscia fresca, in attesa della trascrizione presso gli appositi registri, viene ritenuta potenzialmente idonea a garantire la conoscibilità del vincolo e, altresì, a escludere la buona fede del terzo acquirente del bene ai sensi dell'art. 1153 c.c. La marchiatura rappresenta infatti, seppure simbolicamente, un'attività equipollente all'impossessamento ad opera del creditore e consente l'immediata esteriorizzazione del vincolo, creando una situazione di fatto di per sé incontrovertibile e idonea, per così dire, a colorare la condizione del terzo. Del resto, la sola iscrizione, non avendo i relativi registri i tratti di fonte di conoscibilità legale, non assicurerebbe l'opponibilità del vincolo, a testimonianza della diversità (e consequenziale distinta regolamentazione) rispetto ai modelli tradizionali [54].

La nuova disciplina trova applicazione circoscritta e settoriale sia in ragione della precisa delimitazione dell'àmbito soggettivo di riferimento (art. 1 l. n. 401/1985), sia anche in considerazione delle specifiche caratteristiche oggettive della introdotta forma di garanzia. Quanto, infatti, ai soggetti dai quali può essere costituito il pegno sui prosciutti a denominazione d'origine tutelata, si individuano per l'appunto gli «operatori qualificati come produttori dalle leggi sulla tutela della denominazione d'origine o dai relativi regolamenti di esecuzione» (art. 1, comma 1 l. n. 401/1985). Con riferimento, invece, all'oggetto, i primi commentatori della legge sono stati indotti a credere che dovesse trattarsi necessariamente del prodotto finito, ovvero delle cosce stagionate a denominazione d'origine e non anche delle cosce fresche, al contrario suscettibili unicamente di disciplina codicistica. Pertanto, si concludeva che dovesse trattarsi di una forma di pegno su cosa futura o, tutt'al più, di un *tertium genus* di pegno, a metà tra bene presente e futuro. Le cose stanno, in verità, diversamente; sostenendo, infatti, questa tesi si sarebbero presto tradite le aspettative nonché le finalità della nuova legge, atteso che lo spossessamento sarebbe stato mantenuto laddove il pegno fosse ricaduto sulla coscia fresca di suino, impedendo così che essa attraversasse tutte le varie fasi produttive giungendo al grado di stagionatura desiderato e necessario affinché le nuove regole trovassero applicazione. Per di più, gli effetti legati alla marchiatura e alla iscrizione, che per giusta regola in materia di pegno sui beni futuri sarebbero differiti a un momento successivo, coincidente con la venuta a esistenza del bene, graverebbero negativamente sulla nascita della garanzia.

In realtà l'obiettivo avuto di mira dal legislatore e le correlative modalità di (costituzione e) svolgimento del rapporto sono differenti, proprio in quanto si tratta di una garanzia pignoratizia che prende vita eccezionalmente senza spossessamento e caratterizzata da naturale rotatività [55]. Essa è, dunque, deputata a insistere su beni destinati a un pro-

---

[54] Rileva la netta differenziazione F. DELL'ANNA MISURALE, *Profili evolutivi della disciplina del pegno*, Napoli, 2004, p. 95 ss.

[55] Può essere al riguardo utile richiamare, pur se la relativa statuizione interviene successivamente alla entrata in vigore della disciplina in esame ma rispetto a una vi-

cesso produttivo, suscettibili di trasformarsi nel corso della lavorazione, mutare destinazione e utilizzazione economica; ciò, senza che ne venga alterata la corrispondente struttura o risultino pregiudicate, sotto il profilo funzionale, le garanzie del creditore (56).

A conferma del positivo riscontro del nuovo modello, e in linea di continuità con il medesimo, interviene a qualche anno di distanza la legge 27 marzo 2001, n. 122, recante disposizioni modificative e integrative alla normativa che disciplina il settore agricolo e forestale, il cui art. 7 estende le previsioni della l. n. 401/1985, in particolare, ai prodotti lattiero-caseari a denominazione di origine a lunga stagionatura. Si dispone, infatti, al riguardo che «Il pegno sui prodotti lattiero-caseari a denominazione di origine a lunga stagionatura può essere costituito dai produttori che adempiono alle condizioni previste per la immissione in consumo di tali prodotti, oltre che con le modalità previste dall'articolo 2786 del codice civile, nella forma e con le modalità previste dalla legge 24 luglio 1985, n. 401» (art. 7, comma 1 l. n. 122/2001), alla cui disciplina si rinvia ad opera del successivo comma 3. Quanto, poi, alle procedure identificative del prodotto, ai fini adesso ovviamente ben noti, si prevede che «Il contrassegno e le relative modalità di applicazione, nonché le disposizioni concernenti i registri e la loro tenuta, sono stabiliti con decreto dei Ministri dell'industria, del commercio e dell'artigianato e delle politiche agricole e forestali, da adottare entro sei mesi dalla data di entrata in vigore della presente legge» (art. 7, comma 2 l. n. 122/2001).

In questo complessivo contesto può oggi ritenersi termine di riferimento con tratti compiuti (in termini di specialità e di settorialità) l'in-

---

cenda instauratasi in precedenza, la decisione di Trib. Roma, 18 luglio 1991, in *Foro it.*, 1992, I, c. 950 ss., con riguardo al tema della sostituibilità dell'oggetto della garanzia, ai sensi della cui massima «Il contratto con in quale, a garanzia di un credito, si dispone la custodia di una certa quantità di beni (nella fattispecie prosciutti) da parte di un soggetto terzo (nella fattispecie un componente del consiglio di amministrazione della società debitrice) presso i magazzini della società debitrice, con facoltà per questa di sostituirli, in tutto o in parte, con altri beni di eguale genere e qualità, e con il solo onere per il consegnatario di registrarne in tal caso il carico e lo scarico nel libro magazzino da trasmettere periodicamente, per il suo controllo, al creditore, non dà luogo, per difetto del requisito essenziale dello spossessamento, ad un pegno, bensì ad una garanzia atipica».

(56) Si tratta del pensiero di E. GABRIELLI, *Il pegno «anomalo»*, Padova, 1990, p. 17 ss.

trodotta figura generale di pegno mobiliare non possessorio (limitato ai beni inerenti all'esercizio dell'impresa), di cui al d.l. n. 59/2016 (poi convertito nella l. n. 119/2016), volto a coniugare l'esigenza di finanziamento dell'impresa con la tutela dei creditori in ordine sia alla realizzazione del proprio diritto sia alla certezza dei tempi di soddisfazione del credito. Esso mira a superare due ordini di difficoltà, quella dell'impresa a reperire credito, quanto dunque all'accesso al mercato del credito, e quella del creditore di ottenere la restituzione del prestito, quanto dunque al grado di sicurezza dell'affidamento concesso. L'accesso al credito, infatti, costituisce, per ogni sistema economico, un indice del modo attraverso cui è possibile indirizzare l'attività di impresa, in grado di incidere in maniera significativa sulle relative scelte; d'altro canto, il versante della tutela creditoria traduce l'approccio di senso in ordine alle modalità e ai tempi di attuazione della garanzia concessa, che non sono affatto indifferenti quanto alla erogazione del credito.

Ora, quanto più specificamente alla introdotta disciplina [57], ai sensi del relativo art. 1, comma 1 d.l. n. 59/2016 (come convertito) «Gli imprenditori iscritti nel registro delle imprese possono costituire un pegno non possessorio per garantire i crediti, concessi a loro o a terzi, presenti o futuri, se determinati o determinabili e con la previsione dell'importo massimo garantito, inerenti all'esercizio dell'impresa». Il dato normativo è abbastanza chiaro, perché il relativo tenore indica anche la *ratio* della regola introdotta. Il pegno non possessorio serve a garantire non tutti i crediti, quanto piuttosto i crediti concessi agli imprenditori indicati o a terzi, crediti presenti o futuri, se determinati o determinabili e con la previsione dell'importo massimo garantito, inerenti all'esercizio dell'impresa. Deve dunque sussistere una stretta connessione funzionale tra il credito e l'attività di impresa. Il legislatore infatti circoscrive l'operatività di questo tipo di pegno mobiliare non possessorio proprio con l'obiettivo della tutela dell'attività di impresa, assicurandone così il rilancio attraverso il mercato del credito.

Due appaiono i dati significativi: la individuazione della garanzia di crediti, presenti o futuri, per sé o per altri, in una particolare connotazione sia soggettiva (quanto ai beneficiari dell'affidamento, ossia sé o

---

[57] Rileva al riguardo una certa sciatteria normativa E. GABRIELLI, *Una garanzia reale senza possesso*, in *Giur. it.*, 2017, p. 1715 s.

altri) sia oggettiva (quanto all'oggetto del beneficio, ossia credito presente o futuro); il riferimento alla previsione dell'importo massimo garantito, rispetto all'inerenza all'esercizio dell'impresa, da correlare alla determinatezza o determinabilità dei crediti. Si tratta di un tema, quest'ultimo, ben noto, richiamando la questione che ha formato oggetto della modifica (in precedenza riferita) dell'art. 1938 c.c. in ordine alla fideiussione per obbligazioni future o condizionali. Deve tuttavia rilevarsi, quanto ai soggetti ai quali è consentita (anzi, riservata) la costituzione del pegno non possessorio, che il riferimento agli imprenditori iscritti nel registro delle imprese non appare, in sé, idoneo a evitare dubbi interpretativi e risolvere possibili questioni controverse. In merito, infatti, si è preferito richiamare un dato formale, quello appunto della iscrizione di cui all'art. 2188 c.c., piuttosto che il dato sostanziale dello svolgimento in concreto dell'attività imprenditoriale, anche rispetto a quanto disposto dall'art. 2195 c.c. Non potrà, in ogni caso, ritenersi escluso dalla possibilità di ricorrere al nuovo istituto l'imprenditore agricolo, ossia colui che «esercita una delle seguenti attività: coltivazione del fondo, selvicoltura, allevamento di animali e attività connesse» (art. 2135 c.c.), quantunque allo stesso non siano applicabili «le norme relative all'iscrizione nel registro delle imprese (...), salvo quanto è disposto dall'art. 2200» (art. 2136 c.c.) [58] ma sia comunque obbligatoria per legge la iscrizione in sezioni speciali (e non in quella ordinaria) del registro delle imprese.

Il successivo art. 1, comma 2 d.l. n. 59/2016 (come convertito) statuisce che «Il pegno non possessorio può essere costituito su beni mobili, anche immateriali, destinati all'esercizio dell'impresa e sui crediti derivanti da o inerenti a tale esercizio, a esclusione dei beni mobili registrati. I beni mobili possono essere esistenti o futuri, determinati o determinabili anche mediante riferimento a una o più categorie merceologiche o a un valore complessivo. Ove non sia diversamente disposto nel contratto, il debitore o il terzo concedente il pegno è autorizzato a trasformare o alienare, nel rispetto della loro destinazione economica, o comunque a disporre dei beni gravati da pegno. In tal caso il pegno si trasferisce, rispettivamente, al prodotto risultante dalla trasformazione,

---

[58] Per la tesi che ritiene di includere anche l'imprenditore agricolo tra i destinatari della nuova normativa M. CAMPOBASSO, *Il pegno non possessorio. «Pegno» ma non troppo*, in *Nuove leggi civ. comm.*, 2018, p. 705, nt. 7.

al corrispettivo della cessione del bene gravato o al bene sostitutivo acquistato con tale corrispettivo, senza che ciò comporti costituzione di una nuova garanzia». Quest'ultimo inciso è importante perché, in eventuale assenza, la costituzione di una nuova garanzia determinerebbe per il (nuovo) creditore la perdita della originaria posizione (la cui cronologia ovviamente ha il proprio peso), potendo così essere superato da altro creditore originario (e rimasto immutato). In questo modello, invece, ciò che giustifica la garanzia è sempre il rapporto obbligatorio originario, ciò che muta è (solamente) l'oggetto della garanzia che tuttavia resta immutato nel proprio valore economico e nel correlativo titolo che ne costituisce la relativa giustificazione, pur dubitandosi se non debba considerarsi tale pegno su beni originari [59].

Il costituente, pertanto, non solamente mantiene la propria posizione giuridica (e materiale) rispetto al bene (del quale conserva la disponibilità) ma, salvo diverse disposizioni pattizie, può anche compiutamente disporne senza incorrere in alcuna responsabilità; tale attività dispositiva può, poi, concretizzarsi in un'azione modificativa del bene medesimo, corrispondente alla consentita trasformazione, oppure in un trasferimento a terzi, corrispondente alla consentita alienazione, oppure ancora, senza giungere alla dismissione della situazione giuridica, nella costituzione di altri diritti, da ritenere rientranti nella generale facoltà di disposizione.

Quanto, infine, alle forme di tutela, in particolare del soggetto debitore (che ordinariamente ha come controparte creditori forti, generalmente istituti di credito), il legislatore si è mosso su due fronti, tra di loro strettamente correlati, l'uno relativo alla forma costitutiva del vincolo reale, l'altro concernente la esteriorizzazione della nuova forma di garanzia. In ordine al primo profilo può richiamarsi quanto disposto dall'art. 1, comma 3 d.l. n. 59/2016 (come convertito) ai cui sensi «Il contratto costitutivo, a pena di nullità, deve risultare da atto scritto con in-

---

[59] Sulla (già prospettata) controversia in tema di (riconosciuta) ammissibilità della clausola rotativa, se cioè debba mantenersi inalterato il valore originario della garanzia oppure il valore originario del bene, diffusamente E. GABRIELLI, *Il pegno anomalo*, cit., *passim*, che è peraltro favorevole alla seconda soluzione; altresì ID., «*Pinocchio*», *il «Grillo Parlante» e il problema del pegno rotativo: spiegazioni … a richiesta (fra il serio ed il faceto)*, in *Riv. not.*, 2002, p. 548 ss. e F. GAZZONI, *Il vestito dell'imperatore (replica «ossessiva» sul pegno rotativo)*, in *Riv. not.*, 2002, p. 563 ss.

dicazione del creditore, del debitore e dell'eventuale terzo concedente il pegno, la descrizione del bene dato in garanzia, del credito garantito e l'indicazione dell'importo massimo garantito». Rispetto, invece, al secondo profilo, si è previsto dall'art. 1, comma 4 d.l. n. 59/2016 (come convertito) che «Il pegno non possessorio ha effetto verso i terzi esclusivamente con la iscrizione in un registro informatizzato costituito presso l'Agenzia delle entrate e denominato «registro dei pegni non possessori»; dal momento dell'iscrizione il pegno prende grado ed è opponibile ai terzi e nelle procedure esecutive concorsuali». Si tratta, peraltro, di una iscrizione della durata di dieci anni e rinnovabile per mezzo di una nuova iscrizione nel registro effettuata prima della scadenza del decimo anno (art. 1, comma 6 d.l. n. 59/2016 come convertito).

Ora, non essendo possibile soffermarsi in questa sede sulle articolate modalità di soddisfazione della pretesa creditoria previste dalla introdotta disciplina nell'ipotesi di escussione del pegno (secondo le indicazioni contenute nell'art. 1, comma 7 d.l. n. 59/2016 come convertito), può dedicarsi qualche ulteriore riflessione al richiamato sistema pubblicitario, che non ha funzione costitutiva (come per esempio accade per l'ipoteca) ma semplicemente di opponibilità nei confronti dei terzi. Si tratta, dunque, di un'ipotesi di pubblicità dichiarativa, deputata alla risoluzione dei conflitti insorti tra i creditori attraverso il ben noto meccanismo dell'ordine cronologico delle iscrizioni (ossia chi iscrive per primo prevale, anche se il proprio titolo costitutivo è successivo).

Unica eccezione è rappresentata dalla previsione contenuta nell'art. 1, comma 5 d.l. n. 59/2016 (come convertito) ove si dispone che «Il pegno non possessorio, anche se anteriormente costituito ed iscritto, non è opponibile a chi abbia finanziato l'acquisto di un bene determinato che sia destinato all'esercizio dell'impresa e sia garantito da riserva della proprietà sul bene medesimo o da un pegno anche non possessorio, a condizione che il pegno non possessorio sia iscritto nel registro in conformità al comma 6 e che al momento della sua iscrizione il creditore ne informi i titolari di pegno non possessorio iscritti anteriormente». Sul fondamento di tale (importante) deroga non sembra esservi, tuttavia, uniformità di vedute né, tanto meno, giudizi concordi sul senso della scelta operata dal legislatore. Ora, quanto alla *ratio* può certamente convenirsi sulla individuata giustificazione nella meritevolezza della causa del credito, ossia in ragione della particolare tutela da accordare al creditore che abbia finanziato l'acquisto di un bene strumentale all'esercizio dell'attività di impresa, destinato dunque, in prima battuta, a consentire l'attività produttiva e poi, anche, a formare oggetto di garanzia a tutela di creditori altri dal primo concedente. Non manca però chi, in senso contrario, ha messo in evidenza la creazione di una illegittima preferenza, in spregio alla stessa *ratio* dell'intervento normativo, rivolto, come già in precedenza evidenziato, a rendere più agevole e appetibile l'accesso al credito [60].

Ad oggi, purtroppo, il previsto registro (unico a livello nazionale), pur se istituito, non è attivo; ciò ha determinato (e continua a determinare) comprensibili difficoltà all'utilizzo dello strumento del pegno non possessorio, la cui operatività risulta sterilizzata dal mancato completamento delle previste procedure informatiche. La articolata vicenda può essere distinta in due fasi a cui corrispondono i diversi momenti di svolgimento del complesso *iter* attuativo del predisposto meccanismo pubblicitario di opponibilità. In particolare, in un primo momento, la originaria situazione di stallo (corrispondente alla fase di vera e proprio assenza del registro) ha determinato una interrogazione parlamentare (a risposta scritta), presentata alla Camera dei deputati il 21 aprile 2020 (4-05264), con la quale per l'appunto si è richiesto di conoscere i motivi per i quali il registro informatizzato non fosse stato ancora istituito presso l'Agenzia dell'entrate e quali iniziative fossero state predisposte dal Ministro interrogato (dell'economia e delle finanze) al fine di rimuovere tutti gli elementi ostativi alla creazione del predetto registro informatizzato.

Al riguardo occorre peraltro ricordare, come pure del resto rappresentato nella richiamata interrogazione, che era stato demandato a un decreto del Ministro dell'economia e delle finanze, di concerto con il Ministro della giustizia, la regolamentazione delle operazioni di iscrizione, consultazione, modifica, rinnovo o cancellazione presso il registro, degli obblighi a carico di chi effettua tali operazioni nonché delle modalità di accesso al registro stesso. Il citato decreto, essendo riconducibile tra i regolamenti ministeriali, doveva adottarsi previo parere del Consiglio di Stato ed essere sottoposto al visto e alla registrazione della Corte dei conti. Il Consiglio di Stato, dal canto suo, con provve-

---

[60] Al riguardo L. CAPUTO-M. CAPUTO, *I pegni. Dal modello tradizionale al nuovo pegno mobiliare non possessorio*, Milano, 2017, p. 140 ss.; R. CATALANO, *Il pegno non possessorio* ex lege *n. 119/2016*, Napoli, 2018, p. 40 ss.

dimento n. 2880 del 14 dicembre 2018 ha sospeso l'adozione del parere richiesto, reputando necessario un supplemento di istruttoria da parte del Ministero dell'economia e delle finanze, evidenziando, tra l'altro, l'opportunità di un'audizione degli *stakeholder*, in ragione dell'impatto che la normativa ha sul traffico dei beni di impresa, gli effetti della garanzia nonché le esigenze di certezze sottese alla circolazione del bene vincolato. Del resto, in parallelo alle attività istruttorie sopra illustrate, l'Agenzia delle entrate ha provveduto alla pianificazione degli sviluppi informatici necessari per la realizzazione e la gestione del registro informatizzato per l'iscrizione dei pegni non possessori, nonché dei correlati adempimenti fiscali, da definirsi nel dettaglio a valle della emanazione del previsto regolamento.

La situazione si è finalmente sbloccata, nuovamente udito il parere del Consiglio di Stato, espresso dalla Sezione consultiva per gli atti normativi nell'adunanza del 3 novembre 2020, e già sentito il Garante per la protezione dei dati personali con il parere espresso all'adunanza del 21 giugno 2018, con l'adozione del suddetto regolamento (di concerto con il Ministero della giustizia) con il decreto del Ministero dell'economia e delle finanze 25 maggio 2021, n. 114, pubblicato sulla Gazzetta Ufficiale della Repubblica Italiana 10 agosto 2021, n. 190, concernente per l'appunto il registro dei pegni mobiliari non possessori, denominato «Registro pegni» e tenuto da apposito ufficio situato in Roma, diretto da un conservatore (nominato dal direttore dell'Agenzia delle entrate), consultabile da chiunque per via telematica.

Le questioni di maggiore rilievo affrontate e risolte dal richiamato decreto sono relative alla definizione delle tipologie di atti costitutivi (quanto cioè al titolo costitutivo del pegno non possessorio), al modello di riferimento delle modalità di registrazione, alle tipologie e ai contenuti della domanda di iscrizione al Registro pegni, alle modalità di consultazione e alle relative tariffe, in un procedimento ispirato alla massima semplicità ed esclusivamente telematico [61]. Da segnalare, in ordine agli atti costitutivi da inviare al Registro pegni unitamente alla domanda di iscrizione, l'adozione delle possibili forme dell'atto pubblico, della scrittura privata autenticata o accertata giudizialmente, del contratto

---

(61) Indicazioni riassuntive in V. LUCCHESE, *Pegno mobiliare non possessorio: pubblicato il decreto attuativo*, in *www.fiscooggi.it*, 11 agosto 2021.

sottoscritto digitalmente dalle parti, del provvedimento dell'autorità giudiziaria.

Lo stesso decreto, peraltro, ha previsto ulteriori provvedimenti per assicurare la definitiva operatività del Registro pegni, oggi compiutamente realizzata. In particolare la nomenclatura di appartenenza dei beni che possono formare oggetto di pegno mobiliare non possessorio è stata approvata dal direttore dell'Agenzia delle entrate il 12 ottobre 2021. Quanto, invece, alle specifiche tecniche per la redazione delle domande e dei correlativi titoli, nonché per la relativa trasmissione al conservatore, che segue peraltro nei successivi trenta giorni la realizzazione del sistema informatico da parte dell'Agenzia delle entrate entro otto mesi dalla entrata in vigore del regolamento, termine peraltro non perentorio, l'approvazione da parte del direttore dell'Agenzia delle entrate di concerto con il Ministero della giustizia è intervenuta con provvedimento del 12 gennaio 2023. Risulta pertanto possibile, attraverso l'accesso alla sezione «Istanze – Registro pegni mobiliari non possessori» dell'area riservata del sito istituzionale dell'Agenzia delle entrate, compilare e presentare le domande per l'esecuzione delle formalità presso il Registro, consultabile da chiunque, previo pagamento di quanto dovuto.

6. *Alienazioni in funzione di garanzia e divieto del patto commissorio*

Nell'àmbito delle disposizioni generali a cui è dedicato il capo I del titolo III del libro quarto particolare rilievo assume, nel quadro dei rapporti tra tutele creditorie e cautele debitorie, la regola contenuta nell'art. 2744 c.c., che, proprio per la relativa collocazione sistematica, può essere compresa solamente all'interno del complessivo quadro delineato in ordine ai rapporti tra responsabilità patrimoniale, *par condicio creditorum* e sistema delle cause legittime di prelazione e, più specificamente, delle garanzie reali (pegno e ipoteca). Ai sensi della richiamata disposizione, come già in precedenza riportato, «È nullo il patto col quale si conviene che, in mancanza del pagamento del credito nel termine fissato, la proprietà della cosa ipotecata o data in pegno passi al creditore. Il patto è nullo anche se posteriore alla costituzione dell'ipoteca o del pegno» (art. 2744 c.c.). L'ordine delle considerazioni che seguiranno muove dalla individuazione, anzitutto, della fattispecie di riferimento per poi mettere in evidenza l'àmbito di operatività e le tecniche di tutela ordinamentali in ragione della *ratio* del divieto (che traduce un'ipotesi di nullità testuale). Il patto commissorio ha origini antiche; il relativo divieto è stato introdotto nel sistema giuridico romano dalla *lex commissoria* al fine di evitare l'approfittamento usurario dei creditori nei confronti dei debitori.

Il patto commissorio può presentarsi come «assistito» oppure «autonomo»; il primo è quello a cui fa riferimento l'art. 2744 c.c., ossia quello in cui siano in gioco garanzie reali, mentre il secondo è slegato dalla sussistenza di una garanzia reale e, dunque, opera come garanzia propria ed esclusiva (senza correlazione alcuna con gli istituti del pegno e dell'ipoteca) (62).

Quanto all'oggetto e al relativo contenuto, occorre rilevare che si è in presenza di un accordo accessorio, rispetto cioè alla relazione obbligatoria, sia in via originaria (dunque contestuale al sorgere del rapporto obbligatorio) sia in via successiva. Tale convenzione accessoria si pone in relazione ad un rapporto obbligatorio (ordinariamente) qualificato dalla esistenza a favore del creditore di un pegno o di un'ipoteca (quali cause legittime di prelazione), ossia una garanzia patrimoniale specifica che distingue normativamente il relativo titolare dai (semplici) creditori chirografari. Il creditore privilegiato, infatti, in ragione della previsione contenuta nell'art. 2741 c.c., ha diritto di soddisfarsi in prededuzione su quanto eventualmente ricavato dall'azione esecutiva condotta nei confronti del debitore, soggetto all'espropriazione (e alla vendita all'asta) del bene ipotecato o dato in pegno.

---

(62) La letteratura al riguardo è vastissima, potendosi qui richiamare, tra tanti, sotto il vigore del codice abrogato F. CARNELUTTI, *Note sul patto commissorio*, in *Riv. dir. comm.*, 1916, II, p. 888 ss.; nel sistema del codice attuale, in precedenza, S. PUGLIATTI, *Precisazioni in tema di vendita a scopo di garanzia*, ora in ID., *Diritto civile. Metodo – Teoria – Pratica. Saggi*, Milano, 1951, p. 334 ss.; C.M. BIANCA, *Il divieto del patto commissorio*, Milano, 1957; più di recente U. CARNEVALI, *Patto commissorio*, in *Enc. dir.*, XXXII, Milano, 1982, p. 499 ss.; F. ANELLI, *L'alienazione in funzione di garanzia*, Milano, 1996; F. GIGLIOTTI, *Patto commissorio autonomo e libertà dei contraenti*, Napoli, 1997; per un'indagine comparatistica in ordine al raggio di operatività del patto vietato e con riferimento specifico ai rapporti tra le due codificazioni italiane M. BUSSANI, *Il problema del patto commissorio*, Torino, 2000, p. 9 ss.; cenni in F. MASTROPAOLO, *Divieto legale e nullità di patti per ragioni di garanzia*, in *I contratti di garanzia*, II, a cura di F. Mastropaolo, in *Trattato dei contratti*, diretto da P. Rescigno ed E. Gabrielli, Torino, 2006, p. 1799 ss.

La convenzione commissoria prevede che in caso di inadempimento, nel termine convenuto, il creditore diventi proprietario di tale bene. La posizione del creditore si trasformerà pertanto da titolare di un diritto di credito, assistito da una garanzia reale, in titolare di un diritto di proprietà su un bene originariamente appartenente al debitore, sulla base di un meccanismo di trasferimento sospensivamente condizionato all'inadempimento del debitore; avveratasi dunque la condizione sospensiva, il creditore diventerà automaticamente titolare della proprietà del bene che ha formato precedentemente oggetto di garanzia reale (pegno o ipoteca). Gli ordini di problemi, tra di loro però strettamente correlati, sono rappresentati dal relativo àmbito di operatività e dalla corrispondente *ratio*, anche per misurare l'impatto del disposto divieto con altri istituti che, in prima battuta, paiono prospettare questioni similari ma diversamente risolte (ad esempio, la vendita con patto di riscatto di cui agli artt. 1500 ss. c.c.).

Quanto all'àmbito di operatività si è evidenziato che il sistema sanzionato attiene ai trasferimenti sospensivamente condizionati all'inadempimento del debitore. Occorre tuttavia verificare se si tratti dell'unica ipotesi oggetto di divieto oppure possa (o debba) ritenersi riferibile ad altri casi il cui congegno effettuale sia differente ma il cui risultato sostanziale non appaia difforme. Può, ad esempio, accadere che il debitore trasferisca immediatamente la titolarità di un proprio bene al creditore, con l'intesa che il primo ne riacquisterà la titolarità non appena avrà adempiuto il proprio debito nei confronti del secondo; il meccanismo risulta pertanto quello del trasferimento immediato in favore del creditore ma risolutivamente condizionato all'adempimento da parte del debitore. Se si mettono a confronto le due ipotesi (trasferimento sospensivamente condizionato all'inadempimento del debitore e trasferimento risolutivamente condizionato all'adempimento del debitore), la seconda (trasferimento risolutivamente condizionato all'adempimento del debitore) pare mettere maggiormente in difficoltà il soggetto obbligato, il quale ha già perduto la titolarità del bene, rinviando a un momento del tutto incerto la possibilità dell'eventuale riacquisto.

L'interpretazione che rende assimilabili, nella logica della tutela del debitore, le due ipotesi è stata sostenuta in ragione della prevalenza, rispetto al dato letterale fornito dall'art. 2744 c.c., del carattere materiale della norma proibitiva, applicabile cioè in tutti i casi in cui il risultato vietato venga comunque raggiunto [63]. Il tema può essere affrontato esaminando, a confronto, l'istituto della vendita con patto di riscatto rispetto alla corrispondente previsione dell'art. 1500 c.c., ai cui sensi «Il venditore può riservarsi il diritto di riavere la proprietà della cosa venduta mediante la restituzione del prezzo e i rimborsi stabiliti dalle disposizioni che seguono. Il patto di restituire un prezzo superiore a quello stipulato per la vendita è nullo per l'eccedenza». Tale operazione negoziale, secondo quanto riportano i lavori preparatori e la relazione di accompagnamento al codice civile del 1942, svolge una evidente funzione di garanzia. Essa infatti traduce l'ipotesi che un soggetto sprovvisto di liquidità venda un proprio bene, ne riceva il prezzo e, poi, laddove avesse la possibilità di restituire il prezzo ricevuto, riacquisti la titolarità del bene stesso, attraverso l'esercizio del diritto di riscatto (oggetto del relativo patto). Pertanto, mentre la vendita con patto di riscatto è perfettamente lecita (pur svolgendo, almeno così pare, una funzione di garanzia), la convenzione commissoria attraverso cui si realizza un immediato trasferimento della titolarità di un bene del debitore, risolutivamente condizionato all'adempimento di quest'ultimo, sarebbe invece nulla per violazione del divieto posto dall'art. 2744 c.c.

Il discorso deve allora probabilmente essere condotto sull'altro versante dell'ordine di problemi in precedenza rappresentato, ossia la *ratio* del richiamato divieto o, come appare più corretto, le plurime, relative *rationes* (essendo presumibilmente più di una le motivazioni a giustificazione della scelta ordinamentale). In merito balza subito all'evidenza il tema del valore economico, ossia della possibile sproporzione tra l'entità del debito e l'entità economica della garanzia. In tal senso chiaro l'obiettivo di volere evitare, con il divieto in esame, le condotte immeritevoli del creditore che, per questa via, si approprierebbe di un valore economico superiore all'ammontare del credito vantato, con correlativo pregiudizio nei confronti del debitore. Quest'ultimo, infatti, potrebbe

---

[63] Il mutamento di indirizzo si deve, quanto alla giurisprudenza, alle decisioni di Cass., 3 giugno 1983, n. 3800 e Cass., 6 dicembre 1983, n. 7271, entrambe in *Riv. it. leasing*, 1985, p. 135 ss., a proposito dei rapporti tra vendita con patto di riscatto (che si esaminerà a breve in testo) e (divieto del) patto commissorio, mutamento peraltro più volte sollecitato dalle autorevoli riflessioni sul punto di S. PUGLIATTI, *Precisazioni in tema di vendita*, cit., p. 362 ss.

trovarsi esposto a subire un depauperamento del proprio patrimonio anche di molto superiore alla situazione debitoria originaria, come nel caso in cui a fronte di un debito di 50 risulti costituita ipoteca su un bene del valore di 150, con la conseguenza che l'operare del patto commissorio in caso di inadempimento priverebbe il debitore della relativa differenza di valore, pari a 100.

Nel nostro ordinamento il tema della sproporzione economica tra le prestazioni viene affrontato, sul versante contrattuale, dalla riconosciuta azione generale di rescissione per lesione di cui all'art. 1448 c.c., pur non statuendosi la nullità del contratto concluso ma la possibile rescindibilità (con la conseguenza che il contratto, fino a quando non accolta l'impugnazione giudiziale, produce regolarmente i propri effetti).

Altri spunti in tal senso sono ricavabili dalla disamina di due previsioni dettate in tema di disciplina generale del rapporto obbligatorio, ossia gli artt. 1197 e 1198 c.c., relativi alla *datio in solutum*. Quanto alla prima previsione, ossia l'art. 1197 c.c., volta alla generale regolamentazione della prestazione in luogo di adempimento, essa dispone che «Il debitore non può liberarsi eseguendo una prestazione diversa da quella dovuta, anche se di valore uguale o maggiore, salvo che il creditore consenta. In questo caso l'obbligazione si estingue quando la diversa prestazione è eseguita». Il successivo art. 1198 c.c. prevede che «Quando in luogo dell'adempimento è ceduto un credito, l'obbligazione si estingue con la riscossione del credito, se non risulta una diversa volontà delle parti». Il legislatore ha dunque predisposto un meccanismo solutorio, finalizzato all'adempimento della prestazione originariamente dovuta, che tuttavia si realizza attraverso l'adempimento di una prestazione altra e diversa (ad esempio, invece di consegnare un quadro alla cui restituzione si era obbligati, viene fornita una somma di denaro, il cui valore può essere anche maggiore rispetto a quello della prestazione originaria, se il creditore, ovviamente, consente).

Pertanto, rapportando il risultato di questa analisi al tema generale di riferimento, sorge spontaneo chiedersi se il tema del valore economico debba venire in considerazione come causa giustificativa del divieto del patto commissorio. Al riguardo, infatti, la stessa giurisprudenza di legittimità esclude la configurabilità del patto commissorio allorché il trasferimento del bene sia frutto di una scelta, «come nel caso in cui venga liberamente concordato quale "datio in solutum" (art. 1197 c.c.), ovvero esprima esercizio di una facoltà che si sia riservata all'atto della costituzione dell'obbligazione medesima (art. 1286 c.c.)»[64]. In tal senso, altresì, non viene ravvisato il patto commissorio laddove il trasferimento o la promessa di trasferimento siano finalizzati non tanto a garantire l'adempimento di un'altra obbligazione, con riguardo all'eventualità, non ancora verificatasi, che essa rimanga inadempiuta, quanto piuttosto a soddisfare un precedente credito rimasto insoluto, liberando così il debitore dalle conseguenze derivanti dalla pregressa inadempienza[65].

Altro possibile profilo di interesse, quale ipotizzata ulteriore giustificazione della scelta proibitiva contenuta nell'art. 2744 c.c., è quello del ritenuto sussistente divieto, all'interno del nostro ordinamento, della autotutela esecutiva. Nel caso di pegno e ipoteca, laddove il creditore voglia ottenere ragione dei propri diritti nell'ipotesi di inadempimento, egli deve soggiacere a regole attuative di competenza giudiziale, per non rischiare di incorrere nell'esercizio abusivo delle proprie ragioni, a meno che (ovviamente) un tale potere non gli sia riconosciuto dalla stessa legge (come di recente è per la verità accaduto sempre con maggior frequenza, sia pure con la predisposizione di strumenti di controllo a tutela del debitore). Occorre dunque ricorrere alla procedura giudiziale dell'espropriazione forzata, che potrebbe anche condurre all'assegnazione del bene al creditore, ma pur sempre attraverso il vaglio di un soggetto terzo o di una verifica oggettiva, per scongiurare il rischio di approfittamenti a danno del debitore. Non varrebbe in senso contrario rilevare la preesistente situazione di privilegio del creditore (in quanto cioè già munito di causa legittima di prelazione, ossia pegno o ipoteca), atteso che le risultanze economiche del procedimento di esecuzione potrebbero evidenziare un residuo diretto a soddisfare *in parte qua* anche gli altri creditori (non privilegiati). Il rischio da evitare, una volta soddisfatto il

---

[64] Cass., 18 settembre 2020, n. 19508, in *www.foroeuropeo.it*.

[65] Si tratta di quanto statuito da Cass., 17 giugno 2022, n. 19694, in *www.ilcaso.it*, che, richiamando un consolidato orientamento giurisprudenziale, ha rilevato come la complessa operazione contestata (versamento di denaro da parte dell'assuntore del concordato a fronte del trasferimento a suo favore di un compendio immobiliare, costituente parte preponderante dell'attivo immobiliare, con pattuita possibilità di riacquisto) era diretta a estinguere i debiti della società fallita proprietaria del suddetto compendio, in assenza dunque di qualsivoglia (immeritevole) funzione di garanzia e in presenza di una mera (legittima) funzione di scambio.

creditore privilegiato, è quello dunque di un'alterazione del principio generale della *par condicio creditorum*.

In tema può però certamente richiamarsi la riconosciuta possibilità di tutela per i creditori al di fuori (già nello stesso sistema codicistico del 1942) del percorso giurisdizionale (e, dunque, attraverso il controllo giudiziale). Il riferimento è all'istituto della cessione dei beni ai creditori, che viene definita all'art. 1977 c.c. come «Il contratto col quale il debitore incarica i suoi creditori o alcuni di essi di liquidare tutte o alcune sue attività e di ripartirne tra loro il ricavato in soddisfacimento dei loro crediti». Si tratta di un'operazione che, privando il debitore della disponibilità dei beni ceduti (art. 1980 c.c.), consegna ai creditori il patrimonio del debitore, attraverso dunque uno strumento alternativo a quello ordinario di soddisfazione dei crediti e avente carattere negoziale. Non risulta così fondata l'affermazione secondo la quale non esisterebbero strumenti (che qui sembrano avere carattere generale) di autotutela creditoria.

Può allora convenirsi con quanto già rilevato da autorevole e risalente dottrina, secondo la quale in realtà il legislatore avrebbe introdotto il divieto del patto commissorio per evitare che la relativa pattuizione si trasformasse in una clausola di stile, generando discredito nell'esercizio dei diritti e degli obblighi che scaturiscono dal rapporto obbligatorio [(66)]. Ciò, peraltro, all'interno del contesto della pluralità degli interessi tutelati, tra i quali sicuramente rientra il tema dell'abuso dell'esercizio del credito e dell'approfittamento usurario. In merito, infatti, può certamente evidenziarsi la possibilità che il patto commissorio si trasformi in una tecnica usuraria, attraverso la quale si eserciti cioè una illegittima pressione nei confronti del debitore, che si concreta nel rischio della perdita della titolarità del bene, se questi non adempirà nel termine convenuto, il cui valore può (altresì) ben essere superiore all'entità del debito [(67)].

Proprio il tema della rilevanza economica (a danno del debitore) del-

---

[(66)] Il riferimento è al pensiero di C.M. BIANCA, *Il divieto del patto commissorio*, cit., *passim*.

[(67)] A una indagine complessiva, orientata cioè al raffronto con altre ipotesi normative, richiama l'attenzione A. LUMINOSO, *Alla ricerca degli arcani confini del patto commissorio*, in *Riv. dir. civ.*, 1990, I, p. 233, che ha in precedenza indagato il pegno irregolare, la prestazione in luogo di adempimento e la vendita con patto di riscatto.

la complessiva operazione consente adesso di valutarne in termini appropriati il rapporto con il già considerato istituto della vendita con patto di riscatto. Rispetto a quest'ultima, infatti, è indubbiamente vero che la proprietà svolge una funzione di garanzia, nel senso che il realizzato (e immediato) trasferimento della proprietà funge da garanzia rispetto alla restituzione del prezzo ricevuto, quale prestito. Tuttavia, proprio per evitare che la vendita con patto di riscatto si trasformi in ciò che genericamente non è consentito, laddove cioè sussista una situazione di debolezza del debitore, è testualmente previsto che «Il patto di restituire un prezzo superiore a quello stipulato per la vendita è nullo per l'eccedenza» (art. 1500, comma 2 c.c.). Pertanto, pur potendo qui avere la proprietà del bene trasferito una funzione di garanzia, appare da escludere la ricorrenza (si direbbe, tipologica) di un'operazione speculativa, delineandosi altrimenti un mutuo (oneroso, dunque con restituzione, oltre al capitale, degli interessi) assistito da una garanzia reale atipica. Conseguentemente, anche laddove le parti avessero pattuito di restituire un prezzo superiore a quello stipulato per la vendita, la differenza non sarà giuridicamente dovuta.

La ritenuta copertura da parte del divieto del patto commissorio anche dei trasferimenti risolutivamente condizionati all'adempimento non appare dunque in contrasto con la (normativamente fondata) validità della vendita con patto di riscatto, trattandosi di logiche negoziali totalmente differenti. Il patto commissorio può tradurre in concreto l'approfittamento della situazione del debitore, a differenza della vendita con patto di riscatto, rispetto a cui è statuita la nullità del patto per l'eccedenza rispetto al prezzo originariamente corrisposto dal venditore al compratore.

Le indicazioni fornite trovano conferma nella soluzione adottata da una recente decisione di legittimità che qui (sia pure brevemente) si analizza [68]. Nel caso di specie parte attrice aveva acquistato nel 1986 un appartamento di cui i venditori avevano mantenuto il godimento, a titolo di comodato (essenzialmente gratuito). A fronte del mantenimento della disponibilità del bene a titolo di detenzione qualificata (giustificata per l'appunto da un rapporto personale di godimento a cui dà origine il contratto di comodato) era stato previsto l'accollo di tutte le spese

---

(68) Si tratta della pronuncia di Cass., 21 gennaio 2016, n. 1075, in *www.ilcaso.it*.

di manutenzione ordinaria e straordinaria in capo ai suddetti venditori, con riserva del diritto di esercitare ad una determinata data, che rientrava nel termine massimo di legge, il riscatto dell'immobile, previa restituzione del prezzo rivalutato secondo gli indici Istat e il rimborso delle spese inerenti al contratto di compravendita. Parte attrice si doleva che, una volta scaduto questo termine, non fosse stato esercitato il diritto di riscatto né ovviamente versato il relativo prezzo, e che contestualmente era scaduto il periodo di vigenza del comodato, ragione per la quale dunque si chiedeva giudizialmente la restituzione dell'immobile, occupato *sine titulo*. Parte convenuta eccepiva che: a) la compravendita dell'immobile era riconducibile all'esclusivo fine (che ne rappresentava la causa) di garantire la restituzione di un debito, maturato nei confronti di un soggetto persona fisica, amministratore della società alla quale il bene era stato venduto, per forniture a attrezzature strumentali all'attività didattica da essi esercitata; b) l'immobile aveva un valore di mercato ben superiore al prezzo di vendita, dolendosi pertanto di avere ottenuto meno del valore di mercato del bene; c) con una contemporanea scrittura era stato altresì convenuto che l'acquirente (società) avrebbe versato la parte residua del prezzo pattuito ad altre società controllate dalla persona fisica amministratore unico della medesima società, a garanzia di cessioni di pagamento versate da una delle parti venditrici, senza peraltro doversi trascurare che altre somme di denaro erano state restituite con effetti cambiari sempre a favore di società in qualche modo collegate alla persona fisica amministratrice di fatto della società originariamente acquirente.

I convenuti, dunque, sostanzialmente eccepivano la riconducibilità della fattispecie concreta (ossia la vendita con patto di riscatto) al divieto del patto commissorio (autonomo); chiedevano, quindi, che venisse dichiarata la nullità dell'atto di compravendita per difetto di causa, con rigetto della domanda restitutoria proposta dall'attore e la condanna della società attrice alla restituzione delle maggiori somme versate dai convenuti rispetto a quelle ricevute.

Il tema è pertanto proprio quello della ritenuta sussistenza del divieto del patto commissorio rispetto ai trasferimenti (non sospensivamente condizionati all'inadempimento ma) immediati e risolutivamente condizionati all'adempimento (per il tramite, dunque della compravendita assistita da un patto di riscatto); si contesta, più precisamente, la simulazione della compravendita, dissimulante un mutuo assistito da patto commissorio. L'ipotesi classica (che parte convenuta richiama) è dunque quella della vendita assistita da un patto di riscatto che in realtà nasconde un mutuo assistito da patto commissorio. Il trasferimento della proprietà funge, pertanto, da garanzia della restituzione della somma (apparentemente) versata a titolo di prezzo ma che (effettivamente) rappresenta il capitale corrisposto in ragione di un'operazione sostanzialmente di mutuo, ove appunto l'atto di trasferimento della proprietà fornisce una garanzia in ordine alla restituzione del *tantundem eiusdem generis*.

La ragione per la quale i giudici, sia in primo sia in secondo grado, sia infine nel giudizio di legittimità, respingono la richiesta di invalidità dell'operazione per violazione del divieto del patto commissorio risiede nella ritenuta esclusione, sulla base degli indicati elementi fattuali, che la compravendita fosse finalizzata a uno scopo di garanzia, non rinvenendosi pertanto quegli indici dai quali desumere la nullità dell'operazione concretamente posta in essere. La questione concerne dunque l'accertamento in concreto della fattispecie vietata, a fronte della compravendita con patto di riscatto, funzionale a fronteggiare problemi di liquidità da parte del soggetto disponente che utilizza un bene con una causa che rimane sempre di scambio (in quanto riceve il corrispettivo di un prezzo), ma che fa parte di un programma più ampio che potrà evolversi in una direzione diversa (differentemente da quanto accade in una semplice compravendita, volta ad assicurare la stabilità definitiva degli effetti) e la cui revocabilità serve a ripristinare la precedente situazione rappresentata dalla titolarità dell'originario alienante [69].

---

[69] Nella stessa direzione anche la giurisprudenza di merito, ormai allineata con l'evoluzione interpretativa sia dell'art. 2744 c.c. sia dei correlativi rapporti con il modello (in sé lecito) dello scambio. Si segnala in questo senso la recente decisione di Trib. Milano, 26 settembre 2017, in *www.italgiure.giustizia.it*, con la quale si è statuito che «La fattispecie dell'alienazione a scopo di garanzia con condizione risolutiva ricorre quando la vendita del bene è accompagnata dall'impegno a ritrasferirlo al venditore/debitore nel caso in cui questi adempia correttamente la propria obbligazione (patto di riscatto o ritrasferimento). Tale clausola è illegittima in quanto elude la disciplina imperativa di cui all'art. 2744 c.c. indipendentemente dalla previsione di una condizione sospensiva ovvero risolutiva; ciò che rileva è il collegamento funzionale tra il trasferimento della proprietà del bene consegnato in garanzia e il mancato adempimento di un obbligo derivante da preesistente (o contestuale) rapporto debitorio, ossia, in altri termini, il fine di garanzia cui la clausola tende (Cass., 3 giugno 1983, n. 3800; Cass., Sez. Un., 21 aprile 1989, n. 1987; Cass., 16 ottobre 1995, n. 10805; Cass., 8 febbraio

7. (Segue). *Il correttivo del patto marciano. Prassi negoziale e interventi normativi di settore*

La stessa decisione di legittimità ora esaminata richiama (ribadendo un consolidato indirizzo) la valida ammissibilità di certi tipi di operazioni, con l'inserimento convenzionale della clausola marciana. Proprio il patto marciano rappresenta una delle novità normative in funzione di correttivo rispetto allo svolgimento non appropriato (in particolare nella fase patologica) del rapporto obbligatorio (70). Il riferimento è, in particolare, a quanto indicato nella già richiamata legge delega n. 155/2017, rispetto sia alle alienazioni con funzioni di garanzia sia alla generalizzata tipizzazione, per via normativa, dei patti marciani, quale valida alternativa deputata dunque al superamento del divieto del patto commissorio (71). Non ultimo il riferimento, importante sia per la rilevanza economica del fenomeno sia per la peculiare articolazione giuridica dell'istituto, alle cessioni dei crediti finalizzate a garantire le posizioni debitorie, con una sostanziale rivisitazione delle tecniche di garanzia del credito.

Queste ultime, infatti, hanno assunto nel tempo una certa rigidità alla quale si è contrapposto un più recente utilizzo con funzione di rilancio. Il riferimento è, in particolare, al prestito vitalizio ipotecario, introdotto nell'ordinamento dalla legge 2 dicembre 2005, n. 248, successivamente modificata dal decreto legge 30 settembre 2005, n. 203, convertito, con modificazioni, dalla legge 2 aprile 2015, n. 44, la cui operatività è stata poi assicurata, quale disciplina di attuazione, dal regolamento assunto con decreto del Ministro dello sviluppo economico 22

2007, n. 2725 e, da ultimo, Cass., 17 aprile 2014, n. 8954). Tuttavia, quanto alla invalidità, in tema di patto commissorio, la sanzione della nullità prevista dalla norma di cui all'art. 2744 c.c. riguarda il solo patto commissorio stipulato "a latere" dell'obbligazione restitutoria (con conseguente inefficacia del trasferimento del bene oggetto della stipulazione, *ex* art. 2744 cit.), e non anche detta obbligazione restitutoria, che resta del tutto valida indipendentemente dalle sorti del patto accessorio vietato».

(70) Al riguardo Cass., 17 giugno 2022, n. 19694, cit., evidenzia, per un verso, l'ampliamento della latitudine del divieto del patto commissorio (peraltro criticato da una parte della dottrina) e, per altro verso, la diffusione, per effetto della legislazione comunitaria, di contratti che prevedono, accanto alla causa di scambio, anche la causa di garanzia.

(71) In merito, da ultimo, G. D'AMICO-S. PAGLIANTINI-F. PIRAINO-T. RUMI, *I nuovi marciani*, Torino, 2017.

dicembre 2015, n. 226. In merito si dispone che «Il prestito vitalizio ipotecario ha per oggetto la concessione da parte di banche nonché di intermediari finanziari di cui all'articolo 106 del testo unico di cui al decreto legislativo 1° settembre 1993, n. 385 e successive modificazioni, di finanziamenti a medio e lungo termine, con capitalizzazione annuale di interessi e di spese, riservati a persone fisiche con età superiore a sessanta anni compiuti, il cui rimborso integrale in un'unica soluzione può essere richiesto al momento della morte del soggetto finanziato ovvero qualora vengano trasferiti, in tutto o in parte, la proprietà o altri diritti reali o di godimento sull'immobile dato in garanzia o si compiano atti che ne riducano significativamente il valore, inclusa la costituzione di diritti reali di garanzia in favore di terzi che vadano a gravare sull'immobile» (art. 11 *quaterdecies*, comma 12, d.l. n. 203/2005, come sostituito dall'art. 1 l. n. 44/2015).

Inoltre, «I finanziamenti di cui al comma 12 (...) sono garantiti da ipoteca di primo grado su immobili residenziali (...). L'ipoteca di primo grado a garanzia del finanziamento di cui al comma 12 non può essere iscritta contemporaneamente su più immobili di proprietà del finanziato. Qualora il finanziamento non sia integralmente rimborsato entro dodici mesi dal verificarsi degli eventi di cui al citato comma 12, il finanziatore vende l'immobile ad un valore pari a quello di mercato, determinato da un perito indipendente incaricato dal finanziatore, utilizzando le somme ricavate dalla vendita per estinguere il credito vantato in dipendenza del finanziamento stesso. Trascorsi ulteriori dodici mesi senza che sia stata perfezionata la vendita, tale valore viene decurtato del 15 per cento per ogni dodici mesi successivi fino al perfezionamento della vendita dell'immobile. In alternativa, l'erede può provvedere alla vendita dell'immobile, in accordo con il finanziatore, purché la compravendita si perfezioni entro dodici mesi dal conferimento dello stesso. Le eventuali somme rimanenti, ricavate dalla vendita e non portate a estinzione del predetto credito, sono riconosciute al soggetto finanziato o ai suoi aventi causa. L'importo del debito non può superare il ricavato della vendita dell'immobile, al netto delle spese sostenute. Nei confronti dell'acquirente dell'immobile non hanno effetto le domande giudiziali di cui all'articolo 2652, primo comma, numeri 7) e 8), del codice civile trascritte successivamente alla trascrizione dell'acquisto» (art. 11 *quaterdecies*, comma 12 *quater*, d.l. n. 203/2005, come sostituito dall'art. 1 l. n. 44/2015). Si tratta, in buona sostanza, di uno strumento deputato ad assicurare ai beneficiari (le persone con oltre 60 anni di età, rispetto al limite originario fissato a oltre 65 anni di età) una rendita vitalizia garantita attraverso la costituzione di una ipoteca. Il soggetto in questione, pertanto, trovandosi in una certa condizione, utilizza il diritto di proprietà immobiliare come forma di garanzia (attraverso la costituzione di ipoteca) rispetto a un prestito ricevuto e finalizzato ad assicurare una copertura finanziaria (72).

Quanto, più specificamente, al tema qui di interesse (ossia il patto marciano) può prospettarsi il superamento dei limiti derivanti dall'esistenza del divieto del patto commissorio, individuandosi un meccanismo generalizzato, già presente nel nostro ordinamento in determinati settori dell'esperienza economica, più sensibili ai profili di tutela del credito. Del resto la stessa prassi ha provveduto in tal senso a istituzionalizzare il riconoscimento al creditore del valore ottenuto (o ricavabile) dalla garanzia prestata dal debitore inadempiente, evitando tuttavia la indebita locupletazione a favore del creditore e in danno del debitore (privato di un valore economico superiore a quanto da questi dovuto). In questa direzione, pertanto, vanno le soluzioni dirette ad assicurare, per via convenzionale, che il creditore possa acquisire la titolarità del bene del debitore, corrispondendo però a quest'ultimo la differenza tra il valore del bene (costituito dall'effettivo prezzo di mercato e affidato alla determinazione da parte di un terzo) e il valore del credito, onde evitare che il debitore possa essere privato di un valore superiore rispetto all'entità del debito.

Tale modello (patto marciano di elaborazione convenzionale) è stato

---

(72) Sul tema, alla luce delle più recenti modifiche, A. IULIANI, *Il prestito vitalizio ipotecario nel nuovo "sistema" delle garanzie reali*, in *Nuove leggi civ. comm.*, 2016, p. 171 ss., il quale evidenzia il ruolo centrale dell'ipoteca che, a differenza di quanto accade nel mutuo fondiario, costituisce elemento necessario non finalizzato, in quanto non è preordinata a garantire (come ordinariamente accade) l'acquisto di un bene immobile; per una esposizione ordinata A. BULGARELLI, *La disciplina del prestito vitalizio ipotecario*, in *www.ilcaso.it*, 22 aprile 2015. Da ultimo, diffusamente, C. DORE, *Il prestito vitalizio ipotecario. Tra tutela del credito e attuazione del programma negoziale*, Napoli, 2022, che, a fronte della prospettata ricostruzione della prevista vendita con assegnazione dell'eventuale eccedenza, rispetto al credito garantivo e soddisfatto, in termini di particolare meccanismo marciano, ritiene diversamente configurabile la complessa fattispecie del prestito vitalizio ipotecario, imperniata sul concetto di operazione economica e sul rilievo attribuito dalla recente legislazione all'autonomia privata nel governo della fase esecutivo del rapporto.

recepito dal legislatore in alcuni ambiti settoriali, in espressa deroga all'art. 2744 c.c., in termini di patto marciano di fonte legale, trattandosi di strumento che è lo stesso legislatore a prevedere attraverso la predeterminazione di criteri deputati a salvaguardare la validità e la liceità dell'operazione [(73)]. Ci si può riferire, più specificamente, alle recenti (e già riferite) previsioni degli artt. 48 *bis* e 120 *quinquiesdecies* d.lgs. n. 385/1993.

La prima (art. 48 *bis*) è previsione introdotta dal già richiamato d.l. n. 59/2016, in tema di finanziamento alle imprese garantito dal trasferimento di bene immobile sospensivamente condizionato, con evidente richiamo a una operazione (altrimenti) vietata dall'art. 2744 c.c. [(74)]. Si tratta, dunque, di una garanzia prestata dall'imprenditore e delineata dal legislatore come strumentale all'esercizio dell'attività d'impresa. Si garantisce, così, con il trasferimento di un bene immobile la restituzione del capitale ricevuto, realizzandosi cioè un trasferimento sospensivamente condizionato all'adempimento del debitore. La deroga all'art. 2744 c.c. è diretta ad assicurare maggiore facilità di accesso al credito e sicuramente può rappresentare una valida opportunità per l'imprenditore ma non può (forse) ritenersi altrettanto per il creditore (soggetto professionale). Per quest'ultimo, infatti, sorge poi il problema, in ipotesi di acquisizione della titolarità del bene immobile, di dovere trasformarlo nella corrispondente liquidità, con il rischio di una possibile immobilizzazione dei propri capitali, frutto legittimo dell'inadempimento dei propri debitori ma non traducibile in effettiva ricchezza monetaria.

Quanto, invece, all'altra previsione di recente introduzione (art. 120 *quinquiesdecies*), essa fa parte di una serie di disposizioni inserite dal d.lgs. n. 72/2016 quali regole deputate ad assistere questo particolare

---

(73) In senso inverso ci si è peraltro interrogati, come emerge dall'indagine di G. FAPPIANO, *Il patto marciano: tra tipicità e autonomia contrattuale*, in *Contratti*, 2019, p. 86 ss., sullo spazio riconosciuto (o riconoscibile) all'autonomia privata al di fuori dei cosiddetti patti marciani bancari.

(74) Sul nuovo istituto, tra i diversi contributi, S. AMBROSINI, *La rafforzata tutela dei creditori privilegiati nella l. n. 119/2016: il c.d. patto marciano*, in *www.ilcaso.it*, 25 agosto 2016; M. SEPE, *Finanziamento alle imprese garantito da trasferimento di bene immobile sospensivamente condizionato*, in *Commentario al Testo Unico delle leggi in materia bancaria e creditizia*[4], diretto da F. Capriglione, I (artt. 1-69), Milano, 2018, *sub* art. 48 *bis*, p. 535 ss.

mercato attraverso la forma del credito immobiliare ai consumatori [75].

Ora, nell'ambito dell'attività di impresa, il richiamato art. 48 *bis*, comma 1 d.lgs. n. 385/1993 dispone che «Il contratto di finanziamento concluso tra un imprenditore e una banca o altro soggetto autorizzato a concedere finanziamenti nei confronti del pubblico ai sensi dell'articolo 106 può essere garantito dal trasferimento, in favore del creditore o di una società dallo stesso controllata o al medesimo collegata ai sensi delle vigenti disposizioni di legge e autorizzata ad acquistare, detenere, gestire e trasferire diritti reali immobiliari, della proprietà di un immobile o di un altro diritto immobiliare dell'imprenditore o di un terzo, sospensivamente condizionato all'inadempimento del debitore a norma del comma 5 (...)». Dal punto di vista poi degli strumenti deputati ad assicurare, per un verso, l'attuazione delle introdotte tecniche di realizzazione del credito ma, per altro verso, l'adeguata tutela della posizione debitoria si prevede che «In caso di inadempimento, il creditore ha diritto di avvalersi degli effetti del patto di cui al comma 1, purché al proprietario sia corrisposta l'eventuale differenza tra il valore di stima del diritto e l'ammontare del debito inadempiuto e delle spese di trasferimento» (art. 48 *bis*, comma 2 d.lgs. n. 385/1993). Tale previsione, pertanto, pur non costituendo la sola ipotesi di riconoscimento legislativo del patto marciano, tuttavia «ne rappresenta la più compiuta e analitica disciplina» [76], regolamentando un particolare tipo di garanzia collegata a una peculiare operazione di credito (soggettivamente e oggettivamente qualificata).

In maniera similare, ma nell'ambito dell'attività consumeristica, si pone la previsione contenuta nell'art. 120 *quinquiesdecies* d.lgs. n. 385/1993, in tema di inadempimento del consumatore, il cui comma 3 espressamente stabilisce che «Fermo quanto previsto dall'articolo 2744 del codice civile, le parti possono convenire, con clausola espressa, al momento della conclusione del contratto di credito, che in caso di inadempimento del consumatore la restituzione o il trasferimento del bene immobile oggetto di garanzia reale o dei proventi della vendita del me-

---

(75) In ordine a tale speciale disciplina può utilmente leggersi R. D'ANNA, *Inadempimento del consumatore*, in *Commentario al Testo Unico delle leggi in materia bancaria e creditizia*[4], diretto da F. Capriglione, III (artt. 115-162), Milano, 2018, *sub* art. 120 *quinquiesdecies*, p. 2061 ss.

(76) M. SEPE, *Finanziamento alle imprese*, cit., *sub* art. 48 *bis*, p. 538.

desimo bene comporta l'estinzione dell'intero debito a carico del consumatore derivante dal contratto di credito anche se il valore del bene immobile restituito o trasferito ovvero l'ammontare dei proventi della vendita è inferiore al debito residuo. Se il valore dell'immobile come stimato dal perito ovvero l'ammontare dei proventi della vendita è superiore al debito residuo, il consumatore ha diritto all'eccedenza». All'interno, pertanto, di un percorso di realizzazione del credito organizzato attraverso una fattispecie di escussione stragiudiziale della garanzia reale, rappresentata per l'appunto dal trasferimento della titolarità del bene, si ricorre propriamente al patto marciano. Quest'ultimo, infatti, attraverso la predisposta stima del valore del bene, successivamente all'inadempimento, e la previsione della restituzione da parte del creditore dell'eventuale eccedenza tra il valore (stimato o ricavato) del bene e il debito inadempiuto, appare idoneo ad assicurare la salvaguardia della posizione del debitore (77).

In ordine, in particolare, a tali meccanismi di tipo marciano associati a finanziamenti bancari alle imprese e al credito immobiliare ai consumatori non si è tuttavia mancato di osservare, stilando un (sia pure) provvisorio bilancio (a distanza, comunque, di diversi anni dalla relativa introduzione), il sostanziale mancato ricorso ai nuovi strumenti da parte degli operatori del mercato, tacciati di eccessiva rigidità (78). Senza poi tralasciare alcune questioni, che hanno formato oggetto di dibattito tra gli interpreti, se per esempio, rispetto ai finanziamenti alle imprese di

(77) In termini R. D'ANNA, *Inadempimento del consumatore*, cit., *sub* art. 120 *quinquiesdecies*, p. 2068 ss., muovendo dall'idea (che in sé può anche avere un effettivo fondamento, almeno da un punto di vista formale) che «il meccanismo negoziale che la norma mette a disposizione delle parti di un contratto di credito immobiliare non si propone di operare come deroga al divieto di patto commissorio (deroga, peraltro, a rischio di inammissibilità laddove si ravvisi nel suddetto divieto un principio generale immanente nell'ordinamento)» (p. 2068), come forse invece dovrebbe propriamente ritenersi con riferimento alla (diversa) formula utilizzata nell'art. 6, comma 2 d.lgs. n. 170/2004, ove si prevede che «Ai contratti di garanzia finanziaria che prevedono il trasferimento della proprietà con funzione di garanzia, compresi i contratti di pronti contro termine, non si applica l'art. 2744 del codice civile».

(78) Il rilievo è di G. D'AMICO, *Finanziamenti alle imprese e credito immobiliare ai consumatori. I "nuovi marciani" alla prova. Un bilancio provvisorio*, in *Contratti*, 2023, p. 641 ss., evidenziando il poco spazio lasciato all'autonomia privata, con il rischio di «costringere le soluzioni adottate entro griglie troppo *rigide*, che finiscono per scoraggiarne l'adozione» (p. 642, nt. 2 a p. 641).

cui all'art. 48 *bis* d.lgs. n. 385/1993, al trasferimento dell'immobile, sospensivamente condizionato all'inadempimento del debitore, «si ricolleghi o meno l'effetto (legale) dell'esdebitazione, per l'ipotesi in cui il valore del bene trasferito risulti inferiore all'ammontare del credito (residuo) rimasto insoluto»[79]. Oppure, rispetto al credito immobiliare ai consumatori, al quale comunque si riconosce una maggiore possibilità di utilizzo nella prassi bancaria, quanto alla prevista scelta tra due possibili pattuizioni: convenire tra l'istituto bancario e il consumatore-mutuatario l'acquisizione in proprietà a favore del primo della titolarità del bene immobile concesso in ipoteca in caso di inadempimento del secondo, o riconoscere in capo al primo il potere di venderlo per soddisfare il proprio credito residuo sul ricavato, con restituzione dell'eventuale eccedenza al debitore. Si segnala, infatti, al riguardo che tale seconda soluzione, sebbene preferibile all'acquisto della proprietà immobiliare da parte della banca (con estinzione dell'intero debito a carico del consumatore), esponga quest'ultima al rischio di dovere comunque vendere il bene (secondo quanto normativamente previsto) al miglior prezzo di realizzo (corrispondente sostanzialmente ai valori di mercato), vedendo altresì «ricadere su di sé le conseguenze di una alienazione (magari più veloce, ma) a prezzi inferiori (con un ricavato insufficiente a coprire il credito residuo o, comunque, esponendosi alla contestazione del mutuatario, il quale dimostri che la vendita non è stata posta in essere "al miglior prezzo di realizzo")»[80].

---

[79] G. D'Amico, *Finanziamenti alle imprese e credito immobiliare ai consumatori*, cit., p. 642, a fronte della espressa regolazione dell'ipotesi inversa, ossia valore del bene superiore all'ammontare del debito residuo, con obbligo del debitore di restituire l'eccedenza (nel segno della logica e della struttura marciana dell'operazione). L'illustre Autore, rispetto a una pregressa soluzione di natura pragmatica, ossia considerare l'effetto esdebitativo come un effetto (per così dire) naturale conseguente alla clausola marciana, ritiene adesso «probabilmente più corretta la tesi che (...) lascia comunque all'autonomia privata il compito di concordare un effetto esdebitativo (come incentivo al debitore), senza configurarlo come un effetto legale di questa particolare ipotesi di pattuizione marciana» (p. 644); in senso adesivo alla precedente posizione T. Rumi, *I recenti sviluppi della «garanzia» del credito*, cit., p. 328 ss. e spec. p. 332 s. In direzione diversa, ritenendo cioè non possibile applicare analogicamente alla fattispecie in esame l'art. 120 *quinquiesdecies*, comma 3, d.lgs. n. 385/1993, quanto cioè all'effetto esdebitativo in favore del debitore, A. Luminoso, *Patto marciano e sottotipi*, in *Riv. dir. civ.*, 2017, p. 1412 s.

[80] Il riferimento è alla posizione di G. D'Amico, *Finanziamenti alle imprese e credito immobiliare ai consumatori*, cit., p. 647 ss. e, segnatamente, p. 649.

In termini generali peraltro, pur a fronte di quanto riferito in ordine al sostanziale superamento, in taluni ben precisi ambiti, del divieto del patto commissorio, si ritiene che quest'ultimo continui a essere pienamente operativo in termini generali nel nostro ordinamento (81). In buona sostanza, le diverse indicazioni che comunque emergono dalla rapida disamina svolta vanno rapportate (e confinate) nei limiti della corrispondente applicazione settoriale, dunque per specifiche e delimitate aree di riferimento. Si tratta ancora, con ogni probabilità, di eccezioni destinate a regolare certi ambiti del settore economico, caratterizzati dall'ausilio fornito a determinati contraenti a cui beneficio opera il previsto (legale) patto marciano (82).

---

(81) Può qui rinviarsi ad A. LUMINOSO, *Patto commissorio, patto marciano e nuovi strumenti di autotutela esecutiva*, in *Riv. dir. civ.*, 2017, p. 10 ss. e spec. p. 25 ss.

(82) Tema certamente altrettanto importante, pur nella diversità delle soluzioni marciane a cui si è fatto riferimento, è quello approfonditamente esaminato da T. RUMI, *I recenti sviluppi della «garanzia» del credito*, cit., p. 268 ss., quanto al relativo impatto sul sistema della responsabilità patrimoniale, ritenuto non idoneo a incidere (anche) sulla struttura della obbligazione, collocandosi la responsabilità all'esterno di essa.

Parte II

IL DIRITTO DEI CONTRATTI

CAPITOLO V
L'AUTONOMIA PRIVATA

SOMMARIO: 1. Il significato giuridico dell'autonomia dei privati. – 2. L'autonomia privata personale e patrimoniale. – 3. Principio di autonomia privata e strumento contrattuale. – 4. Autonomia contrattuale e libertà dei contraenti.

1. *Il significato giuridico dell'autonomia dei privati*

Pur non potendosi disconoscere, in termini generali, la rilevata ambiguità della espressione «autonomia privata» [1], si proverà in questa sede a rendere il più possibile omogeneo (in quanto specificamente circoscritto) il quadro ricostruttivo, così da soffermare l'attenzione su questioni che possono risultare di effettivo interesse (non solo teorico).

Il sostantivo «autonomia», nel proprio significato etimologico di autoregolamentazione (*autòs* e *nòmos*, ossia dare legge a se stesso in quanto regola proveniente da se stesso), in correlazione con l'aggettivo «privata», esprime (secondo una, sia pure generica, formula corrente) la messa a disposizione, da parte dell'ordinamento e a beneficio dei privati, di uno o più procedimenti con l'adozione dei quali i consociati riescono a (ossia sono in grado, vengono posti nella condizione di) creare

---

[1] È l'autorevole insegnamento di S. PUGLIATTI, *Autonomia privata*, in *Enc. dir.*, IV, Milano, 1959, p. 366, ora in ID., *Scritti giuridici*, IV, 1958-1964, Milano, 2011, p. 183 s., che ne evidenzia la varietà di significati e la correlativa eterogeneità di problemi; di fenomeno giuridico molto complesso discute A. ROMANO, «L'ordinamento giuridico» *di Santi Romano, il diritto dei privati e il diritto dell'amministrazione*, in *Dir. amm.*, 2011, p. 241 ss., rilevando che all'autonomia privata va certamente ricondotto sia il diritto dei privati (quale capacità dei privati di darsi regole) sia il diritto privato (inteso come il diritto dello Stato avente per oggetto i soggetti privati e le loro relazioni giuridiche).

la regola giuridica, nel rispetto di quanto comunque prescritto (in termini delimitativi od organizzativi) dalla disciplina di legge [2]. In tal senso giustamente si sottolinea, onde evitare di ritenere che autonomia implichi (o si sostanzi in) una sostanziale assenza (di un minimo) di regole da parte del privato, che «L'autonomia non inizia, dunque, là dove il consociato può creare regole liberamente (se liberamente volesse dire «senza oneri»). L'autonomia incomincia là dove l'ordinamento mette a disposizione del consociato uno o più procedimenti, più o meno spediti e facilmente agibili, adottando i quali il consociato riesce a creare la regola giuridica» [3]. Sotto questo profilo, peraltro, quantunque ciò sia stato rappresentato in un contesto non afferente all'àmbito squisitamente privatistico (che qui interessa), ma in ogni caso con tratti che possono sicuramente assumere una valenza generale, l'aspetto rilevante (già nell'uso comune ma, anche, in quello più specificamente giuridico) è che «il valore dell'autonomia, di una qualsiasi autonomia emerge solo se essa viene delineata nei confronti di chi, o di che cosa, la scelta che garantisce sia, appunto, autonoma. L'autonomia, dunque, non è una situazione in sé, ma è una situazione all'interno di un rapporto, di una relazione. Più brevemente, l'autonomia come rapporto, come relazione» [4].

Da un lato, dunque, l'atto di esercizio dell'autonomia privata, dall'altro l'ordinamento statuale, ognuno dei quali espressione di logiche e valori differenti e il cui rapporto viene segnato dalla valutazione che il secondo opera sul primo, nel dialettico confronto tra autorità (volontà della legge) e libertà (volontà dei privati) [5]. Si è dunque in presenza di una regola che viene assurta a giuridica dall'ordinamento e riconosciuta

---

[2] In merito R. SACCO, *Autonomia nel diritto privato*, in *Dig. disc. priv. (sez. civ.)*, I, Torino, 1987, p. 517 s.; da ultimo la colta e finissima ricostruzione di G. ALPA, *Autonomia contrattuale*, in *Enc. dir.*, *I Tematici*, I, *Contratto*, diretto da G. D'Amico, Milano, 2021, p. 1 ss., che, proprio con riguardo all'espressione «autonomia privata», evidenzia le differenti prospettazioni della cultura giuridica francese e tedesca, influenzate da una diversa teorizzazione del riconoscimento dell'autorità privata, per poi esaminare l'orientamento della dottrina italiana a partire dagli inizi del Novecento.

[3] R. SACCO, *Autonomia nel diritto privato*, cit., p. 518.

[4] A. ROMANO, *Autonomia nel diritto pubblico*, in *Dig. disc. pubbl.*, II, Torino, 1987, p. 32.

[5] Ne dà conto, rispetto alla riportata prospettiva di autorevole dottrina, E. GABRIELLI, *La nozione di contratto (Appunti su contratto, negozio giuridico e autonomia privata)*, in *Giur. it.*, 2018, p. 2787 s.

quindi come vincolante e cogente anche se espressione di un'iniziativa privata, all'interno di quella cerchia di rapporti entro cui il soggetto privato può muoversi in piena indipendenza e con il risultato che gli effetti giuridici della sua attività (lecita) sono imputati alla di lui volontà [6]. Sotto questo profilo è allora comprensibile la ragione dell'affermazione secondo cui il principio di autonomia privata deve essere considerato uno dei valori fondamentali degli ordinamenti giuridici [7]. Del resto, se si volesse sintetizzare l'oggetto del diritto civile (e anche, in termini più generali, del diritto privato) si potrebbe dire che esso è rappresentato da quel settore dell'esperienza giuridica in cui esercita un ruolo preminente l'autonomia riconosciuta all'individuo [8] in contrapposizione, da questo punto di vista, al settore del diritto pubblico, rispetto al quale, peraltro, non è estraneo lo svolgimento di un'attività privatistica da parte della pubblica amministrazione [9].

2. *L'autonomia privata personale e patrimoniale*

L'àmbito di operatività del principio di autonomia privata e, dunque, il relativo contesto di incidenza può riguardare sia la sfera personale del soggetto sia quella patrimoniale. Da questo punto di vista, infatti, è possibile distinguere un'autonomia privata (che si esplica attraverso atti a contenuto) personale da un'autonomia privata (che si esplica attraverso atti a contenuto) patrimoniale. La prima è diretta a incidere giuridicamente su aspetti più strettamente inerenti la persona, anche

---

[6] Sul punto F. MESSINEO, *Contratto (dir. priv.)*, in *Enc. dir.*, IX, Milano, 1961, p. 808 e p. 817.

[7] Il riferimento è a G. ALPA, *Libertà contrattuale e tutela costituzionale*, in *Riv. crit. dir. priv.*, 1995, p. 35 ss.

[8] Si richiama qui il pensiero di R. NICOLÒ, *Diritto civile*, in *Enc. dir.*, XII, Milano, 1964, p. 909.

[9] Al riguardo può farsi menzione della recente decisione di Cons. Stato, 12 febbraio 2020, n. 1084, in *Pluris*, con cui si è stabilito che la risoluzione anticipata del contratto disposta autoritativamente è di competenza del giudice ordinario solo se incide su un rapporto di natura privatistica in cui le parti sono in condizione di parità, come nel caso dell'inadempimento delle obbligazioni poste a carico dell'appaltatore, non implicando l'esercizio di poteri discrezionali dell'Amministrazione.

nella dimensione più intima e profonda di questa; la seconda, invece, attiene al settore delle determinazioni aventi un contenuto squisitamente economico e, dunque, attinenti ai meccanismi attributivi e/o circolatori della ricchezza.

Proprio con riferimento a questioni che attengono alla persona (e non, dunque, al suo patrimonio) si è gradualmente affermato un principio che recentemente ha trovato espressa menzione (e normativa affermazione) in un provvedimento legislativo di grande significato (tralasciando in questa sede il merito delle scelte normative effettuate). Si tratta del principio di autodeterminazione, che, in buona sostanza, affida l'assunzione di determinate scelte (cosiddette ultime) proprio all'autonomia individuale (10), traducendosi in una corrispondente, puntuale attuazione di quest'ultima (11). Il riferimento è alla legge 22 dicembre 2017, n. 219, recante norme in materia di consenso informato e di disposizioni anticipate di trattamento, entrata in vigore il 31 gennaio 2018 (12). Al riguardo, infatti, viene anzitutto ribadito il principio del consenso informato, disponendosi che «La presente legge, nel rispetto dei principi di cui agli articoli 2, 13 e 32 della Costituzione e degli arti-

---

(10) In tal senso F.D. BUSNELLI-E. PALMERINI, *Bioetica e diritto privato*, in *Enc. dir.*, Agg., V, Milano, 2001, p. 142 ss., evidenziando la prospettiva, tipicamente individualista (peraltro non condivisa), secondo la quale «le scelte individuali sono protette in quanto atti di esercizio del diritto di autodeterminarsi» (p. 144).

(11) Sul tema, magistralmente, A. RUGGERI, *Autodeterminazione (principio di)*, in *Dig. disc. pubbl.*, Agg., VIII, a cura di R. Bifulco, A. Celotto, M. Olivetti, Torino, 2021, p. 1 ss. e spec. p. 14 ss., rilevando tra l'altro a proposito del noto caso Cappato, nel richiamo (assai critico) alla recente decisione di Corte cost. (ord.), 22 novembre 2019, n. 242, in *Nuova giur. civ. comm.*, 2020, p. 368 ss. (con ampio dibattito, *ivi*, p. 418 ss.), che «un diritto costituzionale al suicidio, assistito o non, e sia pure circoscritto a circostanze eccezionali, non v'è (e non può esservi) in una Costituzione che, di contro, è un autentico inno alla vita» (p. 16); per considerazioni (molto puntuali e) in contrasto con il *decisum* del giudice delle leggi, altresì, A. NICOLUSSI, *Lo sconfinamento della Corte costituzionale: dal caso limite della rinuncia a trattamenti salva-vita alla eccezionale non punibilità del suicidio medicalmente assistito*, in *Corti supreme e salute*, 2019, p. 201 ss.; nonché ID., *Suicidio medicalmente assistito e autonomia della deontologia medica*, in *Medicina e Morale*, 2019, p. 367 ss.

(12) Per una breve disamina rinvio a G. DI ROSA, *Profili giuridici dell'esistenza*, Torino, 2022, p. 135 ss., ove ampie indicazioni bibliografiche e riferimenti di alcune prime applicazioni giudiziali, unitamente al commentato richiamo della prospettata regolamentazione della morte volontaria medicalmente assistita.

coli 1, 2, e 3 della Carta dei diritti fondamentali dell'Unione europea, tutela il diritto alla vita, alla salute, alla dignità e all'autodeterminazione della persona e stabilisce che nessun trattamento sanitario può essere iniziato o proseguito se privo del consenso libero e informato della persona interessata, tranne che nei casi espressamente previsti dalla legge» (art. 1, comma 1, l. n. 219/2017). Inoltre, viene riconosciuta al soggetto, attraverso una manifestazione di volontà espressione di una scelta effettuata liberamente e consapevolmente, la possibilità (giuridicamente rilevante) di rifiutare i trattamenti sanitari mediante disposizioni anticipate di trattamento (DAT). Ogni persona maggiorenne e capace di intendere e di volere può dunque esprimere, in previsione di un'eventuale futura incapacità di autodeterminarsi (e una volta acquisite adeguate informazioni mediche sulle conseguenze delle proprie scelte), «attraverso le DAT, (...) le proprie volontà, in materia di trattamenti sanitari, nonché il consenso o il rifiuto rispetto ad accertamenti diagnostici o scelte terapeutiche e a singoli trattamenti sanitari» (art. 4, comma 1, l. n. 219/2017). Si tratta, allora, di una riconosciuta esplicazione dell'autonomia privata in un contesto che non ha contenuto patrimoniale ma che viene indubbiamente a incidere su profili di rilevanza personale (anzi, personalissima). Viene infatti consentito al soggetto di esprimere la propria volontà per l'ipotesi di impossibilità (a motivo della perdita della coscienza) di prestare il consenso nel momento in cui essa dovrà esplicare la propria efficacia, secondo il meccanismo cosiddetto dell'allora per ora, che pone comunque il problema della effettiva consapevolezza e della corrispondente attualità. In questo modo si ritiene di potere assicurare una condizione di eguaglianza tra il paziente cosciente, che può dunque in maniera perfettamente consapevole accettare o meno le cure prospettate e il paziente non cosciente, che ha in precedenza manifestato il proprio volere al riguardo, assicurandosi le condizioni per il suo rispetto. È altresì prevista la nomina di un fiduciario, inquadrabile nella tradizionale categoria del mandatario con poteri di rappresentanza, il cui ruolo di *alter ego* del paziente ne testimonia i tratti di garanzia del rispetto della volontà espressa attraverso le DAT [(13)].

Invero, l'ordinamento già conosce altre forme di questa riconosciuta

---

[(13)] Per alcune prime indicazioni su tale figura e sui relativi compiti G. Di Rosa, *La rete di prossimità e il ruolo del fiduciario*, in *Resp. medica*, 2019, p. 49 ss.

rilevanza del volere privato, espressione dell'autonomia decisionale, in ordine ad atti a contenuto (prevalentemente, quantunque non necessariamente) non patrimoniale, deputati a tradurre scelte di natura eminentemente personale. Può, al riguardo, richiamarsi il settore degli atti di disposizione del corpo, rispetto a cui l'originaria previsione contenuta nell'art. 5 c.c. deve oggi necessariamente inquadrarsi (sia quanto al relativo significato sia quanto al corrispondente àmbito di operatività) all'interno di un percorso segnato dai molteplici interventi della legislazione speciale, che hanno previsto la possibilità di operare scelte giuridicamente rilevanti attraverso atti unilaterali di manifestazione di volontà, espressione della riconosciuta autonomia determinativa. Da menzionare, anzitutto, il caso, emblematico, del consenso al prelievo di parti del corpo, quali organi (o tessuti) provenienti dall'espianto da soggetto vivente (o da cadavere) e destinati al trapianto a favore di soggetto vivente, secondo la formula della cosiddetta donazione. Peraltro, anche alla luce del segnalato percorso evolutivo, deve evidenziarsi il progressivo riconoscimento di una maggiore ampiezza del concetto di «atti di disposizione del proprio corpo» rispetto a quello dell'art. 5 c.c., certamente riconducibile nella prospettiva del legislatore del 1942 alle vicende circolatorie relativi ai diritti a contenuto patrimoniale [14]. Per un verso, allora, il richiamato disposto dell'art. 5 c.c. non può più ritenersi generale norma di riferimento in materia; per altro verso, poi, devono correlativamente assumersi una pluralità di regole, attuative peraltro di significativi princìpi, tra cui in primo luogo quelli costituzionali, alla luce delle quali può appropriatamente ricostruirsi il complessivo (e ormai mutato) contesto di analisi. Pertanto, come giustamente rilevato, «accanto a quella riferita alle vicende circolatorie dei diritti patrimoniali può quindi considerarsi operante nel nostro ordinamento un'altra nozione di atti di disposizione, concernente la sfera degli interessi di natura personale. Pur avendo fondamento comune nel potere di autonomia privata, esse tuttavia operano con modalità e criteri non necessariamente coincidenti, in funzione dei differenti interessi cui tendono a dare regola» [15]. In questo specifico contesto, allora, i riferiti atti di disposizio-

---

[14] Alcuni riferimenti al riguardo in G. Di Rosa, *Dai princìpi alle regole. Appunti di biodiritto*, Torino, 2013, p. 135 ss.

[15] M.C. Venuti, *Gli atti di disposizione del corpo*, Milano, 2002, p. 35.

ne del corpo possono correttamente definirsi in termini di «atti di autonomia privata incidenti nel campo delle relazioni personali, esistenziali, affettive e non alla stregua di negozi relativi alla circolazione della ricchezza» [16].

Quanto, poi, ai rapporti patrimoniali possono individuarsi gli atti di autonomia privata *mortis causa*, nell'àmbito del diritto delle successioni con specifico riferimento al negozio giuridico testamentario di cui all'art. 587 c.c. e ai connessi limiti quanto al rapporto con la generale previsione del divieto dei patti successori contenuta nell'art. 458 c.c. (disposizione quest'ultima da rivisitare alla luce dell'introdotto patto di famiglia ai sensi degli artt. 768 *bis* ss. c.c.). Rispetto invece agli atti di autonomia privata *inter vivos* centrale appare l'istituto del contratto, con riguardo al quale, in disparte la nozione e il relativo significato secondo quanto in termini generali disposto dall'art. 1321 c.c., può segnalarsi (con specifico riferimento all'àmbito contrattuale) la puntuale previsione contenuta nell'art. 1322 c.c., rubricato per l'appunto «autonomia contrattuale». Proprio sull'aspetto patrimoniale si soffermerà l'attenzione, attraverso alcune considerazioni di carattere generale in ordine al rapporto tra autonomia privata e autonomia contrattuale, che appaiono opportune per comprendere la centralità del contratto, rinviando a successivi approfondimenti gli specifici ordini di problemi ricavabili dalla puntuale disamina delle previsioni richiamate.

3. *Principio di autonomia privata e strumento contrattuale*

La disamina dei profili applicativi, e sostanzialmente operativi, della richiamata individuazione del significato dell'autonomia dei privati, segnatamente con riferimento all'àmbito patrimoniale *inter vivos*, può essere condotta attraverso l'analisi del contratto quale generale strumento di attuazione. Nella classica ricostruzione dei principi ordinatori del sistema giuridico privato così come il principio proprietario presiede alla regolazione (e, dunque, alla disciplina) della funzione attributiva-appropriativa delle risorse economiche tra i singoli e conformativa del re-

---

[16] M.C. VENUTI, *Gli atti di disposizione del corpo*, cit., p. 41.

lativo uso, alla stessa maniera, parallelamente, il principio dell'autonomia privata (per il tramite dello strumento deputato alla sua concreta attuazione, ossia l'atto di autonomia privata per antonomasia, cioè il contratto) e, più precisamente, la relativa sottocategoria dell'autonomia contrattuale, presiede alla regolazione (e, dunque, alla disciplina) della funzione traslativa-circolatoria quale espressione del principio fondamentale della libertà giuridica, anzi della sequenza uguaglianza-libertà [(17)].

Si comprende, pertanto, che proprietà privata e autonomia privata (quest'ultima sotto il profilo, specifico, dell'autonomia contrattuale e, dunque, del contratto) rappresentano i due princìpi cardine attorno ai quali il diritto moderno ha organizzato i rapporti giuridici individuali, nel senso che il diritto di appropriarsi in via esclusiva di una quota della ricchezza sociale (profilo statico) deve necessariamente comportare anche il diritto di realizzarne il controvalore mediante un libero atto di scambio (profilo dinamico), istituendo cioè con chi è disposto a convenirlo un libero rapporto contrattuale [(18)]. Tale aspetto, del resto, è presente anche nell'ipotesi di destinazione dei beni (dunque della ricchezza privata) per il momento in cui il titolare avrà cessato di esistere, ossia per il tramite del testamento; così come pure in ipotesi di attribuzione per via contrattuale ma in assenza di scambio, ossia attraverso lo schema della donazione, quale modello negoziale (tipizzato) attuativo della liberalità.

Quanto sopra meglio delineato emerge, chiaramente, dalla stretta correlazione instaurata tra le previsioni degli artt. 922 (modi di acquisto della proprietà), 1173 (fonti delle obbligazioni), 1174 (carattere patrimoniale della prestazione) e 1321 c.c. (nozione di contratto). Le disposizioni richiamate, infatti, traducono la centralità dello strumento contrattuale, ora quale (specifico) modo di acquisto della proprietà, ora quale fonte dell'obbligazione, ora in ordine al relativo contenuto economico, ora rispetto alla stessa definizione che, in buona sostanza, riassume tutte le indicazioni in precedenza fornite rispetto alla caratterizzazione del contratto, sia sotto il profilo della struttura sia sotto il profilo della funzione.

---

(17) Viene qui ripreso il pensiero di P. BARCELLONA, *Diritto privato e società moderna*, con la collaborazione di C. Camardi, Napoli, 1996, p. 319 ss.

(18) In tal senso P. BARCELLONA, *Diritto privato e società moderna*, cit., p. 320.

In questo senso il concetto di autonomia privata richiama quello, ulteriore, di attività, indicativo cioè di quel (complessivo) comportamento esteriormente individuabile a cui si ricollegano effetti giuridici, nel senso che i soggetti privati ricevono dall'ordinamento la facoltà, il potere di porre in essere i presupposti per la circolazione dei beni. In altri termini l'autonomia privata è il principio (generale) che sancisce il potere di autodeterminarsi dei privati e il contratto costituisce lo strumento (specifico) attraverso cui tale potere si esercita nell'àmbito dell'economico, secondo un rapporto da fine a mezzo, in riferimento all'enunciazione esplicita contenuta nel nostro codice civile (artt. 1321 ss. c.c.). Sotto questo profilo, pertanto, il combinato disposto degli artt. 1321 e 1322 c.c. consente di rilevare sia lo strumento per l'esercizio del potere di autodeterminazione, fondato appunto sull'accordo negoziale e quale primo aspetto dell'autonomia contrattuale (art. 1321 c.c.), sia l'esatta percezione dell'estensione di tale potere privato (art. 1322 c.c.). Proprio quest'ultima regola rappresenta parametro del principio di sussidiarietà nel diritto privato, ossia il principio per cui «la legge formale interviene solo là dove se ne avverte l'esigenza; non è impedito ai privati di discostarsi da modelli precostituiti per foggiare rapporti funzionali ai propri interessi; il diritto opera nel silenzio degli interessati o per precludere l'esercizio dell'autonomia su materie o vicende per le quali è dettata una disciplina inderogabile» (19).

Infatti, al riconoscimento del carattere dell'accordo, in termini di consenso avente ad oggetto un rapporto giuridico patrimoniale nell'ottica della finalizzazione del primo rispetto al proprio obiettivo, secondo le indicazioni contenute nell'art. 1321 c.c., segue il riconoscimento della valenza contenutistica del potere di autonomia. In questo senso, cioè, le parti sono libere di concludere il contratto (nonché di scegliere il contraente), ma altresì di porre in essere tutte le determinazioni necessarie a regolare i propri interessi (art. 1322, comma 1, c.c.). Si tratta di quella esplicazione che si traduce specificamente, nell'esercizio del-

---

(19) E. Del Prato, *Principio di sussidiarietà e regolazione dell'iniziativa economica privata. Dal controllo statale a quello delle autorità amministrative indipendenti*, in *Riv. dir. civ.*, 2008, p. 259, che ricorda sullo stesso piano l'autonomia sindacale o il potere di deferire ad arbitri le controversie ai sensi degli artt. 806 ss. c.p.c.; *adde* G. Alpa, *L'arbitrato irrituale. Una lettura civilistica dell'art. 808* ter *del codice di procedura civile*, in *Contr. e impr.*, 2011, p. 320 ss.

l'autonomia contrattuale, oltre che nella libertà di determinare il contenuto del contratto, nella possibilità di concludere contratti per il tramite di altri soggetti (cosiddetti modelli di cooperazione giuridica, come la rappresentanza o il contratto per persona da nominare); nell'accesso a libere forme, tra quelle consentite dall'ordinamento giuridico, per la conclusione dei contratti; nella libertà di obbligarsi alla conclusione di un contratto rispetto al principio generale della libertà di scelta in ordine alla stessa stipulazione negoziale (se contrarre) e alla individuazione del soggetto con cui contrarre (qui i rapporti sono tra gli eventuali obblighi legali a contrarre rispetto alla generale libertà negoziale o addirittura rispetto alla introduzione per volontà delle parti di obblighi convenzionali a contrarre, unilaterali o bilaterali, come nel caso del contratto preliminare). Inoltre, e questo secondo aspetto assume importanza centrale nel discorso che si sta svolgendo e che formerà oggetto di successivo approfondimento, alle parti è riconosciuta non solo la libertà di determinare il contenuto dei contratti tipici, derogando cioè, nei limiti imposti dalla legge, alla disciplina dispositiva già prevista per tali operazioni (art. 1322, comma 1, c.c.), ma altresì la libertà di creare schemi contrattuali nuovi, ossia affari non previsti dalla legge, regolandoli nella maniera più rispondente alla soddisfazione degli interessi perseguiti, con il limite legale della meritevolezza degli interessi da realizzare (art. 1322, comma 2, c.c.). Peraltro, il codice civile, così come edifica una regola di libertà contrattuale (artt. 1321 ss. c.c.), allo stesso tempo erige una regola di carattere opposto (con funzione di limite a tale libertà), esplicitata in più disposizioni (artt. 1343 ss. e 1418 c.c.), che argina l'autonomia decisionale a salvaguardia dell'ordine pubblico, della morale, della norma imperativa e così via. Queste ultime ipotesi indicano appunto il limite oltre il quale il potere di autonomia privata non può estendersi, pena il giudizio di negatività da parte dell'ordinamento con la correlativa assenza di tutela secondo la tecnica codicistica della invalidità assoluta (nullità), quale sanzione normativa dell'operazione così posta in essere.

4. *Autonomia contrattuale e libertà dei contraenti*

Il contratto, pertanto, rappresenta lo strumento generale di attuazione del potere dei privati di autodeterminarsi e l'adozione della forma contrattuale conferisce una specifica rilevanza giuridica alle determinazioni private. Se ciò risponde a una logica scelta di senso si può allora tentare una schematizzazione dei principi di operatività, sotto il profilo che ci interessa, del sistema giuridico. Per un verso, infatti, i beni privati possono circolare essenzialmente nella forma contrattuale, quale modalità circolatoria; per altro verso, peraltro, la forma contrattuale rappresenta il fatto-presupposto della circolazione a cui si accompagna altresì il potere di determinare le conseguenze, ossia gli effetti giuridici sul piano dell'attribuzione di diritti e obblighi. In ragione dei summenzionati rilievi è riconosciuta allora ai privati una posizione eccezionale, simile per certi versi a quella tipica ed esclusiva del legislatore, ossia (contribuire a) determinare l'ambito del giuridicamente rilevante [20]. Occorre peraltro tenere presente che il riconoscimento dell'autonomia privata non è condizionato esclusivamente allo schema dello scambio, come testimonia del resto il rapporto, propriamente operante all'interno della dinamica contrattuale tra onerosità, gratuità e liberalità, ma è piuttosto condizionato all'esistenza di interessi sostanziali, obiettivamente valutabili, che giustificano una tutela giuridica [21].

Il contratto è, dunque, uno strumento di composizione di conflitti, uno strumento autonormativo. Qui, però, l'autonomia privata non può essere concepita come fonte, neppure derivata, di norme giuridiche [22], atteso che, piuttosto, la volontà privata produce effetti solo perché l'ordinamento a ciò l'autorizza. Pertanto devono essere rettamente intese alcune espressioni del codice civile, spesso enfatiche, come quella contenuta nell'art. 1372 c.c., secondo cui il contratto ha forza di legge tra le parti. Tale espressione, invero, costituisce un omaggio alle teorie giusnaturalistiche e ai valori dell'autonomia privata (specificamente all'idea categorizzante di negozio giuridico) e implica, giustamente, che non è possibile sottrarsi al vincolo contrattuale per volontà unilaterale (principio della impegnatività o vincolatività del contratto), traducendo

---

(20) Si tratta di quanto rilevato da P. BARCELLONA, *Diritto privato e società moderna*, cit., p. 325 ss. e spec. p. 327.

(21) In merito A. CHECCHINI, *L'interesse a donare*, in *Riv. dir. civ.*, 1976, I, p. 254 ss.

(22) Autorevolmente S. PUGLIATTI, *Autonomia privata*, cit., p. 369, rilevando la difficoltà di accogliere, senza riflessioni più ampie su concetti e categorie generali, la tesi secondo la quale il negozio giuridico sarebbe produttivo di diritto o di norme giuridiche.

ciò l'affermazione del nesso libertà contrattuale-responsabilità contrattuale [23]. Pertanto, correttamente si rileva che «il contratto vincola le parti così come la legge vincola i suoi destinatari. Del resto, il nesso con l'idea di legge non è peregrino, se lo si ritrova in altri luoghi del discorso sul contratto, come quando si discute di «auto-*nomia*» contrattuale, dove l'etimo greco rinvia immediatamente alla legge; o di «regolamento» contrattuale, dove il richiamo alla «regola» porta su un terreno concettualmente affine a quello della legge» [24]. È peraltro vero, anche normativamente (ossia dal punto di vista del diritto positivo), che il contratto non si pone sullo stesso piano della legge (ad esempio esso non può derogare alle norme imperative). Il contratto, dunque, svolge la propria funzione di strumento regolatore dei rapporti economici tra privati (che si sono vincolati attraverso lo stesso a rispettare quanto convenuto) in relazione, comunque, di subordinazione alle regole di legge.

Si è già detto del contratto quale veicolo per la circolazione della ricchezza, sotto il profilo dunque della funzione a cui è fondamentalmente preordinato. La relativa previsione, sia come schema generale e astratto, che necessita cioè di un contenuto specifico (artt. 1321-1469 *bis* c.c.), sia come singoli tipi contrattuali particolarmente disciplinati (secondo il disegno del legislatore del 1942: regole generali destinate al contratto; regole particolari destinate a specifici tipi contrattuali; regole di disciplina di altri contratti collocate all'esterno del libro IV e, in particolare, all'interno del libro V, ossia contratto di lavoro, contratto d'opera professionale, contratto di società e così via), evidenzia peraltro l'esistenza del principio della libertà contrattuale, sia pure nel contesto di taluni limiti normativi (art. 1322, comma 1, c.c.). A sua volta la libertà contrattuale è il principale equivalente giuridico dell'iniziativa economica privata che l'art. 41 Cost. proclama libera; la stessa libertà contrattuale dipende concettualmente dall'autonomia privata. Al riguardo, se è peraltro condivisa l'idea dell'assenza, all'interno della Carta costituzionale, di una copertura costituzionale degli accordi privati [25], ritenendosi irrile-

---

[23] In tal senso E. ROPPO, *Il contratto*, Bologna, 1977, p. 118; ID., *Il contratto*^{2}, in *Trattato di diritto privato*, a cura di G. Iudica e P. Zatti, Milano, 2011, p. 498 ss.

[24] V. ROPPO, *Il contratto*^{2}, cit., p. 498.

[25] In tal senso G. ALPA, *Libertà contrattuale e tutela costituzionale*, cit., p. 35 ss.;

vanti o non pertinenti i riferimenti, talora variamente prospettati, agli artt. 2, 18, 21 e 29 Cost., è tuttavia comunemente riconosciuta una tutela indiretta della libertà contrattuale per il tramite degli artt. 41 e 42 Cost., anche con riguardo ai limiti dagli stessi introdotti [26].

Autonomia (e libertà) contrattuale, dunque, come corollario del riconoscimento della libertà di iniziativa economica privata, costituzionalmente garantita (art. 41, comma 1, Cost.) e rispetto a cui lo stesso legislatore, con l'introduzione della legge 10 ottobre 1990, n. 287, recante norme per la tutela della concorrenza e del mercato, ha compiuto una scelta di sistema indicando chiaramente che tali regole vengono introdotte «in attuazione dell'art. 41 della Costituzione a tutela e garanzia del diritto di iniziativa economica» (art. 1, comma 1, l. n. 287/1990). Del resto la Carta dei diritti fondamentali dell'Unione europea, che ha lo stesso valore giuridico dei trattati europei (art. 6 Trattato sull'Unione europea), afferma il riconoscimento della libertà di impresa, conformemente al diritto dell'Unione e alle legislazioni e alle prassi nazionali (art. 16 Carta dei diritti). La stessa autonomia contrattuale è peraltro altresì soggetta a limiti specifici in funzione della tutela di interessi superiori, anch'essi costituzionalmente indicati, quali appunto l'utilità sociale, la sicurezza, la libertà, la dignità umana (art. 41, comma 2, Cost.), a cui oggi si aggiungono la salute e l'ambiente (in ragione delle modifiche integrative apportate al dettato normativo dalla legge costituzionale 11 febbraio 2022, n. 1, recante modifiche agli articoli 9 e 41 della Costituzione in materia di tutela dell'ambiente). Proprio l'intervento correttivo è stato negli anni particolarmente incisivo (successivamente all'introduzione del codice civile del 1942) in determinati àmbiti specifici, nel contesto cioè del rapporto tra disciplina codicistica e legislazione speciale o settoriale (è questo il caso dei contratti agrari, dei rapporti di locazione, del settore lavoristico, della disciplina generale dei prezzi di taluni beni e/o servizi, cosiddetti amministrati, anche in ordine all'attività delle Autorità indipendenti nei confronti dell'operato dei soggetti notoriamente più forti sui vari mercati di riferimento), ma anche rispetto a regole (nuove) introdotte all'interno del codice civile, quantunque poi

---

ID., *Autonomia contrattuale*, cit., p. 19 ss., ove la disamina delle ragioni degli ostacoli frapposti alla tutela costituzionale del contratto, diversamente da quanto accaduto rispetto alla applicazione diretta dei principi costituzionali ai rapporti tra privati.

[26] In merito V. ROPPO, *Il contratto*², cit., p. 76 ss.

trasfuse in discipline esterne al codice medesimo e di ordinaria provenienza europea (è questo il caso dei contratti del consumatore) [27]. In questo complessivo contesto si inseriscono allora le (più recenti) connotazioni numeriche della fattispecie contrattuale, non più unica ma, per l'appunto plurime, ossia più fattispecie contrattuali, in ragione (come si vedrà nel prosieguo) della (distinta e differente) caratterizzazione soggettiva delle parti contraenti (sino all'attuale prospettazione, forse eccessiva, di un possibile «quarto contratto») [28].

Il contratto, ad ogni modo, oltre a una valenza sistematica (a questo risponde la previsione di norme generali sul contratto, inteso quale schema in bianco), ha anche una valenza strutturale. Sotto il primo profilo il contratto opera, dunque, come entità strumentale, mentre, sotto il secondo, esso si manifesta come entità tecnico-giuridica [29] e, precisamente, come forma giuridica della cooperazione fra uomini in funzione della soddisfazione di bisogni della vita, ossia gli interessi meritevoli di tutela [30]. Il contratto opera quindi come mezzo pratico per l'attuazione delle più svariate finalità (strumento tipico del traffico giuridico), le quali implichino il soddisfacimento di bisogni economici e il componimento di un complesso di interessi, inizialmente opposti o non coincidenti. Il contratto, dunque, svolge una specifica funzione sia con riguardo ai rapporti tra privati, ossia nell'àmbito dell'organizzazione delle relazioni private, sia con riferimento al rapporto tra privati e ordinamento; in questo senso, appunto, può ribadirsi la funzione autonormativa del contratto, in termini cioè di strumento di composizione degli interessi, richiamandosi, sotto questo profilo, l'insegnamento di autorevole dottrina in merito alla pluralità degli ordinamenti giuridici [31].

---

[27] Diffusamente al riguardo G. DE CRISTOFARO, *Diritto italiano ed europeo dei consumatori. Studi*, Milano, 2024, ove, rispetto alla molteplicità degli interventi degli ultimi anni, il tentativo (assai riuscito) di offrire una ricostruzione assolutamente organica, unitamente alle opportune chiavi di lettura, della relativa, complessiva evoluzione, sostanzialmente modificativa dell'intero sistema del diritto dei contratti.

[28] In merito, tra i tantissimi contributi, V. ROPPO, *Il contratto del duemila*[4], Torino, 2020, p. 69 ss.

[29] In tal senso F. MESSINEO, *Contratto (dir. priv.)*, cit., p. 813.

[30] Sul punto A. NICOLUSSI, *Diritto europeo della vendita di beni di consumo e categorie dogmatiche*, in *Europa e dir. priv.*, 2003, p. 525 ss.

[31] Il riferimento è a Santi ROMANO, *L'ordinamento giuridico*, Firenze, 1946; ID., *Frammenti di un dizionario giuridico*, Milano, 1983 (rist. inalterata).

L'ordinamento giuridico (e, segnatamente, il diritto privato) si presenta dunque come insieme di norme che non attribuiscono alcunché a nessuno, ma fissano le regole del gioco, le regole del gioco di mercato, attraverso cui i privati determinano l'attribuzione dei diritti e dei beni (32). Peraltro, la riduzione dei margini entro cui spazia la volontà sovrana delle parti implica non già la crisi del contratto ma il declino della libertà come momento caratteristico del contratto (33).

La morte del contratto, come pure indicato da una dottrina del passato (34), va dunque riferita alla concezione classica del contratto, strumento cioè affidato alla libera e incontrollata determinazione degli individui e inteso, inoltre, come effettivo accordo, mentre sempre più spesso oggi (in evidente connessione con gli sviluppi dell'economico) quest'ultimo profilo tende ad essere messo in discussione, indicandosi l'esistenza di scambi senza accordo (35). Appare invece da confermare la prospettiva di chi, sia pure in tempi ormai risalenti, ha ritenuto essere il contratto il principale strumento dell'innovazione giuridica (36), rilevandosi più di recente, a supporto di quanto già in precedenza sostenuto, che la (permanente) posizione dominante occupata dal contratto nel moderno diritto civile è testimoniata dalla mutata funzione (una sorta di metamorfosi), che oggi risiede nel fatto che «il contratto, nato per attuare la circolazione della ricchezza, è utilizzato per creare, esso stesso, nuova ricchezza» (37).

---

(32) Al riguardo P. BARCELLONA, *Diritto privato e società moderna*, cit., p. 320 s.

(33) Il richiamo è di R. SACCO, *Generalità*, in R. SACCO-G. DE NOVA, *Il contratitto*[4], Milano, 2016, p. 40, riferendosi a dottrina d'oltralpe.

(34) Si tratta della ben nota teoria di G. GILMORE, *La morte del contratto*, traduzione di And. Fusaro, con un saggio di G. Alpa, Milano, 1999 (rist.).

(35) Al riguardo già C. CAMARDI, *Contratto e rapporto nelle reti telematiche: un nuovo modello di scambio*, in *Contr. e impr.*, 2001, p. 557 ss.

(36) In questo senso F. GALGANO, *Prefazione*, in *I contratti del commercio, dell'industria e del mercato finanziario*, 1, Trattato diretto da F. Galgano, Torino, 1995, p. 1.

(37) F. GALGANO, *Trattato di diritto civile*[3], a cura di N. Zorzi Galgano, II, *Obbligazioni in generale. Il contratto in generale. I singoli contratti*, Padova, 2015, p. 150, richiamando le cosiddette *new properties*, ossia nuove forme di ricchezza «frutto di una ingegnosa tecnica contrattuale che trasforma in nuove cose mobili gli investimenti di danaro».

CAPITOLO VI
LA FATTISPECIE CONTRATTUALE

SOMMARIO: 1. Modello codicistico e processi di sviluppo. – 2. La nozione di contratto. Cenni. – 3. L'area del contratto. Operatività e limiti. – 4. Persona e mercato. Diritti della personalità e contratto di sponsorizzazione. – 5. Persona e solidarietà oblativa. Principi fondamentali e accordo di maternità per sostituzione. – 6. Libera determinazione del contenuto contrattuale e atipicità negoziale. – 7. (*Segue*). Tipicità e atipicità contrattuale. – 8. Meritevolezza degli interessi e contratto atipico. – 9. Autonomia contrattuale e attività di impresa. La tipizzazione (legale) del contratto di locazione finanziaria. – 10. La variazione (in)essenziale del tipo legale. Contratto di assicurazione e clausole *claims made*.

1. *Modello codicistico e processi di sviluppo*

Le disposizioni preliminari nell'ambito della disciplina del contratto in generale e, specificamente, le regole contenute negli artt. 1321-1324 c.c., traducono un nucleo fondamentale attorno al quale si aggregano ordini di questioni di primaria rilevanza; a ognuna di esse, infatti, è assegnato un preciso ruolo per la risoluzione di problemi di carattere generale [1].

In apertura si pone la previsione, espressione peraltro della rilevata tendenza a un (permanente) approccio ricostruttivo-sistematico, del-

---

(1) Non è in questa sede minimamente possibile richiamare, anche sommariamente, la mole di contributi (di carattere più o meno generale) sul tema. Può semplicemente indicarsi, in quanto è ivi possibile rinvenire un attento quadro di analisi (peraltro assai stimolante), il lavoro di U. BRECCIA, *Disposizioni preliminari*, in *Commentario del codice civile*, diretto da E. Gabrielli, *Dei contratti in generale*, a cura di E. Navarretta e A. Orestano, *Artt. 1321-1469*, Torino, 2011, *sub* artt. 1321-1324, p. 5 ss.

l'art. 1321 c.c., ai cui sensi «Il contratto è l'accordo di due o più parti per costituire, regolare o estinguere tra loro un rapporto giuridico patrimoniale». Si tratta, come si vedrà, di una definizione più articolata e compiuta di quella contenuta nell'art. 1098 del codice civile del 1865, il quale disponeva che «Il contratto è l'accordo di due o più persone per costituire, regolare o sciogliere fra loro un vincolo giuridico». A fronte di un approccio definitorio più compiuto può allora analizzarsi, per un verso, l'assetto normativo dato e, per altro verso, lo sviluppo che lo stesso ha subìto in ragione, in particolare, delle sollecitazioni fornite da una realtà economica in continua evoluzione. Da un lato, infatti, il codice civile del 1942 costituiva l'esito di un percorso evolutivo in rapporto al previgente codice civile del 1865 ma, a propria volta, ha formato oggetto di un profondo processo di revisione (anche nel settore contrattuale) rispetto al quale, tuttavia, non appare inutile provare a individuare (nei limiti del possibile) criteri (in qualche misura ancora) ordinanti. Dall'altro lato, peraltro, lo sviluppo al quale si accennava si è realizzato, dal punto di vista del relativo fondamento normativo, ora attraverso la puntuale applicazione di scelte già a suo tempo compiute, in linea quindi con il pensiero originario che aveva già in sé (ossia al proprio interno) la prospettiva di un non indifferente percorso di innovazione; ora, invece, attraverso specifici interventi legislativi, dettati prevalentemente da scelte operate dal legislatore sovranazionale, alle quali l'ordinamento interno si è poi corrispondentemente adeguato, determinando un significativo mutamento della stessa categoria contrattuale (2). Si tratta allora, in

---

(2) In tal senso si rileva da G. ALPA, *Le stagioni del contratto*, Bologna, 2012, p. 26, riferendosi, in particolare, alla disciplina di parte generale del contratto, che «Le regole non sono mutate, ma l'idea di codice e l'idea di contratto sono mutati, eccome!», giustificando la permanente stabilità del libro IV del codice civile con il richiamo alle autorevoli riflessioni di chi aveva in buona sostanza rinvenuto tre corrispondenti ragioni, ossia «perché il codice civile non era un codice fascista, ma il codice della tradizione scientifica italiana; perché le sue norme sono state formulate con un grado di genericità che ha consentito il loro progressivo adattamento ai mutevoli contesti; perché in esso trovano sistemazione principi generali che consentono agli interpreti di assorbire tutte le deviazioni e variazioni interpretative conservandolo integro nel corso del tempo». Sul tema di una eventuale riforma (e quale) del diritto dei contratti, in particolare quanto alla parte generale o alle singole discipline dei contratti tipici (ma anche quelle legate alle nuove tecnologie e in ordine ai mercati regolamentati), contributi di significativo interesse si rinvengono nel volume collettaneo *Contratto, contratti e mercati*, a cura di M. Maugeri e G. Grasso, Roma, 2022.

buona sostanza, di compiere un percorso di indagine che segua le due direttrici ora indicate. Esse costituiscono, al contempo, due corrispondenti angoli di osservazione della fattispecie contrattuale, pur dovendosi subito anticipare che, oggi, appare difficile potere continuare a discutere (al singolare e in termini generali) di contratto, trascurando cioè la «difforme molteplicità dell'esperienza pratica che pur sempre si cerca di comprendere nel modello teorico» (3).

La prima direttrice si articola all'interno di quel rapporto (proprio del codice civile del 1942) tra assetto normativo dato e correlativo sviluppo, per come determinato propriamente dalle scelte operate con le disposizioni preliminari già richiamate (artt. 1321-1324 c.c.). Ora, rinviando a breve la disamina dello specifico profilo quanto al corrispondente sviluppo, rispetto all'assetto normativo dato è stata coniata (in via originaria) l'espressione pluralità degli statuti normativi di disciplina del contratto. Si tratta sostanzialmente dell'idea secondo la quale non vi sarebbe una disciplina unica per il contratto, essendo lo stesso ordinamento a predisporre plurime discipline, anche quando si regolamenti un'operazione tipizzata, intendendosi con quest'ultima espressione un contratto noto e diffuso nella prassi dei rapporti tra i consociati (4). Ciò risponderebbe a quel rapporto, già presente all'interno (in termini assolutamente generali) del sistema codicistico, tra tipi e sottotipi contrattuali, i quali ultimi, articolazione dei primi, godono di una disciplina a sé stante, autonoma e differente da quella che regolamenta il tipo; su tale aspetto si avrà modo peraltro di ritornare più puntualmente e con i dovuti approfondimenti nel prosieguo.

Si menziona in tal senso il contratto di vendita ove, a fronte di una disciplina di carattere generale contenuta negli artt. 1470 ss. c.c., sono rinvenibili alcune discipline specifiche deputate a regolamentare specifici sottotipi. Si pensi al riguardo, ma solo per fare qualche esempio, a un contratto di vendita in cui si inserisca una clausola convenzionale qualificata come «patto di riscatto»; oppure alla diversa articolazione

---

(3) U. BRECCIA, *Disposizioni preliminari*, cit., *sub* art. 1321, p. 9. Parimenti deve condividersi, sulla scia di autorevolissima dottrina, la permanente utilità della categoria generale del contratto, da ultimo richiamata da R. CALVO, *Il negozio giuridico. Saggi*, Bari, 2022, p. 19 ss. e spec. p. 35 ss.

(4) Di recente, con interessante prospettiva storica, L. MAGANZANI, *Della tipicità contrattuale a partire dall'esperienza giuridica romana*, in *Jus*, 2020, p. 391 ss.

della vendita in relazione al proprio oggetto, individualmente considerato o complessivamente valutato (caso, quest'ultimo, a cui si riferisce la disciplina contenuta nel codice civile a proposito della vendita di eredità). Discorso similare, peraltro, potrebbe essere fatto rispetto ad altri tipi contrattuali, come ad esempio il contratto di locazione con riguardo, più specificamente, al rapporto tra codice civile e legislazione speciale o settoriale [(5)]. Valga per tutti il riferimento allo specifico oggetto del godimento locativo, ove rappresentato da bene immobile e, più nel dettaglio, da bene immobile destinato a uso abitativo oppure non abitativo (segnatamente commerciale); in questo caso, infatti, vengono in gioco, rispetto alla ordinaria disciplina del codice civile (artt. 1571-1606 c.c., quanto alle disposizioni generali; artt. 1607-1614 c.c., quanto alla locazione di fondi urbani), nel senso in precedenza indicato, le regolamentazioni di cui alla l. 27 luglio 1978, n. 392, recante disciplina delle locazioni di immobili urbani, rispettivamente secondo quanto disposto nel capo I (Locazione di immobili adibiti ad uso di abitazione) e nel capo II (Locazione di immobili urbani adibiti ad uso diverso da quello di abitazione), e alla legge 9 dicembre 1998, n. 431, recante disciplina delle locazioni e del rilascio di immobili adibiti ad uso abitativo [(6)].

Quanto, poi, alla definita capacità di prospettare modelli deputati a risolvere ordini di problemi di carattere generale, nelle richiamate disposizioni preliminari è possibile rinvenire veri e propri criteri guida. In disparte l'analisi degli artt. 1321 e 1322 c.c., che sarà successivamente condotta (soprattutto considerando rispetto a quest'ultima previsione la formula di sviluppo nella stessa contenuta al comma 2), ai sensi dell'art. 1323 c.c. «Tutti i contratti, ancorché non appartengano ai tipi che hanno una disciplina particolare, sono sottoposti alle norme generali contenute in questo titolo». Il successivo art. 1324 c.c. statui-

---

(5) Si richiama in questa sede l'esposizione di V. ROPPO, *Il contratto*^{2}, in *Trattato di diritto privato*, a cura di G. Iudica e P. Zatti, Milano, 2011, p. 397 ss.

(6) Rispetto alle ipotesi specificamente riferite in testo viene altresì in gioco, da altro punto di vista, ciò che M. BARCELLONA, *Diritto, sistema e senso. Lineamenti di una teoria*, Torino, 1996, p. 154 ss., definisce come strategia di differenziazione sistemica all'interno del processo di autoriproduzione di ciascun sistema parziale, nella conservazione dell'identità generale del sistema sociale complessivo ma nel rispetto della propria identità specialistica, con riguardo (per quel che in questa sede può rilevare) all'intervenuto scorporo, da parte del sistema giuridico, dalla disciplina proprietaria del regime dei fondi rustici e dei suoli urbani.

sce che «Salvo diverse disposizioni di legge, le norme che regolano i contratti si osservano, in quanto compatibili, per gli atti unilaterali tra vivi aventi contenuto patrimoniale». Le regole ora riportate rispondono a un unico obiettivo, traducendo una logica unitaria, quantunque, ovviamente, rispetto a questioni differenti. Il legislatore si è infatti posto il problema di individuare una disciplina applicabile ad alcune fattispecie, i contratti da un lato e gli atti unilaterali dall'altro, quando questi ultimi presentino alcune particolari caratteristiche. Nel rapporto tra l'art. 1323 c.c. e l'art. 1324 c.c. si è dunque prefigurato un problema di individuazione della disciplina applicabile, la cui soluzione viene affidata alla ritenuta forza espansiva della regolamentazione contrattuale. Giustamente, al riguardo, si è fatto riferimento, per indicare tali disposizioni, al termine «meta-norme» (ossia norme che hanno per contenuto la determinazione di norme ulteriori), rilevandosi che la prima (art. 1323 c.c.) è «dal palese contenuto ermeneutico-sistematico» (7). Rispetto, invece, alla seconda (art. 1324 c.c.) si è evidenziato che essa «ha una corrispondente struttura di "meta-norma", ma non si limita a regolare in termini molto lati il concorso di norme interne all'area dei contratti, poiché ne prevede, sulla base dei presupposti e dei limiti che ivi sono richiamati in maniera espressa o implicita, l'estensione pur parziale, all'area degli atti giuridici non contemplati: tra vivi e di contenuto patrimoniale (art. 1324 c.c.)» (8).

Per un verso, infatti, secondo la regola contenuta nell'art. 1323 c.c. tutti i contratti, tipici o atipici, sono sottoposti alle norme generali contenute nel titolo II del libro IV (cioè gli artt. 1321-1469 *bis* c.c.), atteso che le norme di parte generale del contratto considerano la struttura della fattispecie contrattuale e il relativo modo di operare. Quanto alla struttura, ad esempio, può farsi riferimento alle regole di disciplina dell'accordo; quanto al modo di operare possono invece richiamarsi le regole di disciplina degli effetti e, rispetto a questi ultimi, il rapporto tra patologie che riguardano l'atto, come nel caso dell'invalidità e della rescissione, e patologie che riguardano il rapporto, come nel caso della risoluzione. Tali indicazioni valgono, ovviamente, a meno che nella disciplina di *ius singulare* di ciascuna, specifica fattispecie contrattuale

---

(7) U. BRECCIA, *Disposizioni preliminari*, cit., *sub* art. 1323, p. 149 s.

(8) U. BRECCIA, *Disposizioni preliminari*, cit., *sub* art. 1323, p. 150.

siano ravvisabili regole diverse. Ad esempio, a fronte della regola generale secondo la quale il contratto è annullabile per errore di diritto, «quando, trattandosi di errore di diritto, è stato la ragione unica o principale del contratto» (art. 1429, n. 4, c.c.), la disciplina particolare contenuta in alcune tipiche fattispecie contrattuali diverge, come nell'ipotesi disciplinata dall'art. 1969 c.c., secondo cui «La transazione non può essere annullata per errore di diritto relativo alle questioni che sono state oggetto di controversia tra le parti». Da un lato abbiamo quindi una regola generale, contenuta nell'art. 1429, n. 4, c.c., che ravvisa nell'errore di diritto una causa di annullabilità del contratto [(9)]; dall'altro, una regola settoriale, riferita al contratto tipico di transazione, che invece ne esclude l'impugnazione ove concluso per errore di diritto rispetto alle questioni che sono state oggetto di controversia tra le parti. Nell'ipotesi presa in considerazione dall'art. 1969 c.c. la scelta è tra garantire la stabilità dell'accordo o metterlo in discussione. Se l'ordinamento nulla avesse detto al riguardo, non introducendo cioè la regola contenuta nell'art. 1969 c.c. (visto che la transazione è un contratto e che tutti i contratti sono soggetti alle regole di parte generale del contratto perché così stabilisce l'art. 1323 c.c.), allora anche la transazione sarebbe stata annullabile per errore di diritto (alle condizioni ovviamente poste dall'art. 1429, n. 4, c.c.). L'introduzione da parte del legislatore di una regola come quella contenuta nell'art. 1969 c.c. appare indicativa di una scelta diversa, nella misura in cui non viene assunta nell'àmbito di operatività della regola generale la fattispecie transattiva su cui è incorso un errore di diritto (concernente, nello specifico, il *caput controversum*). Viene così garantita la stabilità dell'accordo transattivo relativamente a ciò che ha costituito l'oggetto per cui nasce e si giustifica la transazione, cioè la controversia, atteso che la transazione incide sulla controversia, ossia ha come oggetto propriamente il rapporto giuridico controverso rispetto al quale (nelle diverse soluzioni prospettabili) essa trova il pro-

---

[(9)] In merito P. BARCELLONA, *Errore (dir. priv.)*, in *Enc. dir.*, XV, Milano, 1966, p. 274, rileva come la funzione della figura dell'errore di diritto vada ravvisata nel consentire «di attribuire rilevanza ad ipotesi di errore diverse da quelle previste nei commi precedenti dell'art. 1429 c.c.», essendo «l'erronea interpretazione della norma (...) solo la causa di una erronea configurazione del regolamento negoziale e l'errore non incide direttamente sulla fattispecie legale della norma travisata ma sul contenuto del regolamento negoziale».

prio specifico senso (la causa normativa)[10]. Ovviamente tutte le volte che sussiste una regola derogatoria rispetto al principio generale dev'essere ravvisabile una ragione propria specifica, cioè settoriale, del tipo di operazione contrattuale la cui regolamentazione risulta in deroga alla disciplina generale[11].

Nell'art. 1324 c.c. non si prendono in esame ordini di problemi che concernono i contratti, come invece nell'art. 1323 c.c., ove si prevede «un'integrazione fra la disciplina contrattuale comune e le discipline contrattuali particolari di fonte legale (nominate e tipiche) o di fonte convenzionale (innominate e tipiche), così da sopperire in via automatica alle lacune»[12]. Piuttosto, in ragione della previsione di cui all'art. 1324 c.c., gli atti unilaterali tra vivi, aventi un contenuto patrimoniale, sono soggetti alle regole del contratto, assicurandone la relativa attuazione sulla base di una doppia valutazione che, a propria volta, sottende un duplice ordine di limiti. In primo luogo non deve sussistere una diversa espressa disciplina di quel singolo atto unilaterale, essendo questo il senso dell'espressione «salvo diverse disposizioni di legge». In secondo luogo l'applicabilità delle norme che regolano i contratti a quei tipi di atti unilaterali presuppone un giudizio di compatibilità tra la fattispecie regolata (ossia il contratto) e la fattispecie da regolare (cioè gli atti unilaterali tra vivi aventi contenuto patrimoniale). Ricorrendo tali presupposti la predisposta regola di legge traduce la cosiddetta forza espansiva della disciplina contrattuale, sostanzialmente fondata sull'identità (generica) di contenuto, ossia, più specificamente, il carattere patrimoniale di quanto dedotto in termini di oggetto dell'atto unilaterale. Ciò reca la sostanziale similitudine rispetto all'assetto di interessi, con l'unica divergenza che l'atto unilaterale si perfeziona con la volontà di una sola parte negoziale (quale unitario centro di interessi), mentre invece il contratto presuppone la volontà di almeno due parti (quali

---

[10] Riassuntive indicazioni in E. INDRACCOLO, *Della transazione*, in *Commentario del codice civile*, diretto da E. Gabrielli, *Dei singoli contratti*, a cura di D. Valentino, *Artt. 1861-1986*, Torino, 2011, *sub* art. 1965, p. 684 ss.; in precedenza ID., *I negozi diretti a comporre o prevenire le liti*, Napoli, 2017, p. 40 ss.

[11] Sui rapporti (assai discussi e molto complessi) tra disciplina generale dei contratti e disciplina dei singoli contratti G. DE NOVA, *Nuovi contratti*², Torino, 2000 (rist.), p. 3 ss.

[12] U. BRECCIA, *Disposizioni preliminari*, cit., *sub* art. 1324, p. 177.

centri di interesse, facenti capo o meno a due o più soggetti) [13].

La seconda delle due direttrici indicate in apertura della trattazione risponde, per così dire, alle scelte operate nella predisposizione e regolazione di quel rapporto, presente nel sistema codicistico, tra modello contrattuale generale e astratto, di cui al già richiamato art. 1321 c.c., e schemi operativi espressione dei concreti sviluppi applicativi, segnando un percorso caratterizzato dalla evoluzione anzitutto (ma non solo) interna alla concezione del contratto, in considerazione degli interventi sottesi (in particolare) a specifici contesti economici, secondo quanto già in precedenza (sia pure rapidamente) evidenziato [14].

Occorre dunque al riguardo mettere in relazione il dato normativo contenuto nell'art. 1321 c.c., che designa una fattispecie generale e astratta (un modello giuridico indifferenziato quanto alle parti contraenti), con quanto, emergendo dalla realtà economica, ha dato vita, all'interno di un sistema che è divenuto numericamente sequenziale [15], a un (nuovo e peculiare) modello di contratto (strutturalmente eguale ma) caratterizzato, quale espressione delle (distinte) modalità di esercizio dell'autonomia negoziale, dalla qualificazione giuridica soggettiva delle parti contraenti. A questa (diversa) fattispecie, allo stesso tempo astratta dal punto di vista normativo ma concreta in ordine ai puntuali interessi tutelati, sono destinate specifiche discipline di settore, come avvenuto con la legge 6 febbraio 1996, n. 52, di recepimento della direttiva comunitaria 5 aprile 1993, n. 13, in tema di tutela dei consumatori. Si è così dato vita a una nuova fattispecie, anch'essa generale quanto all'àmbito di riferimento, definita «Contratti del consumatore» (titolo della rubrica del nuovo capo XIV *bis*, titolo II, libro IV del codice civi-

---

[13] In tal senso appropriatamente si rileva da U. BRECCIA, *Disposizioni preliminari*, cit., *sub* art. 1324, p. 178, che l'estensione disposta dalla previsione in esame «è espressamente prevista con esplicito riguardo a quegli atti che non possono essere qualificati come contratti già per il solo fatto di essere privi del requisito della bilateralità».

[14] Sul processo di evoluzione e sui corrispondenti tratti caratterizzanti G. ALPA, *Indirizzi attuali*, in *Il contratto in generale*, II, in *Trattato di diritto privato*, diretto da M. Bessone, XIII, Torino, 2000, p. 447 ss.

[15] Per alcune indicazioni in ordine all'utilizzo del sostantivo «contratto» accompagnato da aggettivi numerali, come di seguito si farà, G. AMADIO, *Il terzo contratto. Il problema*, in *Il terzo contratto*, a cura di G. Gitti e G. Villa, Bologna, 2008, p. 9 ss., che riferisce della perdita di unità del paradigma contrattuale.

le), ma settoriale rispetto al quadro complessivo. Un contratto, quest'ultimo, concluso tra soggetti normativamente qualificati, come professionista e consumatore, secondo la definizione oggi contenuta nell'art. 3 decreto legislativo 6 settembre 2005, n. 206, recante il codice del consumo, ai cui sensi s'intende per «*a*) consumatore o utente: la persona fisica che agisce per scopi estranei all'attività imprenditoriale, commerciale, artigianale o professionale eventualmente svolta» e per «*c*) professionista: la persona fisica o giuridica che agisce nell'esercizio della propria attività imprenditoriale, commerciale, artigianale o professionale, ovvero un suo intermediario». Si tratta, per l'appunto, di ciò che (sia pure) in maniera descrittiva viene qualificato come «secondo contratto».

Il «primo contratto» è, dunque, quello schema generale e astratto la cui definizione normativa, contenuta nell'art. 1321 c.c., è genericamente riferibile a tutte le fattispecie contrattuali. A questo «primo contratto» si aggiunge, differenziandosi, un «secondo contratto», nel quale la qualificazione soggettiva delle parti contraenti, professionisti e consumatori, designa l'àmbito di riferibilità di questa fattispecie contrattuale; ciò, sulla base del rapporto tra la previsione, rimasta unica all'interno del già richiamato capo XIV *bis*, a seguito della riforma operata dal d.lgs. n. 206/2005, ossia l'art. 1469 *bis* c.c., ai cui sensi «Le disposizioni del presente titolo si applicano ai contratti del consumatore, ove non derogate dal codice del consumo o da altre disposizioni più favorevoli per il consumatore», e la disciplina contenuta proprio nel d.lgs. n. 206/2005. Tale rapporto è caratterizzato dalla generalità delle previsioni normative del contratto in generale e dalla specialità delle previsioni normative della richiamata disciplina consumeristica.

Accanto a questo duplice schema sequenziale, «primo contratto-secondo contratto», è oggi possibile individuare un altro modello ordinamentale, anch'esso caratterizzato, quale sorta di terra di mezzo, dalla specificità soggettiva delle parti contraenti, soggetti entrambi professionisti o entrambi imprenditori. Al riguardo occorre anzitutto rilevare che la definizione di professionista e imprenditore appare divergente rispetto a quella tradizionale, propria cioè del codice civile del 1942. Siamo infatti dinanzi a una disciplina introdotta nel nostro ordinamento anche in relazione a quanto proveniente dal contesto comunitario europeo che, già con la raccomandazione 12 maggio 1995, n. 198, si era posto il problema specifico relativo ai termini di pagamento nelle transazioni commerciali (e negli appalti pubblici), nel solco di una normativa rispetto alla quale un professionista che esplichi un'attività intellettuale è (comunque) un imprenditore perché offre sul mercato beni o servizi frutto della propria opera, quindi svolge attività di impresa. Questa operazione negoziale viene così indicata riassuntivamente con la terminologia «terzo contratto» [16].

Accanto, dunque, a un «primo contratto», rispetto al quale le parti contraenti sono indifferenziate dal punto di vista del relativo *status*, è rinvenibile un «secondo contratto», consistente in un rapporto *business to consumer*, cioè una relazione negoziale caratterizzata dalla presenza di un professionista o un imprenditore a fronte di un consumatore. A queste fattispecie contrattuali si aggiunge un «terzo contratto», caratterizzato cioè da una relazione tra soggetti entrambi non consumatori (in negativo) ed entrambi imprenditori-professionisti (in positivo); un rapporto pertanto *business to business*, ossia tra soggetti i quali, entrambi, esplicano un'attività economica e danno vita a una specifica relazione negoziale oggetto di una regolamentazione dedicata. Può al riguardo richiamarsi la disciplina della cosiddetta subfornitura, introdotta nel nostro ordinamento dalla legge 18 giugno 1998, n. 192, quale prototipo di riferibilità delle operazioni contrattuali tra soggetti egualmente imprenditori [17]; oppure, successivamente, la disciplina del contratto di affiliazione commerciale (cosiddetto *franchising*), di cui alla legge 6 maggio 2004, n. 129, anch'esso quale rapporto negoziale instaurato tra soggetti egualmente esercenti un'attività economica organizzata in forma d'impresa, espressione dunque di questa relazione reciprocamente professionale/imprenditoriale [18].

Più di recente si è affacciata nell'esperienza giuridica interna un'altra tipologia negoziale della quale, seguendo quella rappresentazione sequenziale prima menzionata e comunemente (ormai) utilizzata, è stata

---

[16] A questo *novum* è dedicato l'interessante volume collettaneo *Il terzo contratto*, a cura di G. Gitti e G. Villa, Bologna, 2008.

[17] In tema, tra tanti, M. MAUGERI, *Abuso di dipendenza economica e autonomia privata*, Milano, 2003; EAD., *La subfornitura*, in *I contratti per l'impresa*, I, *Produzione, circolazione, gestione, garanzia*, a cura di G. Gitti, M. Maugeri, M. Notari, Bologna, 2012, p. 207 ss.

[18] Riferimenti in G. DI ROSA, *Il «franchising»*, in *I contratti per l'impresa*, I, *Produzione, circolazione, gestione, garanzia*, a cura di G. Gitti, M. Maugeri, M. Notari, Bologna, 2012, p. 453 ss.

prospettata (sia pure in modo forse anche più dubitativo) la qualificazione in termini di «quarto contratto». In particolare si richiama il contratto di convivenza, introdotto dall'art. 1, comma 50, legge 20 maggio 2016, n. 76, recante regolamentazione delle unioni civili tra persone dello stesso sesso e disciplina delle convivenze, con la statuizione che «I conviventi di fatto possono disciplinare i rapporti patrimoniali relativi alla loro vita in comune con la sottoscrizione di un contratto di convivenza» (19). Al riguardo, quantunque in termini assolutamente riassuntivi, può ribadirsi quanto in precedenza e in altra sede sostenuto all'esito della disamina ivi compiuta, nel senso che «sembra emergere una scelta che, mutuata l'adottata terminologia classificatoria dalla prassi, evidenzia una organizzazione, non solo contenutistica ma altresì di posizione, della relazione convenzionale di convivenza, modellata in maniera simil-matrimoniale. In altri termini, il c.d. contratto di convivenza appare strutturato, sia dal punto di vista della genesi dell'accordo, così come pure dello svolgimento e della eventuale cessazione, in maniera tale da configurarsi in termini alternativi al matrimonio o all'unione civile. In questo contesto, dunque, l'accordo raggiunto, che dà vita a una specifica regolamentazione, fornisce una rappresentazione non squisitamente contrattuale, nel senso che la certa compresenza di aspetti patrimoniali, così come per il matrimonio (e, oggi, per l'unione civile), non assume un rilievo decisivo e determinante ai fini di una connotazione tipicamente contrattuale» (20).

In senso diverso, peraltro, autorevole dottrina, sia pure nel periodo precedente la novità legislativa, rilevava che è l'oggetto della pattuizione ad assumere rilevanza, ritenendo che «sono contratti gli stessi *accordi di convivenza*, nella misura in cui – oltre che gli aspetti esistenziali – riguardino anche gli aspetti economici dell'unione di fatto» (21), mentre

---

(19) In tale direzione il pensiero di R. AMAGLIANI, Autonomos *e contratti di convivenza*, in *La famiglia all'imperfetto. Corso di diritto civile 2015-2016*, a cura di A. Busacca, Napoli, 2016, p. 322, rilevando la possibilità, rispetto alla nuova e tipica fattispecie contrattuale, che il percorso di trasposizione del concetto di causa in concreto alla peculiare materia dei rapporti familiari, «preluda alla configurazione, da parte di chi predilige queste declinazioni, di un "quarto contratto"». Sul contratto di convivenza, altresì, G. DI ROSA, *I contratti di convivenza*, in *Le nuove leggi civ. comm.*, 2016, p. 694 ss.

(20) G. DI ROSA, *I contratti di convivenza*, cit., p. 716.

(21) V. ROPPO, *Il contratto*^{2}, cit., p. 6.

laddove l'accordo verta su aspetti (esclusivamente) esistenziali esso certamente non è da considerarsi contratto. L'attuale situazione è, tuttavia, differente, considerato che, quanto alle questioni qui richiamate, l'unico regime patrimoniale consentito all'interno del contratto di convivenza è la comunione legale dei beni (automaticamente afferente al matrimonio che, certamente, non è contratto); altresì, l'eventuale definizione, oltre agli aspetti esistenziali, di profili patrimoniali della vita in comune non è *ex se* necessariamente identificativa della fattispecie contrattuale (senza peraltro trascurare altri dati, di cui in questa sede non si può fare menzione, che, in disparte il contenuto patrimoniale, militano in direzione certamente negoziale ma non tecnicamente contrattuale).

2. *La nozione di contratto. Cenni*

Centrale, come accennato in precedenza, è la definizione di contratto contenuta nell'art. 1321 c.c. Essa consente di comprendere, provando a semplificare al massimo, quand'è che ci troviamo in presenza di un contratto e che cosa è un contratto, ossia «l'accordo di due o più parti per costituire, regolare o estinguere tra loro un rapporto giuridico patrimoniale». I tratti identificativi sono abbastanza chiari: l'accordo delle parti (che individua la comune volontà dei soggetti), l'oggetto di quest'accordo (che è determinato dal rapporto giuridico patrimoniale) e il modo attraverso cui i soggetti si rapportano a quest'oggetto nelle forme giuridiche previste (costitutive, di regolamentazione o estintive, in ragione dei diversi effetti che il contratto può determinare, quale risultato dell'accordo, rispetto al relativo rapporto in ragione del corrispondente oggetto). D'altro canto la formulazione dell'art. 1321 c.c. traduce in qualche modo, a prescindere dalla fonte costitutiva, gli elementi che contraddistinguono il rapporto giuridico obbligatorio, ossia una relazione intersoggettiva (o tra situazioni giuridiche soggettive) con un oggetto caratterizzato dalla relativa patrimonialità. Ovviamente il tipo di relazione obbligatoria è poi determinata dal corrispondente titolo costitutivo che, nel caso di specie, è il contratto, per l'appunto fonte dell'obbligazione, secondo quanto previsto dall'art. 1173 c.c., ai cui sensi «Le obbligazioni derivano da contratto, da fatto illecito, o da ogni altro atto o fatto idoneo a produrle in conformità dell'ordinamento giuridico».

Il contratto rappresenta lo strumento di circolazione della ricchezza, quale generale modello di organizzazione dell'attività economica, assicurando la funzione di scambio che gli è ordinariamente propria, nella compiuta definizione dell'assetto patrimoniale di ciascuna delle parti contraenti. Attraverso il contratto, dunque, assumono forma giuridica ed entrano nel circuito economico i tipici modelli di configurazione della ricchezza, riconducibili a ben note situazioni giuridiche soggettive a contenuto patrimoniale: i diritti reali, per un verso, e i diritti di credito, per altro verso. In tal senso si rileva autorevolmente che nel nostro ordinamento sono ravvisabili precise disposizioni che «indicano le due funzioni fondamentali del contratto. Il contratto serve per **trasferire la proprietà** (art. 922): e i rapporti di proprietà sono patrimoniali per antonomasia. Il contratto serve per **creare obbligazioni** (art. 1173): e l'obbligazione ha per oggetto una prestazione con «carattere patrimoniale», cioè «suscettibile di valutazione economica» (art. 1174, rubrica e testo)» [22]. Da un lato, l'art. 922 c.c. indica i modi di acquisto della proprietà (tra cui, appunto, il contratto); dall'altro, l'art. 1174 c.c. si riferisce al carattere patrimoniale della prestazione, all'interno del rapporto obbligatorio caratterizzato dalla relazione tra debito e credito. Da una parte, pertanto, i diritti reali che, in quanto tali, traducono la logica dell'incorporazione della ricchezza rispetto al rapporto soggetto-*res*; dall'altra, i diritti di credito che, in quanto tali, sono per definizione connotati dal tratto (centrale) della patrimonialità, requisito indefettibile secondo l'art. 1174 c.c., ai cui sensi «La prestazione che forma oggetto dell'obbligazione deve essere suscettibile di valutazione economica e deve corrispondere a un interesse, anche non patrimoniale, del creditore». La definizione normativa ora riportata consente di individuare in termini generali nella prestazione l'oggetto dell'obbligazione e, in maniera altrettanto corrispondente, il comportamento dovuto da parte del debitore, a prescindere da quale sia la *res* materiale o il tipo di comportamento (se cioè il debitore debba dare, fare o non fare qualcosa, a se-

---

[22] V. ROPPO, *Il contratto*^{2}, cit., p. 4 s.; sulla duplice funzione del contratto, altresì, E. GABRIELLI, *La nozione di contratto (Appunti su contratto, negozio giuridico e autonomia privata)*, in *Giur. it.*, 2018, p. 2791; ID., *La nozione di contratto e la sua funzione. Appunti sulla prospettiva di una nuova definizione di contratto*, in *Giust. civ.*, 2019, p. 303.

conda che l'obbligazione sia positiva o negativa quanto al relativo contenuto). D'altro canto, però, questa prestazione deve avere una caratterizzazione patrimoniale, rappresentata attraverso una duplice prospettiva dal punto di vista normativo, che traduce, da un lato, la logica oggettiva dell'ordinamento; dall'altro, la logica soggettiva del creditore. In termini oggettivi la prestazione deve essere suscettibile di valutazione economica, cioè deve essere idonea a formare oggetto di valutazione economica; deve altresì in termini soggettivi corrispondere a un interesse, anche non patrimoniale, del creditore (23). A quest'ultimo riguardo può dunque rilevarsi che la giuridica possibilità di dedurre una specifica prestazione all'interno del rapporto obbligatorio (e del contratto) è subordinata (anche) alla verifica in concreto che quella prestazione sia idonea a soddisfare un interesse del creditore, quantunque questo interesse non debba avere necessariamente un carattere patrimoniale (24).

Questo è ciò che caratterizza propriamente l'obbligazione, sia rispetto al contratto sia, più in generale, rispetto alle altre fonti di produzione del rapporto obbligatorio, prescindendo dunque dallo specifico titolo da cui l'obbligazione stessa sorge. Laddove poi, in un compiuto percorso di senso, il discorso si sposta sul versante dell'inadempimento, sia esso contrattuale sia esso collegato ad altra, diversa relazione obbligatoria (ad esempio nascente da fatto illecito), il termine di riferimento normativo è dato dalla già nota previsione generale contenuta nell'art. 2740 c.c. quanto alla responsabilità patrimoniale, ai cui sensi «Il debitore risponde dell'adempimento delle obbligazioni con tutti i suoi beni presenti e futuri» (25). Trova così conferma, all'interno di un sistema che presenta assoluta coerenza, la patrimonialità dell'obbligazione (e del contratto) rispetto alla corrispondente prestazione che ne forma specifi-

---

(23) Richiamando il testo di legge si evidenzia da F. GAMBINO, *Il rapporto obbligatorio in generale*, in *Diritto civile. Norme, questioni e concetti*[2], I, a cura di G. Amadio e F. Macario, Bologna, 2022, p. 334, «la possibilità di una dissociazione tra «interesse del creditore» e «risultato economico della prestazione». Si può concepire un'obbligazione che, intesa ad attribuire un vantaggio economico a un terzo, soddisfi l'interesse morale del creditore».

(24) Sono ben noti al riguardo i classici esempi di interessi di indole culturale o morale, che possono essere soddisfatti nelle forme più varie (come nel caso della visione cinematografica o della visita museale).

(25) Per alcuni brevi riferimenti al rapporto tra inadempimento e responsabilità patrimoniale v., *supra*, parte I, cap. III.

co oggetto. Queste precisazioni saranno riprese e approfondite di qui a breve per segnare il distinguo tra ciò che è contratto e ciò che invece risulta allo stesso estraneo, proprio in difetto dell'elemento (imprescindibile) della patrimonialità.

3. *L'area del contratto. Operatività e limiti*

La previsione dell'art. 1321 c.c. svolge una doppia funzione: inclusiva, per un verso, nella misura in cui consente, una volta adempiuto il compito di chiarire che cosa è, dunque in che cosa consiste la fattispecie contrattuale, di appropriatamente rapportarsi con le successive disposizioni preliminari quanto, più specificamente, alla *vis* espansiva della disciplina applicabile secondo il modello dei richiamati artt. 1323 e 1324 c.c.; escludente (o non inclusiva), per altro verso, in quanto, in direzione opposta alla precedente, presiede all'esclusione dall'area (della riferibilità) contrattuale di ciò che non ne presenta i tratti caratterizzanti, già muovendo in primo luogo (ma, ovviamente, non solo) dalla necessaria sussistenza dell'incontro delle volontà (ossia della compresenza di almeno due parti) ai fini della individuazione di un contratto [26]. Con riguardo a quest'ultimo profilo può qui precisarsi che ogni contratto è certamente un accordo e suppone dunque che ci sia un incontro di volontà; non ogni accordo, tuttavia, è un contratto, poiché quest'ultimo designa l'àmbito del giuridicamente rilevante in quanto economicamente valutabile, ossia un rapporto giuridico patrimoniale il cui oggetto è una prestazione secondo i dettami (e nel rispetto della previsione) dell'art. 1174 c.c. (dunque nella logica stringente della patrimonialità). Entra così in gioco l'elemento (centrale) dell'obbligazione, rispetto alla quale rileva (in modo altrettanto dirimente) la prestazione che ne forma oggetto. In questo senso può allora cogliersi una importante distinzione, ravvisandosi la sussistenza di obblighi che non sono (però) obbligazioni in senso tecnico. Si pensi al riguardo (come meglio si preciserà in seguito) ai doveri matrimoniali a cui peraltro corrispondono, specularmente,

---

[26] La prospettiva che qui si segue (e si prova a sviluppare) è fornita da V. ROPPO, *Il contratto*^{2}, cit., p. 3 ss.

altrettanti diritti, nella peculiare relazione di reciprocità che connota l'istituto in esame. Ciò comporta che tali obblighi non possono essere dedotti all'interno di uno schema connotato dai tratti della contrattualità, costituendo piuttosto l'oggetto di accordi che non sono contratti. Tale tipo di accordi traduce pertanto un sistema di vincoli (ossia di doveri od obblighi) tecnicamente non riconducibili alla fattispecie dell'obbligazione, mancando per l'appunto il dato della patrimonialità; correlativamente, l'accordo che ne determina il sorgere, pur essendo il frutto di un incontro di volontà, non può assumere la forma giuridica contrattuale.

Al fine di rappresentare in maniera esemplificativa questa tipologia di accordi che generano obblighi ma sono estranei all'area contrattuale si è ordinariamente fatto ricorso all'àmbito dei negozi familiari, quale espressione di modelli negoziali a contenuto eminentemente non patrimoniale [27]. Il riferimento è, anzitutto, al matrimonio, a cui più di recente si sono aggiunte le unioni civili; così come, all'interno della formalizzata relazione affettiva, si sono richiamati i negozi attuativi dell'indirizzo familiare *ex* art. 144 c.c., ai cui sensi «I coniugi concordano tra loro l'indirizzo della vita familiare e fissano la residenza della famiglia secondo le esigenze di entrambi e quelle preminenti della famiglia stessa. A ciascuno dei coniugi spetta il potere di attuare l'indirizzo concordato». Si tratta di fattispecie tutte certamente negoziali, ma non contrattuali, da cui cioè derivano una serie di obblighi che tecnicamente non possono però ricostruirsi in termini di vere e proprie obbligazioni. In maniera, come di consueto, chiara e argomentata si è fatto autorevolmente rilevare, proprio con riguardo agli accordi del settore famiglia e, nello specifico, rispetto all'accordo tra i coniugi sull'indirizzo familiare di cui al richiamato art. 144 c.c., che esso «non sempre ha contenuto patrimoniale e, quantunque lo avesse, la sua *ratio*, la sua funzione, non è tanto quella di realizzare contenuti patrimoniali, quanto di realizzare il risultato finale tipico della famiglia, cioè il pieno e libero sviluppo delle persone che compongono il suo nucleo. In tale ac-

---

[27] In merito A. TORRENTE-P. SCHLESINGER, *Manuale di diritto privato*[26], a cura di F. Anelli e C. Granelli, Milano, 2023, p. 218, pongono l'accento propriamente sull'assenza del riferimento (come dato caratterizzante) a interessi economici, anche se possono essere presenti profili economici che nulla a che fare hanno però con la funzione che l'ordinamento assegna, diversamente, al contratto.

cordo, quindi, l'eventuale elemento patrimoniale è prevalentemente strumentale» [(28)].

Da un punto di vista più generale assume carattere emblematico, poi, il riferimento, da un lato, all'art. 143 c.c. e, dall'altro, all'art. 1, l. n. 76/2016. Quanto al primo dato normativo può qui richiamarsi che «Con il matrimonio il marito e la moglie acquistano gli stessi diritti e assumono i medesimi doveri» (art. 143, comma 1, c.c.); a seguire, poi, «Dal matrimonio deriva l'obbligo reciproco alla fedeltà, all'assistenza morale e materiale, alla collaborazione nell'interesse della famiglia e alla coabitazione» (art. 143, comma 2, c.c.) [(29)]. Quanto al secondo dato normativo, premesso che «Due persone maggiorenni dello stesso sesso costituiscono un'unione civile mediante dichiarazione di fronte all'ufficiale di stato civile ed alla presenza di due testimoni» (art. 1, comma 2, l. n. 76/2016), può qui evidenziarsi che con la intervenuta costituzione dell'unione civile «le parti acquistano gli stessi diritti e assumono i medesimi doveri; dall'unione civile deriva l'obbligo reciproco all'assistenza morale e materiale e alla coabitazione» (art. 1, comma 11, l. n. 76/2016), ossia i medesimi obblighi nascenti dal matrimonio, a eccezione del dovere di fedeltà e di quello alla collaborazione nell'interesse (in quella sede) della famiglia [(30)]. Questi accordi, variamente articolati nella strut-

---

[28] P. PERLINGIERI, *L'interesse non patrimoniale e i contratti*, ora in ID., *Lezioni (1969-2019), vol. I (1969-2004)*, Napoli, 2020, p. 306 s. Riscontro della fondamentale diversità può aversi allorché si tratti di individuare le regole da applicare per disciplinare l'intervenuto accordo, come nel caso in cui, supponendo che i coniugi abbiano concordato una certa soluzione nella ripartizione dei compiti familiari, tale *conventio* non venga poi rispettata da uno dei due. Non sembra in merito ipotizzabile uno strumento che assicuri lo scioglimento dell'accordo imputando il mancato rispetto alla condotta non attuativa di uno dei coniugi, alla stregua cioè del modello della risoluzione per inadempimento che presuppone, piuttosto, il difettoso funzionamento del sinallagma contrattuale; così come non appare predicabile la regola della responsabilità risarcitoria al pari di quella contrattuale, derivante, cioè, dalla violazione di una preesistente obbligazione.

[(29)] Per puntuali approfondimenti M. PARADISO, *I rapporti personali tra coniugi*[2], in *Il codice civile. Commentario*, Artt. 143-148, fondato da P. Schlesinger e diretto da F.D. Busnelli, Milano, 2012, *sub* art. 143, p. 61 ss.

[(30)] La richiamata disciplina è espressione dell'intervenuto riconoscimento normativo, rispetto alla originaria (ma per certi versi confermata) esclusività della famiglia come società naturale fondata sul matrimonio (art. 29, comma 1, Cost.), della pluralità delle forme di relazioni affettive (parafamiliari). Sui corrispondenti ordini di problemi,

tura e nella correlativa funzione, non sono ricostruibili come contratti perché non hanno come precipuo e specifico contenuto delle obbligazioni che, come tali, hanno (ossia debbono necessariamente avere) una valenza patrimoniale, cioè suscettibilità di valutazione economica; il relativo contenuto è, invece, costituito da doveri (cioè da obblighi) che si pongono su un piano ben distinto, come è il caso degli obblighi di assistenza morale, di coabitazione o, ancora, di fedeltà, che non traducono certamente prestazioni connotate da patrimonialità (non avendo alcuna relazione con il mondo dell'economico, a cui invece è strettamente ancorato il contratto).

La tematica qui di interesse può anche essere esaminata sul versante, per certi aspetti assai significativo, della violazione di tale tipologia di obblighi e della connessa problematica della correlativa risarcibilità. Le questioni relative ai profili risarcitori come conseguenza della violazione dei doveri familiari rappresentano, infatti, un interessante banco di prova in ordine alla configurazione giuridica di quanto dedotto all'interno della relazione familiare, quale rapporto cioè scaturente dalla intervenuta celebrazione del matrimonio oppure, oggi, anche dalla realizzata costituzione dell'unione civile. In merito, l'autorevole orientamento che ritiene gli obblighi in esame non qualificabili come obbligazioni in senso tecnico, difettando per l'appunto il requisito della patrimonialità, rileva altresì che «la fedeltà e l'assistenza morale non possono costituire materia di pretese coercibili e nemmeno può collegarsi

---

in chiave di politica del diritto e sia pure rispetto alla situazione precedente alla l. n. 76/2016, G. DI ROSA, *L'attuale valenza (interna) del (tradizionale) rapporto tra famiglia e matrimonio nel quadro della cosiddetta pluralità delle forme familiari*, in *Famiglia e matrimonio di fronte al Sinodo. Il punto di vista dei giuristi*, a cura di O. Fumagalli Carulli e A. Sammassimo, Milano, 2015, p. 227 ss.; per un aggiornato quadro di insieme T. AULETTA, *Diritto di famiglia*[6], Torino, 2022, p. 7 ss. Un interessante raffronto, a paradigma invertito, tra l'attuale pluralità dei modelli familiari (più o meno «coniugali»), a fronte dell'originaria unicità della convivenza familiare fondata sul matrimonio, e l'unicità dello *status filiationis* (di cui all'attuale riformato art. 315 c.c.), rispetto all'originaria pluralità di *status* di figli, viene prospettato da M. PARADISO, *Navigando nell'arcipelago familiare. Itaca non c'è*, in *Riv. dir. civ.*, 2016, p. 1306 ss. Uno sguardo d'insieme ai riformati profili del diritto di famiglia, in particolare (ma non solo) sia per quanto attiene alla disciplina delle nuove relazioni affettive sia per quanto concerne la riforma della filiazione, lo fornisce di recente U. SALANITRO, *Per una riflessione sistemica sul diritto di famiglia dopo la stagione delle riforme*, in *Il sistema del diritto di famiglia dopo la stagione delle riforme*, a cura di U. Salanitro, Pisa, 2019, p. 13 ss.

alla violazione un obbligo di risarcimento, ma «il comportamento contrario» a quei doveri (così si esprime l'art. 143, comma 2) determina conseguenze a carico del soggetto, dalla separazione giudiziale in sé considerata (quando la condotta contrastante rende intollerabile la convivenza) al più specifico profilo dell''addebito' della separazione (art. 151, comma 2), addebito che determina effetti patrimoniali negativi nei rapporti tra i coniugi ed in sede successoria (art. 156, comma 1, 548 cpv., 585 cpv.)»[(31)]. Non essendo questa, ovviamente, la sede in cui può compiutamente affrontarsi un tema di tale portata[(32)], deve comunque condividersi, al di là dell'ormai riconosciuto ingresso all'interno del contesto familiare della tecnica risarcitoria (cosiddetta responsabilità civile endofamiliare), il rilievo, peraltro espressamente criticato, secondo cui i rapporti affettivi, all'interno del focolare domestico, sarebbero retti, così come gran parte del diritto di famiglia, da princìpi diversi da quelli che governano il diritto privato delle relazioni di scambio, essendo sostenuti dalla (differente) logica della gratuità e del dono reciproco[(33)], unitamente alla connessa depatrimonializzazione degli obblighi coniugali (emblematica, al riguardo, l'esclusione del carattere risarcitorio dell'assegno divorzile).

Al riguardo, allora, messa di canto per le ragioni ora rapidamente esposte la prospettiva contrattuale rispetto, in precedenza, all'istituto matrimoniale e, oggi, anche all'unione civile, si è in altra sede concluso, e qui se ne ribadisce la convinzione, che si tratta «di distinguere tra una rilevanza in sé (o diretta) della violazione, dunque pertinente (per così

---

(31) P. RESCIGNO, *Obbligazioni (nozioni)*, in *Enc. dir.*, XXIX, Milano, 1979, p. 138.

(32) Indicazioni puntuali e argomentazioni a supporto possono rinvenirsi in G. DI ROSA, *Violazione dei doveri coniugali e risarcimento del danno*, in *Funzioni del diritto privato e tecniche di regolazione del mercato. Le funzioni della responsabilità civile*, a cura di M. Maugeri e A. Zoppini, Bologna, 2009, p. 407 ss.; più di recente T. MAUCERI, *Risarcimento del danno e violazione del dovere di fedeltà coniugale*, in *Oss. dir. civ. e comm.*, 2017, p. 439 ss.

(33) In questo senso L. LENTI, *Famiglia e danno esistenziale*, in *Il danno esistenziale. Una nuova categoria della responsabilità civile*, a cura di P. Cendon e P. Ziviz, Milano, 2000, p. 255 ss., il quale esclude che si possa riconoscere un danno esistenziale tra coniugi, così come più in generale in àmbito familiare, ed evidenzia una (tendenziale) degiuridificazione degli obblighi matrimoniali; in senso contrario P. CENDON-G. SEBASTIO, *Lei, lui e il danno. La responsabilità civile tra coniugi*, in *Resp. civ. e prev.*, 2002, p. 1291 s., nt. 55.

dire) al diritto di famiglia (e che al suo interno si risolve), e una rilevanza mediata (o indiretta) della violazione medesima, attivante (se del caso) l'istituto della responsabilità aquiliana soltanto nel caso in cui alla violazione del dovere coniugale (ossia della posizione coniugale) si aggiunga la violazione del dovere di *neminem laedere* rispetto a situazioni soggettive personali comunque rilevanti; la violazione del dovere coniugale rappresenterebbe pertanto, in questa prospettiva, l'*occasio* per la lesione della posizione non del coniuge in quanto tale ma del coniuge in quanto (prima di tutto) persona» (34).

4. *Persona e mercato. Diritti della personalità e contratto di sponsorizzazione*

Sulla base di quanto sinora esposto si è riscontrata la stretta correlazione tra il contratto e il mondo dell'economico, rilevandosi la centralità del tratto della patrimonialità, elemento che contraddistingue per l'appunto l'area contrattuale. Può adesso verificarsi in che termini e in che misura (e, dunque, anche in che limiti), a fronte di una patrimonializzazione diretta, ossia quella operata dall'ordinamento e che si traduce in schemi giuridici (ossia contrattuali) tipizzati, sia possibile una patrimonializzazione affidata alla scelta (e all'autonomia) delle parti (35). Questo è il caso di accordi su materie che, in quanto tali, non sono patrimoniali, non avendo ricevuto il relativo oggetto una valutazione economica da parte dell'ordinamento in via originaria; pur tuttavia si tratta di settori e contesti che possono essere patrimonializzati per il tramite di una scelta consentita dall'ordinamento all'autonomia privata (si discute al riguardo di patrimonializzazione indiretta, ossia per via pattizia). Siamo in presenza cioè di quelli che autorevole dottrina definisce accordi leciti su materie non patrimoniali ma suscettibili di patrimonializzazione (ossia patrimonializzabili) attraverso l'introduzione di qualche elemento economico (36).

---

(34) G. Di Rosa, *Violazione dei doveri coniugali e risarcimento del danno*, cit., p. 417.

(35) Anche in questo caso si è debitori dell'impostazione di V. Roppo, *Il contratto*², cit., p. 5 ss.

(36) In tal senso V. Roppo, *Il contratto*², cit., p. 8 s.

L'esempio richiamato, come socialmente ed economicamente più significativo, è quello dell'utilizzazione commerciale dei diritti della personalità per fini di *marketing*, in un contesto, come quello attuale, in cui ormai «profondamente mutata appare, particolarmente sul piano del costume, la considerazione sociale dell'impiego di «beni fondamentali della personalità» come il nome o l'immagine nell'ambito dell'attività di pubblicità commerciale»[(37)]. Si sono così affermate, senza particolari difficoltà, ricomprese nella categoria a maglie larghe dei contratti di pubblicità, operazioni negoziali in cui l'utilizzo del nome, dell'immagine o dell'attività di un personaggio noto e affermato (nel mondo dello sport o dello spettacolo) consente la veicolazione pubblicitaria ai fini della promozione di beni o servizi (in particolare, ma non solo, attraverso l'abbinamento del soggetto, nome, immagine o attività di questi, con un bene prodotto o un servizio fornito da una certa impresa), secondo formule diversificate, come ad esempio il *merchandising* (nella duplice tipologia, *corporate* e *character*) o il contratto (atipico) di sponsorizzazione, concluso (nella forma più semplificata) tra soggetto *sponsor* e soggetto sponsorizzato o *sponsee*[(38)]. Come giustamente si è puntualizzato «la notorietà individua un modo di essere pubblico del soggetto, con riguardo al quale compete al diritto stabilire tutele, poteri e limiti di tali poteri. Nella misura in cui la notorietà acquista un valore di mercato, la tendenza di è attribuirlo al personaggio notorio conferendogli al riguardo un potere di disposizione»[(39)], il cui esercizio si traduce per

---

[(37)] B. INZITARI, *Sponsorizzazione*, in *I contratti del commercio, dell'industria e del mercato finanziario*, III, Trattato diretto da F. Galgano, Torino, 1995, p. 1960.

[(38)] Diffusamente M.V. DE GIORGI, *Sponsorizzazione e mecenatismo*, Milano, 1988; M. BIANCA, *I contratti di sponsorizzazione*, Rimini, 1990. Con specifico riferimento al contratto di sponsorizzazione di attività sportive svolte a livello professionistico T. MAUCERI, *Sponsorizzazione e attività sportiva*, Torino, 2014, il quale si occupa, nello specifico, della definizione dei criteri di gestione dei conflitti che insorgono quando il contratto in esame si pone in contrasto con le regole dell'ordinamento sportivo, nonché delle questioni connesse al tema dell'inadempimento e dei relativi rimedi; per una disamina dell'incidenza della trascorsa emergenza sanitaria sui rapporti di sponsorizzazione nel contesto del professionismo sportivo A. TORRISI, *I contratti di sponsorizzazione sportiva, il rispetto delle regole federali e la distribuzione dei costi generati dal Covid-19*, in *Riv. dir. sportivo*, 2020, p. 62 ss.

[(39)] A. NICOLUSSI, *Autonomia privata e diritti della persona*, in *Enc. dir.*, *Annali*, IV, Milano, 2011, p. 147.

l'appunto nella possibilità di legittimamente stipulare contratti del tipo di quelli menzionati [40].

Limitando in questa sede l'attenzione al contratto di sponsorizzazione in precedenza richiamato, può dirsi che esso consiste in un accordo in forza del quale una parte (*sponsee*), a fronte di un corrispettivo in denaro, beni, servizi o misto, si impegna a prestazioni di tipo attivo o permissivo verso l'altra (*sponsor*), in modo da consentirle di sfruttare, mediante abbinamenti o collegamenti, la propria notorietà e la risonanza delle attività di cui essa è promotrice, al fine di favorire l'immagine dello *sponsor*. Particolare rilevanza, al riguardo, ha assunto il tema del rispetto dell'attuazione della relazione obbligatoria onde assicurare allo *sponsor* lo sperato ritorno pubblicitario, anche attraverso i richiami ai canoni della correttezza e della buona fede [41]. Il riferimento è, nello specifico, sia alle modalità di svolgimento della notoria attività professionale da parte del soggetto sponsorizzato sia alla condotta personale di quest'ultimo nella sfera privata. Si pensi, quanto al primo profilo, allo sportivo condannato per *doping* oppure, quanto al secondo profilo, a disdicevoli comportamenti privati che abbiano (però) influito sull'àmbito professionale (e, dunque, sulla regolare esecuzione del rapporto obbligatorio di natura professionale). Si tratta in entrambi i casi di situazioni in grado di arrecare evidente pregiudizio allo *sponsor*, a fronte della minata affidabilità e notorietà dello *sponsee*, in rapporto alla stessa attività di quest'ultimo.

Può al riguardo segnalarsi una recente decisione di merito che, a proposito della sponsorizzazione nella forma nota come contratto di *testimonial* (con il quale lo *sponsee* si obbliga, essenzialmente, a promuovere i prodotti o il marchio dello *sponsor* a fronte di un corrispettivo in denaro), ha messo in evidenza la necessità di una appropriata interpretazione e applicazione delle clausole contrattuali deputate ad assicurare

---

[40] Allo stesso tempo A. NICOLUSSI, *Autonomia privata e diritti della persona*, cit., p. 148, rileva che in tali ipotesi «la dimensione personale riaffiora, sempre come limite, nei riguardi di atti di disposizione che attribuiscano a terzi il potere di sfruttamento commerciale», come per l'appunto rispetto allo sfruttamento dell'immagine quale possibile oggetto di contratti di *merchandising* e di sponsorizzazione.

[41] Indicazioni sono ricavabili dal puntuale contributo di G. FACCI, *La sponsorizzazione tecnica e lo sfruttamento commerciale del marchio sportivo*, in *Nuova giur. civ. comm.*, 2010, II, p. 644 ss.

il rispetto degli impegni convenzionalmente assunti, nel rapporto tra comportamenti inerenti l'attività professionale e scelte che attengono alla vita privata. Al riguardo, infatti, si precisa da parte dell'organo giudicante che «È certo che nella scelta di un'impresa di acquisire il diritto di sfruttare l'immagine di un famosissimo calciatore per la promozione commerciale di prodotti che nulla hanno a che vedere con l'attività agonistica svolta dal testimonial vi sia insita la legittima aspettativa che lo sportivo non tenga durante la vigenza del contratto di sponsorizzazione comportamenti che pregiudichino la sua immagine pubblica al punto da poter determinare una compromissione della stessa reputazione commerciale dello sponsor e da risultare pregiudizievole per l'impresa la stessa associazione dell'immagine del testimonial ai prodotti a cui viene associata attraverso una determinata campagna pubblicitaria. Per la particolarità del regolamento di interessi che deriva da tale tipo di contratto e per le caratteristiche del soggetto scelto come "testimonial", l'impegno che assume lo sportivo a comportarsi per l'intera durata del contratto "con correttezza e lealtà e nel rispetto di elevati principi etici, senza causare alcun danno alla sua immagine e/o reputazione" non può che ritenersi riferito principalmente al suo ambito professionale. È chiaro infatti che la scelta di un determinato soggetto come "testimonial" per la promozione di prodotti che non hanno alcuna attinenza con la sua attività deriva proprio dalla notorietà e dalla fama che quel soggetto ha conquistato presso il pubblico dei consumatori per le capacità dimostrate nello svolgimento dell'attività professionale che lo ha reso famoso ed ammirato. Ne deriva che, allorché come nel caso di specie la scelta del "testimonial" cade su uno sportivo, in particolare su di un famosissimo calciatore (a tutti noto anche con il soprannome "il Fenomeno" per le sue non comuni capacità sui campi di calcio non certo per meriti extracalcistici), i comportamenti dell'atleta principalmente idonei a minare in modo rilevante la sua immagine pubblica sono quelli che riguardano la sua vita professionale o che comunque risultano in grado di compromettere quelle qualità personali per cui è noto al grande pubblico e che sono indubbiamente alla base della scelta imprenditoriale di farne un testimonial di prodotti a largo consumo. Taluni comportamenti dell'atleta ben possono quindi giustificare la risoluzione del contratto da parte dello sponsor – ad esempio una squalifica per doping o il tenere gravi condotte antisportive durante le gare o il venir meno senza giustificato motivo ai suoi impegni professionali ecc. –

in quanto costituiscono evidenti violazioni dell'obbligo di comportarsi in modo corretto e leale e il venir meno a taluni principi etici propri di qualunque disciplina sportiva (e sovente richiamati in contratti come quello in esame). Tuttavia, contrariamente a quanto sembra ritenere la società convenuta, non solo siffatti comportamenti che potrebbero astrattamente giustificare la risoluzione del contratto in presenza della clausola risolutiva espressa debbono essere imputabili a dolo o colpa del "testimonial", ma in ogni caso il venir meno all'obbligo di non ledere la propria immagine non può ravvisarsi in scelte di carattere strettamente privato che nulla hanno a che vedere con la professionalità del "testimonial" o in comportamenti dello stesso che attengono alla sua sfera sessuale, alle sue idee politiche o al credo religioso ecc.» [42].

Proprio allora lo sfruttamento per fini pubblicitari consente distinguere tra sponsorizzazione e patrocinio. La prima è, in buona sostanza, un affare commerciale; il secondo un atto di liberalità. Può così misurarsi la differenza attinente alla diversa natura dell'accordo, atteso che la sponsorizzazione è contratto a prestazioni corrispettive, in cui il ritorno pubblicitario rappresenta lo scopo del contratto, mentre il patrocinio è una sovvenzione a titolo di liberalità, praticata in particolare dagli istituti di credito per dimostrare una cooperazione generosa ad attività di rilevante interesse sociale.

5. *Persona e solidarietà oblativa. Principi fondamentali e accordo di maternità per sostituzione*

Diversamente, in altri àmbiti, la riconducibilità all'area del contratto viene esclusa dall'ordinamento o perché si verte in tema di diritti indisponibili (dunque in senso assoluto) o perché ci si riferisce a diritti disponibili ma non commerciabili (dunque in senso relativo); si tratta in ogni caso, seguendo la prospettiva della dottrina già richiamata, di accordi illeciti su materie non patrimoniali (né patrimonializzabili) [43].

---

(42) Trib. Milano, 9 gennaio 2015, in *Dir. ind.*, 2015, p. 513, con nota di A. GERACI, *Il contratto di sponsorizzazione non può compromettere il diritto all'autodeterminazione.*

(43) Il riferimento è a V. ROPPO, *Il contratto*^{2}, cit., p. 9 s.

Quanto al primo àmbito (diritti indisponibili) può farsi riferimento agli accordi di maternità surrogata, intercorrenti tra due o più soggetti, di cui uno è la madre (futura) gestante, quella cioè che si impegna a instaurare e portare avanti la gravidanza per dare alla luce un figlio da consegnare, in adempimento dell'obbligo assunto, al soggetto committente, ordinariamente una coppia. Sono al riguardo possibili varie combinazioni, rappresentate non tanto dall'oggetto dell'accordo in sé, ma in ordine alla eventuale provenienza del materiale genetico con cui dare corso alla gravidanza; quest'ultimo può infatti provenire dalla coppia committente che ricorre alla madre gestante come incubatrice, oppure in parte dalla coppia committente e in parte da un soggetto terzo, oppure ancora in parte dalla coppia committente e in parte dalla madre (futura) gestante e così via. Queste diverse combinazioni non alterano il nucleo centrale dell'accordo che mira ad assicurare un figlio alla coppia committente sulla base dell'accordo intercorso con la madre (futura) gestante.

La risposta dell'ordinamento di fronte a questo fenomeno può assumere come termini di riferimento, dal punto di vista cronologico, due momenti: l'uno, anteriore alla introduzione di un'espressa (preclusiva) disposizione di legge, poi formalizzata nell'art. 12 della legge 19 febbraio 2004, n. 40, contenente norme in materia di procreazione medicalmente assistita; l'altro, successivo, corrispondente all'introduzione del succitato art. 12, l. n. 40/2004, il cui comma 6 sanziona penalmente «Chiunque, in qualsiasi forma, realizza, organizza o pubblicizza la commercializzazione di gameti o di embrioni o la surrogazione di maternità». Sino, dunque, al 2004, in assenza di un divieto esplicito in tal senso si discuteva se esso potesse comunque ricavarsi da principi generali dell'ordinamento. Invero, la richiamata disposizione dell'art. 5 c.c., in tema di atti di disposizione del proprio corpo, seguendo un duplice percorso preclusivo, ne vieta il compimento, da un lato, «quando (essi) cagionino una diminuzione permanente della integrità fisica» e, dall'altro, «quando (essi) siano altrimenti contrari alla legge, all'ordine pubblico o al buon costume». Ora, al di là della valutazione in ordine alle scelte operate dal legislatore con la previsione in esame, non pare dubbio (a tacer d'altro) che il tema centrale sia qui rappresentato dall'incidenza dell'atto di disposizione (del corpo della donna perché questa consenta, su commissione, l'instaurazione e lo svolgimento della gravidanza unitamente alla successiva separazione dal figlio portato in grembo per nove mesi e successivamente dato alla luce per essere consegnato ai committenti) sul complessivo sistema (di regole) delle relazioni di filiazione. Si tratta in buona sostanza, pur prendendo atto di importanti innovazioni sul punto (che, però, non sembrano attenere al caso di specie), di considerare le regole alle quali l'ordinamento affida la instaurazione del rapporto di filiazione.

Il modello originario fondava in termini generali (ma non assoluti) la relazione di filiazione (un tempo legittima o naturale, in disparte quella adottiva, secondo le dizioni precedenti alla riforma del 2012, che ha introdotto l'unicità dello *status filiationis*, formalizzato nel nuovo testo dell'art. 315 c.c.) al paradigma di derivazione romanistica (secondo il quale «*mater semper certa est pater numquam*») che individua nella maternità la riferibilità della provenienza del figlio, rappresentando ciò un fatto incontestabile (a prescindere da chi ne sia il padre). La maternità per sostituzione, traducendosi in una gestazione su commissione, separa la procreazione dalla genitorialità, scindendo, come rilevato, la gestazione dalla maternità [44], proprio perché collega il mettere al mondo un figlio a una relazione per conto d'altri (per l'appunto i committenti). Un tale risultato è in contrasto con un principio di sistema espressione dell'ordine pubblico familiare in rapporto alla indisponibilità degli *status* nel rapporto di filiazione, che si traduce nella regola per la quale è madre colei che ha partorito, assumendosi ancora oggi quanto ricavabile dalla previsione per la quale «La maternità è dimostrata provando l'identità di colui che si pretende essere figlio e di colui che fu partorito dalla donna, la quale si assume essere madre» (art. 269, comma 3, c.c.). Ora, vero è che un tale assunto è espressione della tradizionale derivazione genetica del nato dalla donna che lo ha (prima portato in grembo e poi) partorito, risultando per l'appunto madre, mentre oggi le tecniche di procreazione medicalmente assistita provano la possibilità del

---

[44] Si richiama il rilievo di A. GORGONI, *Dichiarazione giudiziale di paternità e maternità*, in *Commentario del codice civile*, diretto da E. Gabrielli, *Della famiglia*^{2}, a cura di G. Di Rosa, *Artt. 231-455*, Torino, 2018, *sub* art. 269, p. 296; in senso parzialmente diverso ID., *Famiglie e minore età: dall'atto al rapporto*, Torino, 2021, p. 292, in ordine, però, alla riconosciuta rilevanza giuridica (ad opera, in particolare, della giurisprudenza sovranazionale) del legame affettivo significativo, invitando dunque a non «assolutizzare il dato giuridico secondo cui nel nostro sistema procreazione e parto sarebbero indissociabili (arg. *ex* artt. 30 Cost., 240, 239 c.c.)».

contrario (consentendo dunque la scissione tra gravidanza e maternità), quantunque, così facendo, si assumerebbe la preminenza di un'impostazione prettamente privatistica e negoziale rispetto a una dimensione che, invece, dovrebbe avere (e invero ha) altra rilevanza.

In merito può altresì richiamarsi la posizione assunta dalla giurisprudenza interna precedentemente alla introduzione del divieto, segnalandosi al riguardo, sotto il profilo strettamente civilistico, due decisioni di segno opposto. Da un lato, infatti, si è affermata la nullità del contratto con il quale una donna si obbliga, dietro corrispettivo, a farsi fecondare artificialmente (ricevendo il seme di un uomo) e a portare a termine la gravidanza, consegnando il neonato, subito dopo il parto, alla coppia committente e rinunciando ai diritti parentali nei confronti del figlio (ossia ai propri diritti di madre), con la connessa esclusione (nel caso di specie) della possibilità di ripetere da parte della coppia committente quanto anticipatamente corrisposto a titolo di compenso ai sensi dell'art. 2035 c.c. [(45)]. Dall'altro, invece, si è opposta la legittimità di simile convenzione di maternità surrogata, comportante (nel caso di specie) l'impegno della madre gestante all'impianto di un embrione formato da materiale genetico della coppia committente, qualora non sia previsto un corrispettivo, rilevando l'atipicità meritevole del contratto in esame (in quanto diretto ad assicurare l'autorealizzazione genitoriale della coppia committente) e l'intento solidale da parte della madre portante di soddisfare il bisogno di maternità dell'altra donna [(46)].

Ora, in ordine alla prima decisione va riscontrata la netta (generale) contrarietà del giudicante agli accordi di maternità per sostituzione proprio sulla base della ritenuta necessaria corrispondenza del dato biologico rispetto alla gestazione, che implica che è madre colei la quale partorisce (alla gestazione corrisponde dunque la maternità). In ordine, invece, alla seconda decisione va rilevato come appaiono vaghe talune giustificazioni a sostegno della legittimità dell'accordo, in particolare il riferimento alla solidarietà. Così come pure risultano in-

---

[(45)] Si tratta della decisione di Trib. Monza, 27 ottobre 1989, in *Giur. it.*, 1990, I, 2, c. 296 ss., con nota di G. PALMERI, *Maternità «surrogata»: la prima pronuncia italiana*.

[(46)] Il riferimento è alla pronuncia di Trib. Roma (ord.), 17 febbraio 2000, in *Giur. it.*, 2001, p. 300 ss., con nota di R. NATOLI, *La maternità surrogata: le dinamiche sociali e le ragioni del diritto*.

fondate le affermazioni del diritto della coppia committente all'impianto e, prima ancora, della meritevole atipicità del contratto di maternità surrogata *ex* art. 1322, comma 2, c.c. Non convince, infatti, l'operata distinzione tra accordi (vietati) di maternità surrogata a titolo oneroso, in cui viene patrimonialmente valutata la gestazione per conto altrui e remunerata in termini economici (monetari), e accordi (ammissibili) di maternità surrogata a titolo gratuito, espressione della solidarietà sociale *ex* art. 2 Cost. La positiva valutazione di tali ultimi accordi, in quanto destinati a soddisfare, quali atti di solidarietà, interessi particolarmente meritevoli, come quello di una coppia ad avere figli (che diversamente non potrebbero arrivare), non sembra misurarsi con altri ordini di considerazioni. Si tratta, infatti, a questo punto di interrogarsi, non tanto sul profilo della patrimonialità o meno della prestazione dedotta nell'accordo (per l'appunto nel caso di specie non remunerata), quanto piuttosto rispetto alla deducibilità della stessa prestazione (in termini tecnico-giuridici) all'interno di un rapporto del quale poi si dovrebbe chiedere la relativa attuazione. Si pensi al riguardo al caso in cui, dopo l'avvenuto parto, la madre gestante si rifiuti di consegnare il nato; oppure si rifletta in merito alla legittimità di talune clausole che prevedono l'obbligo della gestante di sottoporsi a determinati esami diagnostici, per verificare eventuali ipotetiche malformazioni in modo da potere poi procedere, ove l'esame abbia dato esito positivo, all'interruzione (volontaria) della gravidanza. Oggi, del resto, il sempre più ricorrente tentativo di provare a circoscrivere il divieto contenuto nell'art. 12, comma 6, l. n. 40/2004 alle sole fattispecie onerose non pare destinato a sicuro successo [47].

Il tema è stato peraltro oggetto di nuovi pronunciamenti che, da un lato, hanno ribadito la rilevanza penale della condotta delle parti di un simile accordo (a titolo oneroso), sia se esso si inserisca all'interno del triste circuito del cosiddetto turismo procreativo sia se esso costituisca la formalizzazione di una intesa, per così dire, a livello locale.

Nella prima vicenda, che peraltro reca con sé (in termini generali

---

[47] Per una recente e approfondita analisi sulla portata di tale divieto e sulla possibilità (che pare in verità assai problematica) di ritenere circoscritto lo stesso alle fattispecie connotate dal tratto della onerosità, sulla base di una interpretazione costituzionalmente orientata del divieto medesimo, A.G. GRASSO, *Maternità surrogata altruistica e tecniche di costituzione dello* status, Torino, 2022, p. 31 ss.

quantunque estranei al caso di specie) ordini di problemi i quali forniscono la misura di come le diverse posizioni sul punto assunte da ordinamenti differenti diano luogo a questioni assai complesse (di cui si darà conto a breve), è stata confermato il carattere di divieto di ordine pubblico contenuto nell'art. 12, comma 6, l. n. 40/2004, rafforzato da sanzione penale, quale regola posta a presidio di beni giuridici fondamentali [48]. Si è infatti al riguardo posto l'accento sul rilievo che assumono la dignità umana della gestante (oggetto di tutela costituzionale) e l'istituto dell'adozione, «con il quale la surrogazione di maternità si pone oggettivamente in conflitto perché soltanto a tale istituto l'ordinamento affida la realizzazione di progetti di genitorialità priva di legami biologici con il nato» [49].

Nella seconda vicenda i giudici di legittimità hanno rigettato il ricorso proposto contro la decisione del giudice d'appello (a sua volta confermativa della decisione assunta dal giudice per le indagini preliminari all'esito del giudizio abbreviato) che aveva riconosciuto la responsabilità degli imputati «per avere, il M., insieme alla propria compagna G.C., partecipato all'accordo con il medico ginecologo, Co.An., dietro corrispettivo di una somma di denaro, pattuita prima in Euro 30.000,00 e poi ridotta a Euro 20.500,00, aveva loro promesso l'affidamento di un nascituro, che sarebbe stato successivamente partorito da C.E., con l'ulteriore intesa di alterare lo stato di nascita del neonato in modo che risultasse figlio naturale di G.C., e che effettivamente dal giorno della sua nascita (...) veniva affidato, in accordo con i genitori naturali, ovvero la madre C.E. ed il padre Ci.BE., alla coppia M.E.-G.C., ai quali era

---

[48] Si tratta della decisione di Cass., 11 novembre 2014, n. 24001, in *www.minoriefamiglia.org*, relativamente al caso di una coppia di coniugi italiani che, non potendo avere figli a causa di un'isterectomia subita dalla moglie e per una diagnosi di oligospermia del marito, decideva di concludere un contratto di maternità surrogata in Ucraina, dalla cui esecuzione successivamente nasceva un bambino, dichiarato all'anagrafe italiana come figlio biologico della coppia.

[49] Cass., 11 novembre 2014, n. 24001, cit., rilevandosi altresì che nel caso di specie sia il certificato di nascita ucraino (sul quale i genitori-committenti basano il rapporto di filiazione con il minore) sia la stessa legge ucraina sulla maternità surrogata sono contrari all'ordine pubblico italiano, con la conseguenza che al primo non può essere riconosciuta efficacia ai sensi dell'art. 65 legge 31 maggio 1995, n. 218, recante riforma del sistema italiano di diritto internazionale privato, mentre la seconda non può trovare applicazione ai sensi dell'art. 16 della legge medesima.

stato consentito di fare ingresso all'interno della stessa camera della struttura sanitaria (...) ove è avvenuto il parto» [50].

Dall'altro, il giudice delle leggi ha ritenuto non fondata la prospettata questione di legittimità costituzionale dell'art. 263 c.c., dettata in tema di impugnazione del riconoscimento (dei figli nati fuori dal matrimonio) per difetto di veridicità, in riferimento agli artt. 2, 3, 30, 31 e 117, comma 1, Cost., quest'ultimo in relazione all'art. 8 della Convenzione per la salvaguardia dei diritti dell'uomo e delle libertà fondamentali, firmata a Roma il 4 novembre 1950, ratificata e resa esecutiva con legge 4 agosto 1955, n. 848 [51]. La disposizione codicistica era stata censurata nella parte in cui non prevede che l'impugnazione del riconoscimento del figlio minore per difetto di veridicità possa essere accolta solo quando sia rispondente all'interesse dello stesso, con specifico riferimento a un procedimento che traeva origine dalla trascrizione del certificato di nascita formato all'estero, relativo alla nascita di un bambino, riconosciuto come figlio naturale di una coppia di cittadini italiani, i quali – nell'ambito delle indagini avviate dalla Procura della Repubblica presso il Tribunale per i minorenni – avrebbero ammesso il ricorso alla surrogazione di maternità, realizzata attraverso ovodonazione. In merito, nel respingere la sollevata questione, censurando duramente la pratica della maternità per sostituzione, si è rilevato che «L'affermazione della necessità di considerare il concreto interesse del minore in tutte le decisioni che lo riguardano è fortemente radicata nell'ordinamento sia interno, sia internazionale e

---

[50] Cass. pen., 17 gennaio 2019, n. 2173, in *www.documentazione.info*, p. 2, nel contesto della riconosciuta estraneità della madre naturale all'intervenuto accordo economico, tuttavia ritenuta responsabile a titolo di concorso del delitto di cui all'art. 7 della legge 4 maggio 1983, n. 184, in tema di diritto del minore ad una famiglia, «per essersi prestata consapevolmente alla consegna del proprio figlio alla coppia M.-G., pur senza partecipare all'accordo economico intercorso esclusivamente tra la citata coppia ed il Co., oltre che del delitto di simulazione di reato, per avere denunciato, circa tre mesi dopo il parto, l'avvenuta illecita operazione di consegna del proprio bambino, ma falsamente attribuendo la propria gravidanza ad una violenza sessuale, una volta appreso che nel proprio stato di famiglia era stato inserito il rapporto di filiazione con il piccolo, chiamato Cr.».

[51] Il riferimento è alla decisione di Corte cost., 18 dicembre 2017, n. 272, in *Nuova giur. civ. comm.*, 2018, I, p. 546 ss., con previo commento di A. GORGONI, *Art. 263 cod. civ.: tra verità e conservazione dello* status filiationis, *ivi*, p. 540 ss.; *adde* U. SALANITRO, *Azioni di stato e* favor minoris *tra interessi pubblici e privati*, in *Nuova giur. civ. comm.*, 2018, II, p. 552 ss.

questa Corte, sin da epoca risalente, ha contribuito a tale radicamento (...). Non si vede conseguentemente perché, davanti all'azione di cui all'art. 263 cod. civ., fatta salva quella proposta dallo stesso figlio, il giudice non debba valutare: se l'interesse a far valere la verità di chi la solleva prevalga su quello del minore; se tale azione sia davvero idonea a realizzarlo (come è nel caso dell'art. 264 cod. civ.); se l'interesse alla verità abbia anche natura pubblica (ad esempio perché relativa a pratiche vietate dalla legge, quale è la maternità surrogata, che offende in modo intollerabile la dignità della donna e mina nel profondo le relazioni umane) ed imponga di tutelare l'interesse del minore nei limiti consentiti da tale verità. Vi sono casi nei quali la valutazione comparativa tra gli interessi è fatta direttamente dalla legge, come accade con il divieto di disconoscimento a seguito di fecondazione eterologa. In altri il legislatore impone, all'opposto, l'imprescindibile presa d'atto della verità con divieti come quello della maternità surrogata. Ma l'interesse del minore non è per questo cancellato»[52].

Come peraltro già accennato nella ricostruzione di alcune vicende la questione della maternità surrogata (e di ciò che da essa inevitabilmente discende in termini assai problematici, anche solo dal punto di vista strettamente giuridico) si inserisce nel (più ampio) quadro connotato dallo sviluppo (ormai per la verità abbastanza incontrollato) della dimensione tecnologica quanto al venire al mondo[53]. Si tratta, più specificamente, come si è provato a rilevare, dell'incidenza dei mutamenti della stessa filiazione, determinati dall'accesso alle tecniche procreative artificiali oggetto della disciplina di cui alla l. n. 40/2004[54]. Al riguardo, infatti, il

---

[52] Corte cost., 18 dicembre 2017, n. 272, cit., p. 550.

[53] Sul tema C. SARTEA, *Biodiritto. Fragilità e giustizia*, Torino, 2012, p. 67 ss.; G. DI ROSA, *Dai princìpi alle regole. Appunti di biodiritto*, Torino, 2013, p. 3 ss.; L. PALAZZANI, *Dalla bio-etica alla tecno-etica: nuove sfide al diritto*, Torino, 2017, p. 93 ss.

[54] È dedicato proprio al tema della filiazione, incisa profondamente sotto il profilo costitutivo, il recente e meditato contributo di A. NICOLUSSI, *Paradigmi della filiazione*, in *Quale diritto di famiglia per la società del XXI secolo?*, a cura di U. Salanitro, Pisa, 2020, p. 269 ss., i cui stringenti interrogativi in ordine alle conseguenze prodotte dalle svariate pratiche di fecondazione artificiale dovrebbero fare riflettere rispetto a un contesto che sembra ormai (del tutto) prono alla (supremazia della) tecnica. Il tema è indagato, tra gli altri, anche da M.C. VENUTI, *Coppie sterili o infertili e coppie «same-sex». La genitorialità negata come problema giuridico*, in *Riv. crit. dir. lav.*, 2015, p. 259 ss., la quale, da diversa prospettiva e con esiti ricostruttivi differenti, rappresenta in

preliminare tema dell'identità rispetto alla provenienza biologica, oggi scissa in possibili derivazioni (addirittura del tutto) esterne alla coppia richiedente, a motivo della introdotta ammissibilità per via giudiziale del ricorso alle tecniche di procreazione medicalmente assistita di tipo eterologo (anche bilaterale), appare centrale rispetto a qualsiasi discorso di senso in ordine alla costruzione della personalità individuale nel contesto relazionale di tipo familiare [55]. In tale direzione appare evidentemente decostruttiva *ab origine* la richiamata pratica (sia omo sia eterogenitoriale) della maternità surrogata, la cui (tendenziale) realizzazione all'estero e la (successiva) surrettizia introduzione al nostro interno con la richiesta trascrizione nei registri dello stato civile dell'instaurata relazione di filiazione secondo l'ordinamento di provenienza [56], anche attraverso il ricorso alla procedura adottiva di cui si chiede nel nostro Paese il riconoscimento [57], hanno rinnovato sul versante nazionale accesi contrasti giurisprudenziali. In merito i nostri giudici di legittimità in funzione nomofilattica hanno provato a fare chiarezza e ripristinare il senso delle regole

---

chiave critica la (in talune ipotesi perdurante) esclusività del canone della naturalità rispetto alla procreazione (con particolare riguardo non solo a talune tipologie di infertilità/sterilità ma, in special modo, per la filiazione quanto ai soggetti singoli e alle coppie omoaffettive).

(55) Per alcune riflessioni di senso, rivolte a stigmatizzare la singolarità delle più recenti scelte della Corte costituzionale (come quella in tema di fecondazione eterologa) che hanno sostanzialmente alterato il complessivo quadro delle tutele originariamente previste dalla l. n. 40/2004 rispetto alla vita nascente, A. NICOLUSSI, *Una postilla dissenziente*, in *Notizie di POLITEIA*, XXX, 115, 2014, p. 91 ss., che giustamente rileva la creazione, da parte del giudice delle leggi, «di bel nuovo (di) un cosiddetto diritto di autodeterminarsi in materia di riproduzione» (p. 95); nonché C. CASTRONOVO, *Fecondazione eterologa: il passo (falso) della Corte costituzionale*, in *Europa e dir. priv.*, 2014, p. 1117 ss.; altresì, in precedenza, A. NICOLUSSI-A. RENDA, *Fecondazione eterologa: il pendolo tra Corte costituzionale e Corte EDU. Nota a Corte costituzionale, ordinanza 7 giugno 2012, n. 150*, in *Europa e dir. priv.*, 2013, p. 212 ss.

(56) Per accurate e puntuali riflessioni si rinvia ad A. RENDA, *La surrogazione di maternità ed il diritto della famiglia al bivio*, in *Europa e dir. priv.*, 2015, p. 415 ss.

(57) Della questione sono state investite le Sezioni Unite della Corte di Cassazione con l'ordinanza interlocutoria di Cass., 11 novembre 2019, n. 29071, in *www.ilcaso.it*, nella controversia riguardante un cittadino italiano e uno statunitense, residenti negli Stati Uniti d'America da oltre dieci anni, con adozione del minore secondo le leggi dello Stato di New York e della quale si chiede il riconoscimento interno attraverso la trascrizione nei registri dello stato civile.

esistenti, a fronte di una giurisprudenza tendente ad accogliere i relativi ricorsi attraverso la (debole) argomentazione che il rapporto di filiazione si è costituito all'interno di un ordinamento il quale non considera vietato il ricorso alla maternità surrogata, con la conseguenza che il nostro sistema dovrebbe semplicemente ritenersi tenuto a recepire un atto validamente formatosi all'estero (non essendo tuttavia chiaro da questo punto vista come interpretare il limite di legge interno dell'ordine pubblico). Si è così invece statuito (in maniera condivisibile) che «Il riconoscimento dell'efficacia del provvedimento giurisdizionale straniero con cui sia stato accertato il rapporto di filiazione tra un minore all'estero mediante ricorso alla maternità surrogata e il genitore d'intenzione munito della cittadinanza italiana trova ostacolo nel divieto della surrogazione di maternità *ex* art. 12, comma sesto, della legge n. 40 del 2004, qualificabile come principio di ordine pubblico in quanto posto a tutela di valori fondamentali, quali la dignità umana della gestante e l'istituto della adozione; la tutela di tali valori, non irragionevolmente ritenuti prevalenti sull'interesse del minore, nell'ambito di un bilanciamento effettuato direttamente dal legislatore, al quale il giudice non può sostituire la propria valutazione, non esclude la possibilità di conferire rilievo al rapporto genitoriale, mediante il ricorso ad altri strumenti giuridici quali l'adozione in casi particolari (art. 44, comma primo, lett. *d*) della legge n. 184 del 1983)»[(58)]. Dal canto suo la giurisprudenza sovranazionale ha già ritenuto legittima, in ragione del ridotto periodo di convivenza, la misura dell'allontanamento del minore (nato da maternità surrogata) dalla coppia committente che lo aveva condotto in Italia in violazione della normativa interna[(59)].

È stata infine da ultimo risolta la questione di legittimità costituzionale sollevata con riferimento al richiesto riconoscimento della relazione di filiazione (di un bambino nato in Canada e ivi ritenuto giudizialmente come tale) rispetto al rapporto omogenitoriale (da parte di una coppia di uomini)[(60)], essendo stata peraltro preliminarmente esclusa nell'instaurato giu-

---

(58) Cass., Sez. Un., 8 maggio 2019, n. 12193, in *www.ilcaso.it.*

(59) Si tratta di Corte di Giustizia dell'Unione europea, Grande Camera, 24 gennaio 2017, n. 25358, per il cui commento può rinviarsi alla nota di A.G. GRASSO, *Genitorialità illegale e interesse del minore*, in *Giustiziacivile.com*, 6 luglio 2017, n. 7/2017.

(60) Si tratta della decisione di Corte cost., 9 marzo 2021, n. 33, in *www.cortecostituzionale.it*, rispetto all'ordinanza di rinvio di Cass., 29 aprile 2020, n. 8325, in

dizio (secondo quanto comunicato dall'ufficio stampa della Corte costituzionale il 3 dicembre 2020) la possibilità di ammettere la madre gestazionale, che pure rivendicava la titolarità di un interesse diretto e immediato. Nello specifico il giudice delle leggi ha ritenuto che l'interesse del bambino, nato attraverso la gestazione per conto d'altri, al riconoscimento giuridico del proprio rapporto con entrambi i componenti della coppia (omogenitoriale), e non solo con il genitore che abbia fornito i propri gameti ai fini della maternità surrogata, «non può essere considerato automaticamente prevalente rispetto a ogni altro controinteresse in gioco. (...) Gli interessi del minore dovranno essere allora bilanciati, alla luce del criterio di proporzionalità, con lo scopo legittimo perseguito dall'ordinamento di disincentivare il ricorso alla surrogazione di maternità, penalmente sanzionato dal legislatore»[61]. Correlativamente, «Il compito di adeguare il diritto vigente alle esigenze di tutela degli interessi dei bambini nati da maternità surrogata – nel contesto del difficile bilanciamento tra legittima finalità di disincentivare il ricorso a questa pratica, e l'imprescindibile necessità di assicurare il rispetto dei diritti dei minori, nei termini sopra precisati – non può che spettare, in prima battuta al legislatore, al quale deve essere riconosciuto un significativo margine di manovra nell'individuare una soluzione che si faccia carico di tutti i diritti e i principi in gioco»[62].

Nuova giur. civ. comm., 2020, p. 1116 ss., con previo commento (condivisibilmente critico) di V. CALDERAI, *La tela strappata di Ercole. A proposito dello stato dei nati da maternità surrogata*, *ivi*, p. 1009 ss.

(61) Corte cost., 9 marzo 2021, n. 33, cit., p. 13; in tale direzione si muove altresì la successiva decisione di Cass., Sez. Un., 31 marzo 2021, n. 9006, in *www.ilcaso.it*, che, pur ritenendo non in contrasto con i principi di ordine pubblico internazionale il riconoscimento degli effetti di un provvedimento giurisdizionale straniero di adozione di minore da parte di coppia omoaffettiva maschile, ne esclude la ammissibilità nel caso di preesistenza di un accordo di surrogazione di maternità a fondamento della filiazione.

(62) Corte cost., 9 marzo 2021, n. 33, cit., p. 14 s., dichiarandosi inammissibili le proposte questioni di legittimità costituzionale, tra cui, *in primis*, quella relativa all'art. 12, comma 6, l. n. 40/2004. In senso conforme si è poi espressa la giurisprudenza nomofilattica nel successivo giudizio *de quo*, a seguito della rimessione operata dal giudice di legittimità dopo la decisione del giudice costituzionale, escludendosi da Cass., Sez. Un., 30 dicembre 2022, n. 38162, in *www.ilcaso.it*, l'automatica trascrivibilità del provvedimento giudiziario straniero che indichi quale genitore del bambino il genitore d'intenzione, che insieme al padre biologico ne ha voluto la nascita ricorrendo alla maternità surrogata all'estero, atteso che tale «pratica (...), quali che siano le modalità della condotta e gli scopi perseguiti, offende in modo intollerabile la dignità della donna e mina nel profondo

Emerge pertanto con estrema chiarezza il permanente disfavore nei confronti della pratica della maternità per sostituzione, unitamente alla persistenza del divieto penalmente sanzionato, rispetto a cui gli individuabili (da parte del legislatore chiamato a intervenire) strumenti di tutela dell'interesse del nato appaiono operare su un diverso piano, che nulla ha a che vedere con l'inammissibilità (a qualsiasi titolo, gratuito od oneroso) di un simile accordo, il quale mette in gioco situazioni connotate dal tratto della originaria (e assoluta) indisponibilità. Tale tratto, del resto, appare pienamente confermato, se ce ne fosse bisogno, proprio dall'invocato intervento normativo, richiesto per dipanare la matassa concernente lo *status* del nato e le instaurabili relazioni di filiazione, che non possono essere affidate al libero dispiegarsi dell'autonomia privata per via negoziale.

Quanto, invece, all'altra area, ossia quella dei diritti disponibili ma non commerciabili, il tema non è quello della indisponibilità quanto piuttosto della impossibilità per i privati di organizzare il relativo rapporto giuridico come espressione della dinamica contrattuale (dunque, fondamentalmente, come atto di scambio). In questo specifico àmbito i privati hanno la possibilità di accedere a uno strumento che ha i tratti del negozio ma non del contratto, caratterizzato dalla non deducibilità a fronte di un corrispettivo, come nel caso della riconosciuta disponibilità delle parti del proprio corpo (sia *inter vivos* sia *post mortem*), non rientrante nel contesto di riferimento del già esaminato art. 5 c.c. Si pensi, ad esempio, alla cessione del sangue umano, all'espianto di organi da vivente (rene, pancreas et c.), all'espianto di organi *ex mortuo* per successivo trapianto oppure ancora alla destinazione del corpo *post mortem* a fini didattici e scientifici. Si tratta di atti che il nostro ordinamento certamente consente, sottoposti tuttavia a regole particolari che costituiscono altrettanti limiti alla diversa possibilità organizzativa dei privati e che, in ogni caso, escludono qualsiasi riferimento all'economico [63].

---

le relazioni umane»; sulla pronuncia, tra diversi, M.C. VENUTI, *Ordine pubblico, gestazione per altri e diritti dei minori: riflessioni a partire dalla sentenza SS.UU. 30 dicembre 2022, n. 38162*, in *Questione Giustizia*, 27 giugno 2023. Sollecitato dal moltiplicarsi delle pronunce della Corte di Cassazione e della Corte costituzionale sul tema della maternità surrogata, evidenzia, con consueta lucidità e rigoroso argomentare, limiti e ipocrisie del relativo dibattito A. RENDA, *Ancora sulla surrogazione di maternità. Ragioni del divieto e tecniche di tutela del nato*, in *Europa e dir. priv.*, 2023, p. 281 ss.

[63] Per alcune indicazioni di carattere generale e per un quadro normativo di riferi-

6. *Libera determinazione del contenuto contrattuale e atipicità negoziale*

Una particolare attenzione, come già in precedenza anticipato all'interno di considerazioni di ordine generale, deve adesso essere dedicata alla disposizione dell'art. 1322 c.c. Tale analisi può essere condotta seguendo il percorso disegnato dal legislatore, in corrispondenza pertanto alle due previsioni ivi contenute. Da un lato, infatti, si dispone che «Le parti possono liberamente determinare il contenuto del contratto nei limiti imposti dalla legge e dalle norme corporative» (art. 1332, comma 1, c.c.). Dall'altro, poi, si consente che «Le parti possono anche concludere contratti che non appartengano ai tipi aventi una disciplina particolare, purché siano diretti a realizzare interessi meritevoli di tutela secondo l'ordinamento giuridico» (art. 1322, comma 2, c.c.). Si tratta, ovviamente, di previsioni deputate a risolvere ordini di problemi differenti, riconoscendosi in via generale «ai privati la facoltà sia di stipulare contratti atipici che di arricchire e, comunque, riorganizzare i modelli di già predisposti dallo stesso legislatore» (64).

Quanto, infatti, alla riconosciuta libera determinazione del contenuto contrattuale, deve preliminarmente risolversi l'interrogativo circa la individuazione del contenuto del contratto. Il contenuto del contratto deve, anzitutto, distinguersi dall'oggetto del contratto. Quest'ultimo, infatti, che deve essere possibile, lecito, determinato e determinabile, è riconducibile a ciò che forma oggetto del programmato (ordinariamente) scambio negoziale. Ad esempio, nello schema tipico della vendita l'oggetto, secondo una prospettiva generale condivisa, sarà costituito dalla *res* la cui titolarità viene assicurata a fronte del concordato corrispettivo (65). Ovviamente l'oggetto può darsi nella corrispondente mate-

---

mento può rinviarsi a G. DI ROSA, *Dai princìpi alle regole*, cit., p. 135 ss.; ID., *La persona oltre il mercato. La destinazione del corpo* post mortem, in *Europa e dir. priv.*, 2020, p. 1179 ss.

(64) A. BELFIORE, *La presupposizione*, in *Il contratto in generale*, IV, 1, in *Trattato di diritto privato*, diretto da M. Bessone, XIII, Torino, 2003, p. 4.

(65) Al riguardo C.M. BIANCA, *La vendita e la permuta*², in *Trattato di diritto civile italiano*, fondato da F. Vassalli, VII, 1, Torino, 1993, p. 4, ritiene, in maniera parzialmente differente, che rispetto al contratto, a differenza di quel che accade quando si tratti di diritti di godimento o di prestazioni creditorie, «l'oggetto designa l'insieme dei

rialità (come nel caso prima menzionato), ossia *res*, ma può anche essere dedotto in contratto quale comportamento, ossia *facere*, sia in senso positivo (svolgimento di una certa attività), sia in senso negativo, ossia *non facere* (assunzione di un obbligo di astensione dal compiere una certa attività). Invece il contenuto rappresenta il complessivo assetto di interessi che le parti hanno voluto o ritenuto di realizzare attraverso la conclusione di un determinato contratto.

Il contenuto, dunque, non soltanto si traduce nelle caratterizzazioni essenziali del contratto ma comprende anche le determinazioni che non sono essenziali e che però hanno un carattere di significativa rilevanza all'interno del contratto, in termini cioè di parte dispositiva, quale «complesso di regole che le parti hanno dettato col contratto»(66). Si pensi, sotto quest'ultimo profilo, all'inserimento nel contratto di una clausola penale che, certamente, non fa parte, in termini di essenzialità, del contratto ma, altrettanto certamente, può fare parte della pattuizione convenzionale adottabile dalle parti a tutela dell'interesse finalizzato all'adempimento da parte del debitore; la clausola in esame, pertanto, non è oggetto del contratto ma rappresenta parte del relativo contenuto con funzione determinativa dell'assetto di interessi voluto dalle parti. Le parti possono dunque così aggiungere al nucleo essenziale della fattispecie contrattuale altre pattuizioni che la arricchiscono, sì da realizzare interessi che per il legislatore potrebbero essere anche secondari (in quanto non riconducibili agli elementi essenziali del contratto né agli effetti, o conseguenze, legali, ossia in via automatica derivanti dalla stipulazione del contratto) ma che, per le parti, possono avere un carattere di essenzialità proprio in quanto dedotte all'interno del contenuto contrattuale. Impregiudicato rimane comunque il nitido rilievo di metodo che «Lo spettro di interessi, per il soddisfacimento dei quali i privati ricorrono alla stipulazione di un contratto è indefinibile; di qui un preciso, ovvio problema, quello dell'individuazione dei criteri medianti i

---

risultati previsti», quantunque lo stesso illustre Autore rilevi che nello stesso linguaggio del legislatore sia talora riscontrabile «anche la menzione delle cose come oggetto del contratto: nella stessa disciplina della vendita, così, si trova il richiamo a questo contratto come avente ad oggetto cose fungibili o cose a prezzo di mercato (cfr. artt. 1516, 1518 cod. civ.)» (*ivi*, nt. 8).

(66) A. CATAUDELLA, *I contratti. Parte generale*², Torino, 2000, p. 108, richiamando in nota dottrina di riferimento.

quali discriminare, in relazione a ciascun contratto, gli interessi tutelati dall'ordinamento dagli interessi giuridicamente irrilevanti»[67].

Il contenuto designa dunque un complessivo assetto di interessi a cui contribuiscono non solo (ovviamente) le parti, attraverso cioè l'inserimento di apposite clausole deputate a regolamentare specifici profili, ma anche l'ordinamento attraverso la tecnica dell'integrazione del contratto. A quest'ultimo riguardo, infatti, ai sensi dell'art. 1374 c.c. «Il contratto obbliga le parti non solo a quanto è nel medesimo espresso, ma anche a tutte le conseguenze che ne derivano secondo la legge o, in mancanza, secondo gli usi o l'equità». Si tratta, ad avviso di alcuni, di una prospettiva effettuale, facendosi tuttavia comunque capo a ciò che si deve ritenere dedotto in contratto, il cui contenuto per l'appunto si arricchisce *ex lege*. Se, esemplificando, si fa riferimento al contratto di vendita, il relativo contenuto è rinvenibile nel complesso delle situazioni giuridiche che derivano dalla conclusione dell'accordo finalizzato allo scambio. È questo il caso delle garanzie (per i vizi, per l'evizione) che, *ex lege*, derivano dall'intervenuto contratto, a prescindere dalla circostanza che la parte sia o meno a conoscenza di tale profilo, trattandosi per l'appunto di una conseguenza che l'ordinamento riconnette alla stipula di tale tipo di contratto[68]. Si rileva, dunque, con chiarezza la maggiore ampiezza del contenuto del contratto rispetto al relativo oggetto, il quale ultimo viene ordinariamente tradotto nella prestazione che forma oggetto dell'obbligazione dedotta in contratto ma che, d'altro canto, è un *minus* rispetto al contenuto che designa, piuttosto, il complessivo contesto regolatorio caratterizzante la specifica fattispecie contrattuale (sia di provenienza convenzionale sia di fonte legale).

Il tema della libertà di determinazione contenutistica del contratto fa certamente capo, anzitutto, all'àmbito delle fattispecie tipizzate. Tale libertà è circoscritta dai limiti posti dalla legge e dalle norme imperative, quale definita cornice al cui interno le parti possono muoversi, ma i cui confini non possono essere valicati. D'altro canto tale tema non è estraneo alla questione relativa alla stipulazione di contratti atipici, che forma oggetto del disposto contenuto nell'art. 1322, comma 2, c.c. Pro-

---

[67] A. BELFIORE, *La presupposizione*, cit., p. 3.

[68] In termini di conseguenze normative, dunque di veri e propri effetti legali, e non di (pretesi) elementi (naturali) dell'atto, si esprimono L. BIGLIAZZI GERI-U. BRECCIA-F.D. BUSNELLI-U. NATOLI, *Diritto civile*, 1.2., *Fatti e atti giuridici*, Torino, 1987, p. 538 s.

prio questo secondo versante assume qui rilievo, nel senso che si tratta di stabilire in che misura e sino a che punto le parti possono arricchire il contenuto del contratto tipico rimanendo all'interno dell'operazione tipica. Occorre poi per converso interrogarsi quando un'attività di questa natura comporti (in realtà) una fuoriuscita dal tipo negoziale per dare luogo a un'operazione diversa e nuova, il cui nucleo essenziale non coincida più con lo schema tipizzato, realizzandosi dunque il cosiddetto transito dal tipico all'atipico.

7. (Segue). *Tipicità e atipicità contrattuale*

La disamina del richiamato disposto di cui all'art. 1322, comma 2, c.c., riconoscendo alle parti la possibilità di concludere contratti che non appartengano a tipi aventi una disciplina particolare [69], verrà qui affrontata sia nella consueta prospettiva tradizionale, diretta a individuare le caratteristiche del contratto atipico affinché quest'ultimo possa trovare ingresso nel nostro ordinamento in rapporto agli schemi negoziali tipici; sia sul versante, per certi versi meno battuto, diretto a indagare il percorso che può condurre da modelli (originariamente) atipici a fattispecie contrattuali oggetto di (successiva) tipizzazione. In altri termini, quanto a quest'ultimo rilievo, si trova evidenza di operazioni che, originariamente affidate alla prassi negoziale, sono state poi recepite dall'ordinamento attraverso un'opera di tipizzazione (ritenuta ora totale ora parziale), come nei casi del contratto di *leasing* (o locazione finanziaria) e del modello assicurativo *claims made*, dei quali si darà conto a breve nel prosieguo.

Ora, da un punto di vista generale, la individuazione del contratto atipico può essere più agevolmente compiuta muovendo dalla preliminare determinazione del contratto tipico. Di quest'ultimo si discute in almeno tre sensi: tipo legale, tipo sociale, tipo giurisprudenziale. Ciascuno di questi aggettivi, che colora l'espressione tipo contrattuale, ha un proprio significato. Il codice civile previgente del 1865 non conosce-

---

[69] Tale possibilità è riconosciuta non soltanto ai soggetti privati ma anche ai soggetti pubblici, come ritenuto con riferimento alla pubblica amministrazione da Cons. Stato, 16 luglio 2015, n. 3571, in *www.ilcaso.it.*

va la dizione «tipico» e, per contrapposizione, «atipico», ma presentava l'alternativa tra «contratto nominato» e «contratto innominato», ritenendosi il «contratto nominato» corrispondente, oggi, al «contratto tipico» e il «contratto innominato» al «contratto atipico». L'idea del contratto nominato traduce la logica del *nomen iuris* e, quindi, dell'individuazione della fattispecie contrattuale a cui il legislatore ha riservato uno specifico trattamento riassunto nel *nomen iuris* di riferimento. Al contrario, l'operazione che non è stata individuata con uno specifico *nomen iuris* da parte dell'ordinamento è qualificata come «innominata» o, diciamo oggi, «atipica».

Quanto alle tre dizioni sopra menzionate, il tipo legale corrisponde all'espressione normativa «tipi aventi una disciplina particolare». Esso rappresenta dunque schema preordinato dall'ordinamento a soddisfare interessi positivamente valutati *ex ante*, in sede dunque di predisposizione di uno schema generale e astratto. Tutti i cosiddetti contratti tipici (legali), cioè tutti quelli che hanno un *nomen iuris* in quanto (per l'appunto) nominati ma che nel contempo sono stati tipizzati dal legislatore come tipi legali, rispondono esattamente a questo modello organizzativo dal quale traggono origine, fondato sulla logica dell'economico. Quando, pertanto, il codice civile utilizza l'espressione «tipi aventi una disciplina particolare» vuole significare l'esistenza di uno schema predisposto dall'ordinamento per soddisfare interessi che hanno rilevanza economica, alla cui disciplina sono preordinate regole date, onde risolvere certi specifici ordini di problemi. Diverso è il tipo sociale, che non è oggetto di una apposita regolamentazione normativa, nella misura in cui non risponde a quel percorso che porta alla formalizzazione del tipo legale (l'assunzione cioè di uno schema con una disciplina particolare che ha carattere generale e di dettaglio). Si tratta, in buona sostanza, di una operazione che ha trovato un riscontro frequente nella prassi economica; un tipo quindi a rilevanza sociale (perché di diffusa affermazione) le cui regole sono rinvenibili nella prassi dei privati (come accaduto, almeno sino ad un certo tempo, come rilevato in precedenza, per la locazione finanziaria). In termini ancora differenti si pone il tipo giurisprudenziale, cioè quella operazione contrattuale che certamente non ha, in quanto tale, un riconoscimento normativo specifico come tipo legale, ma non presenta altresì una prassi consolidata (magari a livello interno, anche se diffuso nella prassi internazionale della contrattazione) che ne consenta la legittimazione come tipo sociale; esso tuttavia è stato già oggetto di interventi della giurisprudenza che in qualche modo (anche a prescindere dalle risultanze della prassi) ne ha legittimato la relativa applicazione, ottenendo così per via giurisprudenziale una propria «tipicità» (come avvenuto, almeno originariamente, per il contratto autonomo di garanzia o, più in generale, per le cosiddette garanzie autonome) [(70)].

Lo stesso contratto tipico può poi articolarsi, come già in precedenza evidenziato, in sottotipi, espressioni di varianti che non intaccano il relativo nucleo fondamentale ma possono essere oggetto di una propria (distinta) regolamentazione [(71)]. È questo il caso (per esemplificare) di due contratti tipici per eccellenza, ossia la vendita (il prototipo dello scambio ai fini del trasferimento in titolarità) e la locazione (il prototipo dello scambio ai fini della concessione in godimento). Il contratto di vendita è destinatario nel sistema del codice civile di una disciplina variamente ordinata per sezioni (ben quattro). La sezione prima riguarda le cosiddette disposizioni generali, a propria volta articolata in diverse sottosezioni (complessivamente dall'art. 1470 c.c. all'art. 1509 c.c.). Si tratta di regole sempre valevoli a meno che l'ordinamento disponga, per ragioni particolari, diversamente; regole dunque che dettano gli effetti, le obbligazioni, l'inserimento di clausole particolari ad opera delle parti (ad esempio il patto di riscatto). La sezione seconda è dedicata alla vendita di cose mobili (artt. 1510-1519 c.c.), al cui interno il legislatore aveva introdotto, nel 2002, una trattazione specifica della vendita di beni di consumo (artt. 1519 *bis*-1519 *nonies* c.c.), confluita poi nel d.lgs. n. 206/2005. Segue la sezione terza, dedicata alla vendita di cose immobili (artt. 1537-1541 c.c.) e, infine, la sezione quarta, dedicata alla vendita di eredità (artt. 1542-1547 c.c.). Ovviamente, siamo sempre in presenza di un contratto di vendita, sia che esso abbia ad oggetto cose mobili, cose immobili o eredità (quale complesso di cose, ossia in termini di *universitas*). La relativa funzione, ossia la causa, rimane eguale, assicurare cioè la titolarità di un bene (o di un complesso di beni/situazione giuridiche, come per l'eredità) a fronte di un corrispettivo in danaro. Altrettanto

---

(70) Per un quadro di insieme sui rapporti tra garanzie personali del credito di matrice codicistica (segnatamente il contratto di fideiussione) e le nuove forme di garanzie personali (cosiddette autonome) v., *supra*, parte I, cap. IV.

(71) Si segue e si sviluppa il percorso tracciato da V. ROPPO, *Il contratto*^{2}, cit., p. 403 ss.

ovviamente, alla diversità dell'oggetto corrisponde una possibile distinta regolamentazione di rilievo (si pensi al tema della forma del contratto o della relativa pubblicità). Peraltro, anche con riferimento alla stessa (sotto-articolata) tipologia di vendita, ad esempio avente ad oggetto beni mobili, differenti sono le regole in ragione del tipo di bene mobile (dunque dell'oggetto) ma anche di coloro che rivestono la qualità di parti (dunque dei soggetti); emblematico, sotto questo profilo, il riferimento alla disciplina consumeristica. Ma anche rispetto ai beni immobili è possibile rilevare una ulteriore sotto-articolazione in termini di corrispondente disciplina, potendosi fare riferimento agli immobili in corso di costruzione e al correlativo contratto di vendita, oggetto della particolare disciplina contenuta nel decreto legislativo 20 giugno 2005, n. 122, recante disposizioni per la tutela dei diritti patrimoniali degli acquirenti di immobili da costruire, a norma della legge 2 agosto 2004, n. 210, oggi peraltro integrata da talune disposizioni, immediatamente vigenti, del codice della crisi di impresa e dell'insolvenza, contenute nel decreto legislativo 12 gennaio 2019, n. 14, emanato in attuazione della legge delega 19 ottobre 2017, n. 155. Il nostro ordinamento, pertanto, conosce certamente un tipo legale vendita, ma conosce anche dei sottotipi, intesi come articolazioni settoriali o varianti, destinatarie di regole specifiche (contenute o meno nel codice civile).

Discorso analogo può essere fatto con riguardo al contratto di locazione, rispetto al quale abbiamo disposizioni generali (artt. 1571-1606 c.c.), costituenti la sezione prima; la disciplina della locazione di fondi urbani, a cui è dedicata la sezione seconda (artt. 1607-1614 c.c.); infine, la regolamentazione dell'affitto, quale locazione di un bene produttivo, contenuta nella sezione terza (artt. 1615-1654 c.c.). Anche in questo caso la differenziazione operata attiene alla tipologia di beni, se cioè i fondi siano urbani o meno, ossia rurali. Peraltro, l'attuale regolamentazione della locazione di fondi urbani è rinvenibile non tanto nel codice civile quanto nella legislazione speciale, cioè nella disciplina speciale di locazione di immobili urbani ad uso abitativo o non abitativo. Il riferimento, già in precedenza richiamato, è alla prima legge organica al riguardo, ossia la l. n. 392/1978 (in disparte la successiva disciplina di cui alla l. n. 431/1998). Anche in questo caso la tipologia di bene, in ragione della relativa destinazione, ha determinato l'introduzione di regole diverse. Basti pensare, in merito, alla durata del rapporto, diversificata nella disciplina della l. n. 392/1978 se l'immobile è a uso abitativo o meno, atteso che nel primo caso si prevede una durata minima di quattro anni, mentre se l'immobile è destinato a un uso non abitativo-commerciale la durata minima è sei anni, che diventano poi nove se la struttura immobiliare è destinata ad attività alberghiera. Così come pure appare diversamente operante il diritto di preferenza (legale) del conduttore all'acquisto del bene in godimento nel caso in cui il titolare locatore voglia alienarlo, discutendosi (se l'immobile è a uso abitativo) di prelazione abitativa o (se è a uso non abitativo) di prelazione urbana. Un tipo (legale) di operazione contrattuale che dunque si articola diversamente in ragione della specificità degli interessi sottesi.

A fronte della evidenziata possibilità di sottotipi contrattuali il contratto tipico può essere individuato attraverso specifici e propri tratti caratterizzanti, dunque elementi che ne costituiscono l'indefettibile senso. In merito l'interrogativo concerne il risultato al quale si perviene allorché le parti, valendosi della libera determinazione del contenuto contrattuale, introducono clausole la cui compatibilità con il tipo legale deve essere oggetto di apposita verifica. Laddove la risposta a tale interrogativo sia negativa occorre ulteriormente chiedersi, atteso che l'operazione così compiuta implica la non corrispondenza all'originario tipo legale, se, essendo dallo stesso usciti, si è transitati in un'operazione atipica, la quale deve formare oggetto del predisposto controllo normativo (art. 1322, comma 2, c.c.).

Al fine di compiere questo percorso ricostruttivo occorre preliminarmente individuare i tratti caratterizzanti il contratto tipico (72). Al riguardo può rilevarsi che la relativa definizione appare stringente quando si riferisce a tutti gli elementi che compongono il relativo, specifico contenuto, ossia la prestazione. Quest'ultima, infatti, forma oggetto dell'obbligazione e deve essere suscettibile di valutazione economica, corrispondendovi (nella ordinaria logica del contratto come atto di scambio, quantunque non necessariamente) la controprestazione, che (a sua volta) può essere ulteriormente specificabile e specificata da parte dell'ordinamento, assegnando così al tipo legale un tratto stringente e più rigido. Diversamente, la definizione è meno stringente e fornisce un tipo legale maggiormente elastico e, dunque, duttile alle (varianti) de-

---

(72) Indicazioni in V. ROPPO, *Il contratto*^{2}, cit., p. 397 ss., da cui vengono mutuati anche gli esempi riportati in testo.

terminazioni contenutistiche delle parti. Questo tipo di prospettiva trova effettivamente riscontro attraverso la verifica dello schema organizzativo tipico-legale, consentendo di selezionare i tratti caratterizzanti il singolo tipo contrattuale, onde poi differenziarlo dagli altri tipi legali.

Un primo tipo di esempio è fornito dalla vendita, contratto che, ai sensi dell'art. 1470 c.c. «ha per oggetto il trasferimento della proprietà di una cosa o il trasferimento di un altro diritto verso il corrispettivo di un prezzo». Quantunque la dizione di «oggetto» sia in qualche modo impropria perché il trasferimento non è un oggetto, ma piuttosto un effetto, è possibile individuare i tratti caratterizzanti, in puntuale corrispondenza al modello di analisi in precedenza riferito. Nell'ipotesi indagata, infatti, sono certamente sussistenti prestazione, controprestazione e particolare qualificazione di questa controprestazione.

Più specificamente, la prestazione in capo al venditore consiste nell'assicurare l'effetto giuridico traslativo, cioè l'attribuzione in titolarità; la controprestazione in capo al compratore si caratterizza per un corrispettivo, che però non è di natura generica e fungibile, dunque non una controprestazione generica ma una controprestazione specifica, ossia un corrispettivo consistente in un prezzo quale somma di danaro. Già questa descrizione consente di ravvisare nel contratto di vendita un tipo rigido, caratterizzato dunque da una assoluta assenza di elasticità. In tal senso, infatti, va rilevato che la variazione di un elemento, ad esempio il trasferimento di un altro bene al posto del corrispettivo in danaro, ossia il prezzo, determina l'uscita dal tipo, approdandosi nel caso di specie al contratto di permuta, che realizza uno scambio reciproco di titolarità di beni. Il contratto dunque è rigido nella misura in cui si presenta, dal punto di vista normativo, come operazione ad altissima definizione.

Un secondo tipo di esempio è dato, invece, dal contratto di locazione, con il quale, ai sensi dell'art. 1571 c.c., «una parte si obbliga a far godere all'altra una cosa mobile o immobile per un dato tempo, verso un determinato corrispettivo». Si può al riguardo notare il tratto differenziale rispetto alla vendita, considerato che il «determinato corrispettivo» non è indicato in termini di prezzo, non avendo peraltro una precisa e puntuale definizione normativa. In questo caso, allora, non siamo in presenza di un tipo a elevatissima definizione, così come la vendita, a differenza della quale (presente e individuata la prestazione, quale concessione in godimento di un bene, mobile o immobile; presente e individuata la controprestazione, ossia un determinato corrispettivo) non risulta la caratterizzazione specifica anche della controprestazione, qui indicata in maniera generica.

Laddove, dunque, come pare possibile, sia dedotto come corrispettivo del ricevuto godimento del bene immobile l'impegno del conduttore a ristrutturarlo (sulla base altresì di apposito capitolato allegato al contratto), ci si pone l'interrogativo se si tratti o meno di un contratto di locazione [(73)]. Certo, la dizione «determinato corrispettivo» trova poi specificazione, in particolare (ma non solo) nella legislazione speciale, nella previsione di un canone, dunque in una corresponsione (ordinariamente, ma non necessariamente, periodica), costituita da una somma di danaro (emblematico è il caso dell'equo canone di cui alla l. n. 392/1978). Nulla tuttavia sembrerebbe escludere, volendo pure mettere di canto ipotesi che *ex lege* paiono non potere prescindere dalla prestazione in denaro, che, avendo la ristrutturazione un costo economico, la relativa entità possa rappresentare la corrispondente determinazione del canone locativo (anche per l'intera durata del rapporto).

Non occorre poi peraltro trascurare, nel complesso della conclusa operazione, che in capo al conduttore viene a determinarsi un'attività il cui svolgimento (presumibilmente a opera di altri, pertanto non in via diretta, ma certamente imputabile al conduttore in termini di responsabilità nascente dal rapporto locativo) replica la logica dell'appalto, con tutte le conseguenze che ne derivano in ordine al risultato (laddove non felice) di alcune opere realizzate. Proprio in ragione della dedotta prestazione può ritenersi la sussistenza, nel caso di specie, di un «contratto misto», in cui cioè confluiscono prestazioni afferenti, in via originaria, a

---

[(73)] Esclude la possibilità che il corrispettivo possa consistere anche in una prestazione non pecuniaria, concretante una qualsivoglia utilità economicamente valutabile, F. TRIFONE, *La locazione: disposizioni generali e locazioni di fondi urbani*, in *Trattato di diritto privato*, diretto da P. Rescigno, 11, Torino, 1984, p. 487, pur rappresentando l'esistenza di giurisprudenza di segno contrario (*ivi*, nt. 27); più di recente S. GIOVE, *Della locazione*, in *Commentario del codice civile*, diretto da E. Gabrielli, *Dei singoli contratti*, a cura di D. Valentino, *(Artt. 1548-1654)*, Torino, 2011, *sub* art. 1571, p. 277, rilevando che «occorre risalire a precedenti datati per identificare casi di una qualche importanza con canoni diversi dal denaro» e *ivi*, nt. 16, richiama l'ipotesi dell'onere di una ristrutturazione (sia pure manifestando la sussistenza di qualche particolare problema *ex* l. n. 431/1998 per i profili fiscali).

diversi tipi contrattuali, messe insieme dalle parti per soddisfare un assetto d'interessi che, in quanto tale, determina una particolare articolazione del tipo contrattuale, con i connessi problemi di disciplina applicabile (74).

Un terzo tipo di esempio può essere rappresentato, infine, dal contratto di mandato, con il quale, ai sensi dell'art. 1703 c.c., «una parte si obbliga a compiere uno o più atti giuridici per conto dell'altra». Si tratta, come riscontrabile testualmente nella definizione normativa, di un'operazione negoziale rispetto alla quale il legislatore ha tipizzato solamente la prestazione a carico del mandatario, obbligato a compiere uno o più atti giuridici per conto del mandante che lo ha incaricato. Nulla il legislatore dice invece sul versante della controprestazione. Da quest'ultimo punto di vista il mandato potrebbe non tradurre alcun rapporto sinallagmatico, cioè a prestazioni corrispettive, trattandosi di una eventualità possibile anche dal punto di vista normativo, atteso che l'art. 1709 c.c. stabilisce la presunzione di onerosità del mandato; il che non ne esclude, dunque, la possibile convenzionale gratuità (75). Pertanto, non sussiste una specifica determinazione del tipo di controprestazione, che peraltro potrebbe anche mancare, rendendo così l'operazione assolutamente non rigida e, di più, flessibile, a differenza delle prime due (vendita e locazione).

---

(74) Cenni al riguardo in D. CARUSI, *La disciplina della causa*, in *I contratti in generale*, I, a cura di E. Gabrielli, in *Trattato dei contratti*, diretto da P. Rescigno, Torino, 1999, p. 546 ss.; sul tema dei contratti misti, diffusamente, L. RICCA, *Contratto e rapporto nella permuta atipica*, Milano, 1974, p. 221 ss. Quanto, poi, alla specifica questione esposta in testo, relativamente alla configurazione giuridica del contratto concluso dalle parti, può richiamarsi la ritenuta alternativa tra la possibile prevalenza della causa locatizia o di quella (diversa) della prestazione d'opera, rinvenendosi in R. CALVO, *Caratteri e requisiti*, in *La locazione*, a cura di V. Cuffaro, Bologna, 2009, p. 56, il riferimento alla decisione di Cass., 29 dicembre 1998, n. 12871, in *Giust. civ.*, 1999, I, p. 3051, con nota di L. D'ARCANGELO, *Lavoro subordinato e obbligo di custodia*, che ha considerato quale contratto atipico (escludendo, dunque, la locazione) la relazione negoziale che prevedeva il godimento di un alloggio in un'area a parcheggio, a fronte dell'attività di verifica degli ingressi e delle uscite delle automobili unitamente all'incasso dei relativi corrispettivi.

(75) Sul punto G. DI ROSA, *Il mandato come tipo contrattuale: contenuto ed effetti dell'attività gestoria*, in V. ROPPO, *Trattato dei contratti*, III, *Opere e servizi*, 1, Milano, 2014, p. 761 ss.

8. *Meritevolezza degli interessi e contratto atipico*

Dall'analisi dei riferimenti normativi forniti è dunque possibile ricavare la maggiore o minore propensione alla variazione del tipo negoziale. Dunque, quanto più il tipo legale è rigido, tanto meno esso è modificabile; così come pure, quanto più il tipo legale è meno rigido, tanto più esso risulta disponibile dalle parti contraenti. Laddove, in ogni caso, sia intervenuta una variazione essenziale del tipo (rigido o meno), e non sia riscontrabile diverso contratto (egualmente) tipico, deve prendersi atto dell'avvenuto transito da un'operazione tipica, perché legalmente tipizzata, a un'operazione atipica, in quanto difforme dallo schema normativamente predisposto. L'eventuale passaggio al contratto atipico, così come del resto la autonoma predisposizione ad opera delle parti di un modello già in sé diverso da quello tipico, pone il problema (tradotto nel disposto contenuto nell'art. 1322, comma 2, c.c.) della meritevolezza degli interessi perseguiti con la approntata operazione negoziale.

La formula indicata traduce, come noto, il filtro d'ingresso, predisposto dal legislatore, del contratto atipico all'interno dell'ordinamento, ossia la clausola di salvaguardia attraverso cui il legislatore esercita il proprio controllo sulla operazione non conosciuta, ma mostra altresì la stretta correlazione con la nozione di causa [(76)]. In termini più analitici e puntuali può rilevarsi che il previsto perseguimento di interessi meritevoli di tutela introduce, accanto ai tradizionali limiti negativi dell'autonomia privata (art. 1322, comma 1, c.c.), una clausola di utilità sociale, intesa come limite positivo dell'autonomia privata, richiedendo-

---

(76) Diffusamente sul punto M. BARCELLONA, *Della causa. Il contratto e la circolazione della ricchezza*, Padova, 2015, p. 59 ss., il quale rileva, commentando in particolare la scelta operata con l'introduzione dell'art. 1322, comma 2, c.c., che «la necessità di una "causa idonea", tradotta nel requisito della sua "meritevolezza" (che sintetizzava i due commi dell'art. 183) veniva sancita come limite generale dell'autonomia privata, veniva universalizzata nel parametro dell'«ordinamento giuridico» che, però, pacificamente (e correttamente) doveva ritenersi inclusivo dei principi dell'economia corporativa e resa operativa tutte le volte in cui i contraenti si fossero discostati dai «tipi aventi una disciplina particolare» (evidentemente, anche quando, modificandone il contenuto, avessero "abusato" della loro funzione)». Di rilievo, altresì, U. BRECCIA, *Causa*, in *Il contratto in generale*, III, in *Trattato di diritto privato*, diretto da M. Bessone, XIII, Torino, 1999, p. 89 ss.

si cioè la positiva rispondenza del contratto agli interessi generali della società [77]. Si tratta, in buona sostanza, di verificare che il fine intrinseco del contratto sia socialmente apprezzabile e, come tale, meritevole di tutela giuridica (art. 1322, comma 2, c.c.). In concreto, tuttavia, i giudici non scendono a comparare gli interessi perseguiti dalle parti con l'intero quadro degli interessi garantiti, promossi o favoriti dal sistema, essendosi rilevato, in questo contesto, la sostanziale inoperatività della formula del controllo di meritevolezza [78]. Non sembra però contestabile, in termini generali, che attraverso l'introduzione di simile criterio venga riconosciuto un controllo giudiziario sull'uso che i privati fanno della propria autonomia contrattuale; un controllo pertanto esercitato non solo in senso negativo, in termini cioè di illiceità, ossia di contrarietà a norme imperative, ordine pubblico e buon costume (art. 1343 c.c.), ma altresì in senso positivo, al fine cioè di vagliare la rispondenza dell'operazione economica a interessi meritevoli di tutela [79].

In verità la rilevata autonomia della meritevolezza dell'interesse perseguito (sia pure nel particolare contesto storico e ideologico – dirigista – del momento) rispetto alle norme imperative, l'ordine pubblico e il buon costume, ossia il giudizio di (il)liceità, sembra trasparire dalle indicazioni contenute nella Relazione al Re (di accompagnamento al codice civile), laddove si afferma (tra l'altro) che in tema di autonomia contrattuale l'ordine giuridico non può «apprestare protezione al mero capriccio individuale, ma a funzioni utili che abbiano una rilevanza sociale e, come tali, meritino di essere tutelate dal diritto» (n. 603).

Ora, rispetto all'interpretazione che dell'art. 1322 c.c., norma introdotta dal legislatore del 1942, è stata offerta, in particolare del comma

---

[77] Ne riferisce, all'interno di una accurata disamina storico-ricostruttiva, A. GUARNERI, *Meritevolezza dell'interesse*, in *Dig. disc. priv. (sez. civ.)*, XI, Torino, 1994, p. 324 ss.; ID., *Il contratto immeritevole e il rasoio di Occam*, in *Nuova giur. civ. comm.*, 2018, I, p. 253 ss.; ID., *Meritevolezza dell'interesse*, in *Dig. disc. priv. (sez. civ.)*, Agg., XI, Torino, 2018, p. 341 ss.

[78] In merito P. RESCIGNO, *Note sulla atipicità contrattuale (a proposito di integrazione dei mercati e nuovi contratti di impresa)*, in *Contr. e impr.*, 1990, p. 43 ss.

[79] Si tratta del pensiero di F. GALGANO, *Il negozio giuridico*², in *Trattato di diritto civile e commerciale*, già diretto da A. Cicu, F. Messineo, Luigi Mengoni e continuato da P. Schlesinger, Milano, 2002, p. 44 ss., rinvenendo nella formula normativa il generale requisito (di validità) dei contratti che è la causa.

2, si possono distinguere dal punto di vista temporale due fasi. Deve peraltro preliminarmente avvertirsi che la spiegazione fornita dalla Relazione al Re sembra avere integralmente recepito l'impostazione di autorevole dottrina quanto all'esigenza di sottoporre la regola contrattuale a un controllo in termini di utilità sociale ed economica, intesa come assenza di futilità, ossia di ogni caratterizzazione soggettiva e personale [(80)]. Più precisamente, è possibile individuare una prima fase, subito dopo l'introduzione del codice civile, di carattere sostanzialmente abrogativo (sino intorno al 1960), ritenendosi che il controllo della meritevolezza degli interessi perseguiti (in considerazione della funzione sociale che il contratto deve assumere, alla stregua di altri istituti del diritto privato, ad esempio la proprietà) non diverga da quello di liceità dell'operazione, ossia non contrarietà alla legge, all'ordine pubblico e al buon costume. In questa prospettiva interpretativa l'art. 1322, comma 2, c.c. rappresenterebbe una sorta di doppione dell'art. 1343 c.c. [(81)], richiedendosene, altresì, la disapplicazione per violazione del principio di eguaglianza con riferimento ai contratti sottoposti al diritto internazionale privato (a cui riferire il solo limite dell'ordine pubblico) e ai contratti stipulati in Italia (a cui riferire anche il limite dell'art. 1322, comma 2, c.c.) [(82)].

In una seconda fase, successiva, nel contesto di una nuova valorizzazione delle clausole generali, si assiste al ritorno alla teoria della funzione economico-sociale del contratto (si è negli anni successivi al 1960), propugnandosi l'autonomia del giudizio di meritevolezza degli interessi *ex* art. 1322, comma 2, c.c. rispetto al giudizio di liceità (della causa) *ex* art. 1343 c.c. [(83)]. Non mancano, in verità, voci fuori dal coro, che ritengono assimilabile controllo di meritevolezza e controllo di liceità, nel senso, cioè, che meritevolezza degli interessi significhi conformità degli

---

[(80)] In tema, già, E. BETTI, *Teoria generale del negozio giuridico*, ristampa corretta della II edizione, con introduzione di G.B. Ferri, a cura di G. Crifò, Napoli, 1994, p. 101 ss.

[(81)] Il riferimento è al pensiero di G. STOLFI, *Teoria del negozio giuridico*, Padova, 1947, p. 29, nt. 1 e G. GORLA, *Il contratto. Problemi fondamentali trattati con il metodo comparativo e casistico*, I, *Lineamenti generali*, Milano, 1954, p. 199 ss. e spec. p. 203.

[(82)] In tal senso G. STOLFI, *Teoria del negozio giuridico*, loc. ult. cit.

[(83)] Diffusamente al riguardo P. BARCELLONA, *Intervento statale e autonomia privata nella disciplina dei rapporti economici*, Milano, 1969, p. 220 ss.

interessi medesimi ai criteri stabiliti dall'ordinamento giuridico, in una sorta di coincidenza tra l'interesse non meritevole e l'interesse proibito[84]. Secondo quest'ultima ricostruzione, tuttavia, si assisterebbe a una sorta di integrazione (e non duplicazione) tra il disposto dell'art. 1322 c.c. e il disposto dell'art. 1343 c.c., dal momento che il primo affermerebbe l'esigenza di meritevolezza e il secondo individuerebbe i criteri di questa meritevolezza[85].

Peraltro, proprio nel contesto di questa contrapposizione, sembra riemergere il tentativo di assegnare alle disposizioni in esame compiti e ruoli differenti, nel senso che esse sarebbero rivolte a tutelare interessi diversi, ossia quello dell'ordinamento attraverso il giudizio di liceità (la non contrarietà a norme imperative, all'ordine pubblico e al buon costume *ex* art. 1343 c.c.) e quello dei privati attraverso il giudizio di meritevolezza *ex* art. 1322, comma 2, c.c. Si rappresenta, cioè, una distinzione tra il giudizio che attiene al tipo di regolamento e quello che attiene alla causa, rispettivamente giudizio di liceità e giudizio di meritevolezza[86]. Quest'ultimo, in buona sostanza, si risolverebbe in un giudizio di esistenza dello schema privato, ossia della astratta possibilità della giuridicizzazione del vincolo, non nel senso della riconosciuta assenza di futilità, ma solo in quanto l'inidoneità regolamentare deriverebbe (non tanto dalla mancanza di utilità sociale, quanto piuttosto) dalla mancanza di una volontà giuridica seria e reale[87].

---

[84] Per simili posizioni G.B. FERRI, *Meritevolezza dell'interesse e utilità sociale*, ora in *Saggi di diritto civile*[2], ristampa riveduta e corretta, Rimini, 1994, p. 405 ss. e spec. p. 411 ss., rilevandosi, anzitutto, che «Il problema dell'individuazione dei criteri di meritevolezza dell'interesse che i contraenti intendono realizzare mediante il contratto è indubbiamente il problema centrale del concetto di autonomia privata. In esso, infatti, va ricercata l'essenza stessa della causa del contratto» (p. 411 s.); altresì R. SACCO, *La elaborazione degli effetti contrattuali. La qualificazione*, in R. SACCO-G. DE NOVA, *Il contratto*, II, in *Trattato di diritto civile*, diretto da R. Sacco, Torino, 1993, p. 445 ss., sia pure in prospettiva particolare volta a evidenziare la peculiare rilevanza della nozione di interesse e, in buona sostanza, a «salvare» il disposto dell'art. 1322, comma 2, c.c.

[85] In tal senso G.B. FERRI, *Ancora in tema di meritevolezza dell'interesse*, ora in *Saggi di diritto civile*[2], ristampa riveduta e corretta, Rimini, 1994, p. 423 ss. e spec. p. 430 ss.

[86] Si tratta del pensiero di F. GAZZONI, *Atipicità del contratto, giuridicità del vincolo e funzionalizzazione degli interessi*, in *Riv. dir. civ.*, 1978, I, p. 52 ss.

[87] Ancora F. GAZZONI, *Atipicità del contratto*, cit., *passim*; in senso contrario G.B. FERRI, *Ancora in tema di meritevolezza*, cit., p. 430 ss., operando un distinguo tra la fa-

Ora, un esame dell'art. 1322, comma 2, c.c., e della clausola in esso contemplata, non può esimersi da un duplice ordine di valutazioni, che in buona sostanza, pertengono alle espressioni utilizzate e, correlativamente, all'ambito di operatività del disposto medesimo. In merito può allora rilevarsi che dall'analisi del disposto dell'art. 1322, comma 2, c.c. si ricava, anzitutto, quantunque tale ordine di valutazioni sia decisamente contrastato [88], che la necessità del controllo della corrispondenza del contratto a funzioni utili di rilevanza sociale, è inutile per gli schemi tipici in cui è già stato effettuato il controllo preventivo circa la rispondenza del tipo di rapporto alle finalità tutelate [89]. Il che non esclude, ovviamente, la valutazione in concreto dell'operazione tipica in ordine al rispetto dei limiti di legge *ex* art. 1343 c.c. e l'eventuale successivo giudizio di nullità *ex* art. 1418 c.c. In questo senso è sufficiente richiamare quanto affermato nella Relazione al Re a giustificazione della regola dedotta nell'art. 1322, comma 2, c.c., ove si precisa, in particolare, che «L'autonomia privata non è limitata ai tipi di contratto regolati dal codice, ma può spaziare in una più vasta orbita, se il risultato pratico che i soggetti si propongono di perseguire sia ammesso dalla *coscienza civile e politica, dall'economia nazionale, dal buon costume e dall'ordine pubblico*» (art. 152, comma 2). Correlativamente, con riferimento alla causa del contratto, si sottolinea che essa «rappresenta la funzione economico-sociale che il diritto riconosce rilevante ai suoi fini e sola giustifica la tutela dell'autonomia privata. Tale funzione, pertanto, non solo deve essere conforme ai precetti di legge, all'ordine pubblico e al buon costume, ma anche per i riflessi diffusi dall'art. 1322, secondo comma, rispondente alla necessità che il fine intrinseco del contratto sia socialmente apprezzabile e come tale meritevole della tutela giuridica» (art. 613).

---

se, precedente, della rilevanza (che traduce un problema autonomo e diverso di constatazione della oggettivazione degli interessi e della relativa regolamentazione) e la fase, successiva, della meritevolezza dell'interesse (che traduce un problema a sé stante e distinto di conformità degli interessi ai criteri di valutazione della meritevolezza fissati dal legislatore).

[88] Al riguardo G.B. FERRI, *Ancora in tema di meritevolezza*, cit., p. 436 ss. e spec. p. 438, distinguendo tra momento organizzativo e momento valutativo, entrambi compresenti e necessari per qualsiasi tipo di operazione negoziale, tipica o atipica.

[89] In merito R. SACCO, *La elaborazione degli effetti contrattuali*, cit., p. 445 ss.

Non sembra pertanto doversi dubitare del percorso argomentativo che, al fine di salvaguardare il distinto operare delle due disposizioni prese in esame, ritiene che occuparsi del riconoscimento del perseguimento di fini che hanno in astratto la loro rilevanza sociale, e che dunque giustificano la relativa funzione dell'operazione contrattuale (art. 1322, comma 2, c.c.), ossia la causa specifica, è cosa ben diversa dall'individuare la eventuale illiceità della stessa (art. 1343 c.c.). In altri termini, giudizio di meritevolezza e giudizio di liceità stanno su piani distinti, in ragione del diverso tipo di controllo predisposto dall'ordinamento, rispettivamente, per il contratto tipico rispetto al contratto atipico. Per quest'ultimo, infatti, si pone un doppio ordine di controlli, ossia un previo giudizio di meritevolezza e poi, in concreto, la successiva verifica della liceità o della illiceità dell'operazione posta in essere dalle parti nel contesto della riconosciuta autonomia contrattuale.

Quanto, invece, al contratto tipico, la meritevolezza sarebbe già stata assicurata, per così dire, a monte dall'ordinamento al momento della tipizzazione dello schema legale, impregiudicato ovviamente il giudizio di (il)liceità in concreto. Mentre dunque nel contratto tipico la causa riceve riconoscimento diretto dalla legge, nel contratto atipico tale riconoscimento è soltanto indiretto, attraverso cioè la riconosciuta possibilità per i privati di concludere contratti differenti da quelli aventi disciplina particolare (art. 1322, comma 2, c.c.). Questo riconoscimento, peraltro, è doppiamente subordinato, come già rilevato, al rispetto delle condizioni di liceità e utilità (ossia non capricciosità e futilità) del contratto medesimo. Sotto questo profilo, cioè, mentre nella previsione legislativa specifica di un tipo negoziale è implicito un giudizio (positivo) di liceità e utilità del tipo di operazione negoziale (90), i contratti atipici sono sottoposti ad una doppia griglia di controlli, ossia il giudizio di meritevolezza degli interessi perseguiti (in cui si annidérebbe il concetto – e il riconoscimento – di causa dei contratti atipici) e il giudizio di liceità e di conformità (della causa o, meglio, dell'operazione in sé considerata sotto il profilo dei limiti indicati nell'art. 1322, comma 1, c.c.) (91). Il primo giudizio atterrebbe alla rilevanza della causa, ossia la non violazione di diritti individuali costituzionalmente protetti e la sussistenza di interessi economici oggettivamen-

---

(90) Indicazioni in questa direzione in P. TRIMARCHI, *Istituzioni di diritto privato*[23], Milano, 2020, p. 199.

(91) Richiama tale ricostruzione C. TURCO, *Diritto civile*, Torino, 2014, p. 409.

te seri; il secondo, invece, riguarderebbe il contenuto, al di là dello schema astratto utilizzato, valutabile in termini di non negatività rispetto alle regole fondamentali (norme imperative, ordine pubblico, buon costume). Diversamente, ossia ritenendo che il richiamo agli interessi meritevoli di tutela abbia la funzione di ricondurre a unità l'idea della non illiceità dell'operazione (artt. 1343 ss. c.c.), l'interesse non meritevole di tutela diventerebbe l'interesse illecito o proibito.

Occorre infine mettere in evidenza che, nonostante le originarie posizioni di segno contrario di cui si è dato conto, il legislatore, in tempi recenti, sembra avere confermato i successivi orientamenti indirizzati, come detto, ad assegnare al giudizio di meritevolezza degli interessi un autonomo ruolo, dotato di proprio senso. Ci si riferisce, più specificamente, all'introduzione, operata nel 2005, dell'art. 2645 *ter* c.c., a proposito dei cosiddetti atti di destinazione, negozi diretti cioè a realizzare interessi meritevoli di tutela riferibili a persone con disabilità, a pubbliche amministrazioni, o ad altri enti o persone fisiche. Tale tema è stato poi ripreso, facendo puntuale riferimento alla nuova previsione codicistica nel quadro delle ivi indicate tipologie di strumenti, dalla legge 22 giugno 2016, n. 112, recante disposizioni in materia di assistenza in favore delle persone con disabilità grave prive del sostegno familiare [92]. Allo stesso modo, su altro versante, è stata sottolineata l'affermazione di «un nuovo indirizzo giurisprudenziale rivolto ad una decisa rivalutazione del giudizio di meritevolezza degli interessi che le parti intendono realizzare mediante la conclusione di contratti non riconducibili ad alcuno degli schemi nominati e disciplinati dal Codice Civile» [93]; ciò, peraltro, in sostanziale controtendenza rispetto a quanto accaduto in passato, allorché si rilevava l'esiguità del numero (e la scarsa rilevanza) di decisioni al riguardo [94].

---

(92) Un efficace quadro è fornito, di recente, da A.C. DI LANDRO, *Destinazione patrimoniale a tutela dei soggetti deboli*, in *Il libro dell'anno del diritto*, Treccani *on line*, Roma, 2018.

(93) M. LAMICELA, *La riscoperta del giudizio di meritevolezza* ex *art. 1322, co. 2 c.c., tra squilibrio e irrazionalità dello scambio contrattuale*, in *Ricerche giuridiche*, 2016, p. 195, in apertura della trattazione relativa alla disamina delle applicazioni giudiziali in ordine ai contratti rivolti alla prestazione di servizi di investimento.

(94) In merito M. COSTANZA, *Meritevolezza degli interessi ed equilibrio contrattuale*, in *Contr. e impr.*, 1987, p. 423 ss.

9. *Autonomia contrattuale e attività di impresa. La tipizzazione (legale) del contratto di locazione finanziaria*

Appare del tutto ovvio come la possibilità per i privati di soddisfare interessi diversi da quelli tipizzati nello schema preordinato dal legislatore costituisca una significativa opportunità, in grado di adeguare lo strumento contrattuale alle mutate e sempre più diversificate esigenze economiche, ritenute peraltro meritevoli di tutela da parte dell'ordinamento. Un caso emblematico è rappresentato dal contratto di locazione finanziaria (meglio noto con il termine *leasing*), afferente (almeno in via originaria in maniera esclusiva) alla realtà imprenditoriale, di cui in precedenza si è già fatta menzione e la cui disamina può adesso, per quel che qui rileva, appropriatamente svolgersi quanto al percorso di compiuta affermazione nel nostro ordinamento [95]. Si ritiene peraltro al riguardo che abbia avuto sostanziale definizione il relativo processo di tipizzazione legale, a séguito, in particolare, degli interventi normativi di cui alle leggi 28 dicembre 2015, n. 208, recante disposizioni per la formazione del bilancio annuale e pluriennale dello Stato (legge di stabilità 2016), quanto al *leasing* immobiliare abitativo, e 4 agosto 2017, n. 124, recante legge annuale per il mercato e la concorrenza, in ordine alla locazione finanziaria in generale [96]; nonché a motivo della recente decisione della giurisprudenza di legittimità che, muovendo dalla rappresentata tipizzazione legale, riconosce la definizione e la disciplina di portata (per l'appunto) generale del contratto di *leasing* finanziario [97].

---

[95] La letteratura sul tema è, ovviamente, vastissima. Possono indicarsi, senza alcun tratto di esaustività, quanto al periodo più risalente, per tutti, G. DE NOVA, *Il contratto di leasing*, Milano, 1982, autore peraltro di numerosissimi e autorevoli contributi in materia; più di recente V. BUONOCORE, *La locazione finanziaria*, in *Trattato di diritto civile e commerciale*, già diretto da A. Cicu, F. Messineo, L. Mengoni e continuato da P. Schlesinger, Milano, 2008.

[96] Per un primo commento al riguardo, all'interno dell'indagato percorso di affermazione e sviluppo del contratto di *leasing*, G. DI ROSA, *La disciplina della locazione finanziaria nella prima legge annuale per il mercato e la concorrenza*, in *Contratti*, 2018, p. 215 ss.; *adde* E. LUCCHINI GUASTALLA, *Il contratto di* leasing finanziario *alla luce della legge n. 124/2017*, in *Nuova giur. civ. comm.*, 2019, II, p. 179 ss.; T. MAUCERI, *Risoluzione per inadempimento e contratto di* leasing, in *Contr. e impr.*, 2020, p. 1517 ss.

[97] Il riferimento è alla pronuncia di Corte di Cassazione, 29 marzo 2019, n. 8980, in *www.ilcaso.it*, con riguardo peraltro alla ritenuta applicazione analogica della novella e

Ora, può preliminarmente evidenziarsi che l'operazione in esame proviene dal modello di *common law* nordamericano, peraltro sviluppatasi nel settore immobiliare dei fondi rustici, rispetto al quale il *lessor* (concedente) è il soggetto che consente l'utilizzo dei fondi rustici al *lessee* (utilizzatore) che li riceve in godimento, a fronte del pagamento di un corrispettivo periodico. Le ragioni del successo nel nostro ordinamento sono eminentemente fiscali, visto il *favor* mostrato dal legislatore tributario nei confronti di questa tecnica negoziale, «dal momento che i primi (e, per certi versi, più significativi) interventi normativi risultano diretti, appunto, alla regolamentazione fiscale (agevolativa) del nuovo (atipico) assetto di interessi» (98). Più specificamente, si tratta di un'operazione attraverso la quale un soggetto, detto per l'appunto concedente (ordinariamente un operatore professionale del settore creditizio), assicura a un altro soggetto, detto utilizzatore (ordinariamente un imprenditore), il godimento di un bene (individuato e scelto dallo stesso utilizzatore) che ha carattere strumentale rispetto all'attività imprenditoriale esercitata da quest'ultimo, con riconosciuto diritto di opzione per l'acquisto finale del bene medesimo. A fronte del godimento concesso per un certo lasso temporale, il concedente riceve dall'utilizzatore dei pagamenti periodici, il primo dei quali di ammontare molto più consistente (cosiddetto maxi canone iniziale), a cui seguono canoni di importo eguale fino alla scadenza del contratto. La scadenza del contratto, poi, può essere caratterizzata da una possibile trilogia dell'epilogo contrattuale: a) estinzione del rapporto, con conseguente restituzione del bene da parte dell'utilizzatore al concedente; b) proroga o rinnovo del rapporto originario; c) esercizio da parte dell'utilizzatore della riconosciuta opzione per l'acquisto del bene di cui questi può diventare titolare con il pagamento di una somma molto esigua e predeterminata al momento della conclusione del contratto.

---

dei suoi principi ispiratori alla fattispecie oggetto della controversia, in assenza di una disciplina legislativa che regolasse i contratti di *leasing* pregressi; da ultimo, in senso contrario al ricorso all'analogia *legis*, Cass., Sez. Un., 28 gennaio 2021, n. 2061, *Nuova giur. civ. comm.*, 2021, I, p. 873 ss., con previo commento di M.S. MAISANO, *Le Sezioni Unite a tutela dell'intangibilità dei «fatti del passato»: il caso della locazione finanziaria*, *ivi*, p. 869 ss., che ha escluso comunque in ogni caso la possibilità in via interpretativa di un'applicazione retroattiva della l. n. 124/2017. Sullo specifico tema, in dottrina, T. MAUCERI, *Risoluzione per inadempimento e contratto di* leasing, cit., p. 1528 ss.

(98) G. DI ROSA, *Autonomia contrattuale e attività di impresa*, Torino, 2010, p. 13.

La verifica della novità e, dunque, della originaria atipicità dell'operazione contrattuale così descritta può avvenire attraverso una indagine in ordine al rapporto tra gli interessi concretamente in gioco, deputati a soddisfare un certo tipo di esigenze dei privati, e gli schemi approntati dal legislatore. In tal senso, cioè, laddove fosse rinvenibile uno schema tipico, idoneo dunque a soddisfare le esigenze rappresentate, non vi sarebbe certamente spazio per un negozio atipico. Da questo punto di vista già risalente giurisprudenza di legittimità aveva rilevato che il contratto di locazione finanziaria «integra un contratto atipico avente ad oggetto il trasferimento della disponibilità della cosa per un periodo di tempo determinato, e tendente ad esaurire le proprie finalità produttive e finanziarie nell'ambito del periodo stesso, la cui scadenza è caratterizzata dal quasi totale venir meno dell'utilità economica della cosa medesima. Peraltro, l'atipicità di tale contratto, e la circostanza che l'ordinamento prevede figure negoziali tipiche idonee ad assicurare finalità simili (locazione, mutuo, vendita con riserva di proprietà), non ostano a che il contratto stesso trovi tutela giuridica, quale espressione del principio dell'autonomia negoziale fissato dall'art. 1322 c.c., in considerazione della peculiarità e rilevanza degli interessi che esso persegue, specie con riferimento a soggetti muniti della qualità d'imprenditore, e ravvisabili nel reddito che una parte trae dall'investimento di capitali, in termini brevi e con garanzie obiettive, nonché nella possibilità dell'altra di acquisire la disponibilità di un bene senza l'immobilizzo dell'intera somma occorrente all'acquisto»[99].

In concreto appare dunque centrale la presenza di un soggetto imprenditore che ha necessità di beni strumentali all'espletamento dell'attività economica svolta o da intraprendere. Sul punto l'ordinamento già conosce schemi giuridici preordinati a soddisfare le esigenze dell'imprenditore a procurarsi la disponibilità di questi beni (è il caso della vendita e della locazione). La disamina dei modelli negoziali tipizzati, raffrontati alle specifiche esigenze imprenditoriali, mostra tuttavia la sostanziale inadeguatezza dei primi rispetto alle seconde. Può infatti ravvisarsi la meritevolezza dell'interesse perseguito attraverso la conclusione del contratto di locazione finanziaria nel soddisfacimento di pretese sicuramente in sintonia con il complessivo sistema economico ma non

---

[99] Cass., 28 ottobre 1983, n. 6390, in *Foro it.*, 1983, I, c. 2997.

realizzabili in forma negoziale tipica. La logica della locazione finanziaria è, infatti, quella di un'operazione che ha esclusivamente carattere di finanziamento (a favore dell'utilizzatore) e di speculazione (a favore del concedente). In tal senso l'utilizzatore, anziché accedere a un mutuo (schema legale tipizzato) per procurarsi la disponibilità economica necessaria ad assicurarsi l'acquisto del bene, ottiene un finanziamento indiretto da parte dello stesso concedente, il quale si rende acquirente del bene che poi concede in *leasing* allo stesso utilizzatore. Del resto, i soggetti che possono rivestire la qualità di concedenti sono soltanto quelli autorizzati dal legislatore e iscritti nell'apposito albo degli intermediari finanziari secondo quanto previsto dall'art. 106 decreto legislativo 1° settembre 1993, n. 385, recante il Testo unico delle leggi in materia bancaria e creditizia.

Si è dunque in presenza di un'operazione che servirà a remunerare il capitale che il concedente ha investito, maggiorato degli interessi, attraverso la forma del canone corrisposto secondo le convenute scadenze. Il contratto di locazione finanziaria indica dunque un complessivo assetto di interessi distinto sia dalla vendita sia dalla locazione. In questo senso già autorevole dottrina rilevava che l'operazione economica in esame «si colloca in qualche punto della zona intermedia fra quei due istituti che la tradizione giuridica dell'Europa continentale – e, quindi, in particolare la nostra – individua e qualifica, rispettivamente, come locazione e come vendita a rate con riserva della proprietà» [(100)].

Rispetto alla vendita ordinaria, infatti, viene escluso l'immobilizzo immediato di una disponibilità economica (necessaria per l'acquisto in via definitiva); mentre rispetto alla vendita a rate (o con riserva della proprietà) diversamente si pone l'eventuale momento acquisitivo della titolarità del bene, implicando comunque il medesimo ordine di rilievi quanto al tema dell'immobilizzazione della ricchezza (almeno nel suo assetto finale, considerata la prevista rateizzazione).

Rispetto, invece, alla locazione si evidenzia una peculiare caratterizzazione sia in termini soggettivi, essendo entrambe le parti contraenti professionisti di specifici, sia pure distinti, settori di impresa; sia in termini normativi, in considerazione della specifica attenzione agevolativa

---

[(100)] G. GABRIELLI, *Sulla funzione del leasing*, in *Riv. dir. civ.*, 1979, II, p 455; similmente, in precedenza, G. FERRARINI, *La locazione finanziaria*, Milano, 1977, p. 14.

da parte del legislatore fiscale, vuoi in termini di piano di ammortamento del bene in sede di bilancio della società, vuoi in sede di deducibilità dei canoni corrisposti da parte dell'utilizzatore; sia, infine, in termini oggettivi, in ragione della preordinata eventuale destinazione dei canoni a rappresentare eventuali quote di prezzo da contabilizzare in sede di possibile acquisto finale del bene. Del resto, secondo la stessa prima giurisprudenza di merito, «sotto l'aspetto economico, il *leasing* nasce come procedimento di finanziamento degli investimenti produttivi, fondandosi sulla considerazione di base che, ai fini della produzione industriale, determinante non è la proprietà degli impianti o dei macchinari, ma la loro disponibilità» (101).

Quanto, poi, ai recenti interventi normativi in precedenza richiamati e, specificamente, alla disciplina contenuta nella l. n. 124/2017, si è, in via di prima battuta, rilevato che «L'intervento del legislatore per il mercato e la concorrenza si colloca (...) all'interno di un particolare tipo di scelta normativa, caratterizzato dalla chiara volontà di individuare con una certa precisione soggetti, oggetto e funzione del contratto di locazione finanziaria; il tutto, peraltro, nel quadro di un disegno regolamentare destinato, per un verso, a prendere esplicita posizione su certi ordini di questioni, disinteressandosi tuttavia, per altro verso, di alcuni altri, affidati probabilmente a indirizzi ricostruttivi (anche giurisprudenziali) ormai consolidati oppure ad esiti interpretativi non sempre del tutto coerenti con la premessa definitoria, diretta cioè a descrivere (individuandola) la fattispecie negoziale» (102).

Ora, in ordine al risultato al quale perviene la nuova disciplina dal punto di vista della configurazione giuridica del contratto di *leasing* (*rectius*, locazione finanziaria), se cioè esso deve continuare a ritenersi atipico o meno, si evidenzia che «Un dato, tuttavia, appare non in discussione, nel senso che, pur dovendosi riconoscere il carattere identificativo di un certo modello contrattuale da parte della novella legislativa (peraltro conforme alla consolidata prassi negoziale), non può per ciò solo ritenersi concluso "il processo di emersione della tipicità legale (e quindi la identificazione dei cc.dd. contratti nominati) (che) prende solitamente le mosse dalla prassi del diritto degli affari e dei commerci

---

(101) Trib. Milano, 15 maggio 1978, in *Giur. merito*, 1979, p. 11.

(102) G. Di Rosa, *La disciplina della locazione finanziaria*, cit., p. 216.

(c.d. tipicità sociale) e, dopo una successiva elaborazione e affinamento, a volte anche ad opera della giurisprudenza (c.d. tipicità giurisprudenziale), il tipo viene individuato sul piano normativo" (103). La ragione è presto detta, al di là peraltro della effettiva valenza pratica che ciò possa avere nel caso di specie, considerata la permanente sussistenza (senza che su questo si sia avvertita l'esigenza di un intervento riordinatore) di tali e tanti svariati settori di utilizzo del contratto di locazione finanziaria (a cui in parte corrispondono correlative distinte regolamentazioni) da potere avanzare il fondato dubbio sulla effettiva organicità (e unitarietà complessiva) dei plurimi interventi normativi, idonei (al più) ad assicurare altrettante (plurime) parziali tipizzazioni normative. In merito, infatti, continuano a sussistere (in maniera del tutto corrispondente all'àmbito del settore di mercato di relativo utilizzo) diverse tipologie di contratto di locazione finanziaria (il *leasing*, appunto) (104), che si possono anche classificare come sottotipi di un tipo che legale ancora (del tutto) non appare, nonostante i ripetuti riferimenti di legge, proprio per l'assenza di una organica e complessiva regolamentazione normativa che faccia altresì chiarezza su questioni rimaste aperte ma ben note alla prassi. In buona sostanza, a fronte della prospettazione definitoria (magari accompagnata da altre, sparute, indicazioni risolutive di taluni ordini di problemi) non può non rinvenirsi una sorta di procedimento che non è propriamente di tipizzazione (se non, casomai, parziale) ma di individuazione dei tratti caratteristici che una certa operazione contrattuale deve avere per assumere (ed essere indicata con) un certo *nomen iuris* (105)» (106).

---

(103) E. Gabrielli, *Il contratto e le sue classificazioni*, in *I contratti in generale*, I, a cura di E. Gabrielli, in *Trattato dei contratti*, diretto da P. Rescigno, 1, Torino, 1999, p. 40 s.; Id., *Il contratto e le sue classificazioni*, in *I contratti in generale*², I, a cura di E. Gabrielli, in *Trattato dei contratti*, diretto da P. Rescigno ed E. Gabrielli, 1, Torino, 2006, p. 51.

(104) Di operazioni diversificate ed eterogenee discute A. Luminoso, *La vendita*, in *Trattato di diritto civile e commerciale*, già diretto da A. Cicu, F. Messineo, L. Mengoni e continuato da P. Schlesinger, Milano 2014, p. 105, richiamando all'interno della figura del *leasing* finanziario il *leasing* mobiliare, immobiliare, agricolo, al consumo, pubblico, agevolato, di ritorno o *lease-back*, convenzionato, *addossé*, diretto, internazionale e via dicendo.

(105) Potrebbe allora al riguardo discutersi di «connotazione», seguendo l'insegnamento di G. De Nova, *Trasparenza e connotazione*, in *Riv. trim. dir. e proc. civ.*, 1994,

10. *La variazione (in)essenziale del tipo legale. Contratto di assicurazione e clausole* claims made

Come già in precedenza anticipato, tratteggiando le questioni che hanno a che fare con il tema (generale) dei rapporti tra contratto tipico e contratto atipico, un interessante angolo di osservazione può essere rappresentato dalle relazioni tra tipo contrattuale delineato dal legislatore (tipo legale) e prassi organizzativa dei privati (tipo social-giurisprudenziale), onde verificare la rispondenza o meno della seconda al primo e misurare, altresì, la portata di specifici interventi normativi. In merito è possibile richiamare un accesso dibattito giurisprudenziale che è approdato a due importanti decisioni delle Sezioni Unite della Suprema Corte di Cassazione, tra di loro dissonanti, a cui peraltro è seguita ulteriore giurisprudenza di legittimità, sia pure a sezione semplice, che ha ripreso l'orientamento di una delle due[(107)]. Il tema oggetto di dibattito concerne la meritevolezza e la validità delle cosiddette clausole *claims made* inserite nello schema assicurativo della responsabilità civile, con ricadute di rilievo in ordine al rapporto

---

p. 934 ss., sia pure espresso con riferimento alle operazioni finanziarie; può ricordarsi altresì l'autorevole posizione di R. SACCO, *La elaborazione degli effetti contrattuali*, cit., p. 420 s.; ID., *L'elaborazione degli effetti del contratto. La qualificazione*, in R. SACCO-G. DE NOVA, *Il contratto*[4], Torino, 2016, p. 1402 s., secondo il quale «quando si parla di «contratto tipico» si vuol dire «contratto che rientra in una figura che ha una disciplina legale particolare»; quando parliamo di «regime della tipicità dei contratti» ci riferiamo ad un regime in cui l'accordo non produce effetto se non rientra nelle figure specialmente ammesse dall'ordinamento; quando invece si dice che la causa del negozio è la sua funzione «tipica», con ciò si vuol dire soltanto che la causa del negozio non si estende alle cento funzioni, variabili e soggettive, cui le parti possono piegare gli effetti negoziali voluti, ma solo a quella funzione che appare inseparabile dagli effetti di quel singolo individuale negozio».

(106) G. DI ROSA, *La disciplina della locazione finanziaria*, cit., p. 216 s.

(107) Il riferimento è, rispettivamente, a Cass., Sez. Un., 6 maggio 2016, n. 9140 e Cass., Sez. Un., 24 settembre 2018, n. 22437, entrambe reperibili, per comodità (pur avendo formato oggetto di pubblicazione con relativi commenti su plurime riviste specializzate), in *www.ilcaso.it*; l'altra (successiva) decisione degli ermellini è, invece, Cass., 13 maggio 2020, n. 8894, in *Giur. it.*, p. 2617 ss., con nota di S. LANDINI, *Clausole* claims made*, ultrattività e decadenze*, che si muove nel solco tracciato dalla sentenza nomofilattica del 2018.

contrattuale così delineato [108]. Si tratta, peraltro di un àmbito che è stato di recente interessato dall'intervento legislativo, proprio in quei settori professionali, segnatamente forense e medico-sanitario, ove si è maggiormente diffuso tale (nuovo) modello. Si segnalano al riguardo la legge 31 dicembre 2012, n. 247, recante la nuova disciplina dell'ordinamento professionale forense, quale regolamentazione di tipo primario rispetto al relativo decreto attuativo (decreto del Ministero di Grazia e Giustizia 22 settembre 2016); così come pure (su altro versante) la legge 8 marzo 2017, n. 24, recante disposizioni in materia di sicurezza delle cure e della persona assistita, nonché in materia di responsabilità professionale degli esercenti la professione sanitaria. Dalla disamina, pertanto, del percorso giurisprudenziale e dall'analisi dello specifico dato normativo ora richiamato potrà, probabilmente, rispondersi anche all'ulteriore interrogativo in ordine alla effettiva portata delle novità normative; se cioè esse abbiano o meno determinato una generalizzata tipizzazione del modello *claims made*.

Tema centrale è il contratto di assicurazione della responsabilità civile, rispetto al cui tipo legale l'autonomia privata ha introdotto, come anticipato, significative variazioni, preordinate, una volta delineato un certo assetto negoziale, a realizzare interessi nei confronti dei quali si è per l'appunto rivolta l'attenzione degli interpreti (dottrina e giurisprudenza). Per meglio comprendere i termini della dibattuta questione può risultare appropriato muovere da talune indicazioni normative relative al contratto di assicurazione (a partire dalle disposizioni generali *ex* artt. 1882 ss. c.c.), nella ben nota bipartizione tra assicurazione contro i danni (artt. 1904 ss. c.c.) e assicurazione sulla vita (artt. 1919 ss. c.c.). La fattispecie contrattuale assicurativa rientra nell'ambito dei contratti aleatori, ove il tratto dell'aleatorietà si contrappone al carattere della commutatività. Un rapporto si definisce commutativo quando sono certe *ab origine* le prestazioni dedotte all'interno della relazione contrattuale; pertanto, ciascuna delle parti conosce esattamente il sacrificio a cui si espone ricevendone a sua volta un contraccambio. Non è peraltro escluso che un modello commutativo possa essere dalle parti diversa-

---

[108] La letteratura sul tema è, ormai, vastissima; di recente si segnala il pregevole contributo di S. BOSA, *Istanze sociali e logiche di mercato nel modello assicurativo* claims made, Torino, 2019.

mente strutturato, attraverso cioè la caratterizzazione convenzionale della relazione in termini di aleatorietà; in questo caso non vi è certezza *ab origine* quanto al rapporto tra le prestazioni, non essendo certe sia la doverosità della prestazione sia il relativo ammontare e risultando dunque incerto dal punto di vista della entità economica il rapporto tra le prestazioni oggetto del contratto.

Di particolare interesse, per cogliere in maniera compiuta la richiamata distinzione tra commutatività e aleatorietà del rapporto (e la possibile diversa articolazione di quest'ultimo, in un senso o nell'altro), può risultare la rappresentazione del meccanismo sotteso alla vendita di cose future, secondo la previsione dell'art. 1472 c.c., ai cui sensi «Nella vendita che ha per oggetto una cosa futura, l'acquisto della proprietà si verifica non appena la cosa viene ad esistenza. Se oggetto della vendita sono gli alberi o i frutti di un fondo, la proprietà si acquista quando gli alberi sono tagliati o i frutti sono separati. Qualora le parti non abbiano voluto concludere un contratto aleatorio, la vendita è nulla, se la cosa non viene ad esistenza»[(109)]. Che la vendita sia un contratto di scambio e che abbia carattere di commutatività è insito nello schema legale tipizzato. L'ordinamento peraltro riconosce alle parti la possibilità di dedurre come specifico oggetto dell'accordo, dunque «giuridicamente», ciò che al momento della conclusione del contratto non esiste «naturalisticamente». È il caso del bene futuro, cioè di ciò che non esiste «naturalisticamente» (ossia *in rerum natura*), ma che può essere dedotto, come «giuridicamente» esistente, all'interno del rapporto obbligatorio, senza dunque inficiarne la relativa validità. Il problema che pone la vendita di cosa futura non attiene pertanto al momento della relativa conclusione, quanto piuttosto alla organizzazione dell'effetto traslativo che è proprio della vendita e che dunque, essendo la *res* materialmente non esistente, non potrà essere coevo alla conclusione del contratto, secondo l'ordinario principio del consenso traslativo. L'effetto attributivo viene infatti rinviato a un momento successivo, che coincide con il venire a esistenza della *res* dedotta in contratto, consentendo la produzione dell'effetto giuridico e, quindi, dell'attribuzione in titolarità.

Si è dunque in presenza di un modello organizzativo che presenta un

---

(109) In tema, per tutti P. PERLINGIERI, *I negozi su beni futuri*, I, *La compravendita di «cosa futura»*, Napoli, 1972.

ordinario carattere di commutatività, atteso che il legislatore comunque si riserva di valutare l'operazione compiuta nel momento in cui la cosa futura dedotta in contratto non venga a esistenza. Se, quindi, la *res futura* viene a esistenza, il contratto (a suo tempo validamente) concluso produce l'effetto reale, salvi e impregiudicati gli effetti obbligatori già prodotti al momento della relativa conclusione. Se essa, invece, non viene ad esistenza, viene anche meno la logica tipica del rapporto commutativo di scambio, con il risultato di inficiare la vendita, a meno che le parti abbiano diversamente disposto. Al riguardo, infatti, l'art. 1472, comma 2, c.c. puntualmente dispone, come già riportato, che «Qualora le parti non abbiano voluto concludere un contratto aleatorio, la vendita è nulla, se la cosa non viene ad esistenza». Dunque, se la cosa non viene ad esistenza, la vendita è nulla per impossibilità della realizzazione dello scambio. La tipica organizzazione del rapporto di scambio con funzione commutativa può tuttavia risultare recessiva laddove le parti abbiano voluto concludere un contratto aleatorio, cioè abbiano tecnicamente assunto il rischio della mancata venuta ad esistenza della cosa futura. Qualora, infatti, in questo caso essa non venisse ad esistenza, l'operata trasformazione negoziale di un rapporto che, in quanto tale, ha carattere di ordinaria commutatività in un rapporto (diversamente) aleatorio, implicherebbe propriamente il farsi carico del rischio dell'eventuale mancata venuta ad esistenza della cosa. Si tratta dunque di una relazione negoziale che ha una tipica funzione di scambio e un ordinario carattere di commutatività, rispetto a cui, però l'ordinamento riconosce alle parti la possibilità di strutturarla come rapporto aleatorio. Si avrà, pertanto, un contratto aleatorio per volontà delle parti, quantunque ordinariamente il legislatore lo assuma come commutativo, con la conseguenza della disposta nullità laddove la cosa non venga a esistenza.

Possono adesso valutarsi in maniera appropriata struttura e funzione del contratto di assicurazione secondo la definizione contenuta nell'art. 1882 c.c., ai cui sensi «L'assicurazione è il contratto col quale l'assicuratore, verso pagamento di un premio, si obbliga a rivalere l'assicurato, entro i limiti convenuti, del danno ad esso prodotto da un sinistro, ovvero a pagare un capitale o una rendita al verificarsi di un evento attinente alla vita umana». Il modello, dal punto di vista descrittivo, è sufficientemente chiaro, evidenziandosi che a fronte del pagamento di una somma determinata, per l'appunto il premio, ossia il corrispettivo che l'assicuratore riceve, viene assicurato un rischio (110). Questo rischio è rappresentato dalla possibilità che debba esser risarcito un sinistro (questo è il caso della assicurazione contro i danni e, specificamente, della responsabilità civile) o che debba essere effettuata una prestazione in termini di capitale o di rendita laddove invece si verifichi un evento attinente alla vita umana (questo è il caso della morte del soggetto stipulante con beneficiario un terzo). Appare altresì evidente che la aleatorietà è tratto distintivo, atteso che mentre è sempre certa una prestazione (il premio assicurativo), «alternativamente» potrebbe essere incerta sia la controprestazione sia il *quantum* della controprestazione. L'utilizzo dell'avverbio «alternativamente» si giustifica in ragione della diversità dei modelli organizzativi, che fanno riferimento ad accadimenti diversi (nel caso del sinistro non è possibile sapere se e quando esso si verificherà; l'evento morte è evento certo, incerto ne è piuttosto il momento); peraltro la stessa determinazione del *quantum* può dipendere da alcune variabili. A quest'ultimo riguardo può rilevarsi il valore preminente che assume la verifica statistica *ex ante* che ogni compagnia assicurativa provvede a effettuare, atteso che la determinazione del premio avviene sulla base di un calcolo statistico, cioè di leggi matematiche, consentendo così di ammortizzare il costo della eventuale controprestazione che l'assicuratore sarà tenuto a versare. Quanto dunque maggiore è il rischio tanto maggiore sarà l'ammontare del premio.

Proprio in ragione della strutturale aleatorietà del rapporto assicurativo si comprendono talune disposizioni codicistiche di carattere generale. Innanzitutto, quanto agli obblighi informativi, vengono in evidenzia le previsioni contenute negli artt. 1892 e 1893 c.c. Il primo, riguardante le dichiarazioni inesatte e reticenze con dolo o colpa grave; il secondo, concernente le dichiarazioni inesatte e reticenze senza dolo o colpa grave. Non è difficile al riguardo rimarcare il fatto che nel momento in cui si stipula un contratto di assicurazione, per esempio, sulla vita, la verifica delle relative condizioni di fattibilità è affidata (deve necessariamente essere affidata) alle informazioni che l'assicurato rende e rispetto alle quali è (anche) tenuto a esibire una certa documentazione.

---

(110) Sulla tipologia contrattuale e sulle correlative possibili articolazioni, da ultimo, A. DONATI-G. VOLPE PUTZOLU, *Manuale di diritto delle assicurazioni*[12], Milano, 2019, p. 97 ss.

In secondo luogo, la rilevata centralità del fattore rischio si evince da diverse previsioni, tra le quali spicca l'art. 1895 c.c., di particolare rilievo rispetto alla specifica questione di interesse. Non sono altresì meno rilevanti, anche se non espressamente richiamate dalla prima giurisprudenza nomofilattica [(111)], attenendo a problemi di gestione del rapporto validamente instaurato, le successive previsioni, cioè gli artt. 1896, 1897, 1898 c.c., tutte strettamente correlate con il fattore rischio (o perché concernenti la circostanza che il rischio cessa durante l'esecuzione del rapporto o perché relative al dato che nell'esecuzione del rapporto il rischio si è aggravato o diminuito). La centralità di questo elemento va adeguatamente sottolineata perché sul rischio si calcola la stessa sussistenza e la corrispondente entità economica del rapporto assicurativo. Ai sensi dell'art. 1895 c.c., rubricato «Inesistenza del rischio», «Il contratto è nullo se il rischio non è mai esistito o ha cessato di esistere prima della conclusione del contratto». Occorre dunque interrogarsi su quale sia il rischio la cui inesistenza originaria o la cui cessazione prima della conclusione del contratto determina la nullità del contratto medesimo. Il rischio è rappresentato dalla incertezza in ordine all'evento, variamente traducibile rispetto al concreto accadimento (la morte dell'assicurato o la verificazione di un sinistro a cose o persone). Se si pone nuovamente l'attenzione sulla previsione dell'art. 1882 c.c., emerge sempre, in realtà, al di là delle varianti tipologiche (assicurazione contro i danni che assicurazione sulla vita), la sussistenza di un evento causativo di un pregiudizio. L'art. 1882 c.c. sembra cioè costruito secondo la logica del fatto produttivo del pregiudizio, indipendentemente dall'attivazione della pretesa.

Alla luce di queste previsioni generali è possibile adesso meglio comprendere, all'interno della regolamentazione dell'assicurazione contro i danni, la disciplina della assicurazione della responsabilità civile, così da potere poi analizzare le questioni sottoposte alla giurisprudenza nomofilattica. Previsione di riferimento è quella contenuta nell'art. 1917 c.c., rubricato «Assicurazione della responsabilità civile», ai cui sensi «Nell'assicurazione della responsabilità civile l'assicuratore è obbligato a tenere indenne l'assicurato di quanto questi, in conseguenza del fatto accaduto durante il tempo dell'assicurazione, deve pagare a un terzo, in

---

[(111)] Ossia Cass., Sez. Un., 6 maggio 2016, n. 9140, cit.

dipendenza della responsabilità dedotta nel contratto». Si tratta del modello assicurativo *loss occurrence*, nel senso che l'obbligo di tenere indenne, gravante in capo all'assicuratore (e quindi, dal lato dell'assicurato, la possibilità per questi di chiamare in garanzia l'assicurazione), si traduce nella copertura di quanto dovuto dall'assicurato al terzo in conseguenza del fatto accaduto durante il tempo dell'assicurazione. Per fatto deve intendersi l'evento pregiudizievole, cioè l'evento che risulta coperto, quanto alle conseguenze dannose, dal rapporto assicurativo; l'obbligo dell'assicuratore di corrispondere quanto dovuto a causa del pregiudizio arrecato dall'assicurato consente a quest'ultimo di essere tenuto indenne. Propriamente, allora, il modello *loss occurrence*, che traduce la sussistenza della corrispondenza tra il periodo di copertura del rapporto assicurativo e il tipo di rischio che l'assicuratore è chiamato ad assumere relativamente a un evento pregiudizievole che si colloca temporalmente nella fase di vigenza del rapporto assicurativo (per esempio dal 1° gennaio al 31 dicembre di un determinato anno). Ed è proprio questo lo schema assunto e formalizzato dal legislatore nel tipo legale del contratto di assicurazione della responsabilità civile.

Nella prassi, però, si sono delineate figure diverse che sembrano scindere questo rapporto di biunivoca correlazione tra rischio garantito e momento del pregiudizio o, meglio, dell'evento pregiudizievole, attraverso clausole che paiono connotarsi per una diversità strutturale, con specifiche conseguenze operative, rispetto al modello delineato dall'art. 1917 c.c. L'idea di fondo è che si possa comunque garantire la copertura secondo un sistema che non prenda in considerazione il momento in cui si è determinato l'evento pregiudizievole bensì quello in cui venga posta la richiesta risarcitoria, anche per un evento pregiudizievole che si è verificato in un tempo ben diverso.

Sono state così individuate (traendo spunto dalla prassi negoziale) due tipologie di clausole *claims made* (letteralmente «a richiesta/e fatta/e»), cioè le clausole pure e le clausole miste o impure. Le prime (ossia le clausole pure) assicurano copertura per tutte le richieste risarcitorie formulate durante la vigenza della polizza assicurativa, indipendentemente dalla data del fatto illecito. Le seconde (ossia le clausole miste o impure) assicurano copertura solo se il fatto illecito e la relativa richiesta risarcitoria intervengano durante la vigenza della polizza assicurativa. Pertanto, il carattere puro o impuro della clausola dipende dall'assoluto sganciamento, nel primo caso, del momento di commissione del fatto illecito dal periodo di vigenza della relazione assicurativa, essendo necessario (ma anche sufficiente) che la sola richiesta risarcitoria sia presentata in questo arco temporale; nel secondo caso, invece, anche il fatto illecito deve collocarsi temporalmente, così come la relativa richiesta risarcitoria, all'interno del periodo di vigenza della relazione assicurativa.

La vicenda portata all'attenzione della prima giurisprudenza nomofilattica concerne l'instaurato giudizio risarcitorio da parte di un paziente che lamentava il pregiudizio subìto a seguito di una prestazione medica, con correlativa chiamata in giudizio della compagnia assicurativa (*rectius*, delle plurime compagnie assicurative, trattandosi nel caso in esame di un'ipotesi di coassicurazione ai sensi dell'art. 1911 c.c.).

In primo grado il giudice capitolino afferma la responsabilità di tutte le compagnie assicurative a manlevare la struttura assicurata nei limiti previsti dalle rispettive polizze, stabilendo quindi l'obbligo risarcitorio a carico delle compagnie convenute in giudizio [112]. Il proposto appello censura la ritenuta inoperatività della clausola *claims made* (mista o impura) inserita nella polizza assicurativa, in quanto derogativa secondo il giudice di prima istanza dell'art. 1917, comma 1, c.c. e, quindi, del principio in base al quale la copertura assicurativa si estende a tutti i fatti accaduti durante la vigenza del contratto. Al contrario, la invocata operatività da parte del ricorrente della clausola in esame, è rivolta ad affermare il venir meno dell'obbligo risarcitorio in capo all'assicuratore, poiché il meccanismo di azione che prescinde *ex se* dal fatto pregiudizievole (cioè dal momento temporale di collocazione del fatto pregiudizievole) si sposta al momento in cui è stata proposta la richiesta risarcitoria. Pertanto, se la richiesta risarcitoria è stata proposta in un arco temporale non coperto dall'area di vigenza del contratto con clausola *claims made*, nessuna tutela dovrà essere riconosciuta all'assicurato, il quale dovrà pertanto rispondere personalmente dei danni arrecati senza poterne essere tenuto indenne attraverso il ricorso allo strumento assicurativo.

Emerge così la diversità tra modello *claims made* e modello *loss oc-*

---

[112] Il riferimento è alla decisione di Trib. Roma, 18 dicembre 2008, in *Pluris*.

currence. Quanto al primo, infatti, essendosi in presenza nel caso di specie di una clausola impura o mista, si abbina la collocazione temporale del pregiudizio alla collocazione temporale della richiesta, perché sia il pregiudizio sia la richiesta devono essere temporalmente collocate, ai fini del risarcimento, nello stesso arco di tempo coperto dal contratto. Quanto al secondo, invece, non rileva il momento in cui è stata fatta la richiesta risarcitoria perché possa essere attivata la copertura assicurativa, ma il momento di realizzazione dell'evento pregiudizievole che, se si colloca temporalmente nell'arco di vigenza del contratto, obbligherà nel caso di specie l'assicuratore a tenere indenne l'assicurato dal pregiudizio arrecato al soggetto danneggiato.

In merito il ricorrente ritiene che, nell'adottare l'errata soluzione (cioè l'inoperatività della clausola *claims made*), il decidente (cioè il giudice di prima istanza) non ha considerato che la pattuizione intitolata «Condizione speciale – Inizio e Termine della Garanzia», in base alla quale la manleva valeva per le istanze risarcitorie presentate per la prima volta nel periodo di efficacia dell'assicurazione, purché il fatto che aveva originato la richiesta fosse stato commesso nello stesso periodo o nel triennio precedente alla stipula, era pienamente valida ed efficace, anche in assenza di una specifica sottoscrizione, in quanto volta a delimitare l'oggetto del contratto e non a stabilire una limitazione di responsabilità. Su questo specifico punto può semplicemente richiamarsi, oltre alla affermata piena validità della clausola da parte del giudice d'appello, la ritenuta esclusione del carattere vessatorio della stessa e della consequenziale applicazione dell'art. 1341, comma 2, c.c. Al riguardo viene infatti condiviso l'assunto degli appellanti in ordine alla interpretazione della clausola come delimitativa dell'oggetto del contratto e non limitativa della responsabilità, dunque diretta a specificare il tipo di prestazione a cui si obbliga il debitore, senza così necessità, quale condizione generale di contratto di tipo vessatorio, di una specifica sottoscrizione per renderla opponibile all'aderente (ossia, nel caso di specie, l'assicurato).

L'assunto obbligo da parte dell'assicuratore di rivalere l'assicurato di quanto questi dovrà al terzo danneggiato, nell'ipotesi in cui l'evento pregiudizievole e la richiesta siano intervenuti all'interno dei limiti temporali coperti dal contratto (trattandosi di clausola mista o impura), atterrebbe dunque, secondo i giudici sia di appello sia di legittimità, alla individuazione dell'oggetto del contratto, al fine propriamente di circoscrivere l'ambito della prestazione [113]; ciò, sulla base peraltro di quanto prevede l'art. 1882 c.c. allorché fissa i limiti economici della risarcibilità, ossia «entro i limiti convenuti».

La rappresentata tipologia delle clausole *claims made*, secondo la già richiamata distinzione nelle due categorie (pure o miste/impure) costituisce il presupposto per meglio focalizzare l'attenzione sulle concrete clausole oggetto del caso di specie onde poi verificarne la compatibilità con l'ordinamento e, segnatamente, con la previsione dell'art. 1917 c.c., che traduce il già riferito modello *loss occurrence*.

Ora, quanto alle clausole *claims made* miste o impure (di cui alla controversia in esame), si ricorda che esse «prevedono l'operatività della copertura assicurativa solo quando tanto il fatto illecito quanto la richiesta risarcitoria intervengano nel periodo di efficacia del contratto, con retrodatazione della garanzia, in taluni casi, come quello dedotto in giudizio, alle condotte poste in essere anteriormente (in genere due o tre anni dalla stipula del contratto)» [114]. Pertanto, mentre nel modello *loss occurrence* non si prende in considerazione ciò che accade in termini eventi pregiudizievoli prima dell'instaurazione del rapporto e dopo la corrispondente cessazione, le clausole *claims made* sono invece costruite tenendo conto anche di un possibile «pregresso», che tecnicamente implica un ampliamento della garanzia. Il modello *loss occurrence* è, dunque rigido, non variabile, nel senso che viene assicurata tutela esclusivamente rispetto ai pregiudizi verificatisi durante il periodo di copertura assicurativa, anche se la relativa richiesta risarcitoria venga poi presentata alcuni anni dopo il fatto dannoso, salvo ovviamente i termini di prescrizione. Le clausole *claims made* sono, invece, clausole variabili che, comunque, non hanno come orizzonte temporale esclusivamente il periodo di vigenza del rapporto contrattuale ma possono comportare anche una retrodatazione della garanzia (come, per l'appunto, nel caso di specie). Si tratta, in tale ipotesi, di clausole miste o impure, dal mo-

---

(113) Alla stessa maniera accade in tema di servizio bancario delle cassette di sicurezza (artt. 1839 ss. c.c.), ove una eventuale clausola la quale statuisca che in caso di furto la banca non è esposta oltre un certo limite è ritenuta delimitativa dell'oggetto del contratto, dunque perfettamente valida, ossia funzionale a definire l'oggetto della prestazione, ciò che dunque viene dedotto all'interno di questo rapporto, in funzione del rischio assunto; altrimenti, si dice, il rischio diventerebbe «incalcolabile».

(114) Cass., Sez. Un., 6 maggio 2016, n. 9140, cit., p. 5.

mento che vi è coincidenza dell'arco temporale sia di verificazione del fatto pregiudizievole sia del momento in cui si effettua la richiesta risarcitoria; differentemente accade rispetto alle clausole pure, destinate alla manleva (e, quindi, alla copertura) di tutte le richieste risarcitorie inoltrate dal danneggiato all'assicurato e da questi rivolte all'assicurazione nel periodo di efficacia della polizza, indipendentemente dalla data di commissione del fatto illecito (che invece assume carattere centrale nel contrapposto modello *loss occurrence*). Pertanto, mentre il modello sotteso all'art. 1917 c.c. è basato sulla corrispondenza temporale tra copertura assicurativa ed evento pregiudizievole, il modello (puro) *claims made* è invece sganciato dall'evento pregiudizievole perché assume quale termine di riferimento il solo momento della richiesta risarcitoria e, proprio per questo, pone i maggiori problemi di compatibilità. Siamo dunque in presenza di due schemi profondamente diversi.

Riscontro di ciò emerge dalla cronologia dei fatti per cui pende il giudizio: a) il sinistro, cioè l'omessa diagnosi dei cui effetti pregiudizievoli l'attore ha chiesto di essere ristorato, si è verificato nell'agosto 1993; b) l'arco temporale di vigenza della polizza (con clausola mista) dedotta in giudizio presentava decorrenza dal 21 febbraio 1996 al 31 dicembre 1997, con effetto retroattivo al triennio precedente (dunque sino al febbraio 1993); c) la copertura assicurativa era in ogni caso limitata alle richieste di risarcimento presentate per la prima volta all'assicurato durante il periodo di operatività dell'assicurazione, e quindi entro il 31 dicembre 1997; d) la domanda del danneggiato risultava presentata nel giugno del 2001, certamente quindi fuori dall'arco temporale di vigenza della garanzia. La fattuale separazione temporale dei due accadimenti, ossia l'evento pregiudizievole e la richiesta di risarcimento, apre la strada alla valutazione giudiziale. Se si ritiene inoperante la clausola *claims made* l'obbligo assicurativo potrà dirsi sussistente in ragione di quanto previsto dall'art. 1917 c.c.; se, invece, si afferma la validità della clausola, esso sarà escluso, non essendosi dati nell'arco temporale di vigenza del rapporto assicurativo (ossia tra il febbraio 1993 e il dicembre 1997) sia l'evento dannoso sia la richiesta risarcitoria.

Le argomentazioni dei giudici di legittimità in merito alla validità o meno della clausola in esame appaiono incentrate sulla questione (centrale) della copertura del rischio, onde rispondere all'interrogativo su quale sia il rischio (in concreto) assicurato. La decisione nomofilattica non ignora, anzi, che «l'assicurabilità di fatti generatori di danno verificatisi prima della conclusione del contratto, ma ignorati dall'assicurato, è stata ed è fortemente osteggiata da coloro che ravvisano nella clausola *claims made* così strutturata una sostanziale mancanza dell'alea richiesta, a pena di nullità, dall'art. 1895 c.c. E invero – si sostiene – posto che il rischio dedotto in contratto deve essere futuro e incerto, giammai il c.d. rischio putativo potrebbe trovare copertura»[115]. Per meglio comprendere il senso da assegnare al rilievo che il rischio deve essere futuro e incerto mentre il rischio putativo non troverebbe spazio nel nostro ordinamento, può prospettarsi il caso di un operatore medico-sanitario il quale stipuli una polizza assicurativa destinata a coprire l'arco temporale dal 1° gennaio al 31 dicembre di un determinato anno. Se, ovviamente, il modello è quello della manleva del pregiudizio prodotto da un evento che si deve verificare dal 1° gennaio al 31 dicembre dell'anno in questione, è chiaro che, al momento della stipula del relativo contratto di assicurazione, il rischio è futuro (ossia al di là da venire) e incerto (non si sa se l'evento si verificherà), giustificandosi così la copertura assicurativa.

Nel momento in cui, invece, come accade nel caso in esame, con la clausola *claims made* si retrodata la copertura della garanzia, il risultato è quello di assicurare tutela anche rispetto a eventi pregiudizievoli che si possono essere già verificati e che dunque non sono futuri né oggettivamente incerti. Si tratta dunque di un rischio che, secondo questa ricostruzione, sarebbe estraneo alla logica del rapporto assicurativo. Ecco perché si discute di rischio putativo, cioè di un rischio reputato tale ma che può (in concreto) non essere (né) futuro e (né) incerto, trovando piena operatività quando si inoltrerà la richiesta risarcitoria. È quest'ultimo, infatti, il momento in cui risulta chiaro che il rischio soggettivamente ignoto era oggettivamente inesistente (l'evento pregiudizievole si era cioè già verificato). Nel caso in cui dunque l'evento si è già verificato, secondo l'art. 1895 c.c. il contratto è nullo, non essendo possibile assicurare un rischio inesistente.

Nel modello *loss occurrence* si delimita, all'interno della vigenza temporale del rapporto, la copertura degli eventi che in quel lasso temporale si possono (e si devono) verificare. Se gli eventi si sono verificati in un tempo precedente, la copertura assicurativa non opera. Il rischio a cui

---

(115) Cass., Sez. Un., 6 maggio 2016, n. 9140, cit., p. 9.

fa riferimento l'ordinamento non è il rischio soggettivo ma il rischio oggettivo (ad esempio, anche se il soggetto, ignorando che il proprio autoveicolo è stato rubato, lo assicura, il contratto è egualmente nullo). Tant'è vero che, differentemente da quello che reputano i giudici di legittimità, i quali ritengono trattarsi di disposizione non di carattere eccezionale, con possibile (dunque) applicazione analogica, nel richiamato art. 514 del codice della navigazione (sul rischio putativo), ai sensi del cui comma 1 «Se il rischio non è mai esistito o ha cessato di esistere ovvero se il sinistro è avvenuto prima della conclusione del contratto, l'assicurazione è nulla quando la notizia dell'inesistenza o della cessazione del rischio ovvero dell'avvenimento del sinistro è pervenuta, prima della conclusione del contratto, nel luogo della stipulazione o in quello dal quale l'assicurato diede l'ordine di assicurazione», la questione appare incentrata sulla sfasatura temporale della comunicazione all'assicurazione. In altri termini, per risolvere il problema della copertura o meno del rischio in esame, si tratta di accertare se la comunicazione dell'inesistenza (o della cessazione) del rischio sia arrivata o meno in tempo, rispetto cioè alla conclusione del contratto. Soluzione diversa emerge invece dalla previsione dell'art. 1895 c.c., secondo cui il contratto è nullo, a prescindere dalla tempistica della comunicazione (o dalla mancanza della stessa) e dalla correlativa (o meno) ricezione. In quest'ultimo caso non sembra affrontarsi un problema procedimentale, quanto piuttosto un problema oggettivo del senso dell'operazione, proprio perché l'alea contraddistingue in maniera indiscutibile il rapporto assicurativo.

I giudici nomofilattici ritengono però in maniera differente, manifestando adesione al rilievo che «l'estensione della copertura alle responsabilità dell'assicurato scaturenti da fatti commessi prima della stipula del contratto non fa venir meno l'alea e, con essa, la validità del contratto, se al momento del raggiungimento del consenso le parti (e, in specie, l'assicurato) ne ignoravano l'esistenza»[(116)], con chiaro riferimento dunque al rischio soggettivo[(117)]. Nella prospettazione giudiziale «la clausola *claims made* con garanzia pregressa è lecita perché afferisce a un solo

---

(116) Cass., Sez. Un., 6 maggio 2016, n. 9140, cit., p. 9.

(117) Se, invece, l'assicurato ne era a conoscenza, risponderà per dichiarazioni inesatte o reticenze per dolo o colpa grave, secondo i già richiamati riferimenti normativi contenuti negli artt. 1892 e 1893 c.c.

elemento del rischio garantito, la condotta colposa posta già in essere e peraltro ignorata, restando invece impregiudicata (quindi necessaria ai fini della validità) l'alea dell'avveramento progressivo degli altri elementi costitutivi dell'impoverimento patrimoniale del danneggiante-assicurato (cioè la richiesta, perché la richiesta attiva la pretesa e il controllo della veridicità della pretesa)»[118]. Per sostenere dunque la validità della clausola in esame si scindono così i due momenti del rischio: da un lato la relativa sussistenza, ritenendosi cioè che non basta per eliminare la aleatorietà (e per inferirne quindi un giudizio di invalidità) che vi sia sussistenza oggettiva dell'evento pregiudizievole; dall'altro la relativa (in)certezza, collegando la eliminazione della aleatorietà (con conseguente inammissibilità della relazione negoziale) alla sussistenza anche della consapevolezza che l'evento pregiudizievole si è verificato, trattandosi di una consapevolezza che esporrebbe alle dichiarazioni mendaci l'assicurato.

Ciò che dunque deve sempre permanere futuro e incerto, ad avviso dei giudici di legittimità, non è tanto il momento di produzione del pregiudizio, inteso come evento materialistico che ha prodotto il danno, ma l'attivazione della procedura risarcitoria, cioè l'esercizio del diritto di valersi della copertura assicurativa. È quindi sufficiente che non si sia verificato ancora questo secondo momento, che è infatti quello coperto dalla clausola *claims made* cosiddetta pura, per affermare la validità della clausola medesima. Al fine di assicurare l'aleatorietà non ci si deve dunque riferire soltanto all'evento, che può essersi oggettivamente verificato ma risultare soggettivamente ignorato; deve piuttosto rimanere futura e incerta l'attivazione della procedura risarcitoria, cioè l'inoltro della richiesta risarcitoria da parte del danneggiato all'assicurato e, per il tramite di questi, all'assicuratore. Attraverso simile prospettazione viene riconosciuta la validità delle clausole *claims made*, ritenendosi che non venga meno il tratto dell'aleatorietà, rappresentato per l'appunto dall'esercizio della pretesa risarcitoria. Optando invece per una differente proposta ricostruttiva che, viceversa, guardi alla inesistenza in sé del rischio assicurato (ossia l'interpretazione più rigida dell'art. 1895 c.c.), le clausole *claims made* non potranno certamente essere considerate valide.

---

(118) Cass., Sez. Un., 6 maggio 2016, n. 9140, cit., p. 9.

C'è, poi, un altro aspetto meritevole di attenzione e che più volte ha portato alcuni giudicanti ad affermare l'invalidità delle clausole in esame, ossia l'elemento testuale-normativo. Si tratta cioè di stabilire se l'art. 1917 c.c. assuma i caratteri della norma inderogabile, traducendo uno schema non diversamente organizzabile dall'autonomia privata. La risposta può essere rinvenuta nel successivo art. 1932 c.c. che, tra le «norme inderogabili», menziona anche l'art. 1917 c.c. ma soltanto rispetto ai relativi commi 3 e 4, con il risultato di ritenere *a contrario* derogabile la previsione generale del comma 1, ai cui sensi «Nell'assicurazione della responsabilità civile l'assicuratore è obbligato a tenere indenne l'assicurato di quanto questi, in conseguenza del fatto accaduto durante il tempo dell'assicurazione, deve pagare a un terzo, in dipendenza della responsabilità dedotta nel contratto. Sono esclusi i danni derivanti da fatti dolosi».

Pertanto, atteso che le clausole *claims made* derogano, come già più volte rilevato, alla necessaria collocazione temporale dell'evento pregiudizievole nel periodo di vigenza del contratto, si tratta di stabilire se il loro inserimento determini l'insorgere di un contratto atipico oppure si abbia sempre a che fare con il tipo legale. Ora, richiamando la lettera dell'art. 1917 c.c. e la statuita parziale inderogabilità di cui al già riferito art. 1932 c.c., che lascia invece impregiudicata (e, dunque, possibile) la collocazione temporale del fatto pregiudizievole anche al di fuori del tempo dell'assicurazione (ossia di vigenza del contratto), potrebbe allora ritenersi che la clausola *claims made* altro non sia che una variante (inessenziale) del tipo legale assicurativo. A mutare sarebbero allora solamente le modalità attraverso cui viene garantita la copertura assicurativa, non esclusivamente limitate all'evento pregiudizievole ma collegate, sia pure con esiti ricostruttivi distinti, o solamente alla richiesta risarcitoria (clausola pura) o, cumulativamente, all'evento e alla richiesta (clausola mista o impura). Secondo questa prospettiva il contratto resterebbe tipico (nei limiti in cui a breve si dirà), sia pure con una variante contenutistica, rivolta a tradurre una diversa modalità di organizzazione del rapporto negoziale quanto alla operatività della copertura assicurativa (non essendo stato pregiudicato il tema del rischio), ritenuta tuttavia non in grado, di per sé sola, a determinare la fuoriuscita dal tipo legale assicurativo. Un tale ordine di rilievi infatti, ad avviso dei giudici di legittimità, muove dalla «considerazione che *il fatto accaduto durante il tempo dell'assicurazione* di cui parla l'art. 1917 c.c., non può essere identificato con la richiesta di risarcimento: non par dubbio infatti che il lemma – inserito all'interno di un contesto normativo in cui sono espressamente esclusi dall'area della risarcibilità i danni derivati dai fatti dolosi (art. 1917, comma 1, ultimo periodo); in cui sono imposti all'assicurato, con decorrenza dalla data del *sinistro*, significativi oneri informativi (art. 1913 c.c.); e in cui, infine, è espressamente sancito e disciplinato l'obbligo di salvataggio (art. 1914 c.c.) – si riferisce inequivocabilmente alla *vicenda storica* di cui l'assicurato deve rispondere (cfr. Cass. civ. 15 marzo 2005, n. 5624)»[119].

La fornita rappresentazione, «se vale a far tracimare i contratti assicurativi con clausola *claims made* pura fuori della fattispecie ipotetica delineata nell'art. 1917 c.c., non è invece sufficiente a suffragare l'assunto secondo cui anche la clausola *claims made* mista inciderebbe sulla tipologia stessa del rischio garantito nel senso che questo non sarebbe più la responsabilità *tout court*, ma la responsabilità *reclamata*. L'affermazione che, si ripete, è certamente sostenibile con riferimento ai contratti assicurativi con clausola *claims made* pura, non resiste, con riguardo alle altre, al dirimente rilievo che, nell'ambito dell'assicurazione della responsabilità civile, il sinistro delle cui conseguenze patrimoniali l'assicurato intende traslare il rischio sul garante, è collegato non solo alla condotta dell'assicurato danneggiante, ma altresì alla richiesta risarcitoria avanzata dal danneggiato, essendo fin troppo ovvio che ove al comportamento lesivo non faccia seguito alcuna domanda di ristoro, nessun diritto all'indennizzo – e specularmente nessun obbligo di manleva insorgeranno a favore e a carico dei soggetti del rapporto assicurativo. (...) il discostamento dal modello codicistico introdotto dalla clausola *claims made* impura, che è quella che qui interessa, mirando a circoscrivere la copertura assicurativa in dipendenza di un fattore temporale aggiuntivo, rispetto al dato costituito dall'epoca in cui è stata realizzata la condotta lesiva, si inscrive a pieno titolo *nei modi e nei limiti stabiliti dal contratto*, entro i quali, a norma dell'art. 1905 c.c., l'assicuratore è tenuto a risarcire il danno sofferto dall'assicurato. E poiché non è seriamente predicabile che l'assicurazione della responsabilità civile sia ontologicamente incompatibile con tale disposizione, il patto *claims made* è volto in definitiva a stabilire quali siano, rispetto all'archetipo

---

[119] Cass., Sez. Un., 6 maggio 2016, n. 9140, cit., p. 11.

fissato dall'art. 1917 c.c., i sinistri indennizzabili, così venendo a delimitare l'oggetto, piuttosto che la responsabilità»[(120)]. Ora, a fronte tuttavia di questa indicata differenziazione, volta cioè a distinguere sotto il profilo del criterio di controllo i rapporti tra tipicità e atipicità contrattuale, l'organo giudicante approda alla possibilità di un controllo di meritevolezza quanto al singolo patto atipico inserito in un contratto atipico, come per l'appunto risulterebbe la clausola *claims made* impura o mista che in particolare, a differenza di quella pura, limita la copertura alla sola ipotesi che, durante il tempo dell'assicurazione, intervengano sia il sinistro che la richiesta di risarcimento.

La seconda (e successiva) decisione della giurisprudenza nomofilattica, alla quale qui si farà riferimento in maniera più concisa, si riferisce invece alla responsabilità generata dall'utilizzo di un mezzo meccanico all'interno di un cantiere. Tale pronuncia, nell'assumere un orientamento differente, muove da un'idea diversa, ossia dalla possibilità riconosciuta alle parti di intendere il sinistro come evento pregiudizievole o richiesta risarcitoria. Si ritiene, in buona sostanza, che la ragione della pretesa nei confronti dell'assicurato non sia necessariamente l'evento pregiudizievole, atteso che potrebbe verificarsi il sinistro ma non esservi richiesta risarcitoria, quanto piuttosto la richiesta stessa che concretamente rende operativa la funzione indennitaria dello strumento assicurativo.

Rammentano al riguardo i giudici di legittimità che «dette clausole – come già evidenziato dalla citata sentenze delle Sezioni Unite n. 9140 del 2016 – operano una deroga al modello di assicurazione della responsabilità civile delineato dall'art. 1917 c.c., comma 1, poiché la copertura assicurativa viene ad operare non "in relazione a tutte le condotte, generatrici di domande risarcitorie, insorte nell'arco temporale di operatività del contratto, quale che sia il momento in cui la richiesta di danni venga avanzata" (modello c.d. *loss occurrence* o *act committed*), bensì in ragione della circostanza che nel periodo di vigenza della polizza intervenga la richiesta di risarcimento da parte del terzo danneggiato (il c.d. *claim*) e che tale richiesta sia inoltrata dall'assicurato al proprio assicuratore. Se questo è lo schema essenziale al quale si ispira il sistema c.d. "*claims made*" (letteralmente: "a richiesta fatta"), esso trova poi

---

[(120)] Cass., Sez. Un., 6 maggio 2016, n. 9140, cit., p. 12.

concretizzazione, nella prassi assicurativa, in base a più varianti, la cui riduzione alle due categorie più generali della *claims* "pura" (siccome imperniata sulle richieste risarcitorie inoltrate nel periodo di efficacia della polizza, indipendentemente dalla data di commissione del fatto illecito) e della *claims* "impura" (o mista: poiché operante là dove tanto il fatto illecito quanto la richiesta risarcitoria intervengano nel periodo di efficacia del contratto, con possibile retrodatazione della garanzia alle condotte poste in essere anteriormente) è frutto unicamente di convenzionale semplificazione, la quale, tuttavia, non può elidere la complessità del fenomeno. Complessità che si apprezza, anzitutto, proprio a motivo di quelle varianti cui si faceva cenno, che introducono ulteriori previsioni pattizie orientate in più direzioni: per un verso, volte a rendere effettiva la copertura assicurativa rispetto a *claims* intervenute anche in un certo arco temporale successivo alla scadenza del contratto (c.d. *sunset clause* o clausola di ultrattività o di "postuma"); per altro verso, dirette a consentire all'assicurato, in aggiunta alla richiesta del danneggiato, di comunicare all'assicuratore, ai fini di operatività della polizza, anche le circostanze di fatto conosciute in corso di contratto e dalle quali potrebbe, in futuro, originarsi la richiesta risarcitoria (c.d. *deeming clause*)»[121].

Il modello *claims made* risulta essere pertanto una variante del rapporto tra pregiudizio e assicurazione stessa, dovendosi piuttosto qui capire se vi siano delle deroghe al contenuto del contratto assicurativo concesse all'autonomia delle parti, spostando dunque l'indagine sul versante dell'art. 1322, comma 1, c.c. Difatti il modello di assicurazione della responsabilità civile cosiddetta *claims made* viene ritenuto quale deroga convenzionale all'art. 1917, comma 1, c.c., riconducibile al tipo (legale) dell'assicurazione contro i danni; si esclude correlativamente il controllo di meritevolezza di cui all'art. 1322, comma 2, c.c. (a differenza di quanto ritenuto dalla precedente decisione nomofilattica), in quanto esso attiene ai contratti atipici, ma si prevede il necessario controllo che le clausole inserite dalle parti siano conformi all'ordinamento, in termini causali e genetici ma anche in termini funzionali e attuativi del rapporto, con consequenziali modelli di tutela operanti su piano differenti.

---

[121] Cass., Sez. Un., 24 settembre 2018, n. 22437, cit., p. 10 s.

Conclusivamente, infatti, si statuisce, formulando il relativo principio di diritto, che «Il modello dell'assicurazione della responsabilità civile con clausole "*on claims made basis*", che è volto ad indennizzare il rischio dell'impoverimento del patrimonio dell'assicurato pur sempre a seguito di un sinistro, inteso come accadimento materiale, è partecipe del tipo dell'assicurazione contro i danni, quale deroga consentita all'art. 1917 c.c., comma 1 non incidendo sulla funzione assicurativa il meccanismo di operatività della polizza legato alla richiesta risarcitoria del terzo danneggiato comunicata all'assicuratore. Ne consegue che, rispetto al singolo contratto di assicurazione, non si impone un test di meritevolezza degli interessi perseguiti dalle parti, ai sensi dell'art. 1322 c.c., comma 2, ma la tutela invocabile dal contraente assicurato può investire, in termini di effettività, diversi piani, dalla fase che precede la conclusione del contratto sino a quella dell'attuazione del rapporto, con attivazione dei rimedi pertinenti ai profili implicati, ossia (esemplificando): responsabilità risarcitoria precontrattuale anche nel caso di contratto concluso a condizioni svantaggiose; nullità, anche parziale, del contratto per difetto di causa in concreto, con conformazione secondo le congruenti indicazioni di legge o, comunque, secondo il principio dell'adeguatezza del contratto assicurativo allo scopo pratico perseguito dai contraenti; conformazione del rapporto in caso di clausola abusiva (come quella di recesso in caso di denuncia di sinistro)» (122).

La seconda decisione nomofilattica prende anche in considerazione, traendone spunti diffusi in ordine alla specifica questione affrontata e decisa, gli interventi normativi richiamati in apertura della trattazione. In particolare il riferimento è a quanto statuito nell'art. 2 decreto ministero della giustizia 22 settembre 2016, ai cui sensi «L'assicurazione deve prevedere, anche a favore degli eredi, una retroattività illimitata e un'ultrattività almeno decennale per gli avvocati che cessano l'attività nel periodo di vigenza della polizza». Così come pure di rilievo risulta quanto previsto nell'art. 11 l. n. 124/2017, secondo il quale, tra l'altro, «La garanzia assicurativa deve prevedere una operatività temporale anche per gli eventi accaduti nei dieci anni antecedenti la conclusione del contratto assicurativo, purché denunciati all'impresa di assicurazione durante la vigenza temporale della polizza». Non v'è dubbio che le rife-

---

(122) Cass., Sez. Un., 24 settembre 2018, n. 22437, cit., p. 33.

rite previsioni hanno indubbiamente inciso sulla soluzione da ultimo adottata dai giudici di legittimità, che ha così sostituito al controllo giudiziale sulla meritevolezza della clausola (atipica), trattandosi comunque di contratto tipico, il controllo giudiziale sulla adeguatezza del regolamento negoziale agli interessi dei contraenti; ciò, mediante il criterio della causa in concreto, ampliandosi altresì l'indagine sulle forme di tutela spettanti all'assicurato anche rispetto al momento precontrattuale e a quello attuativo della relazione assicurativa (123).

Quanto, infine, alla portata (sotto il profilo della ritenuta tipizzazione normativa) delle menzionate novità legislative, può qui sommariamente evidenziarsi che il nostro legislatore, a differenza di quanto accaduto in altri ordinamenti, ossia Francia, Belgio e Spagna (dove si è ritenuto di operare sull'intero sistema delle professioni regolamentate), si è limitato a intervenire su due specifici settori, forense e medico-sanitario, con una scelta rispetto alla quale si pone il problema di verificare la possibile applicazione della nuova disciplina (anche) a settori distinti.

---

(123) Si tratta di una posizione confermata dalla successiva giurisprudenza di legittimità, come evincibile dall'ordinanza di Cass, 25 febbraio 2021, n. 5259, in *Nuova giur. civ. comm.*, 2021, I, p. 751 ss., con nota di S. BOSA, *Questioni (insolute) in tema di nullità del claims made*, che ha cassato la decisione del giudice d'appello il quale, dichiarata nulla la clausola in esame, aveva poi automaticamente applicato al contratto assicurativo il regime *loss occurrence* di cui all'art. 1917, comma 1, c.c., così illegittimamente riconducendo l'operazione a uno schema negoziale (contratto tipico assicurativo) che le parti avevano voluto espressamente emendare e modificare, piuttosto che individuare, tra i differenti modelli di clausola *claims made* rinvenibili nell'ordinamento, quello ritenuto maggiormente compatibile alla realizzazione di un equilibrato assetto degli interessi dei contraenti.

CAPITOLO VII
LA CONCLUSIONE DELL'ACCORDO

SOMMARIO: 1. Il contratto come procedimento. – 2. I procedimenti di formazione del contratto. – 3. La conclusione del contratto attraverso lo scambio di proposta e accettazione. Tratti generali e tipi di problemi. – 4. Individuazione della proposta (e dell'accettazione). – 5. Luogo e tempo di conclusione dell'accordo. – 6. La proposta irrevocabile.

1. *Il contratto come procedimento*

Il contratto è il risultato di un accordo; è, anzi, esso stesso accordo, secondo la nozione fornita dall'art. 1321 c.c., ai cui sensi, come già in precedenza evidenziato, «Il contratto è l'accordo tra due o più parti per costituire, regolare o estinguere tra loro un rapporto giuridico patrimoniale» (1). L'accordo, del resto, è indicato tra gli elementi essenziali (o requisiti) del contratto, secondo quanto previsto dall'art. 1325, n. 1, c.c.; all'accordo (delle parti) è destinata l'intera sezione I del capo II del titolo II del libro IV (artt. 1326-1342 c.c.). Giustamente, allora, si rileva che «L'ambito in cui opera il principio dell'accordo coincide in definitiva con lo spazio dell'autonomia privata: principio fondante dell'intero sistema del diritto privato, in nome del quale ciascuno decide e dispone della propria sfera giuridica, senza subire imposizioni esterne. Ed è chiaro che il principio dell'accordo è strettamente connesso e funzionale al valore dell'autonomia privata» (2).

---

(1) Evidenzia, alla luce del dato normativo, l'uso frequentemente sineddotico del termine «accordo» per indicare il contratto M. PALADINI, *La conclusione del contratto*, in M. PALADINI-A. RENDA-D. MINUSSI, *Manuale di diritto civile*, Milano, 2019, p. 1281.

(2) V. ROPPO, *Il contratto*[2], Milano, 2011, p. 24.

Il tema dell'accordo è, dunque, centrale nella disamina della fattispecie contrattuale, a prescindere dalla presenza di due o più volontà contrattuali (come accade nei contratti plurilaterali). L'accordo, peraltro, è il frutto (ossia il risultato) di un più o meno articolato procedimento, a cui ci si riferisce allorché si utilizza l'espressione «formazione del contratto». Il contratto inteso come procedimento (una delle possibili accezioni del termine «contratto») [3] indica per l'appunto una «sequenza di atti che – compiuti dalle parti in conformità al modello procedimentale fissato dalla legge – permettono di dire che un contratto si è legalmente formato, e che perciò gli impegni assunti con esso dalle parti, i risultati da queste perseguiti, sono diventati giuridicamente rilevanti» [4]. Peraltro, a fronte di vicende economiche rispetto alle quali il raggiungimento dell'accordo è immediato, vi sono situazioni in cui la realizzazione della comune volontà contrattuale avviene attraverso procedure più complesse, richiedendosi più passaggi ai quali corrispondono momenti diversi (giuridicamente rilevanti a differente titolo) del percorso diretto al raggiungimento dell'accordo.

Il tema della formazione della (comune) volontà contrattuale è, invero, disaggregabile in due ordini di questioni, che traducono altrettanti ordini di problemi. In primo luogo, in termini di presupposto, la identificazione delle modalità attraverso le quali si esteriorizza la volontà negoziale, indicandosi cioè gli strumenti deputati a consentire la (giuridicamente rilevante) esternazione della volontà (ossia la forma del volere). In secondo luogo, in stretta consequenziale correlazione, la individuazione degli schemi che il legislatore ha predisposto (e messo a disposizione dei privati) per consentire l'unificazione (in un comune *decisum*) delle volontà contrapposte, quali plurimi modelli a cui è dunque possibile fare ricorso per concludere il contratto (ossia i procedimenti di formazione del contratto). Da un lato, allora, la manifestazione della volontà ad opera delle parti; dall'altro, correlativamente, i modelli destinati a recepire e tradurre la manifestata volontà delle parti medesime [5].

---

(3) Sulle polisemie, ossia sui possibili plurimi significati, della parola «contratto», sia nel linguaggio comune sia in quello legislativo, V. ROPPO, *Il contratto*^{2}, cit., p. 20 s.

(4) E. ROPPO, *Il contratto*, Bologna, 1977, p. 115.

(5) Diffusamente A.M. BENEDETTI, *Autonomia privata procedimentale. La formazione del contratto tra volontà e legge*, Torino, 2002.

2. *I procedimenti di formazione del contratto*

Riprendendo una prospettata (e condivisibile) differenziazione, all'interno degli schemi legali che consentono la conclusione del contratto, è possibile distinguere procedimenti leggeri e procedimenti pesanti [(6)]. La relativa distinzione trova fondamento nella minore o maggiore complessità del procedimento di formazione della volontà contrattuale, rispetto cioè alla articolata pluralità degli atti preordinati al raggiungimento del risultato finale, ossia l'instaurazione del vincolo giuridico tra le parti. Rispetto ai procedimenti in esame uno di essi può certamente essere considerato di carattere generale, anche, ma non soltanto, per l'essere generalizzato, nel senso che costituisce quello di sicura maggiore diffusione e correlativo utilizzo. Esso è sotteso alla previsione dell'art. 1326 c.c., quale previsione di apertura della corrispondente trattazione, in ordine allo scambio di proposta e accettazione. Peraltro, accanto ai modelli, per così dire, interni al sistema del codice civile e fondamentalmente riconducibili a quanto contenuto nelle disposizioni di agli artt. 1326-1342 c.c. (ossia la già richiamata disciplina dell'accordo delle parti), sono rinvenibili i modelli affermatisi nella legislazione speciale di carattere settoriale che, in un modo o nell'altro, introducono altri schemi deputati alla conclusione del contratto.

I modelli presenti nel codice civile del 1942 sono, oltre al già citato riferimento contenuto nell'art. 1326 c.c. (scambio di proposta e accettazione), lo schema introdotto dall'art. 1327 c.c. (conclusione del contratto mediante inizio dell'esecuzione), quello di cui all'art. 1333 c.c. (contratto con obbligazioni del solo proponente), la risultante della combinazione degli artt. 1341 e 1342 c.c. (condizioni generali di contratto e conclusione mediante sottoscrizione di moduli o formulari), a cui affiancare, per le peculiari modalità, il procedimento di conclusione del contratto con i consumatori, oggi oggetto di puntuale disciplina (variamente articolata) ad opera del decreto legislativo 6 settembre 2005, n. 206, contenente il codice del consumo. È peraltro noto un modello di conclusione del contratto nel quale il raggiungimento dell'accordo è condizione necessaria ma non sufficiente per l'instaurazione della rela-

---

(6) Il riferimento è a A.M. BENEDETTI, *Procedimenti di formazione del contratto*, in *Diritto civile. Norme, questioni, concetti*^{2}, I, a cura di G. Amadio e F. Macario, Bologna, 2022, p. 697 ss.

zione negoziale, essendo richiesto l'ulteriore requisito della consegna della cosa (si tratta dei contratti reali). La consegna, atto di natura materiale ma talora sostituito da comportamenti di natura diversa, egualmente rilevanti in ordine al conseguimento dell'indicato fine, è dunque qui elemento costitutivo che si aggiunge al consenso, già individuato nelle forme a ciò deputate dal legislatore.

Al riferito prevalente modello di conclusione del contratto, quello cioè dello scambio di proposta e accettazione *ex* art. 1326 c.c., si ricorre (e questa è anche la ragione della correttamente ritenuta generale applicazione) per la stessa regolamentazione (almeno in termini generali) degli altri tipi procedimentali in ordine al raggiungimento dell'accordo. È questo il caso della contrattazione standardizzata a cui si riferiscono le già richiamate disposizioni degli artt. 1341 e 1342 c.c. Al riguardo, infatti, la conclusione del contratto avviene pur sempre attraverso lo scambio di proposta e accettazione, quantunque la peculiarità sia qui rappresentata dal fatto che la proposta è unilateralmente predeterminata, seriale, immodificabile, in quanto preordinata (anche normativamente) a governare una serie di rapporti dal contenuto uguale.

3. *La conclusione del contratto attraverso lo scambio di proposta e accettazione. Tratti generali e tipi di problemi*

Il modello ordinario di conclusione del contratto, quale schema dunque generale e generalizzato, che rende comune la volontà negoziale individualmente manifestata, è pertanto sotteso allo schema procedurale nei termini indicati dall'art. 1326 c.c. A questa previsione di legge occorre aggiungere, per la relativa disamina all'interno di un completo quadro ricostruttivo, in quanto disposizioni dirette a risolvere specifici ordini di problemi, l'art. 1328 c.c. (revoca della proposta e dell'accettazione, l'art. 1329 c.c. (proposta irrevocabile), nonché gli artt. 1334 (efficacia degli atti unilaterali) e 1335 c.c. (presunzione di conoscenza); previsioni, queste ultime, volte a disciplinare efficacia e conoscibilità/conoscenza degli atti unilaterali indirizzati a una persona determinata (così come lo sono la proposta e l'accettazione) (7).

---

(7) Il tema della conclusione del contratto, attraverso la articolata disamina delle regole richiamate in testo, è di recente affrontato da G. CONTE, *La formazione del con-*

In termini assolutamente descrittivi, nella misura in cui le relative indicazioni vengono tratte dal modo di procedere del legislatore, sotto il profilo cioè della tecnica normativa utilizzata, le regole contenute nella centrale disposizione dell'art. 1326 c.c. sono dirette, da un lato, a stabilire il momento in cui si conclude il contratto tra persone assenti; dall'altro, a definire i termini del rapporto tra proposta e accettazione, quanto alla individuata corrispondenza, anzitutto contenutistica. Per un verso, pertanto, viene affrontato e risolto il problema costituito dal dato temporale della conclusione del contratto, la determinazione cioè del momento in cui deve ritenersi concluso il contratto, che è essenziale a vari (ulteriori) fini (basti pensare alle condizioni soggettive delle parti quanto, ad esempio, alla capacità in ordine al compimento dell'atto). Per altro verso, si tratta di misurare, nel rapporto tra proposta e accettazione, il relativo grado di corrispondenza per ricavarne l'intervenuto (o meno) raggiungimento dell'accordo.

Considerato che sul punto le definizioni del codice civile non sono di immediata evidenza, preliminare appare la questione della identificabilità degli atti che provengono dalle parti, in ordine alla possibilità di ravvisarvi proposta e accettazione. Si tratta, in altri termini, di un problema di qualificazione del tipo di atto diretto a tradurre una dichiarazione di volontà rispetto al relativo contenuto, riconducibile o meno a una proposta a cui possa seguire una (correlativa) accettazione. A seguire, occorre procedere alla individuazione delle regole volte ad assicurare la certezza quanto alla conclusione del contratto, sia in ordine al dato temporale di riferimento sia in ordine ai criteri deputati a definirlo. Infine, occorre interrogarsi (per procedere alla relativa determinazione) se e in quale misura la validità (o, più correttamente, l'efficacia determinativa) di un atto sia subordinata a quanto rappresentato in un atto che lo precede, ossia il rapporto specifico (contenutisticamente connotato) tra proposta (atto di impulso della negoziazione) e accettazione (atto conclusivo del procedimento). Espressione comune a entrambi gli atti della libertà delle parti è, comunque, la (tendenzialmente) riconosciuta possibilità sia al proponente sia all'accettante di cambiare idea. La efficacia giuridica della assunta relativa decisione di ritornare sui propri passi è tuttavia affidata a meccanismi diversi, a seconda cioè che la revoca pro-

---

tratto, Artt. 1326-1330 e *1333-1335*, in *Il codice civile. Commentario*, fondato da P. Schlesinger e diretto da F.D. Busnelli, Milano, 2018.

venga dal proponente o dall'accettante (a tale ordini di problemi è specificamente dedicata la articolata previsione dell'art. 1328 c.c.).

L'ordine delle prospettate problematiche di carattere generale, per come brevemente riassunto rispetto alla previsione dell'art. 1326 c.c., ne consente adesso una distinta (sia pur rapida) disamina.

4. *Individuazione della proposta (e dell'accettazione)*

Bisogna allora prendere le mosse proprio dalla questione preliminare in precedenza rappresentata, relativa alla identificabilità, nelle dichiarazioni di volontà, di atti qualificabili in termini di proposta e di accettazione.

Deve al riguardo rilevarsi che il legislatore non fornisce una definizione né dell'una né dell'altra; tuttavia, la mancanza definitoria viene supplita dalla presenza contenutistica, nel senso che alla tecnica (assente) delle descrizioni definitorie si sostituisce la logica (presente) della indicazione del contenuto. In merito, infatti, il profilo contenutistico (che qui assume specifica rilevanza) è ricavabile dalla formulazione dell'art. 1336 c.c., a proposito dell'offerta al pubblico, disponendosi al riguardo al relativo comma 1 che «L'offerta al pubblico, quanto contiene gli estremi essenziali del contratto alla cui conclusione è diretta, vale come proposta, salvo che risulti diversamente dalle circostanze o dagli usi». La proposta è dunque individuabile in quell'atto che contenga gli elementi essenziali del contratto alla cui conclusione esso è preordinato, alla luce pertanto del contenuto che essa proposta presenza; in mancanza, la dichiarazione di volontà potrà valere (al più) come invito a proporre, ossia un invito a trattare, quale iniziativa diretta a instaurare delle trattative con un altro soggetto. Se, ad esempio, un soggetto (dichiarante) manifesta a un altro soggetto (destinatario della dichiarazione) la propria intenzione di alienare un determinato bene, la configurabilità di tale atto in termini di proposta presuppone la sussistenza di taluni (indefettibili) elementi: il contenuto, ossia l'indicazione del tipo di bene e la richiesta controprestazione, attraverso la determinazione o la determinabilità del corrispettivo in termini di prezzo; la forma, se l'atto è preordinato alla conclusione di un contratto che necessita di una specifica forma negoziale. Nulla ovviamente esclude che il proponente indichi ulteriori elementi. Questo è il caso, ad esempio, del termine di efficacia della propria dichiarazione, in ordine cioè alla vigenza temporale della proposta e della connessa rilevanza giuridica. In maniera non dissimile si pone, quanto alla assunta irrevocabilità volontaria (e unilaterale) della proposta, la presenza o meno di un termine di efficacia (sotto il profilo della irrevocabilità) della proposta. Da un punto di vista generale, infatti, appare ovvio che colui il quale ha formulato la proposta è nella condizione di dettare le regole del gioco, mentre chi ha ricevuto la proposta farà le proprie valutazioni, potendo assumere al riguardo iniziative tra di loro differenti. Costui, infatti, potrà ritenere conveniente quanto prospettato e, allora, decidere di accettare oppure, diversamente, rifiutare espressamente, interrompendo così l'iniziato processo formativo diretto al raggiungimento di una comune volontà contrattuale; così come è pure possibile che decida di rilanciare, attraverso una controproposta, rinviando pertanto la determinazione alla controparte (originaria proponente). Altro, non indifferente, ordine di problemi, strettamente correlato a quanto ora esposto, è relativo alla valutazione in termini di adeguata volontà comune laddove le parti abbiano raggiunto l'accordo su tutti gli elementi principali e secondari del contratto; oppure se, diversamente, debba ritenersi sufficiente che le parti si siano accordate sugli elementi principali, quantunque non si sia specificamente convenuto alcunché sugli elementi secondari.

5. *Luogo e tempo di conclusione dell'accordo*

Rispetto, poi, alla questione relativa alla individuazione delle regole volte ad assicurare la certezza quanto alla conclusione del contratto, centrale appare il tema della conoscenza. Il relativo riferimento, contenuto nell'art. 1326, comma 1, c.c., ai cui sensi «Il contratto è concluso nel momento in cui chi ha fatto la proposta ha conoscenza dell'accettazione dell'altra parte», va ricostruito secondo il paradigma (e il combinato disposto) degli artt. 1334 e 1335 c.c. Quest'ultima previsione normativa dispone, specificamente, che «La proposta, l'accettazione, la loro revoca e ogni altra dichiarazione diretta a una determinata persona si reputano conosciute nel momento in cui giungono all'indirizzo del destinatario, se questi non prova di essere stato, senza sua colpa, nell'impossibilità di averne notizia» (art. 1335 c.c.).

Dal punto di vista temporale l'art. 1326, comma 2, c.c. assegna all'accettazione una stringente operatività, considerato che essa «deve giungere al proponente nel termine da lui stabilito o in quello ordinariamente necessario secondo la natura dell'affare o secondo gli usi». Il problema è dunque quello di stabilire entro che termine deve giungere l'accettazione perché essa sia ritenuta valida ed efficace adesione alla proposta. Può al riguardo ovviamente accadere che lo stesso proponente abbia provveduto a stabilire un termine (ad esempio 60 giorni da quando si è venuti a conoscenza); oppure può darsi che il proponente non abbia indicato in merito alcun termine. Nell'ipotesi da ultimo prospettata, ossia in assenza di previsione del termine, il legislatore, per un verso, stabilisce un criterio sussidiario, da applicare cioè proprio in mancanza di specifica previsione del termine da parte del proponente, richiamando il termine ordinariamente necessario secondo la natura dell'affare o secondo gli usi. Il termine di cui si discute è ovviamente quello indicato come momento temporale entro il quale deve pervenire l'accettazione, impregiudicata la facoltà di revoca della proposta. Questione diversa è quella, che però richiede una espressa presa di posizione da parte del proponente, relativa alla individuazione di un termine di mantenimento della proposta come ferma, ossia il caso della irrevocabilità della proposta con espressa dichiarazione in tal senso, su cui si avrà modo di tornare a breve.

Nell'ipotesi in cui l'accettazione pervenisse oltre il termine indicato dal proponente, essa potrà essere considerata tardiva, comunque inoperante dal punto di vista del procedimento di formazione della volontà contrattuale, tranne che il proponente la ritenga egualmente efficace. Pertanto, il lasso temporale indicato per la eventuale accettazione svolge questa duplice funzione: da un lato, traduce nell'accettante un onere di attivazione nel termine a lui assegnato, laddove, ovviamente, interessato; dall'altro, però, non preclude la facoltà di revoca della proposta da parte del soggetto che ha assunto l'iniziativa negoziale.

6. *La proposta irrevocabile*

Come in precedenza rilevato, è possibile che la proposta traduca un interesse qualificato alla conclusione del contratto, testimoniato dalla assunta irrevocabilità, nel senso di vincolare il proponente per un certo lasso temporale rispetto a quanto comunicato al relativo destinatario. È così possibile individuare diverse ipotesi di irretrattabilità della manifestata volontà da parte del proponente.

Al riguardo l'art. 1329 c.c., rubricato «Proposta irrevocabile», espressamente contempla la possibile irretrattabilità della dichiarazione del proponente, in termini di irrevocabilità unilaterale e volontaria, traducendo dunque una proposta irrevocabile per espressa scelta del proponente. Si tratta di un'ipotesi che si distingue dalle ulteriori, sia da quella di irrevocabilità legale della proposta sia da quella in cui la irrevocabilità costituisca oggetto di un accordo (dunque, convenzionale).

Nel primo caso (irrevocabilità legale della proposta) è lo stesso legislatore a qualificare come irretrattabile la volontà del proponente. È questa l'ipotesi, generale, della «proposta diretta a concludere un contratto da cui derivino obbligazioni solo per il proponente» (art. 1333, comma 1, c.c.), «irrevocabile appena giunge a conoscenza della parte alla quale è destinata» (art. 1333, comma 1, c.c.), di cui, ad esempio, è espressa, particolare, applicazione la proposta diretta alla conclusione del contratto tipico di fideiussione (quale contratto con obbligazioni a carico del solo proponente). La formula (quanto alla irrevocabilità legale) trova poi applicazione in altre specifiche fattispecie normative, come quella della efficacia della proposta nel contratto di assicurazione, rispetto a cui l'art. 1887 c.c. dispone che «La proposta scritta diretta all'assicuratore rimane ferma per il termine di quindici giorni, o di trenta giorni quando occorre una visita medica. Il termine decorre dalla data della consegna o della spedizione della proposta».

Nel secondo caso (irrevocabilità convenzionale della proposta) l'irretrattabilità è il risultato di un vero e proprio contratto, come nell'ipotesi (normativamente prevista) del patto di opzione di cui all'art. 1331 c.c., che si avrà modo di esaminare più nel dettaglio nel prosieguo dell'analisi dedicata agli accordi preordinati alla conclusione del contratto (definitivo).

Ora, venendo più specificamente al tema della possibile irrevocabilità della proposta per iniziativa unilaterale del proponente, la lettura dell'art. 1329 c.c., ai cui sensi «Se il proponente si è obbligato a mantenere ferma la proposta per un certo tempo, la revoca è senza effetto. Nell'ipotesi prevista dal comma precedente, la morte o la sopravvenuta incapacità del proponente non toglie efficacia alla proposta, salvo che la natura dell'affare o altre circostanze escludano tale efficacia», consente alcune considerazioni. Deve anzitutto rilevarsi (ma su questo si tornerà a breve) che l'irrevocabilità della proposta agevola l'accettazione, esentando il destinatario della prima dalla preoccupazione di affrettarsi ad accettare per il timore che intervenga *medio tempore* la revoca della proposta. Ora, la previsione contenuta nell'art. 1329, comma 1, c.c., che stabilisce la inefficacia di un'eventuale revoca della proposta intervenuta durante il periodo di assunta irretrattabilità, appare regola assolutamente in linea con il senso della volontaria vincolatività della dichiarazione per quel certo tempo. Questione di interesse, piuttosto, è quella relativa proprio alla determinazione del certo tempo per il quale la proposta deve essere tenuta ferma, laddove non venga indicato al riguardo uno specifico termine. In merito, infatti, sono «astrattamente possibili tre soluzioni: considerare revocabile la proposta (...); rifarsi alla natura dell'affare o agli usi (secondo le indicazioni che si traggono dall'art. 1326, 2° comma (...); rimettersi al potere di determinazione discrezionale del giudice. La prima soluzione tradisce l'intento delle parti; l'ultima è forse troppo generica» [8]. La discussione verte dunque in ordine al ritenere la proposta in questione come una proposta semplice oppure, comunque, irrevocabile, salvo poi doverne ricavare *aliunde* il termine. Quest'ultimo può, ad esempio, essere ricavato dalla previsione dell'art. 1331 c.c. che, in tema di patto di opzione, affida la determinazione del termine al giudice, laddove esso non sia stato previsto in via convenzionale; oppure dalla disciplina contenuta nell'art. 1183 c.c. in tema di criteri determinativi del tempo dell'adempimento, ossia del tempo in cui la prestazione deve essere eseguita. La soluzione che ravvisa una proposta semplice muove dall'idea che non sia possibile integrare il difetto del termine mancante. In senso diverso si è ritenuto che si possa fare riferimento a quanto previsto dall'art. 1326 c.c. e, quindi, ricavare il termine dalla natura dell'affare o dagli usi, salvo verificare se ciò sia o meno appropriato.

In punto di metodo occorre preliminarmente interrogarsi su quale sia il conflitto di interessi sotteso all'art. 1329 c.c. e se esso, più specifi-

---

[8] L. Bigliazzi Geri-F.D. Busnelli-U. Breccia-U. Natoli, *Diritto civile*, 1, II, *Fatti e atti giuridici*, Torino, 1989 (rist.), p. 619, nt. 113; adesivamente G. Conte, *La formazione del contratto*, cit., *sub* art. 1329, p. 380, ritenendo la soluzione proposta dall'art. 1326, comma 2, c.c. «forse, la più lineare, perché consente di risolvere il quesito senza ricorrere a gesti ermeneutici analogici, da perseguire a prezzo di qualche forzatura».

camente, corrisponda a quello sotteso all'art. 1326 c.c. Si tratta dunque di verificare se l'ordine di problemi affrontato dal legislatore sia similare, per poterne poi ricavare soluzioni dello stesso tenore. Solo, infatti, in quest'ultimo caso sarebbe possibile applicare la soluzione prevista dall'art. 1326, comma 2, c.c. alla fattispecie dell'art. 1329 c.c. per l'ipotesi della mancanza del termine di irrevocabilità. Ora, non è dubbio che la funzione dell'art. 1326 c.c., in termini generali, è quella di stabilire qual è il momento in cui si conclude il contratto sulla base di una serie di principi: la sussistenza di una manifestazione di volontà caratterizzata contenutisticamente per poter essere qualificata come proposta; una corrispondenza tra la manifestazione della volontà del destinatario della proposta e quest'ultima, affinché la prima possa valere come accettazione nel rispetto delle regole fissate dal proponente; la individuazione del momento di conclusione del contratto, secondo quanto espressamente stabilito nell'art. 1326, comma 1, c.c. Quindi, il termine indicato dal proponente è qui funzionale a determinare il lasso temporale di efficacia dell'accettazione, comunque ricavabile dalle circostanze ordinarie e dagli usi. Un'accettazione tardiva potrebbe essere ritenuta dal proponente assolutamente inefficace oppure (ancora) efficace. L'ordine di problemi sotteso all'ipotesi disciplinata nell'art. 1329 c.c. è certamente diverso, avendo differente funzione il relativo termine di irrevocabilità rispetto al termine di efficacia della proposta a cui si riferisce la generale previsione dell'art. 1326 c.c. Questa diversità di funzioni non appare però designare una incompatibilità assoluta con il ritenere la proposta irrevocabile mancante del relativo termine come proposta semplice. Alla proposta semplice, infatti, si applicherà l'art 1326 c.c. non tanto per risolvere il problema della mancata indicazione del termine di irretrattabilità, quanto piuttosto per risolvere un problema di individuazione del termine entro cui l'accettazione può efficacemente intervenire onde determinarsi la conclusione del contratto.

Come in precedenza già rilevato, altra soluzione prospettabile (e che del resto è stata indicata) è il riferimento a una previsione che sembrerebbe, dal punto di vista della regola data, più vicina al tipo di conflitto di interessi in esame, cioè l'art. 1331 c.c., dedicato al patto di opzione. Effettivamente, è indubbio che la irrevocabilità della proposta può trovare fondamento nell'iniziativa unilaterale del proponente (art. 1329 c.c.), nell'accordo delle parti (art. 1331 c.c.) oppure in una espressa previsione legale, quale relativo fondamento normativo (irrevocabilità *ex lege*). Occorre dunque interrogarsi se la previsione contenuta nell'art. 1331 c.c. (irrevocabilità convenzionale della proposta), secondo cui «Se per l'accettazione non è stato fissato un termine, questo può essere stabilito dal giudice», possa dunque ritenersi operante anche nel caso dell'art. 1329 c.c., che contempla la irrevocabilità della proposta per unilaterale decisione del proponente. Laddove si escludesse questa possibilità residuerebbe (quale ultimo criterio) il riferimento all'art. 1183 c.c., presupponendo ciò la sussistenza di un rapporto obbligatorio. Ora, l'art. 1183 c.c. prevede l'intervento del giudice, laddove in mancanza di accordo delle parti occorra determinare il tempo dell'adempimento, quale atto (non negoziale) dovuto. Alla stessa maniera nell'art. 1331 c.c., considerato che l'opzione è un contratto che genera obbligazioni, viene riproposta la soluzione simmetrica dell'intervento giudiziale per la determinazione del termine non fissato. Sulla base di quanto da ultimo prospettato dovrebbe allora ritenersi che il tipo di interessi (e di conflitto) appare diverso rispetto alla fattispecie dell'art. 1329 c.c., di per sé estranea alla dinamica dell'attuazione di un rapporto obbligatorio. Sembra allora doversi affermare la non applicabilità della soluzione giudiziale per la fissazione del termine, quantunque non si possa di certo escludere la sussistenza di una proposta semplice.

Quanto, poi, alla previsione contenuta nell'art. 1329, comma 2, c.c., essa andrebbe letta in coordinamento con quella dell'art. 1330 c.c., deputata a regolare sul punto gli effetti della morte o dell'incapacità dell'imprenditore che abbia assunto il ruolo di originario proponente. Al momento può tuttavia semplicemente evidenziarsi un dato che, in qualche modo, conferma l'efficacia dell'art. 1329, comma 2, c.c. In buona sostanza, assunta la decisione da parte del proponente di mantenere ferma la propria dichiarazione e, dunque, di privarsi della possibilità di revoca della proposta, quest'ultima mantiene la propria vigenza anche in caso di morte o sopravvenuta incapacità del proponente, traducendo dunque una scelta di campo che l'ordinamento fa propria e che consolida, assumendo l'inefficacia dell'eventuale revoca.

In termini generali la *ratio* della riconosciuta possibilità di rendere ferma la proposta può essere variamente ravvisata. Può al riguardo rilevarsi, per un verso, che una proposta irrevocabile, precludendo la efficace possibilità di revoca, affida le regole del gioco al destinatario, eventuale accettante. Correlativamente, per altro verso, essa rafforza la posizione di quest'ultimo, perché gli assegna uno *spatium deliberandi* fisso, irretrattabile, su cui dunque può fare affidamento. Ciò, a differenza di quanto accade nel modello (comune) riscontrabile nella previsione dell'art. 1326, comma 2, c.c., secondo cui «L'accettazione deve giungere al proponente nel termine da lui stabilito o in quello ordinariamente necessario secondo la natura dell'affare o secondo gli usi». Qui, infatti, il termine indicato dal proponente rileva (più semplicemente) come limite massimo temporale entro il quale l'accettante può fare pervenire la propria accettazione, salva e impregiudicata *medio tempore* la facoltà di revoca del proponente. Quindi, nel caso della proposta irrevocabile, viene meno il rischio della revocabilità durante il periodo che va dalla formulazione della proposta alla scadenza del termine che fissa il certo tempo della corrispondente irretrattabilità. Nell'arco di tempo individuato, infatti, la revoca è senza effetto e il destinatario della proposta (potenziale accettante) può contare su un lasso temporale durante il quale non deve porsi il problema del possibile sopraggiungere della revoca, ricevendo così una posizione di indubbio vantaggio.

Dubbia è, tuttavia, l'individuazione di una appropriata soluzione laddove, scaduto il termine di irrevocabilità, debba stabilirsi se la proposta perde totalmente efficacia o diviene una proposta semplice, senza dunque predeterminazione temporale di vigenza e affidata pertanto alle regole (ordinarie) degli artt. 1326 e 1328 c.c. Si tratta cioè di verificare tra le due possibili alternative quale di esse traduca una soluzione di senso, con alla base valide argomentazioni. Per un verso, infatti, la prospettiva che possa riprendere vigore una proposta semplice, rimettendo dunque, per così dire, in pista il potenziale accettante, troverebbe fondamento nel concluso periodo di irrevocabilità e, dunque, nella diversa funzione assegnata al termine dall'art. 1329 c.c., che sarebbe pertanto sostituito dalla regola ordinaria di cui agli artt. 1326 e 1328 c.c. (proposta sempre revocabile). Per altro verso, tuttavia, occorrerebbe interrogarsi sulle ragioni che dovrebbero far presumere, una volta venuta meno la irrevocabilità, la permanenza della volontà negoziale del proponente, potendosi tradurre piuttosto il termine assegnato ai fini della irrevocabilità della proposta anche quale termine massimo di vigenza della propria disponibilità a concludere il contratto per il tramite della ricevuta (per tempo) accettazione.

D'altro canto la regola dell'art. 1328 c.c., per come letteralmente formulata, pone il proponente in una posizione più favorevole dell'accettante, perché la proposta può essere revocata finché il contratto non sia concluso, cioè sino a quando il proponente non abbia avuto conoscenza dell'accettazione secondo le regole ricavabili dal sistema di cui agli artt. 1334 e 1335 c.c. [(9)]. Il proponente, pertanto, potrebbe revocare la proposta fino al momento precedente la acquisita conoscenza dell'avvenuta accettazione, anche se quest'ultima fosse stata inviata prima della revoca della proposta. Tuttavia, per temperare questa diversa posizione delle due parti, posto che l'accettazione può essere revocata purché la revoca giunga a conoscenza del proponente prima dell'accettazione, se l'accettante ha intrapreso in buona fede l'esecuzione prima di avere notizia della revoca, il proponente è tenuto a indennizzarlo delle spese sostenute e delle perdite subite per l'iniziata esecuzione del contratto (secondo quanto testualmente previsto dall'art. 1328, comma 1, seconda parte, c.c.). La revoca della proposta è, dunque, egualmente efficace; l'indennizzo correlativamente disposto a beneficio dell'accettante ha peraltro senso solo immaginando che il legislatore abbia voluto tutelare sì il proponente garantendogli comunque l'efficacia della revoca, anche se l'accettante non ne ha avuto notizia, ma abbia provveduto altresì a riequilibrare, dal punto di vista economico, la posizione dell'accettante che, in buona fede, ha iniziato l'esecuzione del contratto. In tal senso appropriatamente si evidenzia che non si è in presenza «di un'obbligazione risarcitoria conseguente ad un comportamento illecito, ma di un'obbligazione indennitaria come tale scaturente da un contegno in sé lecito e tuttavia fonte di danno o pregiudizio economico» [(10)]. L'indennizzo è dunque il prezzo della posizione poziore del proponente revocante, essendo stabiliti tempi diversi per la efficacia della revoca dell'accettazione rispetto a quanto previsto per la efficacia della revoca della proposta. Sulla base di questi rilievi appare allora forse difficile sostenere la permanenza della proposta una volta scaduto il fissato termine di irrevocabilità.

[(9)] La questione concernente il significato da assegnare al termine «revocata» di cui all'art. 1328, comma 1, c.c., se cioè debba intendersi ai fini della relativa efficacia che la dichiarazione del proponente sia pervenuta alla controparte o sia stata (semplicemente) emessa o (almeno) indirizzata è stata recentemente ripresa e appropriatamente esaminata da U. SALANITRO, *Ritorno a Gorla. Revoca della proposta e risarcimento del danno*, in *Annuario del contratto*, diretto da A. D'Angelo e V. Roppo, Torino, 2016, p. 123 ss.

[(10)] C. TURCO, *Diritto civile*, I, Torino, 2014, p. 455.

CAPITOLO VIII
LA FORMAZIONE PROGRESSIVA DEL CONTRATTO

SOMMARIO: 1. La costruzione a tappe del contratto. – 2. Accordi preparatori e contratti preparatori. – 3. Il patto di preferenza (o prelazione). Cenni descrittivi. – 4. (*Segue*). I problemi di disciplina. – 5. L'inquadramento della prelazione convenzionale. – 6. L'incidenza del meccanismo preferenziale nella circolazione dei beni. – 7. Il patto d'opzione. – 8. (*Segue*). Opzione e prelazione. – 9. Il contratto preliminare. Origini e sviluppo. – 10. (*Segue*). Disciplina codicistica e legislazione speciale. – 11. La sequenza contratto preliminare-contratto definitivo. Orientamenti dottrinali e applicazioni giudiziali. – 12. Contratto preliminare, opzione e prelazione. – 13. Il contratto preliminare di preliminare (o pre-preliminare). – 14. La trascrizione del contratto preliminare. Gli ordini di problemi. – 15. I tratti essenziali della nuova regolamentazione. Il carattere prenotativo della trascrizione. – 16. (*Segue*). Gli atti assimilati al contratto definitivo e il termine di efficacia della trascrizione. – 17. (*Segue*). I rapporti con i creditori. – 18. La promessa di acquisto di immobili da costruire.

1. *La costruzione a tappe del contratto*

L'espressione «formazione progressiva (o successiva) del contratto» risale a illustre dottrina che aveva ravvisato i tratti caratterizzanti il fenomeno rispetto al (e nel quadro del) possibile epilogo in ordine alla instaurata relazione finalizzata al raggiungimento dell'accordo. Al riguardo, infatti, veniva rilevato che «Quando (...) le parti si sono accordate su quei punti essenziali, che costituiscono il contenuto minimo del contratto, il contratto, come si disse, è nato. Può essere che i contraenti si contentino di ciò: si rimettano dunque, per il regolamento del rapporto, su tutti gli altri punti, alla legge, all'uso o all'equità ... Ma può essere anche che, invece, in un momento di maggiore tranquillità, vi ritornino su per completare, con una specie di *supplemento di convenzione*, disciplinando un maggior o minor numero di punti accessori, il loro accordo» [1].

Quando dunque si discute, anzitutto, di formazione del contratto occorre riferirsi, in termini assolutamente generali, a quel complesso fenomeno (del quale si è dato conto, sia pure in parte, in precedenza) al cui interno possono collocarsi tutte le (distinte e possibili) fasi che precedono il momento di raggiungimento dell'accordo. È solo quest'ultimo a segnare (per l'appunto) la conclusione del contratto, dunque la determinazione del regolamento di interessi e, correlativamente, l'instaurazione del definitivo vincolo giuridico tra le parti stipulanti. Si tratta, pertanto, di una espressione molto lata (anche se tecnicamente appropriata), a cui del resto si richiama specificamente lo stesso legislatore, allorquando, nella previsione contenuta nell'art. 1337 c.c. (rubricato «Trattative e responsabilità precontrattuale»), si determina l'arco temporale (per l'appunto «nello svolgimento delle trattative e nella formazione del contratto») a cui viene riferito l'obbligo delle parti di comportarsi secondo buona fede. L'aggettivo «progressiva (o successiva)» risponde, poi, all'idea di un percorso di formazione, attinente in particolare al contenuto del contratto, che «si sviluppa da accordi relativi a determinati elementi fino a concludersi, appunto, nella definizione della regola contrattuale, il cui *iter* formativo, pertanto, può risultare semplice o complesso, variamente articolato in una o più fasi, con valenze e funzioni giuridiche diverse, nella unitaria prospettiva degli effetti negoziali finali» [2]. Risulta allora evidente che alla (e in ragione della) dilatazione temporale della procedura necessaria per la definizione del complessivo assetto di interessi (a differenza della immediata conclusione del contratto) corrispondono tutta una serie di situazioni (più o meno articolate) che costituiscono oggetto di attenzione da parte dell'interprete per coglierne (unitamente ai corrispondenti profili di qualificazione giuridica) significato e valenza.

Al riguardo, pur essendo certamente condivisibile la stretta connessione tra lo svolgimento delle trattative e la formazione del contratto

---

(1) F. CARNELUTTI, *Formazione progressiva del contratto*, in *Riv. dir. comm.*, 1916, II, p. 315.

(2) V. RICCIUTO, *La formazione progressiva del contratto*, in *I contratti in generale*, I, a cura di E. Gabrielli, in *Trattato dei contratti*, diretto da P. Rescigno, 1999, p. 152.

(peraltro normativamente fondata), appare comunque altrettanto indiscutibile che il tema in esame presenta particolare interesse in ragione delle possibili questioni che esso pone [(3)]. Si tratta, ovviamente, di un vasto campo di indagine, rispetto al quale ci si soffermerà, con ciò compiendo una precisa scelta di analisi, su quella tipologia di accordi che appaiono espressione, nell'esercizio dell'autonomia dei privati, di scelte finalizzate alla instaurazione di un vincolo strumentale con portata contrattuale, finalisticamente orientato dunque a raggiungere il momento conclusivo della complessa vicenda negoziale. Da questo punto di vista, al fine di appropriatamente delimitare l'oggetto della disamina, sarà assunto come termine di riferimento l'autorevole richiamo alla distinzione tra il profilo della formazione progressiva del contenuto contrattuale e quello della formazione progressiva della fattispecie contrattuale [(4)]. Sarà proprio l'ultimo dei due profili indicati a rappresentare lo specifico tema di approfondimento, dopo qualche rapida e sommaria indicazione sul primo.

2. *Accordi preparatori e contratti preparatori*

All'interno della richiamata segmentazione o sequenza negoziale possono essere comprese diverse ed eterogenee tipologie di atti, alla cui (comune) funzione (rispetto, in termini generali, al percorso negoziale) corrisponde un (differente) valore giuridico (rispetto alla specifica rilevanza effettuale). Riprendendo allora quanto prospettato da autorevole dottrina è possibile distinguere, per quel che qui rileva, tra accordi preparatori e contratti preparatori [(5)]. Quanto ai primi, ossia gli accordi

---

(3) Una pregevolissima e approfondita disamina si deve a G.B. FERRI, *In tema di formazione progressiva del contratto e di negozio formale «per relationem»* e *Considerazioni sul problema della formazione del contratto*, entrambi ora in *Saggi di diritto civile*[2], ristampa riveduta e corretta, Rimini, 1994, rispettivamente pp. 281 ss. e 303 ss.

(4) È il pensiero di G. GABRIELLI, *Il rapporto giuridico preparatorio*, Milano, 1974, p. 7 ss.

(5) Il riferimento è alla ricostruzione di A. DI MAJO, *Vincoli, unilaterali e bilaterali, nella formazione del contratto*, in *Istituzioni di diritto privato*[20], a cura di M. Bessone, Torino, 2013, p. 549 ss.

preparatori, essi non assurgono al carattere di contratti, quale espressione cioè di un assetto di interessi di natura definitiva in grado di rappresentare il regolamento contrattuale finale. Si tratta in buona sostanza, salvo a breve meglio specificare, di ipotesi «in cui le parti, proprio per agevolare la trattativa impedendo che sui singoli punti si debba ritornare, fissino o puntualizzino con carattere impegnativo singoli aspetti (cosiddetti accordi di puntuazione o minutazione). Generalmente trattasi di accordi sugli aspetti essenziali, riservandosi le parti di discutere ancora delle modalità meno importanti» [6]. Quanto, invece, ai secondi, ossia i contratti preparatori, essi costituiscono espressione di un assetto di interessi che assume un duplice tratto di definitività, sia in ordine al relativo contenuto (idoneo e bastevole) sia in ordine alla successiva conclusione del contratto (definitivo). Si tratta di due aspetti strettamente correlati nella misura in cui essi traducono la autosufficienza dell'instaurata relazione in grado, allo stesso tempo e proprio per questo, di evolvere in situazione finale in virtù dell'introdotto vincolo alla conclusione del contratto. Ciò è peraltro affidato a strumenti distinti, che si riflettono sulle diverse tecniche di produzione degli effetti definitivi, come è nel caso del patto di opzione e del contratto preliminare, mentre diversamente è da dirsi rispetto al patto di preferenza o prelazione.

Pertanto, negli accordi preparatori manca un diritto al contratto, non attribuendo tali tipologie di negozi una situazione giuridica soggettiva autonomamente azionabile per consentire la conclusione del procedimento di formazione del contratto. Il contratto preparatorio, invece, assicura situazioni giuridiche soggettive autonomamente azionabili in grado di chiudere, in via definitiva, l'introdotto procedimento negoziale. Correlativamente, gli accordi preparatori determinano, in caso di violazione, responsabilità precontrattuale; diversamente, almeno in termini generali, dovrebbe ritenersi per i contratti preparatori.

Nell'area degli accordi preparatori vengono ricondotte tradizionalmente, tra le altre, la lettera di intenti e la minuta o puntuazione. Solo per comprendere il rilievo di questi atti è possibile riferirsi, quanto alla prima (lettera di intenti), alle lettere di *patronage*, particolarmente diffuse nell'ambito dei rapporti societari infragruppo, allorché la società controllante «sponsorizza» la società controllata ai fini, per esempio,

---

[6] A. DI MAJO, *Vincoli, unilaterali e bilaterali*, cit., p. 549.

dell'accesso al credito bancario. Quanto, invece, alla seconda (minuta o puntuazione) può evidenziarsi come essa rappresenti una fattispecie attraverso la quale le parti fissano determinati punti formatisi nel corso delle trattative, all'interno dunque di un'area corrispondente a quella della responsabilità precontrattuale, nel cui contesto va allora esaminata in relazione al ruolo che può svolgere. Un tale tipo di accordo, infatti, attesta un certo stato di avanzamento delle trattative. Pertanto, nella ipotesi in cui la parte non volesse riconoscere più quello stato di avanzamento delle trattative e rompesse immotivatamente il processo di formazione della comune volontà negoziale, la sussistenza dell'intervenuta formalizzazione di taluni punti (su cui si è trovata l'intesa) potrebbe provare la scorrettezza dell'altra parte (ossia la violazione dell'obbligo di buona fede *ex* art. 1337 c.c.), in termini dunque di rilevanza probatoria (escludendo ovviamente un qualsiasi diritto al contratto). Siamo dunque chiaramente di fronte a ciò che in precedenza si è indicato come procedimento di formazione del contenuto contrattuale attraverso possibili fasi progressive o successive.

Nell'area dei contratti preparatori, che appartengono al procedimento di formazione della fattispecie contrattuale, vengono tradizionalmente ricompresi, come già evidenziato, il contratto preliminare e il patto d'opzione; dubbia è invece la relativa riconducibilità del patto di preferenza o prelazione quanto alla conclusione del contratto. La successiva disamina prenderà allora in considerazione tutte e tre le tipologie di atti menzionati per tratteggiarne struttura e funzione, delineandone così i caratteri distintivi. L'ordine che si seguirà sarà determinato dalla ritenuta crescente intensità del vincolo creato attraverso la stipula di ciascuno di questi atti. Costituirà pertanto oggetto di immediata analisi la prelazione, quindi il patto di opzione e, infine, il contratto preliminare.

3. *Il patto di preferenza (o prelazione). Cenni descrittivi*

Con il termine prelazione viene generalmente indicato e individuato il diritto a essere preferito ad altri nella conclusione di un determinato contratto o, più specificamente, come per lo più accade, nell'acquisto di un determinato oggetto, per il caso che il proprietario intenda alienarlo, e dunque con riferimento alla trasmissione del diritto di proprietà di una cosa determinata, a parità di condizioni offerte dal terzo [7]. Tale diritto di preferenza può trovare diverso fondamento, potendo essere acquisito in virtù della legge o di un atto di autonomia privata; quest'ultimo, a propria volta, può tradursi in un contratto, un testamento o una promessa unilaterale, rispetto a cui la prelazione si pone come clausola accessoria, pur potendo derivare da un negozio autonomo. Il soggetto concedente la prelazione, sul quale dunque grava l'obbligo di preferire, rimane pienamente libero di decidere se e quando concludere il contratto. Solo nel caso in cui egli deciderà in questo senso sarà obbligato, a parità di condizioni, a preferire il titolare del diritto di preferenza [8], introducendo pur sempre un meccanismo relazionale, ossia, rispetto all'iniziativa del preferente, tra il preferito e il terzo. Tratti caratteristici della figura in esame appaiono allora essere, oltre la parità di condizioni, che l'alienazione rispetto alla quale venga prefigurato e operi il diritto di prelazione sia un'alienazione a titolo oneroso, a cui corrisponda cioè una prestazione corrispettiva; che tale prestazione sia fungibile, nel senso che possa essere procurata indifferentemente all'alienante sia dal terzo aspirante acquirente sia dall'avente diritto alla prelazione [9].

Richiamando in questa sede più specificamente l'attenzione sulla preferenza assicurata attraverso la stipulazione di un apposito patto, quantunque talune indicazioni possano certamente assumere valenza generale, può preliminarmente evidenziarsi che la individuazione del contenuto dell'obbligo di preferire rappresenta una delle questioni più dibattute. Ciò, non tanto per la identificazione dell'atto a cui è tenuto il soggetto passivo del rapporto, costituito dalla cosiddetta *denuntiatio*, ossia la comunicazione inviata dal concedente al beneficiario della prelazione (prelazionario) di essere addivenuto, sulla base di una propria iniziativa o dell'iniziativa assunta da un terzo, alla decisione di concludere il contratto, quanto piuttosto per la necessità di precisare a quali condizioni si renda operante il diritto a essere preferito. Si può al ri-

---

[7] In tal senso L.V. MOSCARINI, *Prelazione*, in *Enc. dir.*, XXXIV, Milano, 1985, p. 981.

[8] In giurisprudenza Cass., 13 maggio 1982, n. 3009, in *Giust. civ.*, 1982, I, p. 3085, con nota di E. PEREGO, *Effetti verso i terzi e durata del patto di prelazione* e in *Giur. it.*, 1983, I, 1, c. 1537; nonché Cass., 28 luglio 1983, n. 5213, in *Foro it.*, 1983, I, c. 2770.

[9] Al riguardo L.V. MOSCARINI, *Prelazione*, cit., p. 981; G. VETTORI, *Efficacia ed opponibilità del patto di preferenza*, Milano, 1988, p. 116.

guardo individuare, genericamente, un contenuto minimale del vincolo obbligatorio rappresentato dalla circostanza che, come rilevato da autorevole dottrina, «il concedente *è tenuto a fare quanto normalmente occorre, secondo l'ordinario diligenza, per soddisfare l'interesse del prelazionario ad essere preferito al terzo*» (10). Tale interesse, dunque, traduce (ed esaurisce) la funzione del patto, consistente, per l'appunto, nell'assicurare «ad una parte il vantaggio della preferenza rispetto ad altri eventuali contraenti» (11).

Il nucleo sostanziale unitario di questa situazione consiste dunque in un obbligo di una parte di preferire l'altra in un certo contratto se e in quanto si addiverrà alla relativa stipulazione (12). Sotto questo profilo la giurisprudenza ha ritenuto, proprio in tema di prelazione volontaria, che l'obbligazione di preferire «ha un duplice aspetto: uno positivo che consta dell'obbligo della *denuntiatio* al promissario della proposta contrattuale, ed uno negativo che si risolve nell'obbligo di non concludere il contratto con terzi prima della scadenza del prescritto, o comunque congruo, *spatium deliberandi* concesso al promissario» (13). Delle due obbligazioni, peraltro, «quella che assume effettiva rilevanza e il cui inadempimento può ledere il diritto del contraente preferito è soltanto la seconda (dovere di astensione), dal momento che il promittente, non libero di vendere ad altri, è libero però di non vendere a nessuno» (14).

Proprio in considerazione di ciò è possibile individuare nella denunzia (ossia nella comunicazione inviata al prelazionario) non l'obbligo primario del concedente, quanto piuttosto un comportamento (con tratti di strumentalità) attraverso il quale è possibile soddisfare l'in-

---

(10) C.M. BIANCA, *Diritto civile*, 3, *Il contratto*[3], Milano, 2019, p. 239.

(11) C.M. BIANCA, *Diritto civile*, 3, cit., p. 236.

(12) In tal senso G. VETTORI, *Efficacia ed opponibilità*, cit., p. 58 s.

(13) Cass., 22 luglio 1993, n. 8199, in *Vita not.*, 1994, p. 217; similmente, in precedenza, Cass., 13 maggio 1982, n. 3009, cit., p. 3085 e c. 1537; Cass., 1° aprile 1987, n. 3124, in *Arch. civ.*, 1987, p. 843 s. In merito, ossia sul contenuto dell'obbligo assunto (negativo o positivo), altresì, rispettivamente, Trib. Monza, 3 maggio 1999, in *Contratti*, 1999, p. 893, con nota di G. BONILINI, *Prelazione volontaria e pluralità di prelazionari* e Cass., 26 febbraio 1988, n. 2045, in *Nuova giur. civ. comm.*, 1989, I, p. 29 e spec. p. 32, con nota di G. PASSAGNOLI, *Natura e struttura della prelazione convenzionale*.

(14) Cass., 23 gennaio 1975, n. 265, in *Foro it*, 1975, I, c. 839; analogamente, sul punto, Cass., 13 maggio 1982, n. 3009, cit., p. 3085 e c. 1538.

teresse del beneficiario della prelazione a essere preferito nell'alienazione [15], nella misura in cui viene consentito a quest'ultimo (rendendolo attuale) l'esercizio del proprio diritto.

4. (Segue). *I problemi di disciplina*

La prelazione volontaria e, per essa, l'indagato patto di preferenza trovano fondamento nell'autonomia privata. A fronte, peraltro, di quanto in precedenza rappresentato in ordine ai relativi tratti caratterizzanti e alla specifica funzione svolta, deve corrispondentemente riscontrarsi una sostanziale assenza di regolamentazione. Può però a quest'ultimo riguardo parimenti rilevarsi la sussistenza di una previsione (contenuta nella disciplina dei singoli tipi contrattuali), ossia l'art. 1566 c.c. (per l'appunto rubricato «Patto di preferenza»), ai cui sensi «Il patto con cui l'avente diritto alla somministrazione si obbliga a dare la preferenza al somministrante nella stipulazione di un successivo contratto per lo stesso oggetto, è valido purché la durata dell'obbligo non ecceda il termine di cinque anni. Se è convenuto un termine maggiore, questo si riduce a cinque anni. L'avente diritto alla somministrazione deve comunicare al somministrante le condizioni propostegli da terzi e il somministrante deve dichiarare, sotto pena di decadenza, nel termine stabilito o, in mancanza, in quello richiesto dalle circostanze o dagli usi, se intende valersi del diritto di preferenza».

Si tratta, allora, di verificare la rilevanza dell'indicato riferimento normativo onde stabilire se, potendosi individuare nello stesso un modello di carattere generale (o, comunque, generalizzabile), sia possibile ravvisare (o desumere) una serie di regole di disciplina utili per la soluzione delle questioni che pone la riconosciuta preferenza. Laddove, invece, l'art. 1566 c.c. dovesse ritenersi regola particolare, come tale non suscettibile di generalizzazione, dovranno allora richiamarsi dati normativi di carattere sistematico attraverso i quali appropriatamente approcciarsi nella disamina dei corrispondenti ordini di problemi.

---

[15] In termini C.M. BIANCA, *Struttura del negozio di prelazione ed opponibilità ai terzi*, in *Prelazione e retratto*, a cura di G. Benedetti e L.V. Moscarini, Milano, 1988, p. 557.

Preliminarmente non può omettersi di evidenziare che il contratto di somministrazione, ignoto (almeno come tipo contrattuale) al codice civile del 1865 (nel segno, peraltro, della comune tradizione francese), era certamente tuttavia sotteso alla disciplina del codice di commercio del 1882, che infatti reputava atti di commercio «le imprese di somministrazioni» (art. 3, n. 6), confermando peraltro quanto già previsto dal codice di commercio del 1865 secondo cui erano atti di commercio «le imprese di somministrazioni» (art. 2, n. 3). Nella successiva unitaria regolamentazione del codice civile del 1942 sarebbe stato riservato al contratto in esame un apposito (nuovo) spazio (capo V, «Della somministrazione», artt. 1559 ss. c.c.) nell'àmbito della trattazione (a partire dal titolo III del libro IV) dei singoli contratti [(16)].

Quanto, poi, alla specifica previsione di cui all'art. 1566 c.c. si è rilevato che essa contempla l'unica ipotesi di prelazione convenzionale espressamente disciplinata dal codice civile [(17)], ricavando da ciò la considerazione che manca nel nostro ordinamento una normativa generale in tema di preferenza volontaria [(18)]. Ciò, a differenza di quanto avviene «nel diritto tedesco che tipicizza sia il diritto di prelazione nell'acquisto dei diritti su beni immobili (*Vorkaufsrecht*) con efficacia reale, sia il patto di preferenza a mero carattere obbligatorio (*Vorkauf*)» [(19)]. Del resto, come efficacemente evidenziato, «sotto l'aspetto sistematico, appare davvero poco plausibile che il legislatore abbia inteso di dettare una disciplina generale del patto di prelazione inserendola fra le norme che regolano il contratto di somministrazione: la collocazione naturale della disciplina generale del patto di prelazione avrebbe invece dovuto esse-

---

[(16)] Chiare indicazioni riassuntive in O. CAGNASSO, *Somministrazione (contratto di)*, in *Digesto disc. priv. (sez. comm.)*, XIV, Torino, 1997, p. 467 s.; con ulteriore approfondimento, più di recente, R. BOCCHINI, *Della somministrazione*, in *Comm. cod. civ.*, diretto da E. Gabrielli, *Dei singoli contratti*, a cura di D. Valentino, *Artt. 1548-1654*. Torino, 2011, *sub* art. 1559, p. 165 ss.

[(17)] In tal senso O. CAGNASSO, *La somministrazione*, in *Trattato di diritto privato*, diretto da P. Rescigno, 11, Torino, 1984, p. 416; ID., *Somministrazione*, cit., p. 472; similmente, da ultimo, M.F. CAMPAGNA, *Patto di preferenza nella somministrazione*, in M. CONFORTINI, *Clausole negoziali. Profili teorici e applicativi di clausole tipiche e atipiche*, Milano, 2017, p. 638.

[(18)] Per la dottrina G. BONILINI, *La prelazione volontaria*, Milano, 1984, p. 8; in giurisprudenza Cass., 19 agosto 1964, n. 2332, in *Foro it.*, 1964, I, c. 273.

[(19)] Trib. Vallo della Lucania, 15 maggio 1990, in *Foro it.*, 1991, I, c. 2551.

re, com'è ovvio, fra le norme generali sul contratto, ove, del resto, sono collocate le discipline del contratto preliminare e del patto di opzione»[20].

L'esame di questa fattispecie di prelazione in materia di contratto di somministrazione, vista come produttiva di una restrizione alla concorrenza, ha portato a individuare in essa un intento protezionistico con funzione negativa, in una condivisa prospettiva di generalizzazione di questo risultato con riguardo alla preferenza, il cui contenuto, dunque, sarebbe quello di impedire la conclusione con altri, diversi dal preferito[21]. Allo stesso tempo, tuttavia, si è ritenuto che la previsione contenuta nell'art. 1566 c.c. non abbia un'efficacia disciplinatrice che possa estendersi a tutte le ipotesi di prelazione convenzionale[22]. Si è in merito rilevato che l'unico dato precettivo che tale disposizione consegna ai consociati è rappresentato dalla previsione del «termine quinquennale che discrimina il patto di preferenza valido da quello che, invece, per essere stato convenuto per durata superiore, è riprovato dalla legge per cui la stessa automaticamente riduce quella durata»[23]. La previsione normativa in oggetto, del resto, si ritiene valida solo nell'ambito della somministrazione, trattandosi di norma evidentemente eccezionale[24]. A tal riguardo, infatti, si precisa che «la norma dell'art. 1566 c.c., ribadendo il limite quinquennale di durata, si presenta come applicazione

---

(20) L. PELLEGRINI, *Sulla durata del patto di prelazione*, in *Riv. arbitrato*, 1994, p. 581.

(21) In merito G. BONILINI, *La prelazione volontaria*, cit., p. 26 ss., con riferimento anche ad altre ipotesi di preferenza.

(22) Sul punto G. BONILINI, *La prelazione volontaria*, cit., p. 48 ss.; L. PELLEGRINI, *Sulla durata del patto di prelazione*, cit., p. 581 s.; in senso contrario, in giurisprudenza, Trib. Brescia, 2 dicembre 1969, in *Giur. it.*, 1970, I, 2, c. 398; per la dottrina, sia pure risalente, R. CORRADO, *La somministrazione*², in *Trattato di diritto civile*, diretto da F. Vassalli, Torino 1954, p. 250 ss.; C. SARASSO, *In tema di prelazione negoziale*, in *Giur. it.*, 1968, I, 1, c. 720 s.

(23) G. BONILINI, *La prelazione volontaria*, cit., p. 49.

(24) In tal senso G. BONILINI, *La prelazione volontaria*, cit., p. 51; adesivamente, da ultimo, M.F. CAMPAGNA, *Patto di preferenza*, cit., p. 638, evidenziando il collegamento tra il disposto termine e la particolarità del contratto di somministrazione; diversamente, per la giurisprudenza, Trib. Brescia, 2 dicembre 1969, cit., c. 398; per la dottrina C. SARASSO, *Lineamenti del patto di prelazione*, edizione provvisoria, Milano, 1968, p. 51; ID., *In tema di prelazione negoziale*, cit., c. 720, sia pure con riferimento ai principi espressi dall'art. 1566, comma 2, c.c.

particolare, alla fattispecie del patto di prelazione, della disciplina generale stabilita dall'art. 2596 c.c., il che comporta altresì l'applicabilità di quest'ultima norma per i profili che arricchiscono il contenuto precettivo dettato per il patto di prelazione nella somministrazione, primo fra tutti quello relativo alla necessità della forma scritta *ad probationem* ove il patto sia concluso fra imprenditori» (25). La conseguenza di questa ricostruzione è la ritenuta applicazione della disciplina tracciata dall'art. 1566 c.c. «solo dove risulti, in sede di interpretazione dello scopo perseguito dalle parti ed in considerazione della qualità delle stesse, che il patto di prelazione sia stato stipulato in funzione limitativa della concorrenza, mentre sembra del tutto arbitrario applicare – al di là dei limiti del procedimento analogico – una norma dettata in sede di disciplina di un contratto nominato ad un diverso contratto» (26). In senso conforme, peraltro, giurisprudenza datata ha precisato l'inapplicabilità della disciplina contenuta nell'art. 1566 c.c., in merito alla durata quinquennale del patto di preferenza, al contratto di compravendita (27), atteso che «il limite di cinque anni, fissato invece dall'a. 1566 c.c. per il contratto di somministrazione, si spiega con l'esigenza di evitare che il commercio e la concorrenza si comprimano o paralizzino attraverso una durata indeterminata o eccessiva del patto di prelazione; *ratio* questa che non può ritenersi ricorrere in tema di compravendita» (28).

Ora, non vi è dubbio che il patto di preferenza in esame, corrispondentemente al contratto all'interno del quale lo stesso si inserisce, ossia un'operazione negoziale normalmente di impresa, si colloca nella dinamica di una relazione contrattuale in cui almeno uno dei soggetti è sempre professionale (facilmente un imprenditore), mentre il beneficiario della prelazione può essere o meno un soggetto professionale (ma anch'esso di regola, quantunque non necessariamente, un imprenditore). Premesso altresì che il meccanismo della preferenza rappresenta certamente una restrizione alla libertà negoziale attraverso la (convenzionalmente introdotta) limitazione della libertà di scegliere la contro-

---

(25) L. PELLEGRINI, *Sulla durata del patto di prelazione*, cit., p. 582.

(26) L. PELLEGRINI, *Sulla durata del patto di prelazione*, cit., p. 583.

(27) Il riferimento è alle decisioni di App. Napoli, 24 aprile 1972, in *Dir. e giur.*, 1973, p. 890 e App. Milano, 15 settembre 1972, in *Giur. merito*, 1973, I, p. 123.

(28) App. Napoli, 24 aprile 1972, cit., p. 902.

parte contrattuale, non pare da escludere che l'indagine sul relativo patto inserito in un contratto (come quello di somministrazione) normalmente (e naturalmente) collegato all'attività di impresa possa essere correlata con la disamina di un'altra previsione di legge, dettata propriamente in tema di limiti contrattuali alla concorrenza, ossia l'art. 2596 c.c. [(29)]. Effettivamente, al riguardo, il confronto tra quest'ultima previsione e quella dell'art. 1566 c.c. sembra mostrare una sorta di allineamento da parte del legislatore, potendosi ravvisare diverse similitudini, che emergono dallo stesso tenore letterale dell'art. 2596 c.c., con cui per l'appunto si dispone che «Il patto che limita la concorrenza deve essere provato per iscritto. Esso è valido se circoscritto ad una determinata zona o ad una determinata attività, e non può eccedere la durata di cinque anni. Se la durata del patto non è determinata o è stabilita per un periodo superiore a cinque anni, il patto è valido per la durata di un quinquennio» [(30)]. Per un verso, infatti, vi è corrispondenza in ordine alla limitazione temporale di durata del patto (per un massimo di cinque anni), con analogo meccanismo di eventuale riduzione *ex lege*. Per altro verso, poi, stessa corrispondenza (di carattere oggettivo) risulta con riguardo alla limitazione dell'area di operatività, sia per quanto concerne il patto di preferenza (rispetto a una specifica operazione negoziale) sia per quanto attiene al patto limitativo della concorrenza (a una zona o a una determinata attività).

Le rilevate similitudini possono dunque non arbitrariamente ritenersi espressione di un medesimo disegno normativo, in ragione della peculiarità del contesto di azione (le dinamiche dell'attività di impresa) [(31)].

[(29)] Il collegamento tra gli artt. 1566 e 2596 c.c. è pure richiamato da V. ROPPO, *Il contratto*[2], in *Trattato di diritto privato*, a cura di G. Iudica e P. Zatti, Milano, 2011, p. 161, in ordine al (comune) termine (massimo) quinquennale di durata del patto, pur escludendosi (a mio avviso correttamente, proprio in ragione della specialità della relativa disciplina) la possibilità di un'integrazione legale (con quel termine) in ipotesi di patto di prelazione mancante dell'indicazione del termine.

[(30)] Per una recente e puntuale disamina della struttura e della funzione del patto di non concorrenza, regolato in via generale dall'art. 2596 c.c., G. ANDREOTTI, *Clausola di non concorrenza*, in M. CONFORTINI, *Clausole negoziali. Profili teorici e applicativi di clausole tipiche e atipiche*, Milano, 2017, p. 521 ss.

[(31)] In termini generali A. RIZZI, *La somministrazione*, in *I contratti per l'impresa*, I, a cura di G. Gitti-M. Maugeri-M. Notari, Bologna, 2012, p. 310 ss. e spec. p. 313 ss., rileva la sussistenza di disposizioni, come peraltro quella dell'art. 1566 c.c., deputate a

Si deve allora altresì ricavarne la necessaria circoscritta applicazione della regola contenuta nell'art. 1566 c.c. al proprio settore di riferimento, senza pertanto potere compiere alcuna (a questo punto indebita) generalizzazione quanto alla relativa riferibilità operativa. In questa direzione si rileva, a conferma di quanto già in precedenza rappresentato, che il patto di preferenza a favore del somministrante, oggetto della norma in esame, «deve essere inquadrato tra i patti di non concorrenza "verticali" e ciò in virtù del fatto che il patto disciplina la concorrenza non tra le parti del contratto, cosa che avverrebbe nei patti cc.dd. "orizzontali", ma la concorrenza tra l'altra parte del contratto ed i terzi che sono in concorrenza con il somministrante» [32].

5. *L'inquadramento della prelazione convenzionale*

Proprio rispetto al procedimento di formazione (progressiva) della fattispecie contrattuale, all'interno del quale l'attribuzione (e l'eventuale correlativo esercizio) della preferenza si inserisce (anche rispetto al contenuto dell'obbligo scaturente dalla preferenza accordata), assume rilevanza l'inquadramento del titolo convenzionale del diritto di prelazione, ossia il patto di preferenza, con riguardo alla qualificazione o meno in termini di rapporto giuridico preparatorio. Sotto questo profilo l'attenzione si rivolge a quegli istituti negoziali attributivi di un diritto al contratto, come nel caso della proposta irrevocabile, del patto di opzione e del contratto preliminare [33].

---

regolamentare «patti accessori che mettono in diretto contatto le vicende del singolo rapporto con il panorama dei concorrenti attuali o potenziali dell'impresa» (p. 313).

[32] R. Bocchini, *Della somministrazione*, cit., *sub* art. 1566, p. 238, il quale evidenzia, proprio in ragione della riferita natura del patto di preferenza, che il primo problema che si pone «concerne l'applicabilità o meno al patto "anche" dell'art. 2596 c.c. che disciplina patti di non concorrenza». In ordine ai rapporti tra prelazione convenzionale e limiti contrattuali alla concorrenza rinvio, quanto alla richiamata questione se il patto di preferenza, considerato quale patto limitativo della concorrenza in senso verticale, sia disciplinato anche dal disposto di cui all'art. 2596 c.c., a G. Di Rosa, *La prelazione legale e volontaria*, in *I contratti in generale*, III, in *Il diritto privato nella giurisprudenza*, a cura di P. Cendon, Torino, 2000, p. 222 s.

[33] In tal senso G. Gabrielli, *Il rapporto giuridico preparatorio*, cit., p. 47.

In questa prospettiva giustamente è stata escluso dal novero dei negozi richiamati il patto di prelazione, contrariamente tuttavia a quanto ritenuto da autorevole dottrina che ne ha prospettato la ricostruzione in termini di contratto preliminare unilaterale sottoposto alla condizione potestativa dell'assunzione della decisione (da parte del concedente la preferenza) di concludere il successivo contratto [34]. Al riguardo, rinviando a quanto in altra sede più puntualmente rilevato [35], deve ribadirsi la contrarietà all'accostamento del patto di prelazione al contratto preliminare in un rapporto di *species* a *genus*, quale contratto preliminare unilaterale sospensivamente condizionato alla decisione discrezionale e insindacabile del promittente di concludere il contratto. Occorre piuttosto convenire, in primo luogo, con la affermata infondatezza del richiamo all'istituto della condizione, essendosi chiaramente affermato che «il preteso evento condizionante in realtà non è, in quest'ipotesi, un tipico elemento accidentale del negozio (che diviene essenziale solo se ed in quanto apposto), ma è parte della struttura tipica dell'atto e integra l'essenza della fattispecie considerata, né viene ad essere aggiunto in virtù della libera determinazione volitiva delle parti» [36]. Sul punto è stato altresì parimenti rilevato che «la condizione di un contratto non può essere la stessa volontà di contrarre: in difetto di quest'ultima il contratto semplicemente non c'è; condizione può essere soltanto un fatto esterno, di cui è incerta la sussistenza, ma in presenza del quale, una volta che venga accertato, già sussiste la volontà contrattuale» [37]. Può in merito ulteriormente aggiungersi che la prospettata riconduzione al contratto preliminare unilaterale sospensivamente condizionato, rispet-

---

(34) Il riferimento è alla (non isolata) posizione di P. TRIMARCHI, *Istituzioni di diritto privato*[20], Milano, 2014, p. 290, per il quale il patto di prelazione è «un contratto preliminare, perché impegna alla conclusione di un contratto definitivo; ed è un preliminare unilaterale, perché impegna solo il promittente». Si tratta, peraltro, di opinione risalente per la quale, già, D. RUBINO, *La compravendita*, in *Trattato di diritto civile e commerciale*, diretto da A. Cicu e F. Messineo, Milano, 1952, p. 55 s., ove ulteriori riferimenti bibliografici e giurisprudenziali (*ivi*, nt. 49).

(35) Ossia G. DI ROSA, *Circolazione immobiliare e contrattazione preliminare*, in *Riv. dir. civ.*, 2011, II, p. 107 ss.

(36) U. BRECCIA, *Buona fede e prelazione*, in *Foro it.*, 1968, I, c. 2287.

(37) G. GABRIELLI, *I contratti preparatori di trasferimenti immobiliari*, in *Obbl. e contr.*, 2007, p. 590.

to a cui l'avvenimento futuro e incerto (dedotto in condizione) è la volontà del soggetto obbligato, cioè di colui che ha concesso la preferenza, implica la necessaria riconduzione alla previsione dell'art. 1355 c.c. In buona sostanza, è come se si dicesse che il concedente la preferenza concluderà se vorrà (ossia adempirà se vorrà), traducendo una vera e propria condizione meramente potestativa di natura sospensiva, espressamente vietata dall'art. 1355 c.c., il quale statuisce che «È nulla l'alienazione di un diritto o l'assunzione di un obbligo subordinata a una condizione sospensiva che la faccia dipendere dalla mera volontà dell'alienante o, rispettivamente, da quella del debitore».

In secondo luogo va rappresentata la diversità di funzione del patto di prelazione rispetto al contratto preliminare, atteso che il dover preferire lascia il promittente in posizione di assoluta libertà quanto al contrarre o al non contrarre, mentre causa (immediata) del contratto preliminare è l'obbligo di concludere un contratto [38]. Peraltro la stessa giurisprudenza, che pure in precedenza aveva optato per la riconducibilità del patto di prelazione al contratto preliminare unilaterale [39], ha già in passato abbandonato questa prospettiva individuando nel patto di prelazione «un contratto puro, né preliminare né condizionato in senso tecnico (ma, al più, e *lato sensu*, preparatorio o prodromico rispetto al futuro atto dispositivo, ancora incerto, *an*, *quando* e *quomodo*)» [40]. Più di recente, infine, è stata ribadita la non assimilabilità del patto di prelazione al contratto preliminare, rilevando in quest'ultimo un'obbligazione già esistente, quella cioè di concludere il contratto, rispetto al patto di prelazione che non prevede alcun obbligo di futuro trasferimento, quanto piuttosto un mero obbligo di preferire in ordine alla conclusione del contratto [41].

---

[38] In merito G. GABRIELLI, *Il contratto preliminare*, Milano, 1970, p. 329; da ultimo ID., *I contratti preparatori*, cit., p. 590.

[39] Oltre alle risalenti decisioni di Cass., 18 luglio 1952, n. 2263, in *Foro it.*, 1953, I, c. 1297 e Cass., 5 marzo 1954, n. 617, in *Giust. civ.*, 1954, p. 469, successivamente Cass., 13.5.1982, n. 3009, cit., p. 3085 e c. 1537 e Cass., 20 giugno 1986, n. 4116, in *Giur. it.*, 1987, I, 1, c. 1454, con nota di U. VERZONI, *Ancora sulla natura del patto di prelazione*.

[40] Il richiamo è a Cass., 23 gennaio 1975, n. 265, cit., c. 842; similmente Cass., 1° aprile 1987, n. 3124, cit., p. 840.

[41] Si tratta della decisione di Cass., Sez. Un., 23 marzo 2011, n. 6597, in *Giur. it.*,

Alla stessa maniera la posizione giuridica che scaturisce dal patto di preferenza è del tutto differente da quanto giuridicamente riconoscibile in capo al beneficiario dell'opzione, considerato che al momento della concessione della prelazione non è stato affatto definito un assetto di interessi in ordine all'affare a cui è preordinata l'attribuzione della situazione preferenziale.

6. *L'incidenza del meccanismo preferenziale nella circolazione dei beni*

L'attribuito diritto di prelazione modifica il principio secondo cui il singolo è libero di disporre dei propri beni come meglio crede. Tali modifiche incidono sul come e sul se dell'atto dispositivo del privato che appare allora, sia pure per volontà di quest'ultimo, orientato ad un certo regime di circolazione, derogando così al principio che il negozio giuridico rappresenta la più completa espressione della libera volontà del privato [42]. Tale meccanismo, in virtù dell'obbligo di avviso (attuato con la *denuntiatio*), attraverso cui il proprietario che intende alienare rende nota al preferito la propria volontà, comporta «un intervallo di tempo tra il momento in cui il bene viene posto sul mercato e quello in cui esso può essere effettivamente acquistato da un qualsiasi terzo diverso dal soggetto preferito. Questa non immediata disponibilità della proprietà del bene agli occhi di qualsiasi potenziale acquirente, gioca negativamente sul suo valore economico, ancorché la misura di tale incisione varii in modo marcato da un contesto ad un altro» [43].

Proprio in considerazione di ciò la giurisprudenza si è mostrata particolarmente rigorosa nella individuazione del negozio di prelazione, ri-

---

2012, p. 811, con nota di S. GRISERI, *Della prelazione legale e volontaria: struttura del rapporto e opponibilità del diritto "a essere preferiti"*, in ordine alla (giustamente) affermata inammissibilità della trascrizione del patto di prelazione; diversamente, tuttavia, Cass., 29 febbraio 2012, n. 3127, in *Mass. Giust. civ.*, 2012, n. 2, p. 237, che, ritenendo applicabile l'art. 1333 c.c. al patto di prelazione in cui manchi la previsione di un corrispettivo, qualifica lo stesso in termini di contratto preliminare con obbligazioni a carico del solo proponente (dunque unilaterale).

(42) Sul punto A. CATRICALÀ, *Patto di preferenza*, in *Enc. dir.*, XXXII, Milano, 1982, p. 512.

(43) A. GAMBARO, *Il diritto di proprietà*, in *Trattato di diritto civile e commerciale*, diretto da A. Cicu e F. Messineo e continuato da L. Mengoni, Milano, 1995, p. 740.

tenendosi che «la manifestazione di volontà nella quale si estrinseca il negozio giuridico (...) deve corrispondere all'intenzione di assumere un impegno effettivo e vincolante, non essendo sufficiente la generica e vaga assicurazione da parte del dichiarante di adottare un determinato comportamento. Nella specie il giudice di merito ha interpretato la dichiarazione resa dal Moscarelli di «preferire» i ricorrenti in caso di vendita del fondo come una generica assicurazione ispirata a motivi di cortesia e perciò priva di valore giuridico» [(44)].

La attribuita preferenza a favore di un soggetto implica dunque che il concedente non perde la libertà di concludere il contratto, non sussistendo un obbligo a contrarre, ma piuttosto consente una procedimentalizzazione (limitativa) nell'esercizio della propria libertà negoziale. Il preferente, pertanto, è libero di addivenire alla conclusione del contratto, ma laddove decida di concludere il contratto dovrà prima preferire il beneficiario a eventuali terzi nel rispetto della parità di condizioni.

Il tipo di obbligo sussistente in capo al concedente importa conseguenze rilevanti quanto al carattere del diritto di prelazione. Il relativo inserimento pattizio nel contratto (ad esempio di vendita) è ritenuto clausola vessatoria; la corrispondente attribuzione viene considerata atto eccedente l'ordinaria amministrazione a motivo della costituzione di un vincolo non riguardante la semplice conservazione e gestione del patrimonio ma incidente sulla consistenza dello stesso [(45)]. In ordine, specificamente, alla assunzione in termini di clausola vessatoria del patto di prelazione può prendersi in considerazione il richiamo all'àmbito delle restrizioni alla libertà contrattuale nei rapporti con i terzi espressamente menzionato nell'art. 1341, comma 2, c.c. Deve peraltro al riguardo ricordarsi che l'elencazione ivi contenuta non ha un carattere esemplificativo ma tassativo, con la conseguenza che la previsione dell'onere formale della specifica approvazione per iscritto (disposto per le clausole vessatorie espressamente indicate), quale regola di stretta interpretazio-

---

[(44)] Cass., 23 aprile 1980, n. 2665, in *Foro padano*, 1980, I, c. 316.

[(45)] In dottrina F. SANTORO PASSARELLI, *Struttura e funzione della prelazione convenzionale*, in *Riv. trim. dir. proc. civ.*, 1981, p. 699, nt. 5; in senso contrario S. GOLIA, *L'autorizzazione agli atti eccedenti l'ordinaria amministrazione dei benefici ecclesiastici (L'art. 13 l. 27 maggio 1929 n. 848 e il patto di prelazione)*, in *Giust. civ.*, 1976, I, p. 760 s.; per la giurisprudenza, favorevolmente, Cass., 4 aprile 1975, n. 2609, in *Giust. civ.*, 1976, I, p. 752.

ne, non è ritenuta suscettibile di applicazione analogica ma, casomai, solo di interpretazione estensiva [46]. La valutazione in termini di clausola vessatoria della preferenza convenzionale trova allora fondamento nel rilievo secondo cui la preclusione in ordine alla libertà di scelta di scelta dell'altro contraente costituisce una restrizione della libertà contrattuale nei rapporti con i terzi [47]. Se, invece, dovesse diversamente ritenersi, non essendo possibile per l'appunto il ricorso all'analogia, dovrebbe consequenzialmente escludersi la riconducibilità del patto di preferenza alle clausole vessatorie e (coerentemente) la sottoposizione alla relativa disciplina.

Al riguardo può richiamarsi, in termini generali, la posizione di chi, autorevolmente, rileva che «le condizioni generali che restringono la libertà contrattuale nei rapporti coi terzi sono quelle clausole che limitano l'autonomia dell'aderente in ordine alla stipulazione di negozi, alla determinazione del loro contenuto ovvero alla scelta dei contraenti o destinatari dell'atto» [48]. In questo senso si è affermato che la clausola unilateralmente predisposta da una delle parti di un contratto, secondo la quale l'altra parte si obbliga a non vendere nel proprio esercizio commerciale prodotti non provenienti dall'impresa del predisponente, «rientra nel novero delle condizioni che «in ogni caso non hanno effetto se non sono specificamente approvate per iscritto», in quanto «sanciscono a carico dell'altro contraente ... restrizioni alla libertà contrattuale nei rapporti coi terzi» (art. 1341 cit.)» [49]. Pertanto, se è vero che il promittente è libero di non contrarre e, correlativamente, non perde la libera disponibilità dei propri beni, è altrettanto innegabile che «proprio il corretto adempimento dell'obbligo (l'esercizio del potere dispo-

---

[46] Al riguardo, puntualmente, C.M. BIANCA, *Diritto civile*, 3, cit., p. 322 ss.

[47] In merito, per la giurisprudenza, Cass., 29 marzo 1977, n. 1214, in *Giur. it.*, 1977, I, 1, c. 1284 e in *Giust. civ.*, 1977, I, p. 1399; in dottrina A. CATRICALÀ, *Patto di preferenza*, cit., p. 518; U. MORELLO, *Condizioni generali di contratto*, in *Digesto disc. priv. (sez. civ.)*, III, Torino, 1988, p. 340; G. GABRIELLI, *Prelazione (patto di)*, in *Enc. giur. Treccani*, XXIII, Roma, 1990, p. 8; C.M. BIANCA, *Diritto civile*, 3, cit., p. 327, che pure (nella specifica, e precedente, trattazione relativa al patto di prelazione) rileva(va) che esso «comporta un vincolo di alienazione, seppure particolarmente caratterizzato» (p. 241).

[48] C.M. BIANCA, *Diritto civile*, 3, cit., p. 327.

[49] Cass., 29 marzo 1977, n. 1214, cit., c. 1285 e p. 1401.

sitivo nel rispetto delle modalità imposte dal vincolo di prelazione) (...) costituisce naturale ostacolo alla libertà di contrarre con altri che non sia il preferito»[50].

I termini della questione non sembrano mutare alla luce della nuova disciplina delle clausole cosiddette abusive nei rapporti tra professionista e consumatore, originariamente introdotta con gli artt. 1469 *bis-sexies* c.c. e successivamente trasfusa negli artt. 33-38 decreto legislativo 6 settembre 2005, n. 206, recante il codice del consumo. In merito, infatti, così come all'art. 1469 *bis*, comma 3, n. 18, c.c. si prevede(va) la presunzione di vessatorietà fino a prova contraria delle clausole che hanno per oggetto o per effetto di sancire a carico del consumatore restrizioni alla libertà contrattuale nei rapporti con i terzi[51], alla stessa maniera si è disposto con il vigente (e sostitutivo) art. 33, comma 2, lett. t), d.lgs. n. 206/2005. In ogni caso, come noto, l'apposizione di una clausola di tal fatta determina l'inefficacia della stessa e, dunque, la non opponibilità al soggetto sfavorito in caso di mancata specifica sottoscrizione (ai sensi dell'art. 1341, comma 2, c.c.) o in assenza di trattativa individuale (secondo quanto originariamente disposto dagli artt. 1469 *ter*, comma 4 e 1469 *quinquies* c.c., con la successiva conferma ad opera dei corrispondenti sostitutivi artt. 34, comma 4 e 36 d.lgs. n. 206/2005, il quale ultimo ha, peraltro, espressamente introdotto il giudizio di nullità delle clausole considerate vessatorie).

7. *Il patto d'opzione*

L'opzione è oggetto di specifico (e contenutistico) riferimento normativo, atteso che, secondo quanto disposto dall'art. 1331 c.c. (rubricato, per l'appunto, «Opzione»), «Quando le parti convengono che una di esse rimanga vincolata alla propria dichiarazione e l'altra abbia facoltà di accettarla o meno, la dichiarazione della prima si considera quale proposta irrevocabile per gli effetti previsti dall'articolo 1329. Se per

---

[50] A. CATRICALÀ, *Patto di preferenza*, cit., p. 518.

[51] Ma sul discutibile utilizzo della tecnica della presunzione si rinvia a C. CASTRONOVO, *Profili della disciplina nuova delle clausole c.d. vessatorie cioè abusive*, in *Europa e dir. priv.*, 1998, p. 10.

l'accettazione non è stato fissato un termine, questo può essere stabilito dal giudice». L'opzione è pertanto (il risultato di) un patto, ossia una convenzione che genera un vincolo a carico di una parte e un corrispondente diritto a favore di un'altra, essendo la prima vincolata (per il tempo previsto o comunque determinabile) a mantenere ferma, irrevocabile, la propria disponibilità a concludere il contratto a beneficio della seconda che può, per l'appunto, scegliere (ossia optare) di concludere il contratto. Tale schema traduce esattamente dal punto di vista della individuazione (e dello sviluppo) delle situazioni giuridiche che ne scaturiscono il rapporto tra diritto potestativo (situazione giuridica soggettiva attiva e di vantaggio) e soggezione (situazione giuridica soggettiva inattiva e di svantaggio) [52]. Chi, infatti, concede l'opzione si trova in una situazione di soggezione perché ha già determinato in maniera irretrattabile la propria volontà, qualificata per l'appunto dall'ordinamento, quanto agli effetti, come proposta irrevocabile. D'altro canto, il beneficiario dell'opzione (opzionario), ha facoltà di accettarla o meno, potendo cioè attraverso il proprio comportamento determinare la conclusione del contratto, mentre nulla l'altra parte deve e/o può fare per impedire l'esercizio di questo diritto di natura (per l'appunto) potestativa.

Con l'opzione, pertanto, una parte assume l'impegno di mantenere ferma la proposta alle condizioni date, rapportate nel patto d'opzione e costituenti il contenuto dell'eventuale successivo contratto; l'altra parte resta, invece, libera di aderirvi o meno. In tal senso la giurisprudenza evidenzia che costituendo l'opzione un accordo con cui si conferisce all'oblato (ossia all'opzionario) il potere di decidere in ordine alla stipula del negozio, essa postula che il contenuto di questo sia determinato in tutti i suoi elementi [53]. Ciò, anche nell'ipotesi in cui si sia in presenza di una dichiarazione unilaterale con la quale venga attribuita al promissario la facoltà di determinare, con la propria accettazione, la conclusione di un contratto per una durata determinata (trattandosi, nel caso di specie, di un contratto di locazione alberghiera novennale), rispetto a cui per la determinazione del corrispettivo la dichiarazione medesima

---

[52] Al riguardo, di recente, R. FAVALE, *Opzione*, *Art. 1331 c.c.*, in *Il codice civile. Commentario*, fondato da P. Schlesinger e diretto da F.D. Busnelli, Milano, 2009, *sub* art. 1331, p. 90 ss.

[53] Il riferimento è a Cass., 6 maggio 1977, n. 1729, in *Rep. Foro it.*, 1977, voce *Contratto in genere*, n. 88.

faccia riferimento alle condizioni che saranno offerte da terzi [(54)].

La stessa dottrina ha messo in evidenza che l'opzione «dà luogo alla formazione del contratto non secondo lo schema proposta-accettazione ma secondo lo schema particolare contratto di opzione-esercizio del potere di accettazione. In tale sequenza il contratto di opzione determina il contenuto del rapporto finale (che è quindi oggetto dell'accordo delle parti) e rimette la costituzione di tale rapporto ad un atto unilaterale di una di esse» [(55)]. L'opzione, dunque, è un vero e proprio contratto con cui «una parte emette irretrattabilmente la proposta di concludere un ulteriore contratto, sì che la controparte potrà perfezionare, con la propria (e unilaterale) accettazione, questo contratto ulteriore» [(56)].

Una delle questioni che ha maggiormente animato il dibattito concerne la individuazione della differenza tra opzione (art. 1331 c.c.) e proposta irrevocabile (art. 1329 c.c.). Secondo, infatti, la previsione dell'art. 1331 c.c. la dichiarazione della parte che si obbliga (a fronte dell'altra che accetta) si considera come proposta irrevocabile per gli effetti previsti (proprio) dall'art. 1329 c.c., dunque funzionalmente corrispondente a quest'ultima proposta, di derivazione e perfezionamento però unilaterali. Si tratta di stabilire, in altri termini, se la diversa provenienza (o fonte) della irrevocabilità della dichiarazione (unilaterale nel caso di cui all'art. 1329 c.c., bilaterale nell'ipotesi dell'art. 1331 c.c.) abbia un qualche senso e consenta appropriatamente di distinguere le due fattispecie (proposta irrevocabile e patto d'opzione), diverse strutturalmente ma (apparentemente) corrispondenti dal punto di vista degli effetti (appunto la comune irrevocabilità della proposta) [(57)].

Un primo elemento di riflessione è al riguardo costituito dalla ordinaria gratuità della proposta irrevocabile *ex* art. 1329 c.c. e dalla ordina-

---

(54) Si tratta della decisione assunta da Cass., 21 gennaio 1982, n. 402, in *Vita not.*, 1982, I, p. 1235 e in *Foro it.*, 1982, I, c. 1983, che ha escluso la sussistenza di un diritto di prelazione, rinvenendo invece un diritto di opzione.

(55) C.M. BIANCA, *Diritto civile*, 3, cit., p. 233.

(56) R. SACCO, *La preparazione del contratto*, in R. SACCO-G. DE NOVA, *Il contratto*[4], Milano, 2016, p. 1277.

(57) Si seguiranno nel prosieguo il metodo di indagine e la proposta ricostruttiva di R. SACCO, *La preparazione del contratto*, cit., p. 1276 ss.

ria onerosità del patto d'opzione *ex* art. 1331 c.c. Mentre infatti l'area coperta dall'art. 1329 c.c. è normalmente presidiata dalla gratuità, l'area coperta dall'art. 1331 c.c. è normalmente presidiata dalla onerosità, la cui assenza dovrebbe riflettersi sulla necessità di un onere formale rigoroso. In merito si precisa che l'opzione «è stata o sarà pagata con un prezzo o corrispettivo a parte; sì che, a questo specifico titolo, l'offerente consente all'opzionista di ritardare la propria decisione, in modo da concludere o non concludere il contratto a seconda dell'andamento del mercato» (58). Altresì deve rilevarsi che mentre la proposta (unilateralmente) irrevocabile non è cedibile, il patto d'opzione (dal quale scaturisce una proposta irrevocabile ma in quanto contratto) è cedibile nella misura in cui è cedibile il contratto alla cui conclusione il patto medesimo è preordinato, dovendosi ciò escludere in presenza di contratti caratterizzati dall'*intuitus personae*. Tali (sia pur rapide considerazioni) consentono allora di ben differenziare i due istituti (proposta irrevocabile e opzione), non soltanto dal punto di vista della struttura (se una o più dichiarazioni), ma anche in ordine alla diversa valenza che essi traducono e al diverso contesto (anche economico) all'interno del quale si inseriscono. In una direzione non dissimile (dal punto di vista quanto meno dei rapporti tra struttura e funzione) pare peraltro muoversi anche l'individuato criterio distintivo «degli interessi destinati ad assumere rilievo giuridico ai fini della nascita del vincolo» (59), proprio in ragione (nella proposta irrevocabile) della unicità dell'interesse del proponente (a favorire la conclusione del contratto) e (nell'opzione) del necessario contemperamento di interessi contrapposti (derivanti dalla natura contrattuale) (60).

---

(58) R. SACCO, *La preparazione del contratto*, cit., p. 1279.

(59) F. BOTTONI, *Clausola di irrevocabilità della proposta*, in M. CONFORTINI, *Clausole negoziali. Profili teorici e applicativi di clausole tipiche e atipiche*, Milano, 2017, p. 468.

(60) Ciò che giustifica, ad avviso di F. BOTTONI, *Clausola di irrevocabilità della proposta*, cit., p. 468, anche laddove l'opzione «derivi dall'iniziativa di una sola delle parti e si perfezioni *ex* art. 1333 c.c., (che) l'interesse dell'opzionario assume un rilievo giuridicamente qualificato e merita di essere tutelato in maniera più incisiva»

8. (Segue). *Opzione e prelazione*

Quanto, poi, alla differenza rispetto al patto di prelazione, essa appare chiara già nella giurisprudenza meno recente, rilevandosi che il patto di opzione «vincola immediatamente e incondizionatamente il promittente e, dato il carattere definitivo dell'impegno che con esso si pone in essere, viene assimilato nei suoi effetti ad una proposta irrevocabile» (61). Del resto dall'opzione deriva la irrevocabilità della proposta, mentre dalla prelazione nasce soltanto l'obbligo di effettuare la *denuntiatio* che è, comunque, revocabile (62). Con l'opzione, pertanto, il beneficiario può con un proprio comportamento unilaterale provocare la realizzazione dell'interesse sotteso all'intervenuto accordo in virtù della titolarità (come già in precedenza evidenziato) di un vero e proprio diritto potestativo, al quale corrisponde la situazione di soggezione del concedente (63), attesa l'attualità e definitività del vincolo (64). Si tratta, pertanto, di istituti strutturalmente e procedimentalmente differenti, abbisognando la prelazione, «a differenza dell'opzione, (...) di una fase formativa successiva perché dalla semplice, spettante preferenza si raggiunga la partecipazione al negozio» (65). Con l'opzione, pertanto, risulta definito un assetto di interessi la cui autosufficienza ai fini della succes-

---

(61) Cass., 28 agosto 1952, n. 2778, in *Foro it.*, 1953, I, c. 1297 s.; similmente, sul punto, Cass., 21 gennaio 1982, n. 402, cit., p. 1238 e c. 1987.

(62) In merito C. COCCIA, *Sul patto di prelazione e in particolare sulla ammissibilità di una stipulazione senza limiti di tempo*, in *Giur. it.*, 1983, I, 1, c. 1535; V. RICCIUTO, *La formazione progressiva del contratto*, cit., p. 201.

(63) In dottrina G. GABRIELLI, *Il rapporto giuridico preparatorio*, cit., p. 10; ID., *Opzione*, in *Enc. giur. Treccani*, XXI, Roma, 1990, p. 3; E. ROPPO, *Il contratto*, Bologna, 1977, p. 86; E. CESÀRO, *Opzione nel contratto*, in *Enc. dir.*, XXX, Milano, 1980, p. 561; A. CHIANALE, *Opzione*, in *Digesto disc. priv. (sez. civ.)*, XIII, Torino, 1995, p. 140; C.M. BIANCA, *Diritto civile*, 3, cit., p. 233 s.; per la giurisprudenza Cass., 27 giugno 1978, n. 3170, in *Rep. Foro it.*, 1978, voce *Contratto in genere*, n. 82; Cass., 7 maggio 1992, n. 5423, in *Riv. not.*, 1993, p. 168; App. Milano, 11 marzo 1997, in *Corr. giur.*, 1997, p. 805.

(64) In tal senso A. DE MARTINI, *Opzione, proposta ferma, patto di prelazione, pactum de contrahendo*, in *Giur. compl. Corte Cass.*, III, 1947, p. 401; G. BONILINI, *La prelazione volontaria*, cit., p. 133.

(65) Cass., 19 luglio 1991, n. 8046, in *Rass. equo canone*, 1992, 193 e in *Vita not.*, 1992, p. 191.

siva (eventuale) conclusione del contratto (ad opera della parte che decidesse di esercitare il proprio diritto) ne consente la differenziazione rispetto al patto di preferenza. Quest'ultimo, infatti, si inserisce all'interno di un percorso procedimentale connotato da una posizione di assoluta libertà del concedente in ordine alla conclusione del contratto e, proprio per questo, appare caratterizzato dall'assenza di qualsivoglia profilo contenutistico che traduca (future e vincolanti) condizioni contrattuali.

Spesso, peraltro, nella pratica i due istituti possono dar luogo a confusione e la relativa distinzione rappresenta, in concreto, una questione di fatto [66], sebbene si ritenga, in via di diritto, che dall'opzione deriva un impegno, mentre la prelazione genera soltanto un onere [67]. Lo stesso utilizzo di una terminologia impropria può ingenerare facili confusioni, come nel caso, nel settore sportivo, della cosiddetta opzione sui calciatori o, più genericamente, sui giocatori. Questo tipo di accordo, intercorrente tra le società sportive e finalizzato all'acquisto dei giocatori, altro non è, seppure impropriamente qualificato in termini di opzione, che un vincolo di preferenza convenzionale [68], a cui dunque sono applicabili le (diverse) regole relative alla struttura, alla funzione e alle vicende del patto di prelazione.

Un'ipotesi particolare è, poi, contemplata nell'art. 2441, comma 3, c.c. il quale prevede, in materia societaria, che coloro i quali hanno esercitato il diritto di opzione relativamente alle azioni di nuova emissione e alle obbligazioni convertibili in azioni (art. 2441, comma 1, c.c.), purché ne facciano contestuale richiesta [69], hanno diritto di prelazione

---

(66) Al riguardo giurisprudenza risalente, come Cass., 21 luglio 1949, n. 1917, in *Foro it.*, 1949, I, c. 1050 e in *Giur. it.*, 1950, I, 1, c. 36; nonché Cass., 28 febbraio 1950, n. 476, in *Giust. civ.*, 1951, p. 80, con nota di M. D'ORAZI, *Proposta irrevocabile, opzione e prelazione*; in dottrina G. MIRABELLI, *Dei contratti in generale (artt. 1321-1469)*[3], in *Comm. cod. civ.*, IV, 2, Torino, 1980, p. 86.

(67) In questi termini G. MIRABELLI, *Dei contratti in generale*, cit., p. 86; diversamente, sia pure con riferimento a una ipotesi di prelazione legale, ossia il diritto di prelazione del conduttore di immobile destinato ad uso non abitativo, G. DI ROSA, *Note in tema di prelazione urbana. La partecipazione dell'intenzione di vendere e la struttura del diritto del conduttore*, in *Rass. dir. civ.*, 1992, p. 474.

(68) Sul punto A. CATRICALÀ, *Patto di preferenza*, cit., p. 517.

(69) La regola della contestualità, come riferito da A. VICARI, *Diritto di opzione*, in

nell'acquisto delle azioni e delle obbligazioni convertibili in azioni che siano rimaste non optate. In altri termini, dall'esercizio del diritto di opzione nasce un ulteriore diritto di prelazione (70) e non un diritto di opzione di secondo grado (71).

Proprio traendo spunto da questa distinzione terminologica operata dal legislatore, è allora possibile evidenziare la sostanziale differenza tra opzione e prelazione. Nello specifico, infatti, il diritto di opzione *ex* art. 2441, comma 1, c.c. rappresenta un diritto del socio (vecchio azionista) e, in concorso con questi, del possessore di obbligazioni convertibili (sulla base del rapporto di cambio), a essere preferito agli estranei, anche se costoro fossero disponibili a offrire contestualmente condizioni migliori (72), i quali peraltro potranno sottoscriverle (solo

---

Comm. cod. civ., diretto da E. Gabrielli, *Della società – Dell'azienda – Della concorrenza (Artt. 2379-2451)*, a cura di D.U. Santosuosso, Torino, 2015, *sub* art. 2441, p. 1239, si ritiene derogabile, potendo la delibera di aumento prevedere «che le azioni rimaste inoptate vengano offerte dagli amministratori in prelazione entro un certo termine dalla scadenza di quello previsto per l'esercizio del diritto di opzione»; in merito si richiama a supporto (anche) la giurisprudenza, tra cui la decisione di Trib. Catania, 18 luglio 2013, in *Vita not.*, 2013, p. 756, che afferma la validità della delibera di riapertura del termine (in precedenza spirato) per l'esercizio del diritto di opzione e di prelazione sull'inoptato da parte dei soci, anche se adottata dal consiglio di amministrazione a ciò delegato dall'assemblea dei soci e, comunque, a condizione che il nuovo termine, anche se inferiore a trenta giorni, rientri nel termine finale stabilito ai sensi dell'art. 2439, comma 2, c.c.

(70) In tal senso R. WEIGMANN, *Prelazione sui titoli inoptati*, in *Giur. comm.*, 1982, II, p. 608; F. GALGANO, *Diritto civile e commerciale*, III, 2, *L'impresa e le società. Le società di capitali e le cooperative*, Padova, 1990, p. 344; ID., *Trattato di diritto civile*[3], a cura di N. Zorzi Galgano, IV, *Le società in genere. Le società di persone. Le società di capitali. I gruppi di società. Il fallimento e le altre procedure concorsuali*, Padova, 2015, p. 570; E. GINEVRA, *La società per azioni. La struttura finanziaria*, in *Diritto commerciale*, a cura di M. Cian, II, Torino, 2014, p. 264 s., il quale evidenzia che mentre «l'offerta in opzione è da considerare un caso di c.d. prelazione impropria, perché il socio va con essa preferito ad altri rispetto a un **prezzo di emissione** predeterminato dalla società in modo fisso, l'offerta in prelazione sull'inoptato è da considerare soggetta alla regola di parità di condizioni con i terzi, i quali ben potrebbero pertanto offrire un prezzo maggiore per ottenere l'assegnazione delle azioni».

(71) Al riguardo G.B. PORTALE, *Opzione e sopraprezzo nella novella azionaria*, in *Giur. comm.*, 1982, I, p. 213.

(72) In termini U. BELVISO, *Le modificazioni dell'atto costitutivo nelle società per azioni*, in *Trattato di diritto privato*, diretto da P. Rescigno, Torino, 1985, p. 99; secon-

ove) trascorso inutilmente il termine assegnato per l'esercizio dell'opzione, comunque «non inferiore a quindici giorni dalla pubblicazione dell'offerta» (art. 2441, comma 2, c.c.), apparendo dunque estraneo ad esso il principio della parità di condizioni. Viceversa, in senso pertanto differente, la prelazione che sorge dall'esercizio del diritto di opzione *ex* art. 2441, comma 3, c.c. attribuisce al socio il diritto di essere preferito ad altri soggetti a parità di condizioni [73], le quali possono anche essere diverse rispetto a quelle dell'offerta in opzione. Nella prima ipotesi (prevista dall'art. 2441, commi 1 e 2, c.c.) l'attribuzione del diritto di opzione, proprio per la relativa articolazione strutturale, consente al socio con una propria iniziativa unilaterale, ossia con l'esercizio del diritto, l'acquisto delle azioni e delle obbligazioni in oggetto. Nella seconda ipotesi (disciplinata dall'art. 2441, comma 3, c.c.) non sussiste invece alcun potere in tal senso, prevedendosi soltanto un obbligo a carico della società di preferire a parità di condizioni il socio all'estraneo [74].

9. *Il contratto preliminare. Origini e sviluppo*

La storia della contrattazione preliminare affonda le proprie radici in una complessa trama strettamente innervata con il sistema (o, come si vedrà, con i diversi sistemi) di circolazione dei beni. Tale rilievo, a pri-

---

do L.V. MOSCARINI, *Prelazione*, cit., p. 1011, si tratterebbe di un'ipotesi di prelazione legale; similmente O. PROSPERI, *Prelazione e interesse sociale nel tipo «società a responsabilità limitata»*, in *Prelazione e retratto*, a cura di G. Benedetti e L.V. Moscarini, Milano, 1988, p. 461.

[73] Puntualmente U. BELVISO, *Le modificazioni dell'atto costitutivo*, cit., p. 105; P. ADRAGNA, *Prelazione* ex *art. 2441 c.c. – Natura ed efficacia*, in *Prelazione e retratto*, a cura di G. Benedetti e L.V. Moscarini, Milano, 1988, p. 500 ss., individua nelle due ipotesi di cui all'art. 2441, commi 1 e 3, c.c. una sostanziale identica figura di preferenza con analoga tutelabilità *erga omnes*; in senso contrario L.V. MOSCARINI, *Prelazione*, cit., p. 1011, attribuendo, in caso di violazione, tutela reale al cosiddetto diritto di opzione *ex* art. 2441, comma 1, c.c. e, invece, mera tutela risarcitoria alla prelazione *ex* art. 2441, comma 3, c.c.

[74] Si tratta dell'indicazione che proviene da U. BELVISO, *Le modificazioni dell'atto costitutivo*, cit., p. 105.

ma vista singolare, trova fondamento in un duplice ordine di considerazioni, che muovono da una valutazione attuale, che, però, ha un fondamento certamente retrospettivo, rispetto alla stessa prassi negoziale. In primo luogo il contratto preliminare di cui ci si occupa è il contratto preliminare di vendita, legato dunque (e altresì funzionalmente correlato) a un certo tipo di operazione economica, ossia il contratto di vendita quale tipo negoziale preordinato, in termini di schema legale, a realizzare un trasferimento di proprietà. In secondo luogo, quando poi si assume come oggetto di indagine il contratto preliminare di vendita, quest'ultimo appare ulteriormente caratterizzato, secondo tratti di assoluta specificità, dal tipo di bene su cui la contrattazione insiste, ossia un bene immobile. Ciò, ovviamente, non significa che non esistono altri contratti tipici (o meno) a cui il contratto preliminare può risultare collegato, ma è certo che la circolazione immobiliare è l'àmbito di riferimento assolutamente prevalente della contrattazione preliminare. Tale rilievo giustifica pertanto l'attenzione che, in via introduttiva, si riserverà al rapporto tra contratto preliminare e modelli ordinamentali (anche diversi da quello italiano) di organizzazione nella circolazione dei beni, segnatamente nel settore immobiliare [75].

Va preliminarmente evidenziato che, a differenza di quanto rilevato rispetto al patto d'opzione (art. 1331 c.c.) e, in una certa misura, rispetto al patto di preferenza o prelazione (art. 1566 c.c.), il codice civile non contiene una definizione legale del contratto preliminare, nonostante l'esistenza di una disposizione espressamente rubricata «Contratto preliminare» (art. 1351 c.c.), destinata peraltro a disciplinare un certo tipo di problema, quello cioè della forma di tale accordo. Del resto, nemmeno il precedente codice civile del 1865 menzionava siffatto istituto (né, parimenti, contemplava altri contratti cosiddetti preparatori). L'omessa previsione legislativa si giustificava, nel complessivo e articolato sistema di regole deputate ad assicurare la circolazione dei beni, in considerazione dell'adesione al modello francese da parte del codice civile del 1865, modello che espressamente prevedeva il principio «Promessa di vendita vale vendita» (art. 1589 *code civil*), in omaggio al dogma del

---

[75] Per un'articolata e generale disamina sugli effetti della fattispecie contrattuale nei diversi sistemi giuridici, con specifico riferimento alle (differenti) regole circolatorie, P.G. MONATERI, *Contratto e trasferimento della proprietà. I sistemi romanisti*, Milano, 2008.

consenso traslativo e alla eliminazione della scissione tra *titulus* e *modus adquirendi*[76].

Per un verso, infatti, la regola del consenso traslativo implicava, per espressa previsione normativa, che «Nei contratti che hanno per oggetto la traslazione della proprietà o di altro diritto, la proprietà o il diritto si trasmette e si acquista per effetto del consenso legittimamente manifestato, e la cosa rimane a rischio e pericolo dell'acquirente, quantunque non ne sia seguita la tradizione» (art. 1125 c.c. del 1865). Conferma di tale principio generale era poi rinvenibile nella specifica disciplina della vendita, ritenuta «perfetta fra le parti, e la proprietà si acquista di diritto dal compratore riguardo al venditore, al momento che si è convenuto sulla cosa e sul prezzo, quantunque non sia seguìta ancora la tradizione della cosa né sia pagato il prezzo» (art. 1448 c.c. del 1865).

Per altro verso, del resto, risultava superata, proprio alla luce di quanto normativamente statuito, la contrapposizione dei due momenti, quello cioè obbligatorio (che individuava nel contratto la fonte dell'obbligazione di trasferire, ossia il *titulus*) e quello invece traslativo (che individuava nell'atto esecutivo il momento di realizzazione dell'attribuzione in titolarità, ossia il *modus*)[77].

---

[76] Sul punto F. GAZZONI, *Il contratto preliminare*, in *Trattato di diritto privato*, diretto da M. Bessone, XIII, 2, Torino, 2000, p. 565 ss.

[77] Conformemente sarebbe accaduto con la disciplina del codice civile del 1942, il cui art. 1376, rubricato «Contratto con effetti reali», espressamente prevede che «Nei contratti che hanno per oggetto il trasferimento della proprietà di una cosa determinata, la costituzione o il trasferimento di un diritto reale ovvero il trasferimento di un altro diritto, la proprietà o il diritto si trasmettono e si acquistano per effetto del consenso delle parti legittimamente manifestato». Similmente deve dirsi rispetto alle regole in tema di vendita, atteso che l'art. 1470 c.c. dispone che «La vendita è il contratto che ha per oggetto il trasferimento della proprietà di una cosa o il trasferimento di un altro diritto verso il corrispettivo di un prezzo» e il successivo art. 1476, n. 2, c.c. indica, tra le obbligazioni principali del venditore nei confronti del compratore, «quella di fargli acquistare la proprietà della cosa o il diritto, se l'acquisto non è effetto immediato del contratto». Da ultimo si segnala, sia in ordine alla valenza delle scelte del nostro ordinamento, sia in ordine alla ricostruzione storica delle connesse vicende e alla correlativa disamina del rapporto con gli altri sistemi circolatori, F. AZZARRI, *Il principio consensualistico e le regole della circolazione patrimoniale*, in *L'atto pubblico notarile come strumento di tutela nella società dell'informazione*, a cura di P. Sirena, Milano, 2013, p. 33 ss.; in precedenza, rispetto al carattere inderogabile o dispositivo del principio del consenso (immediatamente) traslativo, C. CAMARDI, *Principio consensualistico, produzione e differimento dell'effetto reale. I diversi modelli*, in *Contr. e impr.*, 1998, p. 572 ss.

Pur tuttavia, non essendo stata posta una regola similare a quella dell'art. 1589 *code civil*, si ipotizzava da parte della dottrina la possibilità, appunto, dell'assunzione di vincoli preliminari, alla stessa stregua di quanto legislativamente previsto nel sistema tedesco, dove appunto il preliminare è sorto (*Vorvertrag*). Tale modello è al riguardo (ancora) improntato, dal punto di vista delle regole di circolazione dei beni, a quello classico romanistico. Rispetto a quest'ultimo autorevole dottrina specialistica riferisce, in ordine alla *emptio-venditio*, che «il venditore era tenuto a trasferire al compratore la proprietà della cosa, facendone la *traditio* se era una *res nec mancipi*, la *mancipatio* se era una *res mancipi*» (78), avendo già in precedenza rilevato che nel sistema romano i contratti «ebbero solo effetti obbligatori e non effetti costitutivi di diritti reali» (79). Analogamente accade, in buona sostanza, nel sistema tedesco, ove cioè all'originario consenso (non traslativo, ma fonte dell'obbligazione di trasferire) segue l'atto di adempimento o esecutivo (traslativo, ossia realizzativo dell'effetto rispetto al quale ci si è precedentemente obbligati in via consensuale). Si tratta, in buona sostanza, del noto (e risalente) rapporto tra un prima, ossia il negozio obbligatorio, e un dopo, ossia il negozio dispositivo. Sono, infatti, negozi obbligatori (*Verpflichtungsgeschäfte*) quei negozi giuridici con cui un soggetto si obbliga a una prestazione nei confronti di un altro; sono, invece, negozi di disposizione (*Verfügungsgeschäfte*) quei negozi giuridici che incidono direttamente sull'esistenza di un diritto soggettivo (80), attraverso cui dunque si trasferisca direttamente, si modifichi nel relativo contenuto, si limiti oppure si estingua un diritto preesistente. Il tipo di rapporto intercorrente tra questi due negozi è agevolmente comprensibile se si fa riferimento alle regole del codice civile tedesco (BGB) in tema di vendita, contratto destinato ad assicurare tradizionalmente e tipicamente la circolazione della ricchezza. Al riguardo vengono in considerazione i §§ 433, 873 e 929 BGB, il primo, relativo alle obbligazioni principali scaturenti dal contratto di vendita; i secondi, concernenti il trasfe-

---

(78) G. NICOSIA, *Nuovi profili istituzionali di diritto privato romano*[6], edizione rinnovata, Catania, 2013, p. 372.

(79) G. NICOSIA, *Nuovi profili istituzionali*, cit., p. 213.

(80) Si segue un'impostazione descrittiva già utilizzata, sia pure ad altri fini, in G. DI ROSA, *La «astrattezza» della procura: alle origini di un dogma*, in *Contr. e impr.*, 1994, p. 112 ss.

rimento della proprietà. Ora, con il contratto di compravendita il venditore di una cosa (mobile o immobile che sia) si obbliga a consegnare al compratore il bene medesimo e ad accordarsi per il (successivo) trasferimento della proprietà, onde cioè assicurare la proprietà all'acquirente, secondo quanto disposto dal § 433, Abs. 1, S. 1 BGB.

Quanto, poi, al (successivo) trasferimento della proprietà, trattandosi di bene immobile è necessaria la iscrizione dell'intervenuto accordo in ordine, per l'appunto, al trasferimento della proprietà nei libri fondiari ai sensi del § 873 BGB. Se, invece, si tratta di bene mobile, è necessario che il venditore (proprietario) consegni la cosa all'acquirente e che entrambi siano d'accordo sul fatto che la proprietà debba trasferirsi, in ragione di quanto stabilito dal § 929, S. 1 BGB. Nel modello tedesco, pertanto, il contratto di vendita ha effetti meramente obbligatori, essendo affidata all'accordo e, alternativamente a seconda del tipo di beni, alla iscrizione nei libri fondiari o alla consegna materiale l'attribuzione in titolarità all'acquirente, ossia il passaggio della proprietà [(81)]. In questo contesto ordinamentale, dunque, il contratto di vendita rappresenta il negozio obbligatorio che fonda e giustifica, come negozio causale, la pretesa all'esecuzione delle prestazioni che di esso formano oggetto. D'altro canto, e correlativamente, il negozio dispositivo, attraverso il quale si realizza il trasferimento della proprietà, rappresenta il negozio con cui si adempie all'obbligo in precedenza assunto e che opera peraltro in maniera autonoma rispetto alla compravendita (cosiddetto *Abstraktionsprinzip*, ossia principio di astrazione o separatezza). La differenza con il sistema francese (ma anche con il nostro) è, pertanto, assai rilevante, atteso che in quest'ultimo (diversamente che in Germania) il solo consenso a vendere e comprare è sufficiente per realizzare il trasferimento della proprietà.

Rispetto a questa contrapposizione di modelli circolatori dei beni [(82)] può rilevarsi, quanto alla nostra esperienza giuridica, che proprio l'analisi della realtà commerciale, già agli inizi del novecento, indicava nel

---

(81) In merito P.G. MONATERI, *Contratto e trasferimento della proprietà*, cit., p, 158 ss.

(82) Nella disamina compiuta al riguardo da G. D'AMICO, *La compravendita*, I, in *Trattato di diritto civile del Consiglio Nazionale del Notariato*, diretto da P. Perlingieri, Napoli, 2013, p. 217 ss., è rinvenibile, accanto alla rappresentazione delle regole accolte nei diversi ordinamenti, un'attenta indagine in ordine alla corrispondente funzionalità alle esigenze di circolazione della ricchezza.

contratto preliminare (segnatamente di vendita) lo strumento idoneo a contrarre nel caso in cui, da un lato, non si può concludere il contratto definitivo (perché, ad esempio, occorrono autorizzazioni che richiedono tempo) e, dall'altro, non si può (e non si vuole) rimanere in attesa. È qui evidente il riferimento alla promessa di vendita di immobili da costruire, settore nel quale, come si vedrà, è intervenuto in maniera particolarmente incisiva il legislatore, prima con la novella rappresentata dalla legge 28 febbraio 1997, n. 30, di conversione del decreto legge 31 dicembre 1996, n. 669, recante disposizioni urgenti in materia tributaria, finanziaria e contabile a completamento della manovra di finanza pubblica per l'anno 1997; poi con la individuazione di particolari forme di tutela approntate con la disciplina di cui al decreto legislativo 20 giugno 2005, n. 122, recante disposizioni per la tutela dei diritti patrimoniali degli acquirenti di immobili da costruire, a norma della legge delega 2 agosto 2004, n. 210, normativa peraltro recentemente modificata dal decreto legislativo 12 gennaio 2019, n. 14, recante il codice della crisi d'impresa e dell'insolvenza in attuazione della legge 19 ottobre 2017, n. 155.

Sotto questo profilo si definiva pertanto, ed è questa la formula descrittiva comunemente adottata al riguardo, il contratto preliminare come l'accordo in forza del quale le parti assumono l'obbligazione di stipulare fra loro stesse, in futuro, un ulteriore contratto, già determinato, quanto meno, in tutti gli elementi essenziali. In buona sostanza tale definizione indicava chiaramente la particolarità rappresentata dal sorgere di un obbligo, assunto negozialmente, a concludere un successivo contratto. Si riconosceva pertanto (pur nell'assenza del dato normativo di riferimento) la dissociazione tra l'effetto obbligatorio (preliminare o preparatorio) e l'effetto definitivo (il più delle volte traslativo) [(83)], in un contesto caratterizzato (allora come oggi) dalla figura centrale del contratto preliminare di compravendita immobiliare.

Questa, appunto, la tradizione a cui intese riferirsi il legislatore del 1942 quando nella Relazione al Re si rappresenta che il contratto preliminare ha la forza di obbligare a concludere quello definitivo, con la possibilità altresì, in caso di inadempimento, dell'esecuzione forzata in

---

[(83)] Il richiamo è a Leon. COVIELLO sen., *Contratto preliminare*, in *Enc. giur. it.*, III, Milano, 1902, p. 68 ss.; sottolinea il carattere tralatizio della definizione utilizzata dalla giurisprudenza R. SACCO, *La preparazione del contratto*, cit., p. 1220, nt. 2.

forma specifica ai sensi dell'art. 2932 c.c. e la cui relativa domanda è trascrivibile a norma dell'art. 2652, n. 2, c.c., qualora si riferisca ai diritti menzionati nell'art. 2643 c.c.

10. (Segue). *Disciplina codicistica e legislazione speciale*

Il nostro ordinamento non fornisce una definizione del contratto preliminare. Tale scelta, almeno a prima vista, potrebbe apparire singolare, rispetto a quanto rilevato con riguardo al patto di opzione (art. 1331 c.c.) e, per certi versi, anche al patto di preferenza (o prelazione), sia pure, come in precedenza evidenziato, senza tratti di generalità (art. 1566 c.c.). Si tratta a ogni buon conto, pur in assenza di qualsivoglia indicazione definitoria, di un'operazione che trova la propria giustificazione perché una parte o entrambe non vogliono o non possono contrarre un vincolo che abbia i tratti della definitività. Si ricorre allora a una segmentazione negoziale che si snoda attraverso un contratto precedente (per l'appunto preliminare) e un contratto successivo (ossia definitivo), rispetto a cui il primo è causa del secondo, essendo allo stesso teleologicamente collegato. Si è, dunque, in presenza di un modello sequenziale, ossia di una sequenza procedimentale costituita da due momenti negoziali: la (precedente) stipula del contratto preliminare e la (successiva) stipula del contratto definitivo.

La tecnica di intervento del legislatore del 1942 appare allora caratterizzata, pur nell'assenza dell'approccio definitorio, dalla introduzione (all'interno della disciplina di parte generale del contratto) di un'unica disposizione in tema di contratto preliminare, ossia il già richiamato art. 1351 c.c., peraltro dedicato (ad onta della rubrica) al solo elemento formale, stabilendosi che il contratto preliminare deve essere stipulato nella medesima forma prevista dal contratto definitivo a pena di nullità. A questa disposizione possono aggiungersene altre due, traducenti regole in qualche modo collegate a quella ora richiamata, di carattere però processuale, pur con evidenti riflessi sul piano sostanziale. Il riferimento è, in particolare, alla previsione dell'art. 2932 c.c., quanto alla esecuzione in forma specifica dell'obbligo di concludere un contratto (come appunto, anche se non esclusivamente, nel caso del contratto preliminare); nonché a quella di cui all'art. 2652 c.c., relativamente alle domande giudiziali riguardanti atti soggetti a trascrizione, nello specifico il n. 2

(per l'appunto dedicato alle domande giudiziali *ex* art. 2932 c.c.).

A questo primo dato normativo debbono aggiungersi, come in precedenza accennato, due (ormai non più recenti) interventi normativi, deputati a risolvere altrettanti complessi ordini di problemi. La prima novella (interna al codice civile) concerne la introdotta possibilità, con l. n. 30/1997, di trascrivere taluni contratti preliminari, con specifico riferimento (tra le altre) alla previsione contenuta nell'art. 2645 *bis* c.c. La seconda novella riguarda la innovativa tutela degli acquirenti di immobili in corso di costruzione di cui al d.lgs. n. 122/2005, ove è espressamente rinvenibile il puntuale riferimento al contratto preliminare quale strumento negoziale di acquisto di una cosa futura (appunto perché in costruzione). Non possono poi trascurarsi le disposizioni inserite all'interno della disciplina fallimentare e appositamente dedicate alla fase patologica del contratto preliminare in ragione degli effetti dell'insolvenza di una parte (artt. 72 ss. regio decreto 16 marzo 1942, n. 267, anch'essi peraltro incisi dalle indicate novelle e oggi da analizzare alla luce del d.lgs. n. 14/2019).

11. *La sequenza contratto preliminare-contratto definitivo. Orientamenti dottrinali e applicazioni giudiziali*

In ordine alla scissione in due fasi, momento anteriore (preliminare) e momento successivo (definitivo), del procedimento di formazione del contratto, tra gli anni '60 e '70 del secolo scorso si è sviluppato un acceso dibattito dottrinale sollecitato, essenzialmente, dalla constatazione dell'ambiguità (sul piano funzionale ma anche strutturale) insita nel contratto definitivo, rispetto appunto alla sequenza contratto preliminare-contratto definitivo. Sotto questo profilo, allora, il tipo di problema che si pone è relativo, per un verso, alla individuazione della funzione tipica della scissione del procedimento di formazione del contratto (tra preliminare e definitivo) e, per altro verso e correlativamente, alla rilevanza da attribuire a ciascun atto della relativa sequenza, chiarendone il rispettivo ruolo [84].

---

[84] Si richiamerà, nel prosieguo dell'esposizione, la rappresentazione che fornisce F. GAZZONI, *Il contratto preliminare*, cit., p. 571 ss., a proposito degli orientamenti maturati rispetto alle scelte operate dal legislatore del 1942.

Al riguardo le teorie che si sono contrapposte possono ricondursi a due categorie, ossia contrattualistica o non contrattualistica, a seconda che il contratto definitivo sia considerato un contratto, pur sussistendo la possibilità della eseguibilità forzata, ossia della esecuzione in forma specifica in ipotesi di inadempimento ai sensi dell'art. 2932 c.c. (85), ovvero un atto dovuto di adempimento (86). È evidente che in quest'ultimo caso la svalutazione del contratto definitivo porterà a individuare nel contratto preliminare il centro motore dell'intera operazione.

In altri termini, sulla base del significato che si attribuisce alla scissione e della funzione che alla scissione stessa si attribuisce, il contratto preliminare o viene considerato come contratto caratterizzato (in via esclusiva) dal suo tipico effetto di far sorgere l'obbligo di stipulare un successivo contratto, oppure viene a sostituire, in buona sostanza, il contratto definitivo medesimo, nel senso di porsi come unica vera fonte del regolamento di interessi (87). Deve peraltro evidenziarsi, in punto di

---

(85) Al riguardo G. GABRIELLI, *Il contratto preliminare*, cit., pp. 133 ss. e 174 ss., rilevandosi, per un verso, che «il definitivo, per esempio di vendita, è un vero contratto di compravendita destinato ad attuare lo scambio del diritto contro il prezzo» (p. 136) e chiarendosi, per altro verso, che «se la legge si è preoccupata di sostituire il contratto definitivo, bisogna necessariamente riconoscere che essa ha apprezzato una funzione positiva nel definitivo, considerato in sé stesso come fattispecie» (p. 175); nonché R. RASCIO, *Il contratto preliminare*, Napoli, 1967. Il pensiero di questi due Autori è, peraltro, diversamente articolato, ravvisando il secondo nel contratto preliminare la predisposizione di un regolamento programmatico al quale il contratto definitivo si sostituisce, con carattere dunque novativo.

(86) In tal senso L. MONTESANO, *Contratto preliminare e sentenza costitutiva*, Napoli, 1953; ID., *Esecuzione specifica*, in *Enc. dir.*, XV, Milano, 1966, p. 531 ss., in relazione ai prodotti effetti contrattuali, ad opera della sentenza, «la cui fattispecie legale non è dunque né integrata né sostituita dalla giurisdizione» (p. 532), nel senso che «la sentenza *de qua* non può mutare o ridurre nei suoi elementi la fattispecie legale del negozio – quale deve essere dunque già perfetta al momento della sentenza stessa» (*ibidem*).

87 Tra diverse Cass., 30 aprile 2013, n. 10209, in *Contratti*, 2013, p. 869, con nota di A. PUTIGNANO, *Preliminare di vendita di immobile industriale e rapporto con il definitivo*, espressamente ripudiando l'orientamento volto a individuare nel contratto definitivo una mera ripetizione del contratto preliminare, ha ritenuto di dovere ravvisare unicamente nel contratto definitivo la fonte dei diritti e degli obblighi nascenti; da ultimo Cass. In senso assai critico su tale indirizzo interpretativo (assolutamente prevalente) R. CALVO, *Diritto civile*, II, *Il contratto*[3], Bologna, 2023, p. 199 ss., tacciando di «meccanicismo» un argomentare giuridico «che rischia di annichilire la volontà delle parti

metodo, il riscontro critico di chi, proprio sulla questione della cosiddetta natura giuridica del contratto definitivo, se cioè atto di autonomia privata oppure atto dovuto, ha prospettato un diverso modello di approccio, fondato sul paradigma del tipo normativo di problema, attraverso cui si comprende che «il «definitivo» non interpella, in modo esclusivo l'una dell'altra, la disciplina del negozio giuridico o quella dell'adempimento, ma insieme l'una e l'altra a seconda del tipo di problema che di volta in volta si propone» (88).

Da taluna parte della dottrina si è autorevolmente sostenuto che il fondamento della scissione andrebbe individuato nella possibilità per le parti, le quali hanno comunque interesse a fermare un affare ritenuto vantaggioso, di riservarsi la valutazione (in sede di stipulazione del contratto definitivo), ancora una volta, dei presupposti del giudizio di convenienza già formatosi in precedenza (al momento cioè della stipulazione del contratto preliminare), nell'ottica cioè del controllo della regolarità e/o validità del contratto e delle sopravvenienze. In questo senso, infatti, accertata l'esistenza di una causa che legittimerebbe, rispetto al definitivo, la risoluzione o l'impugnazione, sarebbe possibile legittimamente rifiutare l'esecuzione del contratto preliminare (ossia la stipula del contratto definitivo), secondo cioè il principio per cui è preferibile impedire l'introduzione del nuovo regolamento di interessi, anziché essere costretti a reagire contro un regolamento di interessi già posto (89). Il contratto preliminare ha dunque la capacità, per così dire, di bloccare l'affare, consentendo al contempo di verificare aspetti che possono condizionare il buon esito finale dell'operazione, come la libertà dell'immobile da eventuali diritti reali a favore di altri (ad esempio il diritto reale di ipoteca o altro diritto reale minore di godimento). Esso è tuttavia in grado di assicurare la possibilità di procurarsi, nell'arco tem-

---

medesime, assoggettandola alle semplificazioni generate dalla presunzione di «assorbimento». E come se il preliminare rilevasse unicamente sotto il profilo dell'obbligazione a stringere il definitivo, cosicché, una volta adempiuta, verrebbero a cadere automaticamente tutti i vincoli che da esso si diramano, essendo dunque irrilevante l'eventuale discrasia contenutistica tra il contratto-mezzo e il contratto-fine» (p. 201).

(88) M. BARCELLONA, *Diritto, sistema e senso. Lineamenti di una teoria*, Torino, 1996, p. 130, rilevando in merito l'insensatezza della tradizionale domanda «che cos'è?».

(89) Sul punto, diffusamente, G. GABRIELLI, *Il contratto preliminare*, cit., p. 137 ss.; nella manualistica P. TRIMARCHI, *Istituzioni di diritto privato*, cit., p. 286 s.

porale che va dalla stipula del contratto preliminare alla conclusione del definitivo, le risorse economiche necessarie (pur in presenza all'interno del nostro ordinamento di schemi negoziali definitivi che consentono di assicurare un risultato similare, come nel caso del contratto definitivo sottoposto a condizione sospensiva). D'altro canto, l'intervenuta stipula del contratto preliminare consente, in ipotesi di inadempimento, di opporsi alla eventuale richiesta di stipulare il contratto definitivo. Laddove pertanto una parte facesse ricorso alla esecuzione in forma specifica ai sensi e per gli effetti dell'art. 2932 c.c., contestando per l'appunto l'inadempimento dell'obbligo a contrarre, sarà possibile per l'altra resistere in giudizio con quelle eccezioni che consentono di paralizzare l'introitata domanda giudiziale. La stipula del (mero) contratto preliminare, dunque, impedisce la immediata instaurazione del vincolo definitivo e consente di potere resistere in giudizio contro la (indebitamente) proposta domanda giudiziale *ex* art. 2932 c.c. Nel caso in cui, invece, si è già concluso il contratto definitivo, per fare valere l'eventuale inadempimento è necessario ricorrere in giudizio per chiedere e (se del caso) ottenere la risoluzione del contratto, ossia una sentenza costitutiva deputata per l'appunto a realizzare lo scioglimento del vincolo contrattuale, traducendosi tutto ciò in una posizione (anche) processualmente svantaggiata.

Tuttavia questo tipo di ricostruzione, volta ad attribuire al contratto definitivo carattere negoziale con correlativa applicazione della disciplina contrattuale ed elaborata in chiave critica rispetto a riflessioni che avevano evidenziato il carattere di atto dovuto del contratto definitivo, nel senso cioè che dal contratto preliminare deriverebbe un obbligo di documentazione che verrebbe soddisfatto con la conclusione del definitivo (mero atto riproduttivo) [90], si è dovuta misurare con una rinnovata e riproposta affermazione della centralità (e della prevalenza) del contratto preliminare. Si è infatti al riguardo sostenuto che la sequenza contratto preliminare-contratto definitivo rappresenterebbe lo strumento negoziale inteso a far rivivere il sistema (romanistico e tedesco) della distinzione tra *titulus* e *modus adquirendi*, di cui in precedenza si è già dato conto. In questa prospettiva, allora, il *titulus* sarebbe rappresentato

---

[90] In merito L. MONTESANO, *Contratto preliminare e sentenza costitutiva*, cit., p. 84 ss.; ID., *Esecuzione specifica*, cit., p. 531 ss.

dal contratto preliminare, unica vera fonte negoziale del regolamento di interessi; il *modus*, invece, sarebbe costituito dal contratto definitivo, quale antecedente formale del solo effetto traslativo, ossia atto dovuto di adempimento [(91)]. Questo tipo di impostazione, che riconduce in buona sostanza gli effetti (rilevanti) al contratto preliminare, sorta con specifico riferimento al contratto preliminare di vendita, ha portato a ritenere identificabili il contratto preliminare di vendita e la vendita obbligatoria [(92)], ossia quella vendita che non ha immediati effetti traslativi (differentemente da quanto accade ordinariamente) ma è idonea a produrli in un momento successivo a quello della relativa conclusione, dunque una vendita a efficacia reale differita [(93)].

Peraltro questo modo di intendere la scissione, con la rilevata centralità del contratto preliminare, trae ulteriore spunto e conferma dall'affermazione, nella prassi della contrattazione immobiliare, dell'anticipata esecuzione, a seguito della conclusione di un semplice contratto preliminare, di obbligazioni che avrebbero causa soltanto nel perfezionamento del contratto definitivo (consegna del bene, pagamento del prezzo e così via). Proprio questa evoluzione della prassi commerciale ha portato alla enucleazione di forme di tutela incisive a favore del promissario acquirente, culminate nel riconoscimento della possibilità di utilizzare norme destinate a regolare il rapporto (che trova la propria fonte nel contratto) definitivo per la disciplina del rapporto (che scaturisce dalla conclusione del contratto) preliminare [(94)]. Si pensi, al riguar-

---

[(91)] La ricostruzione si deve ad A. CHIANALE, *Trascrizione del contratto preliminare e trasferimento della proprietà*, Torino, 1998; altresì ID., *Contratto preliminare*, in *Enc. dir.*, *I Tematici*, I, *Contratto*, diretto da G. D'Amico, Milano, 2021, p. 460 ss., esplicitando l'utilizzo dei termini «vendita obbligatoria» invece di «preliminare di vendita» e «venditore» e «compratore» invece di «promittente venditore» e «promissario acquirente».

[(92)] In tal senso F. GAZZONI, *Il contratto preliminare*, cit., p. 595; in senso contrario A. LUMINOSO, *La compravendita*[8], Torino, 2015, p. 436 ss.

[(93)] Sul punto G. GAZZONI, *Il contratto preliminare*, cit., p. 587.

[(94)] Il riferimento è alla nota decisione, con cui è stato composto il relativo contrasto giurisprudenziale, di Cass., Sez. Un., 27 febbraio 1985, n. 1720, in *Giust. civ.*, 1985, I, p. 1630, con nota di A. DI MAJO, *La tutela del promissario-acquirente nel preliminare di vendita: la riduzione del prezzo quale rimedio specifico*; sul punto, altresì, G. GABRIELLI, *Il preliminare ad effetti anticipati e la tutela del promissario acquirente*, in *Riv. dir. comm.*, 1986, II, p. 313 ss.

do, alla regolamentazione dettata in tema di vendita nell'ipotesi di scoperta di vizi occulti del bene, con la possibilità, riconosciuta al promissario acquirente, di chiedere, unitamente alla conclusione coattiva (attraverso cioè la esecuzione in forma specifica) del contratto, la corresponsione di un prezzo ridotto (una sorta di azione *quanti minoris*); così come pure, andando ancora oltre, si è ritenuta proponibile la semplice domanda di riduzione del prezzo indipendentemente da quella di esecuzione in forma specifica dell'obbligo di contrarre [95]. Appare, invece, evidente come talune forme di tutela, specifiche del contratto definitivo, risultino non applicabili rispetto al contratto preliminare. È questo il caso in cui oggetto del contratto preliminare sia un bene non in proprietà, al momento della relativa stipula, del promissario alienante, escludendosi la possibilità del ricorso all'art. 1479, comma 1, c.c., il quale prevede che «Il compratore può chiedere la risoluzione del contratto, se, quando l'ha concluso, ignorava che la cosa non era di proprietà del venditore, e se frattanto il venditore non gliene ha fatto acquistare la proprietà». Ciò perché, «indipendentemente dalla conoscenza del promissario compratore dell'altruità del bene, fino alla scadenza del termine per stipulare il contratto definitivo, il promittente venditore può adempiere all'obbligo di procurargliene l'acquisto; invece, nel contratto di vendita, se il compratore ignora l'altruità del bene, già al momento della stipula di detto contratto il venditore è inadempiente all'obbligo di trasferirgli la proprietà del bene» [96].

Ora, rispetto a quanto sino a questo punto evidenziato può certamente assumersi l'esistenza di significativi elementi di collegamento, che contribuiscono a chiarire meglio lo stesso senso che la sequenza contratto preliminare-contratto definitivo ha in concreto assunto nella prassi negoziale e nella stessa interpretazione giurisprudenziale. Come già rilevato, il contratto preliminare ha la capacità (la strutturale e funzionale idoneità) di bloccare l'affare, consentendo al contempo di verificare aspetti che possono condizionare il buon esito finale dell'operazione, come la libertà del bene (segnatamente immobile) da eventuali diritti reali (ad esempio il diritto reale di ipoteca o altro diritto reale minore di

---

[95] La relativa statuizione è di Cass., 18 giugno 1996, n. 5615, in *Contratti*, 1996, p. 559.

[96] Cass., 16 gennaio 2020, n. 787, in *www.ilcaso.it*.

godimento) a favore di altri; oppure di assicurare la possibilità di procurarsi, nell'arco temporale intercorrente tra la stipula del contratto preliminare e la conclusione del contratto definitivo, le risorse economiche necessarie (quantunque non manchino possibili modelli deputati a realizzare un risultato similare, come nel caso del contratto definitivo sottoposto a condizione sospensiva). Peraltro, proprio il tema delle possibili verifiche effettuabili *medio tempore* (ossia dopo la stipula del contratto preliminare e prima della stipula del contratto definitivo) è strettamente correlato alla segnalata variante della contrattazione preliminare, nota come contratto preliminare a esecuzione anticipata (talvolta erroneamente indicato contratto preliminare a effetti anticipati) [97].

Tale modello consente, infatti, un appropriato controllo delle circostanze sopravvenute, assicurando in via anticipata la sostanziale attuazione del programma negoziale, ossia l'adempimento di (quasi) tutte le obbligazioni che derivano (o deriverebbero) dalla (successiva) conclusione del contratto definitivo, come il pagamento del corrispettivo e la consegna del bene (se trattasi di vendita), tranne ovviamente l'esecuzione dell'obbligazione (quella cioè di prestare il consenso alla conclusione del contratto definitivo) da cui deriva l'effetto finale (nel caso di specie, traslativo). Ciò, a differenza dell'ordinario contratto preliminare (di vendita), rispetto al quale l'unico obbligo che deriva dalla relativa stipulazione è quello di concludere il contratto definitivo, atteso che il contratto preliminare è comunque pur sempre un contratto a effetti obbligatori. Viceversa, nel caso del contratto preliminare a esecuzione anticipata, ma non (come talora impropriamente riferito) a effetti anticipati perché l'effetto finale dipende sempre (nel senso che è prodotto) dal contratto definitivo, le parti anticipano l'esecuzione del contratto definitivo al momento della stipula del contratto preliminare (consegnando, per l'appunto, il bene e contestualmente provvedendo al pagamento del prezzo quale corrispettivo). Tale pratica, ovviamente, consente un più facile controllo dei fatti sopravvenuti o nell'immediato ignorati, come è il caso, attraverso la già acquisita disponibilità del bene, di accertarne gli eventuali vizi. Si evidenzia in merito come la «possibilità di controllo sulla qualità del bene, che caratterizza la sequenza

---

[97] Ne analizza di recente caratteristiche distintive e profili applicativi G. COSCO, *Il contratto preliminare ad esecuzione anticipata: una proposta ricostruttiva di un fenomeno complesso*, Milano, 2018.

di preliminare e definitivo, si esalta se la cosa viene consegnata al compratore prima della conclusione del contratto definitivo»[98].

Proprio l'ipotesi dell'intervenuta verifica della sussistenza di vizi permette di mettere a confronto (per ricavarne le debite differenze) le due ipotesi, ossia il caso in cui si sia proceduto alla stipula del contratto preliminare e il caso in cui si sia invece provveduto alla stipula del contratto definitivo. Al riguardo, infatti, l'intervenuta conclusione del primo (contratto preliminare di vendita) con contestuale esecuzione anticipata delle prestazioni, come ad esempio la consegna del bene, consente al promissario acquirente di opporsi alla eventuale richiesta da parte del promittente venditore di stipulare il contratto definitivo. Laddove, peraltro, il promittente alienante facesse ricorso alla esecuzione in forma specifica ai sensi e per gli effetti dell'art. 2932 c.c., contestando per l'appunto l'inadempimento dell'obbligo a contrarre, sarà possibile per il promissario acquirente resistere in giudizio con le eccezioni (ad esempio in ordine alla sussistenza di vizi redibitori) che consentono di paralizzare l'introitata domanda giudiziale. In tal caso, dunque, il promissario acquirente avrà evitato l'instaurazione del vincolo definitivo (avendo stipulato solamente un contratto preliminare) e non sarà dunque divenuto titolare del bene, pur magari avendo pagato (ove a esecuzione anticipata) tutto o parte del prezzo. Se, invece, si ipotizza l'intervenuta originaria conclusione del contratto definitivo, l'eventuale successiva scoperta di vizi (come nel caso precedente), redibitori, implica la necessità di ricorrere in giudizio da parte dell'acquirente per chiedere (e con-

---

[98] R. SACCO, *La preparazione del contratto*, cit., p. 1224; su tale ordine di problemi, in ordine alle individuate tecniche di tutela, altresì F. DELFINI, *Vendita di case di abitazione e contratto preliminare nella più recente giurisprudenza della Cassazione*, in *Riv. dir. priv.*, 2002, p. 7 ss. Proprio con riferimento alla questione della rilevanza della previa acquisita disponibilità del bene da parte del promissario acquirente è intervenuta, componendo un annoso contrasto giurisprudenziale, Cass., Sez. Un., 27 marzo 2008, n. 7930, in *Nuova giur. civ. comm.*, 2008, I, p. 1039, con nota di G. SCALITI, *Il preliminare di vendita ad esecuzione anticipata: nuovi profili e vecchie questioni*, che ha escluso la situazione possessoria nella immissione nella disponibilità del bene da parte del promissario acquirente con conseguente non configurabilità dell'acquisto della proprietà dell'immobile per il tramite dell'usucapione; in senso conforme Cass., 25 gennaio 2010, n. 1296, in *Nuova giur. civ. comm.*, 2010, I, p. 712, con nota di I.L. NOCERA, *Contratto preliminare, possesso e detenzione: analisi morfologica-funzionale del c.d. preliminare ad effetti anticipati*.

fidare di ottenere) la risoluzione del contratto per inadempimento, attraverso cioè una sentenza costitutiva deputata per l'appunto ad assicurare lo scioglimento del contratto, in posizione (anche) processualmente svantaggiata.

In termini più generali il ricorso alla contrattazione preliminare rispetto ai più svariati àmbiti della negoziazione (e salvi taluni, specifici limiti legati al particolare tipo di operazione economica), appare consegnare all'esperienza giuridica, anche in ragione della intervenuta evoluzione regolamentare, uno schema normativo, come quello per l'appunto del contratto preliminare, da configurare più che come contratto tipico come uno sfornito di una propria causa e destinato di volta in volta a colorarsi sotto il profilo causale in base alla funzione economico sociale del diverso contratto prescelto [99]. Rispetto, poi, al contratto preliminare quale strumento traslativo, quanto cioè alle applicazioni della sequenza contratto preliminare-contratto definitivo in termini di strumento di circolazione dei diritti, significativo angolo di osservazione non è soltanto quello relativo alla rilevanza interna, quanto cioè agli effetti *inter partes*, ma altresì quello concernente la rilevanza esterna, ossia in ordine agli effetti nei confronti dei terzi [100].

12. *Contratto preliminare, opzione e prelazione*

Quanto, poi, alla questione relativa alla scelta di questa sequenza contrattuale rispetto ad altre possibili soluzioni, occorre fondatamente interrogarsi sulle ragioni che inducono le parti a stipulare il contratto preliminare e non invece, ad esempio, un patto di opzione, entrambi contratti preparatori e strumentali alla conclusione del contratto definitivo. Come già in precedenza rappresentato, nel patto d'opzione è sem-

---

[99] In tal senso E. CAMILLERI, *Dal preliminare ai preliminari: la frammentazione dell'istituto e la disciplina della trascrizione*, in *Contr. e impr.*, 1999, p. 98.

[100] Questo tipo di approccio è indicato da A. LUMINOSO, *Contratto preliminare, sue false applicazioni e regole di circolazione dei diritti*, in *Riv. dir. civ.*, 2016, p. 929 ss., segnalando in particolare, quanto alla rilevanza esterna, le questioni dell'opponobilità del diritto all'acquisto del promissario acquirente agli aventi causa, ai creditori e al fallimento del promittente venditore.

pre una parte a rimanere vincolata (alla propria proposta, per l'appunto convenzionalmente irrevocabile), ossia il concedente, a favore dell'altra (libera di accettare o meno nel tempo assegnato la proposta), ossia il beneficiario. Nel caso del contratto preliminare, invece, l'obbligo (che ne scaturisce) alla conclusione del contratto definitivo può riguardare una o entrambe le parti (a seconda cioè che il contratto preliminare sia, sotto questo profilo, a effetti unilaterali o bilaterali). Anche tuttavia nel caso in cui il contratto preliminare sia unilaterale (ossia con obbligo alla conclusione del contratto definitivo a carico di una sola parte), ne è evidente la distinzione rispetto al patto di opzione, proprio in ordine al modo di giungere alla conclusione, nell'uno e nell'altro caso, del contratto definitivo. Infatti, rispetto al patto d'opzione è sufficiente, ai fini della instaurazione del vincolo definitivo, la dichiarazione di volontà del beneficiario, quale vera e propria accettazione. Nel caso, invece, del contratto preliminare (sia esso a obbligo bilaterale o unilaterale) per la conclusione del contratto definitivo è sempre necessaria una reciproca manifestazione di volontà dei contraenti (quantunque, appunto, nel caso del contratto preliminare cosiddetto unilaterale l'obbligo in ordine alla conclusione del contratto definitivo sia in capo solamente ad una delle parti). In tal senso la giurisprudenza di legittimità ha recentemente chiarito, prendendo esplicita posizione sulle differenze tra contratto preliminare unilaterale e patto d'opzione, il diverso (eventuale) *iter* di perfezionamento delle (distinte) vicende negoziali. Mentre infatti il contratto preliminare unilaterale è contratto perfetto e autonomo rispetto al contratto definitivo, l'opzione viene ritenuta configurare elemento di una fattispecie a formazione successiva, costituita inizialmente da un accordo avente a oggetto l'irrevocabilità della proposta e poi dall'accettazione del beneficiario che, saldandosi con la prima, perfeziona il contratto [101]. Inoltre, in ragione della già richiamata l. n. 30/1997, alcuni tipi di contratti preliminari sono oggi trascrivibili ai sensi dell'art. 2645 *bis* c.c., dunque opponibili *erga omnes*. Ciò, a differenza del patto d'opzione, non rientrando quest'ultimo in alcuno degli atti soggetti a trascrizione *ex* art. 2643 c.c. o degli altri atti che comunque producono i medesimi effetti secondo quanto disposto dall'art. 2645 c.c.

---

[101] Il riferimento è alla decisione di Cass., 30 novembre 2017, n. 28762, in *Rep. Foro it.*, 2017, *Contratto in genere*, n. 293.

Della distinzione rispetto al patto di preferenza si è già ampiamente riferito in precedenza rispetto alla prospettata (ma appropriatamente esclusa) riconducibilità di quest'ultimo al contratto preliminare unilaterale sospensivamente condizionato. Si deve qui solamente aggiungere che la rilevata diversità trova autorevole conferma nella recente giurisprudenza nomofilattica che, tra l'altro, ha precisato che «Il patto di prelazione ha lo scopo essenziale di impedire che il promittente concluda un contratto con un terzo anziché con il beneficiario del patto: non sembra quindi una figura diretta alla conclusione del contratto, come il preliminare, ma alla scelta del contraente, ancorché in giurisprudenza venga qualificato come preliminare unilaterale»[102].

Alla luce di quanto rappresentato può allora convenirsi con la riassuntiva prospettazione fornita dalla giurisprudenza di legittimità in ordine alla differenziazione tra le diverse figure (qui in parte analizzate) riconducibili al fenomeno della formazione progressiva della fattispecie contrattuale. Al riguardo, infatti, si precisa che «qualora il definitivo assetto (su base contrattuale) di interessi tra le parti non si formi immediatamente per mezzo di un unico atto, si possono prospettare tre diverse ipotesi, produttive di differenti conseguenze giuridiche: *a*) patto d'opzione (art. 1331 c.c.), negozio bilaterale con cui si concorda l'irrevocabilità della dichiarazione di una delle parti relativamente ad un futuro contratto che sarà concluso con la semplice accettazione dell'altra parte (relativamente ad un regolamento negoziale interamente contemplato nel patto d'opzione), la quale però rimane libera di accettare o meno detta dichiarazione, entro un certo termine; *b*) c.d. «contratto preparatorio» in senso stretto (o «puntuazione»), con cui i contraenti si accordano su taluni punti del futuro contratto, in occasione della cui stipula (a cui le parti non sono obbligate, così come nei casi in cui sono intercorse semplici trattative) non sarà necessario un nuovo incontro di volontà sui punti già definiti; *c*) contratto preliminare, diretto ad obbligare le parti (o una sola nel caso di preliminare unilaterale) a stipulare un futuro contratto»[103].

Questione connessa è poi quella della possibile combinazione dei di-

---

(102) Cass., Sez. Un., 6 marzo 2015, n. 4628, in *www.ilcaso.it*.

(103) Cass., 13 dicembre 1994, n. 10649, in *Rep. Foro it.*, voce *Contratto in genere*, 1994, n. 284.

stinti contratti preparatori, organizzati cioè in sequenza dall'autonomia privata in ragione di (talora non sempre individuabili) interessi sottostanti. Si avverte al riguardo da autorevole dottrina che non può ritenersi ammissibile una sostanziale libertà della volontà privata in ordine alla individuazione di schemi atipici di conclusione del contratto, dovendosi bensì ammettere, «ma con qualche cautela, la possibilità di utilizzare in sequenza i vari tipi contrattuali preparatori previsti dalla legge, al fine di procrastinare la fase finale della conclusione del contratto e della produzione degli effetti, tanto più in quanto tale sequenza non sia rigorosamente caratterizzata dalla progressione del vincolo, reso più certo o ampliato sul piano soggettivo»[104]. Proprio seguendo questa preziosa indicazione di metodo ci si può allora interrogare sulla ammissibilità di un patto d'opzione che abbia a oggetto la conclusione di un contratto preliminare (cosiddetta opzione di preliminare) o di un contratto preliminare che determini il sorgere dell'obbligo alla stipula di un patto d'opzione (cosiddetto preliminare di opzione). Ora, quanto alla prima ipotesi (cosiddetta opzione di preliminare), la relativa combinazione può avere un senso (e, dunque, ricevere approvazione dall'ordinamento) nel caso in cui il contratto preliminare sia a effetti bilaterali (contratto preliminare cosiddetto bilaterale). Mentre infatti con il patto d'opzione a essere vincolata è una sola parte, con il contratto preliminare a effetti bilaterali sono entrambe le parti a essere vincolate. Peraltro, come già evidenziato, il patto d'opzione non è trascrivibile, a differenza di quanto accade (ormai da più di un ventennio) per il contratto preliminare (o, meglio, per alcuni tipi di contratto preliminare ai sensi e per gli effetti dell'art. 2645 *bis* c.c.). Pertanto la relazione tra questi due schemi negoziali preparatori (il patto d'opzione, prima; il contratto preliminare cosiddetto bilaterale, poi) ha un senso nella misura in cui realizza un intensificazione del vincolo che da unilaterale (in quanto derivante dalla conclusione del patto di opzione) diventa bilaterale (in seguito alla stipula del contratto preliminare cosiddetto bilaterale). Può infatti, in senso inverso, riuscire difficile ritenere ammissibile un patto d'opzione avente a oggetto la stipula di un contratto preliminare cosiddetto unilaterale (cosiddetta opzione di preliminare unilaterale). Ciò, almeno sotto il profilo del vincolo generato (sempre unilaterale), ritenu-

---

(104) F. GAZZONI, *Il contratto preliminare*, cit., p. 621.

to meno intenso [105], anche se in questo caso l'intervenuta stipula del contratto preliminare (sia pure unilaterale) assicura (in certi casi) la relativa trascrivibilità e, dunque, la connessa opponibilità *erga omnes*.

Quanto, invece, alla seconda ipotesi (cosiddetto preliminare di opzione) deve manifestarsi più di qualche perplessità. In tal caso, infatti, sorgendo l'obbligo alla stipula di un patto d'opzione, il vincolo così generato diverrebbe, da bilaterale (in quanto fondato sul contratto preliminare), unilaterale (in quanto nascente dal patto d'opzione). Inoltre, ritenere giuridicamente possibile un'ipotesi di tal fatta significherebbe assumere il passaggio da un contratto trascrivibile (laddove rientrante in una delle ipotesi contemplate nell'art. 2645 *bis* c.c.) a uno non trascrivibile (come è il patto d'opzione).

13. *Il contratto preliminare di preliminare (o pre-preliminare)*

A completamento del quadro in precedenza fornito in ordine alle più o meno articolate segmentazioni del percorso negoziale e alle possibili combinazioni al riguardo tra i vari contratti (accordi o vincoli) preparatori, va, infine, analizzata un'ulteriore figura, anch'essa oggetto di particolare interesse nel contesto sinora esaminato. Non appare infatti certamente estraneo al tema del procedimento di formazione del contratto e, quindi, alla possibile stipulazione di intese finalizzate a consentire la prosecuzione di tale percorso negoziale, il cosiddetto prepreliminare. Con tale espressione si intende un contratto preliminare finalizzato alla stipula di un altro contratto preliminare, sulla cui ammissibilità, quale operazione negoziale produttiva dell'obbligazione di stipulare un successivo contratto preliminare, ci si è (da tempo) a lungo interrogati. Le questioni attengono, più specificamente, sia al senso, ossia alla valutazione del significato, del così rappresentato modello trifasico, ossia contratto pre-preliminare-contratto preliminare-contratto definitivo, sia al corrispondente valore giuridico da assegnare a questa par-

---

[105] Questo il rilievo di A. GENOVESE, *Il contratto preliminare unilaterale non può essere oggetto del contratto di opzione*, in *Giur. it.*, 1965, I, 1, c. 757 ss., criticando la sentenza ivi annotata, pronunciata da Cass., 15 gennaio 1965, n. 84; nel senso della (controversa) ammissibilità anche Cass., 18 maggio 1967, n. 1071, in *Giust. civ.*, 1967, I, p. 1233.

ticolarmente articolata relazione procedimentale. Si tratta peraltro di un modello ben noto alla prassi della contrattazione immobiliare e utilizzato dalle agenzie specializzate nel settore, di cui i nostri giudici (sia di merito sia di legittimità) si sono occupati giungendo a soluzioni tra di loro differenti e generando così un conflitto che, a seguito di apposita ordinanza di richiesta di remissione [(106)], è stato recentemente composto in funzione nomofilattica [(107)].

A fronte, infatti, dei dubbi sollevati da quella giurisprudenza (in particolare, ma non solo, di legittimità) la quale ha avuto modo di affermare che il contratto in virtù del quale le parti si obbligano a stipulare un successivo contratto a effetti obbligatori, ossia un contratto preliminare di preliminare, è nullo per difetto di causa, non essendo meritevole di tutela l'interesse di obbligarsi a obbligarsi, in quanto produttivo di una inutile duplicazione [(108)], si è rilevata la pluralità delle ipotesi che, in concreto, possono presentarsi. In particolare si è dubitato, in primo luogo, «della nullità del contratto preliminare il quale si limitasse a prevedere un obbligo di riproduzione del suo contenuto al verificarsi di determinate circostanze, come nel caso di specie, in cui la stipulazione di un "regolare contratto preliminare" era subordinata al consenso del Banco di Napoli alla cancellazione dell'ipoteca gravante (anche) sulla porzione immobiliare promessa in vendita» [(109)]. Inoltre, si è fatto presente che «il contratto preliminare di contratto preliminare non esaurisce il suo contenuto precettivo nell'obbligare ad obbligarsi, ma contiene – come nel caso di specie – anche l'obbligo ad addivenire alla conclu-

---

[(106)] Cass. (ord.), 12 marzo 2014, n. 5779, in *Giur. it.*, 2014, p. 2419, con nota di M. TAMBURINI, *Una inesauribile fonte di dubbi: il contratto preliminare di preliminare* e in *Nuova giur. civ. comm.*, 2014, I, p. 735 s., con nota di R. MAZZARIOL, *Il contratto preliminare di preliminare: la parola passa alle sezioni unite.*

[(107)] Il riferimento è alla decisione di Cass., Sez. Un., 6 marzo 2015, n. 4628, cit. Verranno qui omessi (per brevità) i rinvii sia ai diversi luoghi di pubblicazione della decisione sia agli innumerevoli contributi sul tema, limitandosi i richiami ad alcuni Autori, senza ovviamente alcuna pretesa di esaustività; per una dettagliata disamina del percorso argomentativo della pronuncia, rispetto alla (condivisa) soluzione adottata, G.E. NAPOLI, *Il riconoscimento giurisprudenziale del contratto preliminare del preliminare*, in *Riv. dir. civ.*, 2015, p. 1252 ss.

[(108)] In tal senso Cass., 2 aprile 2009, n. 8038, in *Giur. it.*, 2009, p. 2659; similmente Cass., 10 settembre 2009 n. 19557, in *Mass. Giust. civ.*, p. 1295, n. 9.

[(109)] Cass. (ord.), 12 marzo 2014, n. 5779, cit., p. 2419 e p. 736.

sione del contratto definitivo»[110], con l'ulteriore conseguenza che risulta difficile, «in considerazione del principio generale di cui all'art. 1419, primo comma, cod. civ., ritenere che la nullità dell'obbligo di concludere un contratto preliminare riproduttivo di un contratto preliminare già perfetto possa travolgere anche l'obbligo, che si potrebbe definire finale, di concludere il contratto definitivo»[111]. Autorevole dottrina, in verità, aveva già in precedenza escluso, in via di principio, la possibilità di una successione di fattispecie preliminari dello stesso tipo[112], allo stesso tempo rilevando che «Due preliminari successivi l'uno all'altro possono quindi concepirsi solo a condizione di differenziarli»[113]. Pertanto la (immeritevole) duplicazione (che escluderebbe la validità, quanto meno, del secondo preliminare) può esser evitata laddove si possa ravvisare tra le due operazioni una differenza di tipo contenutistico, una distinzione dal punto di vista formale oppure, ancora, una diversità dal punto di vista delle tecniche di tutela.

Si pensi, ad esempio, quanto al contenuto, al caso in cui le parti nel primo contratto preliminare abbiano individuato taluni elementi (sufficienti tuttavia per identificarlo come tale) e si riservino di definire ulteriori elementi nel successivo contratto preliminare, che dunque si presenta di contenuto più ricco e articolato rispetto al primo. Rispetto a questa prima eventualità si è (per la verità efficacemente) replicato che il contratto preliminare «non può che obbligare a concludere un successivo contratto di identico contenuto. Ove il contenuto fosse invece più ricco, ciò sarebbe il risultato di un accordo integrativo – modificativo intercorso tra le parti nelle more della stipula del secondo contratto, in piena libertà e quindi non quale frutto dell'obbligo assunto in precedenza»[114].

Quanto, poi, agli aspetti formali è possibile ipotizzare la redazione di un accordo preliminare intercorso per scrittura privata attraverso il quale le parti si obbligano alla riproduzione documentale nella forma necessaria per consentirne la trascrizione, ossia scrittura privata autentica-

(110) Cass. (ord.), 12 marzo 2014, n. 5779, cit., p. 2419 e p. 736.

(111) Cass. (ord.), 12 marzo 2014, n. 5779, cit., p. 2419 e p. 736.

(112) Il riferimento è a F. GAZZONI, *Contratto preliminare*, cit., p. 611 ss.

(113) F. GAZZONI, *Contratto preliminare*, cit., p. 612.

(114) F. GAZZONI, *Contratto preliminare*, cit., p. 612.

ta o giudizialmente accertata, quale forma cioè del secondo contratto preliminare. Anche tale ipotesi è stata esclusa in quanto «si tratterebbe, allora, di un caso di ripetizione negoziale, cosicché in realtà il preliminare sarebbe unico»[115]. Deve, tuttavia, al riguardo rilevarsi che l'affermato tratto della unicità, che costituirebbe, secondo la prospettiva ora riferita, la ragione della ritenuta non ammissibilità della prospettata duplicazione negoziale, rappresenta una delle opzioni ricostruttive in ordine all'atto ripetitivo. Si tratta, infatti, di un fenomeno (quello della ripetizione) ben presente nella prassi, caratterizzato dall'operare delle parti che, dopo la stipulazione di un determinato negozio, tornano «a manifestare una seconda volta, ma pur sempre in termini di attualità, quel medesimo intento negoziale che già avevano esternato in precedenza»[116]. Ora, evidenziato il carattere negoziale dell'atto ripetitivo e la corrispondenza contenutistica tra le successive dichiarazioni negoziali, la dottrina maggioritaria ha però escluso che la dichiarazione ripetitiva sia (semplicemente) una nuova forma dell'unico negozio concluso, ma piuttosto rappresenti «un vero e proprio secondo negozio che si affianca, giustapponendovisi, a quello originario»[117]. In questa prospettiva, e in ragione del generalmente condiviso rilievo che la dichiarazione ripetitiva deve essere espressione di una volontà negoziale attuale, se ne rappresenta la valida sussistenza anche quando il rapporto programmato con il negozio originario è già modificato o, addirittura, già esaurito. Proprio con riferimento a ciò si avverte «come la ripetizione non richieda affatto la permanenza di quel "regolamento" di interessi (che le parti ritengono essere stato) determinato dal negozio originario: non vi è dubbio infatti che ad una dichiarazione di volontà, iterativa di una

---

[115] F. GAZZONI, *Contratto preliminare*, cit., p. 612; sul tema della ripetizione, con particolare riguardo alle differenze formali, diffusamente e autorevolmente, N. IRTI, *La ripetizione del negozio giuridico*, Milano, 1970, p. 169 ss., a cui avviso il titolo per la trascrizione, ossia l'atto pubblico, «non rappresenta il negozio, che ha svolto effetti tra le parti, ma un negozio posteriore, destinato, fin dall'origine, a irrimediabile inutilità» (p. 188).

[116] C. GRANELLI, *Riproduzione (e rinnovazione) del negozio giuridico*, in *Enc. dir.*, XL, Milano, 1989, p. 1048.

[117] C. GRANELLI, *Riproduzione*, cit., p. 1059; similmente A. NATUCCI, *Vicende preclusive, preparatorie, condizionanti*, in V. ROPPO, *Trattato del contratto*, I, *Formazione*, a cura di C. Granelli, Milano, 2006, p. 456, rispetto alle ipotesi di riproduzione formale di contratti con contenuto identico.

precedente dichiarazione di egual contenuto, ben possa essere riservato il medesimo trattamento giuridico a prescindere dal fatto che, nel momento in cui la stessa viene emessa, sussista o meno una situazione di *res integra*»[118]. Al riguardo si esplicita il caso, che sembra essere corrispondente all'ipotesi qui indagata, della conclusione di un «contratto preliminare di compravendita immobiliare con l'intesa che l'atto pubblico definitivo sarà stipulato dopo che sia venuto meno, per decorrenza del termine finale, il diritto di prelazione spettante ad un terzo sull'immobile negoziato; e, dopo la scadenza di detto termine, l'intesa preliminare viene nuovamente iterata al fine di disporre di un documento da poter, un domani, esibire senza tema di far trapelare la frode al diritto del prelazionario»[119]. Ciò, per ricavarne che il perfezionamento, per scrittura privata, dell'atto definitivo di compravendita, nel frattempo eventualmente ottenuto dal promissario acquirente per sua maggiore tranquillità, non varrebbe ad attribuire un diverso regime al secondo dei due accordi preliminari[120], dovendosi pertanto ritenere ammissibile la sequenza negoziale caratterizzata, sia pure ai fini sopra descritti, dalla stipulazione di due contratti preliminari, l'uno successivo all'altro (di identico contenuto e tra i medesimi soggetti originari ma, sembrerebbe, non differenziati dal punto di vista della forma adottata).

In ordine, infine, al profilo delle differenti tecniche di tutela si può pensare a un primo contratto preliminare che escluda la eseguibilità in forma specifica, come peraltro consentito dall'art. 2932 c.c. il cui comma 1 affida al titolo (ossia al contratto) una tale possibilità, prevedendo, in caso di inadempimento dell'obbligo a contrarre, che «l'altra parte, qualora sia possibile e non sia escluso dal titolo, può ottenere una sentenza che produca gli effetti del contratto non concluso». Ciò, a fronte del secondo contratto preliminare, la cui conclusione è resa obbligatoria dalla stipula del primo contratto preliminare, suscettibile invece di esecuzione in forma specifica rispetto all'eventuale inadempimento dell'obbligo a contrarre. Anche rispetto a questo caso si è messo (criticamente) in evidenza che, pur nella riconosciuta diversità di situazioni, in quanto «con la sottoscrizione del primo contratto, la parte contraente

---

(118) C. GRANELLI, *Riproduzione*, cit., p. 1072.

(119) C. GRANELLI, *Riproduzione*, cit., p. 1072.

(120) In tal senso C. GRANELLI, *Riproduzione*, cit., p. 1072.

manterrebbe sul piano meramente risarcitorio le conseguenze di un eventuale ripensamento e di un rifiuto di adempiere, laddove con il secondo il vincolo acquisterebbe una specifica coercibilità» [121], tuttavia «il rapporto tra i preliminari va valutato in termini di contenuto dispositivo e non di sanzioni, tanto più in quanto il passaggio dalla tutela risarcitoria a quella specifica sia frutto di un atto dovuto, puramente riproduttivo» [122].

In questo scenario, caratterizzato dunque da grande incertezza e contrapposte ricostruzioni, sono intervenuti, come in precedenza anticipato, i giudici di legittimità a sezioni unite, affermando la validità della indicata sequenza negoziale ed escludendo che il contratto preliminare di preliminare sia un inutile doppione [123]. Si è in merito sintetizzato che «Il senso e la portata dell'arresto sembra risiedere in ciò: che obbligarsi a obbligarsi si può giustificare se il contenuto della obbligazione assunta è a contrattare e non a contrarre. Il fulcro della argomentazione si sposta così dalla causa al procedimento di formazione dell'accordo tanto da aprire a una sua ulteriore frammentazione ove sussista un interesse delle parti concretamente configurabile» [124]. Al riguardo occorre tuttavia precisare che l'indicato spostamento argomentativo, in realtà, è espressione di un unico (immutato) ordine di problemi, ossia la individuazione del senso della così programmata sequenza. In altri termini, resta (centrale) la questione della meritevolezza, dal punto di vista dell'ordinamento, degli interessi perseguiti attraverso la prospettata articolazione negoziale [125]. In tal senso, del resto, appare orientata la so-

---

(121) F. GAZZONI, *Contratto preliminare*, cit., p. 613.

(122) F. GAZZONI, *Contratto preliminare*, cit., p. 613, riportando anche l'opinione di chi, autorevolmente, ritiene che il contratto preliminare il quale, per patto espresso, escluda l'applicabilità dell'art. 2932 c.c. sarebbe un contratto causalmente diverso dal preliminare ordinario, che è caratterizzato funzionalmente dall'esecuzione forzata in forma specifica.

(123) Si tratta di Cass., Sez. Un., 6 marzo 2015, n. 4628, cit.

(124) M. SEMERARO, *Contrattazione preliminare e autonomia negoziale: preliminare di preliminare e causa in concreto*, in *Giust. civ.*, 2016, n. 2, p. 339.

(125) La stessa giurisprudenza di merito (a suo tempo) contraria evidenziava, in buona sostanza, questo profilo, sia pure con qualche (probabilmente indebita) sovrapposizione tra le relative fasi negoziali esaminate. Può, nello specifico, rinviarsi alle decisioni di Trib. Napoli, 23 novembre 1982, in *Giust. civ.*, 1983, I, p. 283 e Trib. Napoli, 21 febbraio 1985, in *Dir. e giur.*, 1985, p. 725, ove la statuizione di nullità per mancanza di

luzione fornita dai giudici nomofilattici, allorché si statuisce la necessità, da parte del giudice del merito, di un'indagine diretta a stabilire in che cosa si sia tradotta, in concreto, l'attività delle parti. In particolare, relativamente all'ipotesi maggiormente diffusa nella prassi, concernente cioè la contrattazione preliminare relativa a vendita immobiliare che sia scandita in due fasi, con la previsione della stipula di un contratto preliminare successiva alla conclusione di un primo accordo, si tratta di verificare, anzitutto, se tale accordo costituisca già, di per sé, un contratto preliminare valido e suscettibile di avere effetti ai sensi degli artt. 1351 e 2932 c.c., ovvero anche soltanto effetti obbligatori con esclusione della possibilità di ricorrere all'esecuzione in forma specifica in caso di inadempimento. Correlativamente, il primo accordo, denominato contratto preliminare, con il quale i contraenti si obbligano alla successiva stipula di un altro contratto preliminare può essere ritenuto meritevole (in quanto operazione di senso), dunque valido e produttivo di effetti, solo qualora (per l'appunto) sia rinvenibile l'interesse delle parti a una formazione progressiva del contratto, che deve pertanto trovare fondamento (giustificandosene l'ammissibilità) nella differenziazione dei (rispettivi) contenuti negoziali. La violazione di tale accordo, contraria a buona fede, viene ritenuta generare responsabilità di natura contrattuale per la mancata conclusione del contratto da stipulare, quale inadempimento dell'obbligo assunto nella fase precontrattuale. Tale responsabilità è dunque riconducibile alla terza delle categorie di cui all'art. 1173 c.c., ossia alle obbligazioni derivanti da ogni fatto o atto idoneo a produrle in conformità dell'ordinamento giuridico.

In questa direzione allora, proprio muovendo dalla pratica degli affari, segnata dalla evoluzione della contrattazione immobiliare e dell'attività di mediazione professionalmente gestita, l'autorevole consesso intende «cogliere gli aspetti costruttivi di quel moderno orientamento che vuole riconoscere la libertà delle parti di determinarsi e di fissare un nucleo di interessi da trasfondere nei vari passaggi contrat-

causa del contratto con cui le parti si impegnano a concludere un futuro contratto preliminare di analogo contenuto, difettando di ogni funzione economica meritevole di tutela; diversamente, però, nel senso cioè della ammissibilità, Trib. Napoli, 28 febbraio 1995, in *Dir. e giur.*, 1995, p. 163, che ha ritenuto meritevole di tutela il contratto preliminare di preliminare qualora lo stesso costituisca un momento ben caratterizzato dell'*iter* progressivo per il raggiungimento del compiuto regolamento di interessi.

tuali»[126], attraverso dunque l'indagine relativa alla causa concreta, ossia l'interesse che il contratto è volto a realizzare. Ecco la ragione per la quale, a fronte di molteplici ipotesi che, in buona sostanza, traducono una diversità (in ogni caso di senso) tra la prima e la seconda fase preliminare, la soluzione non può essere quella (generica e apodittica) della inconcludente superfetazione (ossia della inutilità giuridica). Nello specifico, poi, giustamente si precisa che, comunque, «va escluso che sia nullo il contratto che contenga la previsione della successiva stipula di un contratto preliminare, allorquando il primo accordo già contenga gli estremi del preliminare. L'assenza di causa che è stata rilevata quando si è discusso di "preliminare di preliminare" potrebbe in tali casi riguardare tutt'al più il secondo, ma non certo il primo contratto»[127]. In ogni caso, posto che «non si può assegnare utilità al "bis in idem" in quanto volto alla mera ripetizione del primo contratto ad identici contenuti, se e quando le parti sono disposte al mutamento del contenuto del contratto, al cambiamento di esso, l'obbligazione assunta sembra avere per oggetto non il contrarre ma il contrattare»[128].

Certo, nell'incedere dei giudici, si avverte la preoccupazione per la necessità di un attento riscontro, in concreto, della sequenza contratto pre-preliminare-contratto preliminare, rispetto cioè alla possibile effettiva operatività del contratto preliminare di contratto preliminare. In tal senso, infatti, e premessa la condivisibilità in termini generali della ritenuta assenza di disvalore della procedimentalizzazione della fasi contrattuali, si evidenzia l'uso poco sorvegliato dell'espressione «preliminare di preliminare», rilevandosi altresì che, in disparte l'ipotesi (che non sembra essere ritenuta di significato ai fini indagati) «in cui appare che il primo contratto è già il contratto preliminare e che il secondo è, al più, solo la sua formalizzazione per la trascrizione, restano due "sequenze" variabili che si avvicinano»[129], senza tuttavia generare, almeno così sembra di capire, né vincoli a contrarre né, tanto meno, vincoli di carattere definitivo. Il riferimento è specificamente, in primo luogo, alle «mere puntuazioni in cui le parti hanno solo iniziato a discutere di un

(126) Cass., Sez. Un., 6 marzo 2015, n. 4628, cit.

(127) Cass., Sez. Un., 6 marzo 2015, n. 4628, cit.

(128) Cass., Sez. Un., 6 marzo 2015, n. 4628, cit.

(129) Cass., Sez. Un., 6 marzo 2015, n. 4628, cit.

possibile affare e senza alcun vincolo fissano una possibile traccia di trattative. In questa ipotesi, quanto maggiore e specifico è il contenuto, tanto più ci si avvicina al preliminare»[(130)]; in secondo luogo, al «contratto (che) non è ancora un vero preliminare, ma una puntuazione vincolante sui profili in ordine ai quali l'accordo è irrevocabilmente raggiunto, restando da concordare secondo buona fede ulteriori punti»[(131)].

Deve tuttavia rilevarsi che sia il percorso argomentativo sia le stesse conclusioni dei giudici nomofilattici non sembrano risolvere del tutto alcune perplessità di fondo[(132)]. In altri termini, se pure non è revocabile in dubbio che l'alternativa (secca) tra contratto preliminare e contratto definitivo rischia di amputare le forme dell'autonomia privata, è la stessa terminologia invalsa nella prassi, ossia «preliminare di preliminare» o «pre-preliminare», a generare equivoci. Si ha infatti l'impressione che così si traduca l'idea di volere attrarre (anche terminologicamente) nell'orbita di ciò che è specificamente proprio della fase (contrattuale) della contrattazione preliminare ciò che invece alla stessa non è (o non viene ritenuto) riconducibile in quanto espressione della fase (precontrattuale) del (più ampio e generico) procedimento di formazione del contratto, che tuttavia per gradi di successiva approssimazione (in termini di contenuto e di vincolatività) si avvicina al momento dell'insorgere di uno specifica relazione contrattuale (tecnicamente preliminare e suscettibile di attuazione in forma specifica). Questo tipo di rilievi sembra poi trovare conferma alla luce di talune applicazioni del *decisum* da parte di sentenze successive che, richiamandosi a quanto rilevato dal consesso nomofilattico, utilizzano la formula (di successo) del contratto preliminare cosiddetto aperto per indicare, in buona sostanza, modelli contenutistici corrispondenti a vere e proprie puntuazioni vincolanti che, però, non risultano (stranamente, a questo punto) suscettibili di esecuzio-

---

(130) Cass., Sez. Un., 6 marzo 2015, n. 4628, cit.

(131) Cass., Sez. Un., 6 marzo 2015, n. 4628, cit.

(132) Non si può, al riguardo, non aderire ai puntuali rilievi critici di G. D'Amico, *Il c.d. preliminare di preliminare*, in *Riv. dir. civ.*, 2016, p. 40 ss. e spec. p. 53 ss., il quale, rilevata la sostanziale correttezza dell'atteggiamento assunto nella valutazione delle esplicazioni dell'autonomia privata in quest'àmbito, non manca di evidenziare come il riconoscimento del cosiddetto preliminare di preliminare da parte dei giudici sembri fermarsi, sotto più profili, a metà dell'opera.

ne in forma specifica o, addirittura, immediatamente in grado di generare un rapporto definitivo. Viene al riguardo rappresentato (in astratto) il caso in cui «già nella prima fase si possono ravvisare gli elementi necessari per configurare un vincolo contrattuale e l'ulteriore attività contrattuale possa rimanere irrilevante, perché le parti hanno già raggiunto un'intesa. Ciò accade quando il primo accordo già contenga gli estremi del preliminare, sicché si pone l'esigenza di tutelare le parti che, pura avendo la volontà di vincolarsi, vogliano soltanto approfondire alcuni aspetti della regolamentazione dei loro interessi attraverso puntuazioni vincolanti sui profili in ordine ai quali l'accordo è irrevocabilmente raggiunto»[133]. Riesce in verità difficile comprendere, almeno per come esposto, che cosa l'esemplificazione traduca, se cioè una intesa non definitiva (ma non tecnicamente preliminare), se una intesa tecnicamente preliminare (ma insuscettibile di esecuzione in forma specifica) o, più semplicemente, una puntuazione vincolante in ordine a elementi sui quali si è già raggiunto l'accordo sicuramente non in grado di generare (anche solamente) vincoli a concludere il successivo contratto ma la cui violazione produce responsabilità contrattuale (trattandosi di accordo negoziale) con risarcimento dell'interesse negativo (al pari della responsabilità da rottura ingiustificata delle trattative). Ora, definire que-

---

(133) Cass., 28 novembre 2019, n. 31188, in *www.ilcaso.it*, che ha accolto il ricorso presentato imputando ai giudici di merito di avere omesso di valutare «se, con lo scambio della proposta irrevocabile e dell'accettazione (...) le parti avessero intenzione di vincolarsi reciprocamente, demandando al successivo negozio le modalità di pagamento del prezzo, da corrispondere in relazione agli stadi di avanzamento dei lavori. Il giudice di merito avrebbe dovuto verificare se l'atto contenesse gli elementi essenziali del preliminare (oggetto, parti, causa, prezzo), sì da costituire esso stesso un contratto preliminare – e non anche un "preliminare di preliminare" – valido e suscettibile di conseguire gli effetti *ex* art. 2932 c.c. Avrebbe dovuto verificare se la proposta irrevocabile "fino alla stipula del preliminare di vendita da effettuarsi con il ritiro della concessione" costituisse termine o condizione e, all'esito di tale indagine, verificare se si trattasse di una mera puntuazione della trattative o un accordo sugli elementi essenziali». Diversamente invece, almeno così sembrerebbe, la precedente decisione di Cass. (ord.), 20 marzo 2019, n. 7868, in *www.ilcaso.it.*, che ha modo di precisare, ai fini della relativa validità, la richiesta novità tra il primo e il secondo contratto preliminare, purché cioè «emerga la configurabilità dell'interesse delle parti a una formazione progressiva del contratto basata sulla differenziazione dei contenuti negoziati e sia identificabile la più ristretta area del regolamento di interessi coperta dal vincolo negoziale originato dal primo preliminare»; *adde* Cass. (ord.), 28 ottobre 2020, n. 23736, in *Pluris*.

st'ultima intesa un contratto preliminare di preliminare dà l'impressione più di una valenza simbolica (per legittimare dunque ciò che altrimenti risulterebbe concettualmente assai dubbio) che di una reale (per così dire) categoria di riferimento, soprattutto allorché si chiosa, al pari dei giudici nomofilattici, che «In presenza di contrattazione preliminare relativa a compravendita immobiliare che sia scandita in due fasi, con la previsione di stipula di un contratto preliminare successiva alla conclusione di un primo accordo, il giudice di merito deve preliminarmente verificare se tale accordo costituisca già esso stesso contratto preliminare valido e suscettibile di conseguire effetti *ex* artt. 1351 e 2932 c.c., ovvero anche soltanto effetti obbligatori ma con esclusione dell'esecuzione in forma specifica in caso di inadempimento»[(134)]. A questo punto, davvero, *tertium non datur*, quanto meno nel senso della terminologia comunemente adottata, non trattandosi di dovere individuare un *quid* (giuridicamente rilevante) che si pone tra contratto preliminare e contratto definitivo, ma dovendosi piuttosto (più semplicemente) indicare un accordo negoziale parte di un percorso che non è approdato ancora a ciò che, almeno per il nostro ordinamento, può identificarsi come contratto preliminare e che è comunque in grado di generare, in caso di violazione, responsabilità contrattuale.

14. *La trascrizione del contratto preliminare. Gli ordini di problemi*

Si è in precedenza rilevato un significativo sviluppo del contratto preliminare, orientato (per quanto in questa sede di interesse) nel senso di una massimizzazione delle forme di tutela del promissario acquirente, anche in via pregressa rispetto al rapporto definitivo (come nell'ipotesi di contratto preliminare a esecuzione anticipata). Ciò, tuttavia, rimaneva fondamentalmente ispirato *de iure condendo* a un completamento della tutela in relazione alla ritenuta inopponibilità del proprio diritto ai terzi. Per dottrina dominante, infatti, era esclusa la possibilità

---

(134) Cass., 28 novembre 2019, n. 31188, cit.; similmente, da ultimo, Cass., 10 aprile 2020, n. 7781, in *Pluris*, ove si identifica il cosiddetto preliminare di preliminare in un contratto a effetti essenzialmente obbligatori non assistito dall'esecuzione in forma specifica *ex* art. 2932 c.c. in caso di inadempimento.

della trascrizione del contratto preliminare, quantunque ciò potesse risultare singolare e finanche strano, attese le ricostruzioni dottrinali in tema di configurazione del contratto preliminare, segnatamente in tema di vendita obbligatoria, ossia di vendita a efficacia traslativa differita, ritenuta, almeno rispetto a talune delle ipotesi (vendita di cosa futura), di per sé trascrivibile. Proprio al fine di rafforzare, anche sotto questo aspetto, la posizione del troppo spesso pregiudicato promissario acquirente, con la richiamata novella al codice civile, rappresentata dalla l. n. 30/1997, sono state introdotte una serie di disposizioni (tra cui, con l'affermazione del principio generale, l'art. 2645 *bis* c.c.), ciascuna delle quali concorre a delineare la fisionomia di un nuovo istituto o, forse più correttamente, sub-istituto, ossia il contratto preliminare trascrivibile.

Si sono così recepite le istanze provenienti, in particolare, dal Notariato italiano che, autorevolmente, aveva sostenuto l'insufficienza del sistema pubblicitario italiano in merito all'assicurazione di un'effettiva tutela al promissario acquirente, ma (al contempo) aveva altresì rilevato la corrispondente non strutturale inidoneità a produrre un tale risultato [135] e, inoltre, aveva perspicuamente tracciato i principali profili da regolamentare. In particolare si era posta l'attenzione su l'individuazione del termine di durata dell'effetto prenotativo derivante dalla trascrizione del contratto preliminare; la previsione della prevalenza, sulla trascrizione del contratto preliminare, della iscrizione ipotecaria a garanzia del mutuo erogato al venditore per la realizzazione dell'immobile medesimo o concesso al compratore per consentirgli l'acquisto (con la previsione, esattamente recepita nella legge, dell'accollo del mutuo erogato al venditore in capo al compratore di cui, come si vedrà, all'art. 2825 *bis* c.c.); i rapporti con la disciplina del fallimento (con l'adesione anche qui a una soluzione equilibrata e non dirompente nella riformulazione dell'art. 72 r.d. n. 267/1942, come poi in realtà è avvenuto).

In precedenza, infatti, la possibilità di trascrivere il contratto preliminare, allo stato della legislazione vigente, era stata esclusa. Si riteneva in merito che l'unica forma di tutela offerta dall'ordinamento al promissario adempiente al fine di comporre il conflitto tra più promissari o tra

---

[135] In tal senso G. MARICONDA, *La trascrivibilità del contratto preliminare*, in *Notariato*, 1995, p. 337 ss., richiamando l'effetto prenotativo dell'art. 2652, n. 2, c.c., ossia una forma di trascrizione interinale volta a costituire la tutela per una futura trascrizione.

il promissario e altri aventi causa dal promittente era rappresentata dall'esecuzione in forma specifica dell'obbligo di contrarre con conseguente possibilità di trascrivere la domanda giudiziale *ex* art. 2652, n. 2, c.c. (136). Del resto risultava pacifico che la trascrizione del contratto preliminare eventualmente eseguita avrebbe comportato, quale trascrizione illegittima, responsabilità da fatto illecito sia del richiedente sia del conservatore dei registri immobiliari. Pertanto la richiamata tassatività del tipo di effetti presi in considerazione dall'art. 2643 c.c. escludeva la trascrivibilità del contratto preliminare, quantunque la ricostruzione della sequenza contratto preliminare-contratto definitivo, nel senso che il primo farebbe sorgere un obbligo di prestare il consenso alla stipula del secondo, fosse stata già sottoposta a severe critiche, orientate, sia pure nella diversità dei percorsi argomentativi, a escludere che il contratto definitivo rappresenti un atto negoziale a cui si ricollegano gli effetti traslativi voluti dalle parti (137).

15. *I tratti essenziali della nuova regolamentazione. Il carattere prenotativo della trascrizione*

La nuova disciplina si caratterizza, già sotto il profilo del relativo àmbito applicativo, per aver disposto la trascrivibilità soltanto dei contratti preliminari strumentali al trasferimento della proprietà di beni immobili, nonché degli altri diritti reali immobiliari, oltre che degli atti costitutivi della comunione di diritti reali. Ciò ha indotto autorevole dottrina a ritenere costituzionalmente illegittima la esclusione degli altri contratti preliminari delle altre fattispecie contrattuali di cui al n. 5 e dal n. 8 al n. 13 dell'art. 2643 c.c., oltre al contratto preliminare di ipoteca (138).

---

(136) In merito F. GAZZONI, *La trascrizione immobiliare*, I, *Artt. 2643-2645*, in *Il codice civile. Commentario*, diretto da P. Schlesinger, Milano, 1991, *sub* art. 2643, p. 350, ove in nota ampi richiami di dottrina conforme.

(137) Per una sintesi dei relativi orientamenti S. DELLE MONACHE, *La trascrizione del contratto preliminare*, in *Nuove leggi civ. comm.*, 1998, p. 3 ss.

(138) Il riferimento è a G. GABRIELLI, *La pubblicità immobiliare del contratto preliminare*, in *Riv. dir. civ.*, 1997, I, p. 529 ss.

Questo primo rilievo, tratto proprio dall'analisi del disposto contenuto nell'art. 2645 *bis* c.c., consente di sollevare due ulteriori questioni: l'una, di politica del diritto, relativa cioè alla *ratio* della scelta legislativa; l'altra, attinente ai riflessi di ordine sistematico derivanti da tale scelta [(139)]. In ordine alla prima questione, ossia quanto al fondamento giustificativo della scelta legislativa, è sembrato evidente che il legislatore è stato indotto a tale soluzione dalle indicazioni della dottrina. Quest'ultima infatti ha sovente segnalato i concreti pericoli per una categoria di soggetti, nello specifico i promissari acquirenti di un bene immobile, rispetto alla possibile violazione del contratto preliminare a cui non corrispondesse una tutela forte secondo il modello della opponibilità del contratto medesimo (in buona sostanza una tutela reale). Tale tecnica di protezione di interessi di talune categorie di soggetti è tipica di tutti i più recenti interventi legislativi di settore volti a garantire la tutela del cosiddetto contraente debole (disciplina delle locazioni, trasparenza bancaria, clausole vessatorie) ma con soluzioni differenti da quelle adottate nei settori ora menzionati. Infatti, mentre in questi ultimi casi si tratta di approntare tutela rispetto a un'asimmetria informativa (da qui la necessaria trasparenza precontrattuale, nel settore bancario e in quello di intermediazione finanziaria) o a un'asimmetria partecipativa (relativamente alla impossibilità di co-decidere la disciplina dell'operazione, come rispetto alle clausole vessatorie), nella fattispecie in esame la tutela si realizza in maniera molto più semplice, quantunque di possibile impaccio nel regime di circolazione dei beni immobili, nel contesto di un mercato di carattere eminentemente individuale e non standardizzato [(140)].

Del resto, proprio la volontà di non creare un patrimonio segregato rispetto ai beni per il cui programmato trasferimento veniva stipulato

---

(139) Puntualmente L. NIVARRA, *La trascrizione del contratto preliminare*, in *Riv. giur. sarda*, 1998, p. 879 ss.

(140) In merito L. NIVARRA, *La trascrizione del contratto preliminare*, cit.; in senso contrario R. RASCIO, *Le nuove norme sulla trascrizione e la configurazione del contratto preliminare*, in *Riv. not.*, 1998, p. 367 ss., il quale ritiene improprio il prefigurarsi di un conflitto tra contraente debole e contraente forte; similmente A. LUMINOSO, in A. LUMINOSO-G. PALERMO, *La trascrizione del contratto preliminare. Regole e dogmi*, Padova, 1998, p. 37 ss., che non individua ambiti di applicazione della novella limitati al consumatore o all'operatore economico.

un contratto preliminare trascritto ha indotto a restringere l'area di operatività delle vicende di cui all'art. 2643 c.c. Si è voluto, in altri termini, non creare una sorta di canale preferenziale di circolazione del bene tutte le volte che si fosse in presenza di un contratto preliminare, ma solo con riferimento alle vicende acquisitive della proprietà o costitutive di un diritto reale immobiliare (141). Pertanto, laddove si è posto il problema di risolvere una situazione di conflitto tra aspiranti acquirenti da un comune autore (promissario acquirente e terzo avente causa dal promittente alienante), attraverso la trascrizione del preliminare si è assicurata una tutela di tipo reale (nel senso dell'opponibilità della trascrizione del definitivo). Più complessa, in verità, è la soluzione del conflitto attinente ai rapporti tra promissario acquirente e creditori del promittente alienante, come si avrà modo di meglio precisare nel prosieguo.

Per quanto attiene, invece, alla seconda delle questioni sopra sollevate, ossia le conseguenze sistematiche della novella, appare opportuno distinguere tra quelle derivanti dalla trascrivibilità del contratto preliminare nell'àmbito dei principi in materia di trascrizione e quelle relative al contratto preliminare medesimo.

Quanto al primo profilo occorre rilevare che il principio di trascrivibilità solo degli atti traslativi non è preclusivo, in sé, di una trascrizione provvisoria fondata su un atto preparatorio di alienazione (come il contratto preliminare), in funzione prenotativa del grado della futura trascrizione (142). Ciò, con riferimento al contratto preliminare, pare possibile in considerazione del rilievo (di ordine giuridico) che a beneficiare dell'opponibilità *erga omnes* assicurata dalla trascrizione non sono gli effetti scaturenti dal contratto preliminare, bensì quelli derivanti dal contratto definitivo. Pertanto l'evocato principio appare integro e non intaccato, anche perché il meccanismo della prenotazione era stato già utilizzato dal legislatore rispetto all'ammissibilità della trascrizione delle domande giudiziali *ex* art. 2652 c.c. e del pignoramento *ex* art. 555 c.p.c. (143). Se, dunque, la trascrizione del contratto preliminare ha un'efficacia meramente

---

(141) Al riguardo G. MARICONDA, *La trascrivibilità del contratto preliminare*, cit.

(142) Tale riflessione si deve all'autorevole insegnamento di L. MENGONI, *La pubblicità immobiliare*, in *Jus*, 1986, p. 3 ss.

(143) In tal senso G. GABRIELLI, *Considerazioni sulla funzione e sul conseguente carattere facoltativo della pubblicità del contratto preliminare*, in *Vita not.*, 1998, p. 741 ss.

prenotativa che fa retroagire gli effetti della trascrizione del contratto definitivo (o atto equipollente) al momento della trascrizione del contratto preliminare [144], non sembra doversi aderire a quella dottrina la quale ritiene che la novella abbia determinato una metamorfosi del contratto preliminare che altro non sarebbe che una vendita obbligatoria [145]. Al riguardo infatti la stessa lettura dell'art. 2645 *bis* c.c. mostra la permanenza del rapporto contratto preliminare-contratto definitivo, con una terminologia dunque atta a differenziare le due fattispecie contrattuali. Inoltre, il riferimento a tale atto (ossia alla trascrizione del contratto preliminare) degli effetti propri della trascrizione nella vendita obbligatoria [146], non rende ragione del motivo per cui, una volta trascritto il contratto preliminare-vendita obbligatoria, gli effetti dovrebbero essere di natura prenotativa e non immediatamente dichiarativa [147].

Del resto la stessa Relazione alla novella evidenzia (sia pure non senza qualche ambiguità) la continuità rispetto al sistema della trascrizione, nel senso che il contratto preliminare viene considerato non in modo autonomo ma quale segmento di un procedimento che nasce per l'appunto con il contratto preliminare e che tuttavia è destinato a svilupparsi con un negozio a effetti reali, al quale ultimo dunque si correlano gli effetti della pubblicità. La funzione allora della trascrizione del

---

[144] In senso contrario F. GAZZONI, *Il contratto preliminare*, cit., p. 743 ss. e G. PALERMO, in A. LUMINOSO-G. PALERMO, *La trascrizione del contratto preliminare*, cit., p. 134 ss., in relazione al (comune) rilievo che il contratto preliminare sarebbe il vero e proprio titolo del futuro trasferimento.

[145] Il riferimento è a F. GAZZONI, *Il contratto preliminare*, cit., p. 744 s., che evidenzia come la tesi dell'opponibilità ai terzi del diritto all'acquisto, derivante per l'appunto dalla introdotta trascrivibilità del contratto preliminare e riferibile ai sostenitori della tesi della prenotazione, «ben si ricollega alla teoria del preliminare di vendita come vendita obbligatoria, perché l'opponibilità del *titulus* discende dall'impegno traslativo, laddove il profilo obbligatorio (obbligo di dare) giustifica la limitazione temporale, in vista della trascrizione del *modus adquirendi*».

[146] Negozio ritenuto già immediatamente trascrivibile da S. PUGLIATTI, *La trascrizione*, II, Messina, 1946, p. 5, trattandosi di vendita definitiva a effetto reale differito, rispetto alla quale dunque l'effetto reale è insito nel contratto di vendita inizialmente concluso; diversamente F. GAZZONI, *La trascrizione immobiliare*, I, cit., *sub* art. 2643, p. 114, sottolineando, in senso contrario, che «la compravendita obbligatoria è inidonea di per sé alla produzione dell'effetto reale, il quale presuppone un ulteriore elemento sopravveniente».

[147] Questo il rilievo di L. NIVARRA, *La trascrizione del contratto preliminare*, *loc. cit.*

contratto preliminare non è quella tipica di cui all'art. 2644 c.c., autorevolmente definita come un fatto giuridico permanente [148], quanto piuttosto quella di cui all'art. 2652, nn. 2 e 3, c.c., non avendo dunque il compito di risolvere il conflitto tra promissario acquirente e beneficiari di altri titoli o altri promissari acquirenti. In tal senso dunque, in ragione di quanto testualmente previsto dalla relazione ministeriale di accompagnamento alla l. n. 30/1997, secondo cui «La trascrizione del preliminare non opera autonomamente rispetto al momento della pubblicità del definitivo ma determina una sorta di prenotazione», la rilevata criticità nel sistema pubblicitario della continuità delle trascrizioni quanto alla certezza dei traffici giuridici è da ricollegare proprio al predisposto effetto di prenotazione. In questo modo, infatti, si consente al promissario acquirente di trascrivere il contratto preliminare nella avvertita esplicitazione della necessità che si provveda alla stipula (e correlativa trascrizione) del contratto definitivo, atteso che se la trascrizione di quest'ultimo non avverrà entro un anno dalla data convenuta tra le parti e in ogni caso entro tre anni dalla trascrizione del contratto preliminare (secondo quanto previsto dall'art. 2645 *bis*, comma 3, c.c.), l'operata trascrizione del contratto preliminare sarà senza effetto.

Pur tuttavia, e nonostante il richiamato carattere prenotativo (generalmente) riconosciuto a questo tipo di trascrizione, in verità l'effetto prodotto dalla trascrizione del contratto preliminare risulta comunque, allo stato dei fatti, un effetto di opponibilità, di rilevanza cioè in sé della trascrizione del contratto preliminare. Si pensi, al riguardo, alla trascrizione del contratto preliminare seguita dalla trascrizione di un pignoramento *ex* art. 555 c.p.c. con conseguente attivazione della procedura esecutiva finalizzata alla vendita all'incanto. In questa ipotesi, infatti, se si ritiene che la pubblicità assicurata al contratto preliminare abbia l'effetto di paralizzare, in buona sostanza, non solo l'ulteriore circolazione del bene ma altresì sia in grado di incidere su tutti gli atti successivi pregiudizievoli delle ragioni del promissario acquirente (comprese dunque le iniziative creditorie, come per l'appunto il pignoramento), allora si deve ritenere che l'effetto sia proprio quello di un'opponibilità della trascrizione del contratto preliminare come fatto in sé, a prescindere dunque dalla successiva (futura) trascrizione del contratto definitivo o atti a que-

---

[148] Si rinvia a D. RUBINO, *La pubblicità come fatto permanente*, in *Riv. dir. comm.*, 1957, I, p. 10 ss.

st'ultimo assimilati, il cui verificarsi peraltro renderà definitiva l'opponibilità, per così dire, prenotata in precedenza. Si tratterebbe allora di una tutela che privilegia, nell'arco di un tempo massimo indicato dal legislatore, l'aspettativa del promissario acquirente, sia pure rendendo (di fatto) indisponibile, da parte del promittente alienante, il bene oggetto della promessa di vendita. Pur tuttavia, nel caso di specie prima indicato, sembrerebbe preferibile ritenere che il giudice possa utilmente disporre la vendita all'incanto, dal momento che il terzo, pendente la trascrizione del contratto preliminare con la correlativa efficacia triennale, potrebbe acquistare il bene controverso garantendosi rispetto a un possibile futuro sviluppo in merito alla corrispondente (libera) commerciabilità.

È comunque indubitabile che, a seconda di come si intenda il raggio di efficacia della trascrizione, ossia se limitato al conflitto tra aspiranti del comune dante causa oppure esteso anche al conflitto con i creditori del promittente alienante, può risultare differente l'importanza che assume il contratto preliminare e, correlativamente, il contratto definitivo. Infatti, secondo alcuni, la trascrizione del contratto preliminare consentirebbe al promissario acquirente di opporre la trascrizione anche nei confronti dei creditori del promittente alienante, ossia rispetto alle iscrizioni di ipoteche o trascrizioni di pignoramenti [149]; secondo altri, invece, la trascrizione opererebbe solo nel conflitto con gli aventi causa del promittente alienante [150].

Se, dunque, del carattere prenotativo della trascrizione del contratto preliminare non pare potersi dubitare, più dubbio è invece il carattere facoltativo o meno della pubblicità del contratto preliminare [151]. In

---

[149] In questa direzione G. GABRIELLI, *La pubblicità immobiliare*, cit., p. 534 ss.; ID., *Considerazioni sulla funzione*, cit., p. 746 ss.; similmente M. FRANZONI, *Riflessioni sulla trascrizione del preliminare*, in *Contr. e impr.*, 1998, p. 421 ss.

[150] Il riferimento è alla posizione di G. CIAN, *La trascrivibilità del preliminare (ex art. 3 d.l. 31 dicembre 1996, n. 669)*, in *Studium iuris*, 1997, p. 218 ss.; ID., *Alcune questioni in tema di trascrizione di contratto preliminare*, in *Riv. dir. civ.*, 1997, II, p. 377 ss., rilevando sotto questo profilo un'importante distinzione rispetto all'analogo istituto della *Vormerkung* tedesca, deputata a tutelare il prenotato «anche nei confronti degli atti che pregiudicherebbero la sua pretesa se posti in essere nell'ambito di procedure esecutive concorsuali o individuali» (p. 381).

[151] Favorevolmente G. GABRIELLI, *Considerazioni sulla funzione*, cit., p. 750 ss., desumendolo dalla previsione di cui all'art. 2668, comma 2, c.c.; in senso contrario A. LUMINOSO-G. PALERMO, *La trascrizione del preliminare*, cit., entrambi per l'indisponibilità del diritto di trascrivere il preliminare.

termini generali va comunque evidenziato che, con la novella in esame, gli strumenti di carattere prenotativo a tutela del promissario acquirente sono divenuti sostanzialmente tre, ossia la trascrizione del contratto preliminare, la trascrizione della domanda giudiziale diretta a ottenere l'esecuzione in forma specifica *ex* art. 2652, n. 2, c.c. e la trascrizione della domanda giudiziale diretta a ottenere l'accertamento giudiziale della sottoscrizione di scritture private in cui è contenuto un atto soggetto a trascrizione o iscrizione *ex* art. 2652, n. 3, c.c. Quest'ultima, poi, è da equiparare, quanto agli effetti, alla trascrizione del contratto preliminare di cui all'art. 2645 *bis* c.c. anche dunque sotto il profilo dell'efficacia temporale, per un massimo di un triennio, proprio a decorrere dalla trascrizione della domanda medesima [(152)].

La prima forma di tutela, sotto questo profilo, offre maggiori garanzie perché consente la immediata trascrivibilità del contratto preliminare, mentre la (pur possibile) immediata trascrizione della domanda giudiziale *ex* art. 2652, n. 2, c.c., ossia subito dopo la stipula del contratto preliminare e senza attendere l'inadempimento del promittente alienante, espone al rischio della lite temeraria *ex* art. 96 c.p.c. e comporta, comunque, la trasformazione di un rimedio del tutto eccezionale per una situazione di inadempimento già verificatasi in una forma di precauzione generale e diffusa che ne stravolgerebbe la funzione [(153)]. Ora, quantunque ammessa dalla più recente giurisprudenza, quest'ultima possibilità traduce una vera e propria utilizzazione abusiva del potere di trascrivere la domanda giudiziale. Altro è, infatti, la trascrizione della domanda volta a ottenere il trasferimento *ex* art. 2932 c.c., rimedio accordato per non far gravare sul promissario acquirente le conseguenze negative derivanti dalla durata del processo; altro è l'efficacia (prenotativa) scaturente dalla pubblicità del contratto preliminare, che determinerebbe nella pretesa (obbligatoria) del promissario una posizione giuridica assimilabile, per certi versi, ai diritti reali [(154)].

---

(152) In tal senso G. CIAN, *La trascrivibilità del preliminare*, cit.

(153) Come giustamente evidenziato da G. MARICONDA, *La trascrivibilità del contratto preliminare*, loc. cit.; ID., *Fattispecie trascrivibili e aspetti transitori*, in *Notariato*, 1997, p. 366 ss.; similmente R. RASCIO, *Le nuove norme sulla trascrizione*, loc. cit., il quale ricorda la funzione per cui venne introdotta la norma in questione.

(154) In merito G. CIAN, *La trascrivibilità del preliminare*, *loc. cit.*; ID., *Alcune questioni in tema di trascrizione*, cit., p. 381.

16. (Segue). *Gli atti assimilati al contratto definitivo e il termine di efficacia della trascrizione*

L'analisi della novella legislativa impone di affrontare altre due questioni collegate proprio con le scelte legislative effettuata nella disciplina in esame, ossia l'individuazione degli altri atti che costituiscano comunque esecuzione del contratto preliminare, la cui trascrizione è equiparata a quella del contratto definitivo o della sentenza costitutiva ai sensi dell'art. 2645, comma 2, c.c., e il termine di efficacia della trascrizione del contratto preliminare.

Per quanto attiene alla prima questione, ossia l'individuazione di altro atto che costituisca comunque esecuzione del contratto preliminare, si ritiene, da taluni, che tale indicazione attenga a quegli atti, con causa esterna, che differiscono l'effetto reale a un momento successivo alla loro conclusione, sul modello cioè del contratto preliminare al quale, peraltro, non sono assimilabili perché si arricchiscono di ulteriore contenuto rappresentato dalla consegna del bene e dal pagamento del prezzo (è questo il caso dei contratti preliminari a esecuzione anticipata). Rispetto a ciò l'obbligazione da adempiere non è più quella di concludere il contratto (ossia di *facere*, come nell'ipotesi classica) ma è un'obbligazione di *dare* (155). Soluzione differente viene invece proposta da chi ritiene possibile una divergenza, nei limiti di cui all'art. 2655 c.c., al fine di garantire l'effetto prenotativo della trascrizione del contratto preliminare, tra contratto preliminare e contratto definitivo (ad esempio, il primo di vendita e il secondo di permuta; oppure il primo di vendita e il secondo di transazione), salva comunque la necessità appunto di assoluta certezza e corrispondenza riguardo ai soggetti, l'oggetto e il rapporto giuridico (156). In ogni caso si può convenire sulla circostanza che si deve

---

(155) In tal senso L. NIVARRA, *La trascrizione del contratto preliminare*, loc. cit.

(156) È l'orientamento di P. PICCOLI, *Natura ed effetti della trascrivibilità del preliminare*, in *Notariato*, 1997, p. 380 ss.; diversamente, nel senso di una maggiore elasticità, A. DI MAJO, *La trascrizione del contratto preliminare e regole di conflitto*, in *Corr. giur.*, 1997, p. 514 ss., che pure peraltro richiede l'identità del bene oggetto del rapporto, escludendo ad esempio la *datio in solutum*; in senso generalmente contrario, invece, G. MARICONDA, *Fattispecie trascrivibili e aspetti transitori*, *loc. cit.*, ritenendo nei casi summenzionati che la diversità del rapporto giuridico escluda la possibilità di una conservazione di valore della trascrizione del contratto preliminare.

trattare di atti che, differenti da un contratto definitivo ripetitivo del contratto preliminare trascritto, abbiano però pur sempre la funzione di attuare, almeno parzialmente, l'obbligo traslativo scaturente dal contratto preliminare [157]. In buona sostanza, il senso della previsione in esame ha la funzione di allargare la tutela del promissario acquirente alle ipotesi di mancata corrispondenza tra il titolo che doveva giustificare il trasferimento (contratto definitivo con un certo contenuto) e il titolo in base al quale esso è stato effettivamente realizzato (negozio con effetti traslativi diversi da quello pattuito), ferma appunto l'identità del bene oggetto del programmato trasferimento [158].

Quanto invece alla seconda questione, ossia il termine di efficacia della trascrizione, va ricordato che ai sensi dell'art. 2645 *bis*, comma 3, c.c. «Gli effetti della trascrizione del contratto preliminare cessano e si considerano come mai prodotti se entro un anno dalla data convenuta tra le parti per la conclusione del contratto definitivo, e in ogni caso entro tre anni dalla trascrizione predetta, non sia eseguita la trascrizione del contratto definitivo o di altro atto che costituisca comunque esecuzione del contratto preliminare o della domanda giudiziale di cui all'art. 2652, primo comma n. 2». Da un punto di vista generale, come rilevato dalla giurisprudenza di legittimità riprendendo quanto chiarito dalla dottrina, i termini di cui all'art. 2645 *bis*, comma 3, c.c. e, segnatamente, il termine triennale si configurano «alla stregua di una modalità cronologica intrinsecamente connessa all'effetto prenotativo correlato e atto a scaturire dalla trascrizione del preliminare. Cosicché il suo inutile decorso è di certo riscontrabile *ex officio* (...), giacché mero riflesso della proiezione temporale intrinseca al fatto – trascrizione del preliminare – addotto alla cognizione del giudice e giacché il ripristino del regime di libera disposizione e circolazione dei beni – libera disposizione e circolazione cui, appunto, osta la proiezione temporale dell'effetto prenotativo correlato alla trascrizione del preliminare – risponde a ragioni di pubblico interesse che, evidentemente, non possono essere affidate all'esclusiva iniziativa delle parti e sollecitano, viceversa, il presidio dell'autorità *(statuale)* giurisdizionale» [159]. Il riferimento normativo a due ordini di termini differenti, ossia

---

[157] Puntualmente G. CIAN, *La trascrivibilità del preliminare*, loc. cit.

[158] Al riguardo S. DELLE MONACHE, *La trascrizione del contratto preliminare*, loc. cit.

[159] Cass., 22 ottobre 2014, n. 22454, in *www.ilcaso.it*.

entro un anno dalla data di stipulazione del definitivo fissata dalle parti ed entro tre anni dalla trascrizione del preliminare, si presenta tuttavia problematico. Occorre dunque stabilire se l'eventuale fissazione di un termine convenzionale che superi il triennio (dalla trascrizione) venga comunque superata da questa prescrizione (così come sembrerebbe indicare la lettera della legge), oppure debba intendersi, secondo quanto ritenuto preferibile, il termine triennale in questione come previsione legale suppletiva, operante dunque in assenza di previsione pattizia, e non imperativa [(160)]. In realtà la previsione di un termine finale di legge deve essere intesa appunto in tal senso, ossia come previsione massima di efficacia della trascrizione, così come si è ritenuto nell'ipotesi in cui il contratto preliminare sia stato redatto semplicemente in forma privata. In tale ultima ipotesi, infatti, la tutela del promissario acquirente è affidata alla trascrizione della domanda giudiziale di accertamento della sottoscrizione *ex* art. 2652, n. 3, c.c.; la relativa efficacia tuttavia è sempre triennale, con la possibilità di evitare qualsiasi pregiudizio provvedendosi a trascrivere, nelle more dell'accertamento giudiziale, la domanda giudiziale di esecuzione *ex* art. 2932 c.c. per evitare che vengano meno gli effetti prenotativi della pubblicità (che qui si realizzerebbe combinando la trascrizione della domanda di accertamento della sottoscrizione *ex* art. 2652, n. 3, c.c. e il contratto preliminare integrato dalla trascrizione della favorevole sentenza di accertamento) [(161)].

17. (Segue). *I rapporti con i creditori*

Accanto all'effetto principale, attinente alla fase fisiologica del rapporto e rappresentato dalla prevalenza della trascrizione del contratto

---

[(160)] Per questa soluzione L. NIVARRA, *La trascrizione del contratto preliminare*, loc. cit., che riferisce il problema relativo agli edifici da costruire, ove il termine pattizio ben può essere maggiore del triennio dalla trascrizione del preliminare; *ante* riforma G. MARICONDA, *La trascrivibilità del contratto preliminare*, loc. cit., tra le possibili soluzioni era favorevole, in prospettiva, alla previsione di un termine fisso entro cui trascrivere, che in ogni caso dalla riforma è stato recepito sia pure ancorandolo, a quanto sembra, a due diverse opzioni.

[(161)] Sul punto S. DELLE MONACHE, *La trascrizione del contratto preliminare*, loc. cit.

definitivo o atti assimilati *ex* art. 2645 *bis*, comma 2, c.c. rispetto alle trascrizioni successive a quella del contratto preliminare effettuate nei confronti del promittente alienante, è possibile evidenziare un effetto secondario, relativo cioè alla fase patologica del rapporto, determinante una preferenza nei crediti che scaturiscono dalla mancata esecuzione del contratto preliminare trascritto [(162)]. Più specificamente, il legislatore della novella ha previsto con l'art. 2775 *bis* c.c. che, in ipotesi di inadempimento, «i crediti del promissario acquirente che ne conseguono hanno privilegio speciale sul bene immobile oggetto del contratto preliminare, sempre che gli effetti della trascrizione non siano cessati al momento della risoluzione del contratto risultante da atto avente data certa, ovvero al momento della domanda giudiziale di risoluzione del contratto o di condanna al pagamento, ovvero dal momento della trascrizione del pignoramento o al momento dell'intervento nella esecuzione promossa da terzi. Il privilegio non è opponibile ai creditori garantiti da ipoteca relativa ai mutui erogati al promissario acquirente per l'acquisto del bene immobile nonché ai creditori garantiti da ipoteca ai sensi dell'art. 2825-*bis*». Ora, il suddetto privilegio a favore del promissario acquirente *ex* art. 2775 *bis*, comma 1, c.c., per i crediti derivanti da mancata esecuzione del preliminare, comprende sia il credito restitutorio sia il credito risarcitorio (nonché quello eventualmente pattuito nella clausola penale). Viene così rafforzata la posizione del promissario acquirente rispetto al compratore definitivo che, al contrario, non appare munito della medesima tutela creditoria [(163)].

---

(162) In merito P. PICCOLI, *Natura ed effetti*, loc. cit. Si tratta di una tutela che presuppone, per l'appunto, l'intervenuta trascrizione del contratto preliminare, che costituisce il presupposto per il riconoscimento del privilegio *ex* art. 2775 *bis* c.c., non surrogabile, come giustamente deciso da Cass. (ord.), 14 luglio 2023, n. 20194, in *Contratti*, 2023, p. 588 ss., con nota di A. COSTA, *Fallimento del promittente alienante e operatività delle tutele del promissario acquirente*, da quella, «effettuata ai sensi dell'art. 2645-*ter* c.c., dell'atto costitutivo del vincolo di destinazione sui beni promessi in vendita» (p. 589), preordinata a una ben diversa funzione (l'opponibilità rispetto alla produzione dell'effetto segregativo).

(163) Sul punto, ad esempio, già C.M. BIANCA, *Notazioni per una disciplina particolare in tema di vendita di case*, in *Giur. it.*, 1974, IV, c. 22 ss., aveva indicato con largo anticipo) la possibilità di un intervento legislativo omogeneo nel settore della vendita delle case, con attribuzione del privilegio al compratore e introduzione della trascrizione del contratto preliminare.

Il relativo dibattito ha riguardato il rapporto tra regole di pubblicità e regole delle relazioni organizzative all'interno del sistema delle garanzie, ossia (per quest'ultimo ordine di problemi) il rapporto tra privilegi e ipoteca *ex* art. 2748, comma 2, c.c., ai cui sensi ai cui sensi «I creditori che hanno privilegio sui beni immobili sono preferiti ai creditori ipotecari se la legge non dispone diversamente». In particolare si è discusso in merito all'(in)opponibilità del privilegio *ex* art. 2775 *bis*, comma 2, c.c. Si è cioè posto l'interrogativo se, a eccezione delle due ipoteche ivi indicate (ossia quella relativa ai mutui erogati al promissario acquirente per l'acquisto del bene immobili nonché a quella iscritta su edificio o complesso condominiale, anche da costruire o in corso di costruzione, a garanzia di finanziamento dell'intervento edilizio ai sensi degli artt. 38 ss., d.lgs. 1° settembre 1993, n, 385, recante il Testo unico in materia bancaria e creditizia), il privilegio in esame potesse essere opposto, come da regola generale *ex* art. 2748, comma 2, c.c., a tutte le ipoteche (precedentemente e posteriormente iscritte), oppure soltanto a quelle iscritte posteriormente con l'eccezione, ovviamente, delle due indicate nell'art. 2775 *bis*, comma 2, c.c.[164].

Tale ultima soluzione si è venuta consolidando al fine di non paralizzare l'erogazione del credito edilizio, ritenendosi per l'appunto opponibile il privilegio alle sole ipoteche iscritte successivamente[165]. Nella medesima direzione si è rilevata, dopo una disamina sulle ragioni delle due differenti soluzioni, alla quale nulla giova l'eventuale negazione della funzione prenotativa della trascrizione del preliminare, la preferibilità (ormai) della soluzione di tutela dei crediti ipotecari risultanti da iscrizione precedente, dal momento che è possibile far valere tali crediti ipotecari nei confronti del promissario acquirente, una volta che questi sia divenuto acquirente definitivo[166]. Sul punto la giurisprudenza (sia di merito sia di legittimità) ha mostrato in un primo tempo di affidare la regola dell'opponibilità a favore del privilegio nei confronti di tutte le iscrizioni ipotecarie, sia successive ma sia anche anteriori, essendosi affermata (in maniera improvvida) la prevalenza, ai sensi dell'art. 2748,

---

[164] Sul punto S. DELLE MONACHE, *La trascrizione del contratto preliminare*, loc. cit.

[165] In tal senso G. TUCCI, *Trascrizione del contratto preliminare e privilegio a tutela dei crediti del promissario acquirente*, in *Riv. crit. dir. priv.*, 1997, p. 163 ss.

[166] Il riferimento è a G. GABRIELLI, *La pubblicità immobiliare*, cit., p. 552 ss.

comma 2, c.c., del privilegio *ex* art. 2775 *bis*, comma 1, c.c.[167]. Diversamente, e sulla base di un ragionamento assolutamente condivisibile sollecitato dagli studiosi più attenti, gli stessi giudici hanno poi modificato il proprio originario orientamento a partire dalla rimessione alle Sezioni Unite della specifica questione, se cioè il privilegio speciale del promissario acquirente di cui all'art. 2775 *bis* c.c., salvo che si tratti di ipoteche relative a mutui a lui erogati per l'acquisto del bene immobile o a favore dei creditori garantiti ai sensi dell'art. 2825 *bis* c.c., sia da ritenere prevalente sulle ipoteche iscritte anteriormente sugli immobili oggetto del contratto preliminare[168]. Il relativo contrasto è stato, infine, risolto, definitivamente (e correttamente) statuendosi che il privilegio speciale sul bene immobile, che assiste (ai sensi dell'art. 2775 *bis* c.c.) i crediti del promissario acquirente conseguenti alla mancata esecuzione del contratto preliminare trascritto *ex* art. 2645 *bis* c.c., siccome subordinato ad una particolare forma di pubblicità costitutiva (come previsto dall'ultima parte dell'art. 2745 c.c.), resta sottratto alla regola generale di prevalenza del privilegio sull'ipoteca, sancita, se non diversamente disposto, dall'art. 2748, comma 2, e soggiace agli ordinari princìpi in tema di pubblicità degli atti; ciò implica la correlativa priorità (in termini di tutela) della posizione (nel caso concreto) dell'istituto di credito che, precedentemente alla trascrizione del contratto preliminare, abbia iscritto sull'immobile stesso ipoteca a garanzia del finanziamento concesso alla società costruttrice[169].

---

(167) Si tratta della decisione di merito di Trib. Genova, 25 gennaio 2001, in *Giur. comm.*, 2001, II, p. 656, con nota di S. RELLINI, *Privilegio speciale immobiliare e l'ipoteca iscritta prima della trascrizione del preliminare ineseguito*; in *Notariato*, 2001, p. 583, con nota di F. MAGLIULO, *Privilegio del promissario acquirente e ipoteche iscritte prima della trascrizione del preliminare* e in *Contratti*, 2002, p. 154, con nota di N. NISIVOCCIA, *Fallimento e crediti del promissario acquirente: il conflitto tra ipoteche e privilegi*; similmente la successiva decisione di legittimità Cass., 14 novembre 2003, n. 17197, in *Riv. dir. civ.*, 2004, II, p. 793, con nota di G. GABRIELLI, *Conflitto tra privilegio del promissario acquirente e ipoteca iscritta prima della trascrizione del contratto preliminare*.

(168) Si tratta dell'ordinanza di Cass., 20 ottobre 2008, n. 25442, in *Corr. giur.*, 2009, p. 173, con nota di F. AGNINO, *Le Sezioni Unite chiamate a pronunciarsi sul conflitto tra privilegio del promissario acquirente ed ipoteche sull'immobile*.

(169) In questo senso Cass., Sez. Un., 1° ottobre 2009, n. 21045, in *Giur. it.*, 2010, p. 797, con nota di G. SICCHIERO, *L'ipoteca anteriore prevale sul privilegio: quando la giurisprudenza ha i piedi per terra*.

A migliore chiarimento di quanto sinteticamente riferito sul punto, va rilevato allora che la particolare causa legittima di prelazione introdotta dall'art. 2775 *bis* c.c. è certamente un privilegio speciale legato (quanto al relativo sorgere) alla trascrizione del contratto preliminare e, dunque, sostanzialmente assimilabile a quel tipo di privilegi cosiddetti iscrizionali, rispetto ai quali cioè la pubblicità è di natura costitutiva, ossia è condizione effettuale per il sorgere del relativo diritto [170]. Proprio per questa ragione, in quanto dunque privilegio iscrizionale, appare da escludere la operatività della regola di (soluzione del) conflitto di cui all'art. 2748, comma 2, c.c. Deve piuttosto applicarsi la regola (generale) della priorità della iscrizione, così che il privilegio prevarrebbe sulle ipoteche iscritte successivamente ma non su quelle iscritte anteriormente. Si è peraltro sostenuto che «non occorre invocare la natura iscrizionale del privilegio del promissario acquirente, né riportare l'effetto della trascrizione del preliminare nell'ambito usuale della pubblicità dichiarativa al fine di mettere in opera il criterio dell'art. 2644 c.c. La prevalenza della formalità anteriore, tra iscrizione ipotecaria e trascrizione del preliminare, è imposta dai criteri di preferenza adottati dalla legge nel settore delle prelazioni immobiliari: in particolare è necessario che l'ordine delle prelazioni sia costante; e che ogni prelazione, che viene posposta ad altra per legge, sia posposta anche a quelle preferite all'altra (se A è posposto a B, e B è posposto a C, allora A è posposto anche a C)» [171].

Pertanto si è riassuntivamente rappresentato, seguendo l'orientamento della migliore dottrina, che «l'art. 2748 c.c. dovrebbe risolvere i conflitti tra ipoteche e privilegi immobiliari non iscrizionali che, proprio in considerazione della particolare causa del credito e dell'assenza di pubblicità, ha senso che prevalgano; mentre, laddove il privilegio si inserisce nel sistema della pubblicità e tutela interessi privati, appare incoerente con il medesimo sistema attribuire una prevalenza priva di giustificazioni giuridiche» [172].

Il generale principio della prevalenza della trascrizione del contratto

---

(170) Indicazioni in A. CHIANALE, *L'ipoteca*, in *Trattato di diritto civile*, diretto da R. Sacco, Torino, 2005, p. 20.

(171) A. CHIANALE, *L'ipoteca*, cit., p. 336.

(172) A. MORANO, *Appunti in tema di fallimento del venditore e tutela del promissario acquirente in presenza ed in assenza di preliminare trascritto*, in *Il nuovo diritto fallimentare e il ruolo del notaio*, Milano, 2008, p. 60.

definitivo sulle iscrizioni e trascrizioni eseguite contro il promittente alienante dopo la trascrizione del contratto preliminare subisce una deroga, come già precisato, per l'affermata prevalenza delle ipoteche iscritte posteriormente alla trascrizione del preliminare *ex* art. 2825 *bis* c.c., purché relative a un finanziamento erogato per la realizzazione dell'edificio oggetto della promessa di vendita da istituto autorizzato e in relazione ad ipoteca concessa a favore di un soggetto esercente il credito fondiario, e nei limiti della quota di debito derivante dal suddetto finanziamento che il promissario acquirente si sia accollata con il contratto preliminare o con altro atto successivo. Se, invece, l'iscrizione dell'ipoteca è anteriore alla trascrizione del contratto preliminare allora essa graverà frazionata automaticamente sulla porzione d'immobile acquistata dal promissario che si sia accollata una quota del debito (in mancanza di accollo, l'ipoteca graverà anche sulla porzione di immobile per l'intero debito originariamente contratto dal promittente alienante).

Maggiormente complessa appare la questione inerente i rapporti tra promissario acquirente e creditori del promittente alienante, in quanto accanto ai creditori ipotecari si colloca l'ulteriore categoria dei creditori chirografari i quali, ad esempio, abbiano proceduto alla trascrizione del pignoramento successivamente alla trascrizione del contratto preliminare. Posto che, infatti, i creditori ipotecari i quali abbiano proceduto alla iscrizione dopo la trascrizione del contratto preliminare possono vedersi opposta la successiva trascrizione del contratto definitivo, sembrerebbe irragionevole ritenere che la medesima regola non valga per i creditori chirografari i quali abbiano trascritto un pignoramento successivamente alla trascrizione del contratto preliminare. Ad avviso di una (sia pur autorevole) dottrina occorrerebbe, invece, distinguere tra creditori ipotecari (con iscrizione successiva) e creditori chirografari esecutanti ai quali (trascriventi il pignoramento successivamente alla trascrizione del contratto preliminare) non potrebbe opporsi la trascrizione del contratto preliminare. Ciò, in assenza di una modifica sia dell'art. 2914, n. 1, c.c. sia dell'art. 2915, comma 2, c.c. (relativi a contratti definitivi traslativi) [173], ai cui sensi, rispettivamente, «Non hanno effetto in pregiudizio del creditore pignorante e dei creditori che intervengono nell'esecuzione, sebbene anteriori al pignoramento: 1) le alienazioni di

---

[173] È la posizione di G. CIAN, *Alcune questioni in tema di trascrizione*, cit., p. 382 ss.

beni immobili (...), che siano state trascritte successivamente al pignoramento» e «Non hanno del pari effetto in pregiudizio del creditore pignorante e dei creditori che intervengono nell'esecuzione gli atti e le domande per la cui efficacia rispetto ai terzi acquirenti la legge richiede la trascrizione, se sono trascritti successivamente al pignoramento». Tale soluzione, del resto, sarebbe in linea con la (allora) nuova previsione (poi successivamente riformata) dell'art. 72, r.d. n. 267/1942 che attribuisce al curatore la scelta dello scioglimento del contratto preliminare in precedenza trascritto, con la sola possibilità per il promissario acquirente di insinuarsi al passivo con un privilegio per la restituzione del prezzo anticipato (senza diritto al risarcimento del danno); con il risultato di evitare il pregresso concorso al passivo quale semplice creditore chirografario, «a condizione che gli effetti della trascrizione del contratto preliminare non siano cessati anteriormente alla data della dichiarazione di fallimento» (art. 72, comma 7, r.d. n. 267/1942) (174). Viene poi in ogni caso fatta salva la (successivamente introdotta) disposizione ai cui sensi la prevista sospensione della esecuzione del contratto non ancora eseguito o non compiutamente eseguito da entrambe le parti (sino a quando il curatore non decida il da farsi) non si applica «al contratto preliminare di vendita trascritto ai sensi dell'art. 2645-*bis* del codice civile avente ad oggetto un immobile a uso abitativo destinato a costituire l'abitazione principale dell'acquirente o di suoi parenti ed affini entro il terzo grado ovvero un immobile ad uso non abitativo destinato a costituire la sede principale dell'attività di impresa dell'acquirente» (art. 72, comma 8, r.d. n. 267/1942) (175).

---

(174) Parimenti prevede, quanto agli effetti della liquidazione giudiziale sui rapporti giuridici pendenti di cui agli artt. 172 ss. d.lgs. n. 14/2019, il relativo art. 173, comma 2, rispetto ai contratti preliminari trascritti ai sensi dell'art. 2645 *bis* c.c.

(175) Un discorso ancora differente, rispetto cioè alla sorte dei rapporti pendenti al momento della dichiarazione di fallimento, deve (o doveva) poi farsi (in considerazione della recente introduzione e successiva entrata in vigore della l. n. 14/2019) quanto ai contratti preliminari relativi a immobili da costruire, in ordine al combinato disposto degli artt. 72, comma 3 e 72 *bis* r.d. n. 267/1942 e, quanto alla liquidazione giudiziale, degli artt. 173, comma 3 e 174 d.lgs. n. 14/2019. Di recente si è occupata del tema la giurisprudenza di merito con la decisione di Trib. Padova, 30 maggio 2019, in *Nuova giur. civ. comm.*, 2019, p. 1204 ss., con nota (critica) di G. GUZZARDI, *Fallimento del venditore e acquisto di immobile da costruire*, che, ritenuto l'art. 72 *bis* r.d. n. 267/1942 una specificazione (ulteriore) della disposizione (di più ampio contenuto) di cui all'art.

Questo significa (o significherebbe) che la trascrizione del contratto preliminare non garantirebbe contro le procedure esecutive individuali o concorsuali instaurate nei confronti del promittente alienante. Tale soluzione, tuttavia, non si mostra (o si mostrava) rispettosa dell'esigenza di tutela che la novella ha (o aveva) certamente voluto assegnare al promissario acquirente. In tal senso occorre infatti rilevare che la mancata modifica degli artt. 2914 e 2915 c.c. non impedisce di leggere tali disposizioni alla luce del nuovo art. 2645 *bis* c.c., attribuendo dunque rilevanza, anche rispetto alle trascrizioni o iscrizioni esecutive, alla trascrizione del contratto definitivo in esecuzione di un contratto preliminare in precedenza trascritto e sia pure nei limiti temporali tassativamente indicati dal legislatore della novella. Non si può disconoscere, tuttavia, che una simile ricostruzione rende, in buona sostanza, incommerciabile il bene oggetto del programmato trasferimento, dal momento che, se la sequenza trascrizione del contratto preliminare-trascrizione del contratto definitivo (o atti assimilati) si realizza secondo le prescrizioni legislative, il creditore del promittente alienante non può fare affidamento sul bene medesimo. Questo anche nell'ipotesi, normale, in cui il credito sia anteriore alla trascrizione del contratto preliminare e, dunque, al momento del relativo sorgere il creditore abbia fatto affidamento sull'intero patrimonio del debitore, incluso appunto il bene poi oggetto del contratto preliminare trascritto anteriormente alla trascrizione del pignoramento.

18. *La promessa di acquisto di immobili da costruire*

Come già in precedenza rilevato il ricorso al contratto preliminare costituisce una scelta appropriata rispetto a eventuali (paventate) ina-

---

72, comma 8, r.d. n. 267/1942, ha escluso la sottoposizione del contratto preliminare di vendita di un immobile in costruzione, nel caso di fallimento del venditore, alla disciplina generale applicabile ai rapporti pendenti *ex* art. 72, comma 1, r.d. n. 267/1942, in ragione dell'operatività della regola di cui all'art. 72 *bis* r.d. n. 267/1942; mentre l'ulteriore deroga al regime ordinario, prevista all'art. 72, comma 8, r.d. n. 267/1942 per il caso in cui l'immobile risulti destinato a costituire l'abitazione principale del promissario acquirente non sarà invocabile se l'immobile non è ultimato e, dunque, in possesso dei requisiti necessari per il rilascio del certificato di agibilità.

dempienze della controparte. A ciò può aggiungersi, nel senso della più efficace assicurazione di adeguati margini di tutela, lo sviluppo nella prassi (e anche su questo si è già detto) di una variante dell'operazione in esame rappresentata dalla relativa esecuzione anticipata. Pur tuttavia, proprio il settore della contrattazione immobiliare, segnatamente quello diretto all'acquisizione di una particolare categoria di beni immobili, rappresentata dalle case di civile abitazione, nel tempo ha costituito l'anello debole di questo modello. Ciò, a motivo di una particolare configurazione che nella prassi si è data quanto all'applicazione dello schema sequenziale contratto preliminare-contratto definitivo. Al riguardo, per l'appunto, il contratto preliminare, con la sua diffusissima applicazione in ordine agli immobili in corso di costruzione (la cosiddetta vendita in pianta o su carta), è stato utilizzato dalla classe imprenditoriale quale strumento di finanziamento della realizzazione del bene promesso in vendita, a fronte tuttavia di una risibile tutela, in punto di diritto, assicurata al promissario acquirente [(176)]. Costituisce, infatti, dato di comune esperienza che, attraverso la tecnica contrattuale degli acconti, tra il momento della stipula del contratto preliminare e la conclusione del contratto definitivo (coincidente, ordinariamente, con il rògito notarile), il promissario acquirente, ben prima della stipula del contratto definitivo, ha già sostanzialmente versato quasi del tutto integralmente le somme pattuite. Il tutto a fronte di un accordo, reso ordinariamente in forma negoziale privata, non in grado di assicurare, in caso di fallimento dell'impresa costruttrice, forme incisive di tutela, consentendo piuttosto una semplice, ma il più delle volte inutile, insinuazione nel passivo fallimentare di un diritto di credito (chirografario) per le somme sborsate. Tale tipo di risultato è peraltro il frutto della tecnica contrattuale che, rispetto agli acquisti di immobili in corso di costruzione, privilegia lo schema del contratto preliminare di compravendita (di un bene in realtà futuro) piuttosto che il modello della vendita (definitiva) di cosa futura. Rispetto a quest'ultima infatti la questione dell'effettiva venuta a esistenza del bene e, dunque, di un possibile acquisto del diritto di proprietà si pone in relazione proprio al fatto della realizzazione della costruzione, in assenza della necessità di qualsivoglia altra manifestazione

---

(176) Tale ordine di considerazioni era già stato messo in luce, con esemplare chiarezza, da C.M. BIANCA, *Notazioni*, cit., c. 22 ss.; ID., *La vendita e la permuta*^{2}, in *Trattato di diritto civile*, diretto da F. Vassalli, VII, 1, Torino, 1993, p. 52 ss.

di volontà ad opera delle parti contraenti (come invece necessario nel caso di stipula del contratto preliminare a cui debba, appunto, seguire il contratto definitivo).

Proprio la sostanziale inadeguatezza dell'impianto normativo originario, ossia quello del codice civile del 1942, rispetto al momento patologico della contrattazione preliminare (di compravendita) in ambito immobiliare [177], ha determinato, come detto, il successivo intervento del legislatore con la introdotta possibilità della trascrizione del contratto preliminare immobiliare (segnatamente, ma non solo, l'art. 2645 *bis* c.c.). Si è così effettuata una specifica scelta di campo in ordine al profilo oggettivo della tutela, cioè la contrattazione immobiliare cosiddetta reale, ossia volta all'acquisto di diritti reali sul bene immobile, primo fra tutti il diritto di proprietà. Ora, nonostante il succitato intervento normativo sia stato mosso anche (probabilmente in misura rilevante) da un'esigenza di indubbia (e immediata) natura finanziaria, per consentire cioè l'emersione dei pagamenti «in nero» (a fronte di un maggiore beneficio fiscale a quel tempo ottenibile con l'evasione della relativa quota di imposta), che rappresentano una costante dell'operazione in questione (una sorta di esemplare caso di simulazione oggettiva quanto al prezzo dell'acquisto), i risultati non sono certo rilevanti (anzi). Ciò, a testimonianza di una prassi molto significativa e radicata in grado di contrastare le scelte legislative e a dimostrazione di un preminente dominio (in questo come in taluni altri settori) di un certo tipo di autonomia privata. La conferma, del resto, proviene (ormai a più di venti anni dall'entrata in vigore della disciplina richiamata) dallo scarso numero di decisioni giudiziali in merito, anche in termini di rilevanza, se si eccettua, come visto, la problematica del conflitto tra cause legittime di prelazione in relazione all'opponibilità del contratto preliminare trascritto.

In questo contesto si inserisce un'ulteriore fase, che potrebbe essere considerata la terza, successiva cioè alla prima, rappresentata dalla disciplina contenuta nel codice civile del 1942 (ossia gli artt. 1351, 2652,

---

[177] Questo vale anche con riguardo all'esecuzione in forma specifica, se non nel caso di utilizzo, improprio (e che si espone al fondato rischio di una pronuncia di condanna al risarcimento dei danni per lite temeraria ai sensi dell'art. 96 c.p.c., quale ipotesi di responsabilità aggravata), della immediata trascrizione della domanda giudiziale anche in assenza di un contestato e reale inadempimento, soltanto per ottenere la prenotazione, ossia l'effetto prenotativo, del programmato acquisto.

n. 2 e 2932 c.c.), e alla seconda, costituita dalla introduzione delle regole in tema di trascrizione del contratto preliminare (ossia, ma non solo, l'art. 2645 *bis* c.c.)[(178)]. Il riferimento è al già menzionato intervento legislativo avente a oggetto disposizioni per la tutela dei diritti patrimoniali degli acquirenti di immobili da costruire a norma della l. n. 210/2004, poi concretizzatosi nel già richiamato d.lgs. n. 122/2005[(179)], rispetto a cui occorre anzitutto rilevare un limitato (ma non del tutto irrilevante) contenzioso quale (probabile) riflesso di una sostanziale mancata applicazione della disciplina in questione[(180)]. Tale normativa è stata poi parzialmente rivisitata (dopo qualche precedente modifica) dal nuovo codice della crisi d'impresa e dell'insolvenza di cui al già menzionato d.lgs. n. 14/2019 in attuazione della l. n. 155/2017, in particolare per quanto attiene al tema delle garanzie in favore degli acquirenti di immobili da costruire (parte terza, artt. 385-388). Le disposizioni modificative così introdotte sono peraltro entrate in vigore anticipatamente rispetto alla disciplina generale[(181)]. Infine, a sottolineare ulteriormente

---

(178) Questa l'impostazione seguita in G. DI ROSA, *Circolazione immobiliare e contrattazione preliminare*, cit., p. 107 ss.

(179) Che non si tratti di una novità assoluta lo rileva G. D'AMICO, *Vendita dell'immobile da costruire e fallimento*, in *Dir. fall.*, 2007, p. 213, richiamando la disposizione di cui all'art. 2645 *bis* c.c., in ordine alla trascrivibilità del contratto preliminare anche se relativo ad edificio da costruire o in corso di costruzione.

(180) Così come del resto evidenziato in ordine alla precedentemente introdotta possibilità di trascrivere certi tipi di contratti preliminari. Possono, infatti, al riguardo riscontrarsi ulteriori analogie in termini di fattori determinanti questo singolare e comune risultato, a mio avviso individuabili nell'incidenza del costo dell'operazione sia per ciò che concerne la trascrizione del contratto preliminare di compravendita immobiliare (a motivo, oltre alla corrispondente imposizione fiscale, peraltro in parte recuperabile in sede di tassazione del successivo contratto definitivo, della necessaria redazione del contratto preliminare nella forma dell'atto pubblico o della scrittura privata autenticata), sia per quanto attiene alla delineata regolamentazione della fattispecie relativa agli immobili da costruire (inevitabile al riguardo il trasferimento all'acquirente dei costi imposti per legge all'alienante, come nel caso delle garanzie fideiussorie e assicurative da approntare).

(181) La relativa entrata in vigore è stata infatti fissata per il trentesimo giorno successivo alla pubblicazione del provvedimento in esame, dunque il 16 marzo 2019, considerato che all'adempimento richiesto si è provveduto nella Gazzetta Ufficiale, Serie Generale, 14 febbraio 2019, n. 38. Ciò, a differenza della originaria previsione generale (prima) contenuta nell'art. 389, comma 2, d.lgs. n. 14/2019, ai cui sensi «il decreto en-

la (or ora segnalata) tempestività dell'entrata in vigore delle regole dedicate, si prevede che «Le disposizioni di cui agli articoli 3 e 4 del decreto legislativo 20 giugno 2005, n. 122, come modificati dagli articoli 385 e 386 del presente codice, si applicano anche nelle more dell'adozione dei decreti di cui agli articoli 3, comma 7-bis, e 4, comma 1-bis, del predetto decreto legislativo e il contenuto della fideiussione e della polizza assicurativa è determinato dalle parti nel rispetto di quanto previsto dalle richiamate disposizioni» (art. 389, comma 3, d.lgs. n. 14/2019) (182).

Il d.lgs. n. 122/2005 si inserisce all'interno di un più ampio quadro normativo di tutela di soggetti in posizione di debolezza rispetto al potere contrattuale della controparte, in relazione (in particolare) all'assenza di idonee informazioni e, poi, di adeguati strumenti volti ad assicurare il buon esito dell'affare. Si tratta, peraltro, di un obiettivo di particolare rilevanza, considerato che lo stesso legislatore, probabilmente resosi conto della necessità di predisporre un apparato sanzionatorio di significativo impatto e con chiara funzione deterrente, a distanza di quasi dieci anni dalla redazione originaria è intervenuto con l'introduzione della previsione contenuta nell'art. 5, comma 1 *bis*, d.lgs. n. 122/2005 ai cui sensi «L'acquirente non può rinunciare alle tutele previste dal presente decreto; ogni clausola contraria è nulla e deve intendersi come non apposta».

Ulteriore obiettivo, rispetto a uno dei possibili atti negoziali preordinati a realizzare l'acquisto immobiliare, è quello di garantire la effettivi-

---

tra in vigore decorsi diciotto mesi dalla data della sua pubblicazione», ossia il 15 agosto 2020. Tale ultima data è stata poi oggetto di successivi rinvii, a partire da quello disposto dal decreto legge 8 aprile 2020, n. 23, recante misure urgenti dirette a contenere gli effetti negativi dell'emergenza epidemiologica, con un primo differimento (da parte del relativo art. 5) al 1° settembre 2021, ovviamente motivato dall'incidenza dell'imposto *lockdown* alle imprese italiane non in grado, in quel determinato momento, di affrontare dal punto di vista economico e finanziario le sfide poste dalla recente riforma. La definitiva entrata in vigore del d.lgs. n. 14/2019 si è però avuta (a seguito di ulteriori due rinvii) il 15 luglio 2022, secondo quanto oggi risulta dal relativo art. 389, comma 1.

(182) L'art. 12, comma 6 *bis*, decreto legge 29 dicembre 2022, n. 198, recante misure urgenti in materia di termini legislativi, convertito con modificazioni nella legge 24 febbraio 2023, n. 14, ha poi aggiunto un ulteriore periodo, disponendosi che «Fermo restando quanto previsto dal periodo precedente le disposizioni di cui al decreto adottato ai sensi del predetto articolo 4 comma 1-*bis*, non si applicano agli immobili per i quali il titolo edilizio sia stato rilasciato prima dell'entrata in vigore del medesimo decreto».

tà della tutela, non certo assicurata in forma appropriata dalla introdotta trascrivibilità del contratto preliminare con riguardo (in particolare) all'insolvenza del promittente alienante relativamente all'immobile in corso di costruzione [183]. Il tema è dunque quello della tutela del promissario acquirente, ossia del soggetto che, ad esempio sulla base di un contratto preliminare, è titolare del diritto di credito vantato nei confronti del promittente alienante in ordine al programmato trasferimento del bene immobile (una volta che lo stesso sarà edificato) in sede di stipula del contratto definitivo; si tratta, peraltro, di un richiamato àmbito di riferimento, quello cioè del promissario acquirente, che rispetto ai soggetti destinatari della tutela risulta comunque limitativo (nel senso che la categoria tutelata è certamente più ampia), quantunque ne rappresenti il settore più rilevante.

L'analisi si svilupperà allora seguendo un ordine che prende le mosse dalle questioni che afferiscono ai profili soggettivi e oggettivi, alla garanzia fideiussoria (dimensione del contratto come atto) e all'assicurazione dell'immobile (dimensione del contratto come rapporto), al contenuto contrattuale [184]. Non sarà ovviamente trascurato, in quanto strettamente connesso, il tema della assicurata copertura da parte della disciplina in esame, sia con riferimento alla previsione contenuta nell'art. 1, comma 1, lett. d), d.lgs. n. 122/2005 (relativamente alla nozione di immobile da costruire) sia con riferimento alla correlata previsione contenuta nell'art. 5, comma 1, d.lgs. n. 122/2005 (relativamente alla applicabilità della disciplina in esame dal punto di vista temporale), peraltro recentemente aggiornata con l'introduzione di un comma 1 *ter* ad opera dell'art. 387 d.lgs. n. 14/2019 (contenente una regola di corrispondente adeguamento, sotto il profilo temporale, alle introdotte modifiche).

L'àmbito soggettivo, ricavabile dall'art. 1 d.lgs. n. 122/2005, è riferi-

---

(183) In tal senso, puntualmente, A. LUMINOSO, *La compravendita*, cit., p. 192 s., nel quadro di una complessiva e compiuta disamina della disciplina in esame.

(184) Si riprende qui, con ulteriori sviluppi e adeguati aggiornamenti, l'ordine di idee seguìto in G. DI ROSA, *Circolazione immobiliare e contrattazione preliminare*, cit., p. 119 ss. Il tipo di problemi che si affronteranno in testo forma oggetto di compiuta indagine, all'interno peraltro di un recente lavoro di più ampio respiro, da parte di G. GUZZARDI, *La permuta atipica. Tratti ricostruttivi e regole operazionali*, Torino, 2019, p. 197 ss.

bile, con specifico riguardo alla parte acquirente, a una nozione che non è stata espressamente adottata, ossia quella di consumatore, ma vi appartiene. Debbono pertanto escludersi, per un verso, soggetti diversi dalla persona fisica (ad esempio enti e organizzazioni collettive riconosciute o meno) e, per altro verso, l'imprenditore che acceda al mercato (da acquirente) per scopi inerenti alla propria attività [185]. In merito, infatti, ai sensi dell'art. 1, lett. a), d.lgs. n. 122/2005 «Per acquirente deve intendersi la persona fisica che sia promissaria acquirente o che acquisti un immobile da costruire, ovvero che abbia stipulato ogni altro contratto, compreso quello di leasing, che abbia o possa avere per effetto l'acquisto o comunque il trasferimento non immediato, a sé o ad un proprio parente in primo grado, della proprietà o della titolarità di un diritto reale di godimento su di un immobile da costruire, ovvero colui il quale, ancorché non socio di una cooperativa edilizia, abbia assunto obbligazioni con la cooperativa medesima per ottenere l'assegnazione in proprietà o l'acquisto della titolarità di un diritto reale di godimento su di un immobile da costruire per iniziativa della stessa». La distonia espressiva del legislatore (certamente quello del 2005) si coglie nel momento in cui, scelta la linea di indirizzo evocata, con l'utilizzo e l'esplicitazione del termine «persona fisica», si richiama poi un contratto, come quello di *leasing*, che è (almeno tradizionalmente) un contratto d'impresa (anche se oggi l'introduzione, con la legge 28 dicembre 2015, n. 208, recante disposizioni per la formazione del bilancio annuale e pluriennale dello Stato – Legge di stabilità 2016, del *leasing* abitativo immobiliare ha probabilmente modificato l'originario impatto). Peraltro, mentre il codice del consumo si riferisce al consumatore come «La persona fisica che agisce per scopi estranei all'attività imprenditoriale, commerciale, artigianale o professionale eventualmente svolta» (art. 3, comma 1, lett. a), d.lgs. n. 206/2005), nessun richiamo in tal senso alla persona fisica è rinvenibile nella disciplina del d.lgs. n. 122/2005. Questa appare la ragione per la quale il fondamento della diversa scelta legislativa andrebbe ravvisato in una precisa (ma differente) direzione, ossia nell'art. 47 Cost., che tutela il risparmio familiare. Si ritiene infatti al riguardo che proprio il d.lgs. n. 122/2005 costituisca una delle prime mi-

---

[185] Per questa soluzione A. ZOPPINI, *La garanzia fideiussoria vista dall'angolo visuale del costruttore: costi, rischi e problemi*, in AA.VV., *Tutela dell'acquirente degli immobili da costruire: applicazione del d.lgs. 122/2005 e prospettive*, Milano, 2006, p. 120.

sure attuative di quella indicazione costituzionale, nel senso specifico di favorire «l'accesso del risparmio popolare alla proprietà dell'abitazione» (art. 47, comma 2, Cost.) [186], ma anche preordinato a perseguire «la primaria esigenza di difendere il diritto inviolabile all'abitazione (art. 2 Cost.)» [187]. Tale tipo di interpretazione giustifica, allora, la limitazione soggettiva alle sole persone fisiche che agiscono per scopri estranei alle loro (eventuali) attività d'impresa. Non appare, invece, spiegabile la ragione per la quale la definizione di acquirente sia altresì individuata, all'interno della limitazione soggettiva dell'àmbito di applicazione delle forme di tutela, con l'indicato «trasferimento non immediato, a sé o ad un proprio parente in primo grado» (art. 1, comma 1, lett. a), d.lgs. n. 122/2005), senza dunque menzionare il coniuge. Sembra infatti al riguardo poco razionale tutelare l'acquisto fatto in favore del proprio fratello o del proprio figlio e non assicurare, al contempo, la medesima tutela all'acquisto fatto nei confronti del proprio coniuge, alla cui posizione è oggi peraltro equiparata quella dell'unito civilmente ai sensi dell'art. 1, comma 20, l. 20 maggio 2016, n. 76, recante regolamentazione delle unioni civili tra persone dello stesso sesso e disciplina delle convivenze.

Per quanto concerne l'individuazione della figura del costruttore (alienante), non avendo la normativa operato alcun distinguo rispetto alle dimensioni, deve ritenersi incluso in tale dizione anche il piccolo imprenditore. Come tale deve intendersi l'imprenditore dalle piccole dimensioni per la cui identificazione sembra potersi fare riferimento alla vigente previsione contenuta nell'art. 1, comma 2, r.d. n. 267/1942, dettato al fine di assicurarne l'esclusione dalla sottoposizione al fallimento, e (in maniera sostanzialmente similare) al nuovo testo dell'art. 121 d.lgs. n. 14/2019, diretto a escludere l'applicazione delle disposizioni sulla liquidazione giudiziale (a regime sostitutiva del fallimento) laddove, nella determinazione dei presupposti per la liquidazione giudiziale, quest'ultima non si applica agli imprenditori commerciali che «dimostrino il possesso congiunto dei requisiti di cui all'articolo 2, comma 1, lettera d), e che siano in stato di insolvenza», requisiti volti a fornire la nozione

---

(186) Prospettazione che trova oggi espressa conferma da parte della Corte cost., 19 febbraio 2018, n. 32, in *Foro it.*, 2018, I, p. 1494.

(187) Corte cost., 24 febbraio 2022, n. 43, in *www.ilcaso.it*, richiamando gli artt. 9 e 10 d.lgs. n. 122/2005.

di impresa minore. Appare comunque indubbio, qualunque sia *ratione temporis* la disciplina di riferimento (se cioè fallimentare o della crisi di impresa e dell'insolvenza), che la scelta operata dal legislatore nel 2005 determini un sicuro meccanismo selettivo quanto alla sopportazione dei relativi costi [188]. In questo contesto, peraltro, centrale appare la richiesta del permesso di costruire come requisito di operatività della tutela rispetto agli immobili da costruire a cui si accennerà da qui a breve.

Per quanto attiene, poi, all'àmbito oggettivo è da dire che, così come ricavabile da una pluralità di disposizioni (il riferimento è, in particolare, agli artt. 1, 2, 5 e 6 d.lgs. n. 122/2005), la nuova normativa può (e deve) trovare applicazione in tutti i casi di contratti a effetti obbligatori (con il programmato, successivo ma eventuale, acquisto della proprietà o di altro diritto reale di godimento su di un immobile da costruire) e di contratti a effetti reali differiti che comunque non comportino l'immediato trasferimento del diritto in esame (proprietà o altro diritto reale di godimento). Vengono al riguardo richiamati il contratto preliminare di vendita, la vendita di fabbricato da costruire (vendita di cosa futura ai sensi dell'art. 1472 c.c.), la vendita di fabbricato da costruire di proprietà di terzi *ex* art. 1478 c.c., la vendita con riserva di proprietà ai sensi dell'art. 1523 c.c., la vendita soggetta a condizione sospensiva iniziale, la vendita con termine iniziale di efficacia, il contratto di permuta di area (quale bene presente) con unità da costruire (bene futuro), la cessione di quota indivisa di area (con condominio precostituito) con obbligo dell'acquirente di costruire a proprie spese anche la porzione di edificio di competenza dell'alienante, il contratto di opzione *ex* art. 1331 c.c. [189]. Tali contratti, peraltro, «de-

---

[188] Tale valutazione, ampiamente condivisibile, è di A. ZOPPINI, *La garanzia fideiussoria*, cit., p. 124 s.

[189] L'elencazione è tratta da G. RIZZI, *Il contenuto del contratto preliminare*, in *Consulente immobiliare*, 2005, p. 1731 s. Nell'àmbito delle fattispecie negoziali rilevanti va aggiunto, come già in testo rilevato, secondo peraltro il richiamo del legislatore, anche il contratto di *leasing*, la cui previsione tuttavia è correttamente ritenuta ipotetica e improbabile da D'AMICO, *Vendita dell'immobile da costruire*, cit., p. 224 e, *ivi*, nt. 21, in quanto la locazione finanziaria è un tipico, quantunque non esclusivo (almeno in campo mobiliare), modello negoziale imprenditoriale; per alcune indicazioni in merito alla individuazione dei soggetti, parti del contratto di *leasing*, rinvio a G. DI ROSA, *Autonomia contrattuale e attività di impresa*, Torino, 2010, p. 65 ss.; ID., *La disciplina della locazione finanziaria nella prima legge annuale per il mercato e la concorrenza*, in *Contratti*, 2018, p. 217 ss. In ordine al problema della riconducibilità nella dizione normativa di cui all'art. 6 d.lgs. n. 122/2005 (oltre che del contratto preliminare anche) del

vono essere stipulati per atto pubblico o per scrittura privata autenticata» (art. 6, comma 1, d.lgs. n. 122/2005, come modificato dall'art. 388, comma 1, lett. a), d.lgs. n. 14/2019). La recente innovazione in tema di forma va, ovviamente, nella direzione di elevare la soglia di tutela dell'acquirente (promissario o meno), considerato che, in termini generali, la relativa prescrizione deve ritenersi di natura imperativa (con la conseguente nullità dell'atto stipulato in forma diversa). In termini specifici, con riferimento cioè al contratto preliminare, essa assicura (nella disposta sola alternatività delle due forme consentite ai fini della validità dell'atto) il titolo per la trascrizione, secondo il combinato disposto degli artt. 2645 *bis*, comma 1 e 2657 c.c. Peraltro, come è facilmente intuibile, il ricorso, ai fini della validità, a una delle due forme prescritte, consentirà al notaio, in particolare laddove sia chiamato a rogare l'atto, la verifica del rispetto delle condizioni di legge.

Per ciò che concerne le questioni riconducibili all'introdotta garanzia fideiussoria, al di là dei rilievi in ordine alle specifiche modalità di esercizio *ex* art. 3 d.lgs. n. 122/2005 (evidenziandosi il carattere di garanzia dell'adempimento degli obblighi restitutori, il cui presupposto è lo scioglimento del contratto), viene predisposta una forma di tutela (apparentemente) forte per il promissario acquirente (190). Essa è infatti rappresentata dalla prestazione di una fideiussione (non diretta ad assicurare l'ultimazione dei lavori) che si presenta con i caratteri di una graduale estensione rispetto sia alla somma già percepita dal costruttore sia a quelle ulteriori complessivamente rappresentanti il costo dell'operazione negoziale, fino al momento del trasferimento della proprietà, secondo un modello di progressività della garanzia. Rimangono peraltro escluse dall'oggetto della garanza, ma si tratta in realtà di un vero e proprio limite nell'immaginario delle forme di tutela, le ulteriori somme eventualmente dovute a titolo risarcitorio oppure a titolo di penale per il ritardo nella consegna e così via (191).

---

patto di opzione e del patto di prelazione v. G. GABRIELLI, *I contratti preparatori di trasferimenti immobiliari*, cit., p. 585 ss.

(190) Sottolinea la centralità della garanzia fideiussoria, nell'àmbito delle tutele offerte da d.lgs. n. 122/2005, G. GUZZARDI, *La permuta atipica*, cit., p. 203 ss., pur evidenziando taluni limiti della stessa.

(191) Mette in rilievo questo aspetto F. MACARIO, *Il contenuto della garanzia fideiussoria* ex *D.lgs. 122/2005 e le conseguenze della sua incompletezza ed erroneità*, in AA.VV., *Tutela*

Una simile forma di garanzia è anzitutto azionabile, secondo quanto previsto dall'art. 3, comma 1, d.lgs. n. 122/2005, soltanto per il caso di crisi di impresa e, a motivo della modifica operata dall'art. 385, comma 1, lett. a), d.lgs. n. 14/2019, nell'ipotesi di inadempimento all'obbligo assicurativo di cui al successivo art. 4, d.lgs. n. 122/2005; non, invece, per altre (sia pure meritevoli) motivazioni come, ad esempio, un inadempimento (o un ritardo nell'adempimento) non legato alla crisi di impresa (magari insussistente) (192). Inoltre, si tratta di una fideiussione ordinaria, con applicabilità dunque della disciplina delle eccezioni in grado di paralizzare la pretesa del promissario acquirente, secondo quanto previsto dall'art. 1945 c.c., espressione, unitamente agli artt. 1939 e 1941 c.c., del principio di accessorietà della garanzia rispetto al rapporto principale garantito. Si è così rinunciato al modello, pure diffuso, della garanzia autonoma, ossia a prima richiesta (193), che avrebbe invece assicurato la indipendenza del rapporto accessorio di garanzia dal rapporto principale garantito e, dunque, la piena attuazione del principio di effettività della tutela del credito quanto, cioè, al soddisfacimento della invocata pretesa economica. Peraltro, presentandosi la fideiussione quale presupposto oggettivo per la stipula del contratto preliminare, la cui assenza determina la nullità, sia pure relativa (secondo quanto oggi espressamente disposto nell'art. 4, comma 1, d.lgs. n. 122/2005, come modificato ad opera dall'art. 386, comma 1, lett. a), d.lgs. n. 14/2019), dell'atto (194), non sembra possibile ipotizzare che le parti subordinino gli effetti del contratto al rilascio della fideiussione,

---

dell'acquirente degli immobili da costruire: applicazione del d.lgs. 122/2005 e prospettive, Milano, 2006, p. 110 e A. ZOPPINI, *La garanzia fideiussoria*, cit., p. 122. Peraltro, come richiamato da Trib. Torino, 19 marzo 2021, in *www.ilcaso.it*, condividendo l'orientamento della migliore dottrina, «la garanzia fideiussoria di cui al D.Lgs. n. 122/2005 concerne anche le somme versate dall'acquirente a titolo non di acconto, bensì di "caparra confirmatoria" ex art. 1385 c.c.: in primo luogo, infatti, la citata normativa fa riferimento alle "somme" e ad "ogni altro eventuale corrispettivo" percepito dal costruttore; in secondo luogo, com'è noto, nel caso di successivo adempimento agli obblighi contrattuali, la somma versata a titolo di caparra confirmatoria si trasforma in "acconto", ossia viene "imputata alla prestazione dovuta", così come espressamente previsto dall'art. 1385, comma 1°, c.c.».

(192) Lo segnala G. D'AMICO, *Vendita dell'immobile da costruire*, cit., p. 242.

(193) Lo rileva F. MACARIO, *Il contenuto della garanzia fideiussoria*, cit., p. 111.

(194) In senso critico sul ricorso all'istituto della nullità G. BOZZI, *I contratti preparatori*, in *I contratti di vendita*, I, a cura di D. Valentino, in *Trattato dei contratti*, diretto da P. Rescigno ed E. Gabrielli, 7, Torino, 2007, p. 263 ss.

secondo cioè il modello del contratto sottoposto alla condizione sospensiva appunto del rilascio della garanzia fideiussoria [195]. Per altro verso, tuttavia, è possibile immaginare la non necessità del rilascio della fideiussione laddove si riesca a immaginare (ma molto difficilmente) una rinuncia all'acconto avente la funzione (laddove preteso e corrisposto) sia di bloccare l'acquirente sia di finanziare l'impresa [196]. Si deve invece escludere la legittima possibilità, come peraltro recentemente confermato dalla Suprema Corte, di proporre la domanda di nullità del contratto (nel caso di specie) preliminare per mancanza del rilascio contestuale della prescritta garanzia accessoria *ex* art. 2, d.lgs. n. 122/2005, una volta che la stessa sia stata rilasciata in data successiva alla stipula del suddetto contratto preliminare e senza che nelle more si sia manifestata l'insolvenza del promittente alienante ovvero che risulti altrimenti pregiudicato l'interesse del promissario acquirente alla cui tutela è preposta la nullità di protezione prevista dalla disposizione in questione [197]. Diversamente invece è stato ritenuto nel caso di rilascio della garanzia in esame in data successiva alla scrittura integrativa del contratto preliminare di vendita per un importo inferiore alle somme versate dal promittente acquirente e senza che i lavori siano stati ultimati, integrando tali elementi l'ipotesi prevista dall'art. 2, d.lgs. n. 122/2005, con conseguente insanabile e integrale nullità del contratto preliminare e dell'accordo integrativo [198]. Il tema dell'eventuale utilizzo abusivo o strumentale delle tecniche di tutela predisposte dal legislatore è stato da

---

[195] In tal senso A. ZOPPINI, *La garanzia fideiussoria*, cit., p. 118; diversamente A. LUMINOSO, *La compravendita*, cit., p. 205, nt. 34, rilevando che la soluzione positiva «sembra quella più corretta, atteso che la *ratio* dell'art. 2 del decreto è quella di subordinare il sorgere del vincolo contrattuale in capo all'acquirente al rilascio della fideiussione».

[196] Prospettiva giustamente e motivatamente esclusa da A. ZOPPINI, *La garanzia fideiussoria*, cit., p. 120. Il collegamento tra riscossione da parte del costruttore ed esborso da parte del promissario acquirente è evidenziato da F. TASSINARI, *Prospettive e difficoltà ai fini dell'utilizzazione del deposito del prezzo presso Notaio in attesa del contratto definitivo*, in AA.VV., *Tutela dell'acquirente degli immobili da costruire: applicazione del d.lgs. 122/2005 e prospettive*, Milano, 2006, p. 145.

[197] Si tratta della decisione di Cass., 22 novembre 2019, n. 30555, in *www.ilcaso.it*, secondo cui la proposizione di una tale domanda costituisce abuso del diritto e non può quindi essere accolta; la risposta affermativa in ordine alla possibile sanatoria della nullità mediante il successivo rilascio della fideiussione era stata peraltro già fornita da A. LUMINOSO, *La compravendita*, cit., p. 205, nt. 34.

[198] Questa la pronuncia di Cass., 18 settembre 2020, n. 19510, in *www.ilcaso.it*.

ultimo affrontato in una vicenda nella quale è stata riconosciuta la sussistenza dell'interesse (e della relativa meritevole protezione) in capo al promissario acquirente a richiedere, nonostante il completamento dell'immobile, l'accertamento della nullità del contratto preliminare quando (come nel caso in esame) la promittente alienante ha subito la trascrizione di un pignoramento immobiliare, sia pure con riguardo a immobili diversi da quello promesso in vendita [199].

Con riferimento, poi, all'assicurazione dell'immobile, è da rilevare la copertura di una patologia funzionale attinente allo svolgimento del rapporto il quale, dunque, non si esaurisce con la stipula del contratto definitivo ma permane rispetto alla garanzia decennale *ex* art. 1669 c.c., con una particolare attenzione a un profilo che, nella pratica, ha spesso determinato in capo all'acquirente la traslazione del rischio costituito dalla scomparsa o dalla incapienza dell'impresa costruttrice a fronte dei danni subìti dal primo. Da segnalare che l'art. 386, comma 1, lett. a), d.lgs. n. 14/2019, relativamente al momento della consegna della polizza assicurativa da parte del costruttore a beneficio dell'acquirente (ossia all'atto del trasferimento della proprietà), ha aggiunto al comma 1 dell'art. 4 d.lgs. n. 122/2005 l'inciso «a pena di nullità del contratto che può essere fatta valere solo dall'acquirente». Inoltre l'art. 386, comma 1, lett. b), d.lgs. n. 14/2019 ha aggiunto (anche) il comma 1 *ter* all'art. 4 d.lgs. n. 122/2005, statuendosi che in caso di inadempimento all'obbligo di consegna sopra menzionato «l'acquirente che abbia comunicato al costruttore la propria volontà di recedere dal contratto di cui all'articolo 6 ha diritto di escutere la fideiussione ai sensi dell'articolo 3, comma 3, lettera *b*)». Infine l'art. 386, comma 1, lett. b), d.lgs. n. 14/2019 ha aggiunto (altresì) il comma 1 *quater* all'art. 4 d.lgs. n. 122/2005, ove si dispone, nell'ottica della maggior tutela dell'acquirente (realizzata attraverso un'adeguata informazione), che «L'atto di trasferimento deve contenere la menzione degli estremi identificativi della polizza assicurativa e della sua conformità al decreto previsto dal comma 1-bis», quan-

---

[199] Si è infatti ritenuto da Cass., 12 luglio 2022, n. 21966, in *Pactum*, 2022, p. 561 ss., con previo commento (sostanzialmente adesivo) di G. GUZZARDI, *Tutela del promissario acquirente di immobili da costruire e abuso del diritto*, sussistere l'interesse alla declaratoria di nullità da parte del promissario acquirente rispetto a vicende sintomatiche di situazioni di pericolo e di possibile successivo pregiudizio con l'eventuale impugnazione da parte dei creditori o del curatore del relativo fallimento del contratto definitivo di acquisto dell'immobile.

tunque non appaiano esplicitate le conseguenze della omessa menzione. In ottemperanza, poi, a quanto introdotto dall'art. 386, comma 1, lett. b), d.lgs. n. 14/2019 con il comma 1 *bis* dell'art. 4 d.lgs. n. 122/2005, ove si prevede l'adozione di un provvedimento da parte del Ministro per lo sviluppo economico, di concreto con il Ministro della giustizia e con il Ministro dell'economia e delle finanze, con il quale «sono determinati il contenuto e le caratteristiche della polizza di assicurazione e il relativo modello standard», con decreto ministero dello sviluppo economico 20 luglio 2022, n. 154 si è adottato il relativo regolamento con approvazione dello schema tipo di polizza indennitaria decennale (di cui all'allegato A - Schema Tipo, le cui clausole costituiscono contenuto minimo) a beneficio dell'acquirente per l'assicurazione dell'immobile.

Per ciò che concerne, infine, la problematica relativa al contenuto contrattuale, rispetto a cui la menzione del contratto preliminare è testuale, occorre anzitutto interrogarsi, posta la differenziazione tra elementi che debbono essere contenuti nel contratto preliminare (ai quali si riferisce l'art. 6, comma 1, d.lgs. n. 122/2005) ed elementi che debbono essere allegati al contratto preliminare (ai quali si richiama l'art. 6, comma 2, d.lgs. n. 122/2005), in ordine alla possibilità di trasferire in un documento da allegare materialmente al contratto uno degli elementi indicati nell'art. 6, comma 1, d.lgs. n. 122/2005, che, dunque, dovrebbero essere contenuti nel contratto (ossia in esso materialmente trasfusi). Al riguardo mentre è da condividersi l'esclusione di una possibile *relatio* esterna (ossia il richiamo o il rinvio ad altri contratti o documenti che non vengano materialmente allegati al contratto), non è chiaro se la possibilità della mera allegazione (piuttosto che la materiale trasfusione) debba ritenersi vietata [200]. Invero, se l'obiettivo è quello di assicurare un'effettiva tutela al promissario acquirente quanto alla completa conoscenza (o comunque legale conoscibilità) degli elementi del contratto, non sembra potersi negare che questa possa venire garantita anche attraverso l'approvazione specifica di un allegato contenente quanto richiesto, sebbene la lettera della legge appaia di segno differente.

Di particolare significato, tralasciando alcuni elementi, risultano an-

---

[200] In senso favorevole G. RIZZI, *Il contenuto del contratto preliminare*, cit., p. 1721, che tuttavia, proprio con riferimento alle "caratteristiche tecniche" di cui all'art. 6, comma 1, lett. d), d.lgs. n. 122/2005, richiama l'indicazione contraria della Relazione illustrativa al decreto in esame.

zitutto i riferimenti al prezzo, quale elemento essenziale dello stipulando contratto, in ordine al quale possono richiamarsi sia il profilo della relativa entità (ossia l'ammontare) sia il profilo del relativo adempimento (inerente cioè alle modalità di corresponsione) (art. 6, comma 1, lett. f), d.lgs. n. 122/2005). In entrambi i casi ciò che più rileva è la predisposta previsione di una serie di prescrizioni il cui rispetto è finalizzato a consentire la successiva documentazione in caso di escussione della garanzia fideiussoria. Inoltre, particolare rilievo assume la previsione relativa all'indicazione degli estremi del permesso di costruire o della sua richiesta nel caso in cui non fosse stato ancora rilasciato (art. 6, comma 1, lett. i), d.lgs. n. 122/2005) (201), con la singolare (e francamente inopportuna) conseguenza che in assenza anche della richiesta la nuova disciplina non potrà trovare alcuna applicazione, ossia nella classica ipotesi di cosiddetta vendita su carta o in pianta (secondo quanto disposto, altresì, dall'art. 1, comma 1, lett. d), d.lgs. n. 122/2005) (202). Proprio su quest'ultimo ordine di problemi è opportuno soffermarsi per qualche ulteriore puntualizzazione. Ora, gli immobili da costruire, ossia l'oggetto della programmata acquisizione, sono normativamente individuati, appunto, come quelli per i quali «sia stato richiesto il permesso di costruire e che siano ancora da edificare o la cui costruzione non risulti essere stata ultimata versando in stadio tale da non consentire ancora il rilascio del certificato di agibilità» (art. 1, comma 1, lett. d), d.lgs. n. 122/2005) (203). Viene dunque così assicurata una tutela massima rispetto

---

(201) Indicazioni in verità non richieste dalla disciplina amministrativa, se non per i contratti definitivi, ossia traslativi (a cui si riferisce l'art. 46, comma 1, d.P.R. 6 giugno 2001, n. 380), ma che rilevano in positivo, come correttamente evidenziato da G. RIZZI, *Il contenuto del contratto preliminare*, cit., p. 1729, al fine di consentire l'ottenimento dell'esecuzione in forma specifica dell'obbligo a concludere il contratto ai sensi e per gli effetti dell'art. 2932 c.c.

(202) Per significativi rilievi critici al riguardo, in un segnalato contesto di luci e ombre della normativa in esame, A. LUMINOSO, *La compravendita*, cit., p. 197 ss.

(203) La formula normativa definitoria, ad avviso della recente pronuncia di Cass. (ord.), 10 agosto 2021, n. 22603, in *www.dirittodellacrisi.it*, implica che il manufatto non sia stato oggetto di completamento e sia ancora da ultimare, irrilevante essendo la mera mancanza del certificato di agibilità, giacché essa non rileva in sé, ma quale sintomo, in negativo, della impossibilità che il bene stesso possa considerarsi definito negli aspetti identificativi, perché necessitante di ulteriori e non compiuti interventi edilizi; nel caso in esame è stata esclusa la ricorrenza della speciale causa di esenzione, prevista dall'art. 10 d.lgs. n. 122/2005 per gli immobili da costruire, dall'azione revocatoria di cui all'art. 67 r.d. n.

al termine finale di realizzazione del bene; diversamente sembra invece doversi ritenere rispetto al momento iniziale della decorrenza della tutela. Al riguardo, infatti, appare centrale la richiesta del permesso di costruire come requisito di operatività della tutela rispetto agli immobili da costruire. Proprio allora muovendo dal riferimento alla presentazione del permesso di costruire come elemento iniziale dell'arco temporale di tutela, i giudici di legittimità (in maniera per la verità coerente con la lettera della legge) hanno escluso dall'àmbito di applicazione della disciplina di tutela il contratto preliminare avente ad oggetto edifici esistenti soltanto «sulla carta», ossia già allo stato di progetto ma per i quali non sia stato ancora richiesto il permesso di costruire o un titolo equipollente [(204)]. Il dettato normativo e la consequenziale interpretazione fornita dalla giurisprudenza creano non poche difficoltà. Nella pratica, infatti, è possibile che al momento della stipula del contratto preliminare di vendita immobiliare non sia stata depositata la richiesta di permesso di costruire, anche a fronte della corresponsione di un acconto da parte del promissario acquirente, che rimane così sprovvisto delle nuove, e più incisive, tutele.

È stata però riconosciuta la legittimità della scelta del legislatore ritenendola, quale opzione di politica regolatoria del mercato, essenzialmente discrezionale [(205)]. Resta il dubbio, tuttavia, che la discrezionalità politica costituisca piuttosto una scelta (in questo caso) irrazionale, sembrando irragionevole escludere dal raggio di tutela gli acquirenti di un bene per il quale ancora non è stato richiesto neanche il permesso di costruire. Che si tratti di un ordine di problemi che non può ritenersi compiutamente risolto sembra emergere altresì da un successivo intervento giudiziale che ha (questa volta) dichiarato fondata la questione di

---

267/1942, trattandosi di immobile ormai ultimato e dovendosi respingere (come peraltro correttamente statuito nel giudizio d'appello) ogni automatismo tra imperfezione dello *status* amministrativo-edilizio del bene e la relativa condizione di fatto (la sola in ipotesi sussumibile nella fattispecie).

(204) Si tratta della decisione di Cass., 10 marzo 2011, n. 5749, in *Notariato*, 2011, p. 383 ss., con nota di G. LIOTTI, *La Suprema Corte si pronuncia sui requisiti di validità del preliminare di vendita "sulla carta"* e in *Nuova giur. civ. comm.*, 2011, I, p. 952 ss., con nota di U. STEFINI, *L'applicazione della normativa di tutela degli acquirenti di immobili da costruire e il problema degli immobili per i quali non sia stato ancora richiesto il permesso di costruire.*

(205) Il riferimento è a Corte cost., 19 febbraio 2018, n. 32, cit., p. 1493.

legittimità costituzionale del combinato disposto degli artt. 1, comma 1, l. n. 120/2004, 1, comma 1, lettera d), e 9, comma 1, d.lgs. n. 122/2005, in riferimento all'art. 3 Cost. [206]. Si è così affermato il carattere discriminatorio dell'esclusione degli acquirenti su pianta o carta dall'àmbito di operatività della disciplina in esame rispetto alla tutela offerta dall'attribuito diritto di prelazione nell'acquisto dell'immobile *ex* art. 9 d.lgs. n. 122/2005, da far valere nell'ambito della vendita forzata dell'immobile, conseguente alla situazione di crisi del costruttore. La prevista limitazione, posta a confronto sia con la *ratio* della richiamata preferenza sia con l'assetto di interessi in cui la preferenza medesima si colloca, è stata ritenuta in chiaro contrasto con il principio di eguaglianza, non trovando fondamento alcuno l'operata (ingiustificata) distinzione tra categorie di soggetti. Ad avviso del giudice delle leggi, infatti, «La norma in esame non appresta, invero, protezione a chi nutra un mero affidamento nella realizzazione dell'immobile, come nel caso della tutela offerta dall'obbligo del costruttore di prestare la fideiussione, rispetto al quale la citata sentenza n. 32 del 2018 ha ritenuto non irragionevole l'esclusione dalla disciplina di affidamenti meno consolidati e, pertanto, meno meritevoli di tutela. Al contrario, il diritto di prelazione sorge ex lege sul duplice presupposto che l'immobile sia stato realizzato e che l'alloggio sia stato destinato, dopo la consegna, ad abitazione principale dell'acquirente o del coniuge o di un parente in primo grado. Il diritto di prelazione, attraverso la pretesa a essere preferiti a parità di condizioni nella vendita forzata, persegue, dunque, la finalità di preservare un interesse giuridico attuale, il diritto inviolabile all'abitazione, che scaturisce, sul presupposto dell'avvenuta consegna dell'immobile all'acquirente o al promissario acquirente, dalla destinazione dell'alloggio a soddisfare un bisogno esistenziale primario della persona e della sua famiglia» [207].

Ora, riprendendo il discorso rispetto al contenuto negoziale, al di là delle possibili valutazioni in ordine agli elementi indicati, non è chiaro se il riferimento contenutistico rappresenti il contenuto minimo indefettibile, nel senso della richiesta inderogabile presenza, potendosi allora prospettare differenti soluzioni, anche in ordine alla tipologia delle in-

---

(206) Si tratta della decisione di Corte cost., 24 febbraio 2022, n. 43, *loc. cit.*

(207) Corte cost., 24 febbraio 2022, n. 43, cit.

formazioni mancanti (recesso dal contratto, invalidità negoziale, ed eventualmente di che tipo, profili risarcitori, integrazione successiva)[208]. Certo, tra le possibili opzioni di intervento, il completamento del contratto in via successiva non è probabilmente immaginabile rispetto a elementi che si possono rivelare decisivi al momento di scegliere se concludere o meno il contratto preliminare (è questo il caso delle caratteristiche tecniche oppure dei tempi di realizzazione)[209]. Peraltro, la stessa assenza di sanzione rispetto alla mancanza contenutistica, pur nella consapevolezza della doverosità dell'indicazione richiesta, si riflette sulla possibile articolazione delle forme di responsabilità (civile e/o disciplinare) del notaio rogante un contratto ricompreso nell'àmbito della disciplina richiamata[210].

Conclusivamente, e in termini più generali, ossia di politica del diritto (contrattuale), sembra prospettarsi uno schema di tutela che si sviluppa secondo un percorso comune che va sempre più diffondendosi, articolato cioè in termini di obblighi di informazione (forma-contenuto) e obblighi di garanzia rispetto al contratto, inteso come atto (profilo della conclusione, ossia il momento genetico) e come rapporto (profilo della attuazione, ossia il momento funzionale)[211]. Deve tuttavia riba-

---

[208] Sul tema dei rimedi, diffusamente, L. BOZZI, *I contratti preparatori*, cit., p. 255 ss., a cui avviso la protezione della parte acquirente va comunque individuata su di un terreno diverso da quello dell'invalidità contrattuale.

[209] Diversamente G. BARALIS, *Considerazioni sparse sul decreto delegato conseguente alla l. n. 210 del 2004; spunti in tema di: varietà di contratti "garantiti", prestazione di fideiussione "impropria", riflessi sulla trascrizione, contenuto "necessario" del contratto, invalidità speciale e sue conseguenze*, in *Riv. not.*, 2005, p. 726 s.

[210] Per riferimenti puntuali G. RIZZI, *Il contenuto del contratto preliminare*, cit., p. 1732, il quale evidenzia la previsione contenuta nell'art. 28 della legge notarile che correla alla prescritta nullità dell'atto rogato (atti espressamente proibiti dalla legge) le più gravi conseguenze. Il tema (più) generale, ma con possibili riflessi applicativi al caso in esame, dell'attività notarile e dei connessi profili di responsabilità è ben affrontato dalla compiuta rassegna di P. ROMEO, *La responsabilità professionale del notaio*, in *Nuova giur. civ. comm.*, 2017, p. 1612 ss.; il principio di adeguatezza e proporzionalità della sanzione disciplinare alla gravità in concreto dell'illecito disciplinare commesso dal notaio è poi, sotto il profilo della richiamata ragionevolezza, al centro dell'ordinanza di rimessione degli atti alla Corte costituzionale emessa da Cass., 15 novembre 2017, n. 27099, in *Nuova giur. civ. comm.*, 2018, p. 639 ss., con nota di S. TOMASI, *L'automatismo sanzionatorio dell'art. 147, comma 2°, legge notarile al vaglio di legittimità costituzionale.*

[211] Sulla distinzione (all'interno della vicenda contrattuale) della dimensione del fatto rispetto a quella del rapporto, nel senso che il problema dell'intera vicenda contrattuale è

dirsi, come si è cercato di meglio esplicitare nel corso della trattazione, che le stesse forme di protezione indicate dalla nuova disciplina esaminata appaiono più declamate che effettivamente realizzate [212].

---

rinvenibile nella relativa qualificazione in termini di ciclo compiuto, che va dal fatto che la costituisce (il momento genetico) al fatto che la realizza (il momento funzionale), v. L. RICCA, *Contratto e rapporto nella permuta atipica*, Milano, 1974, p. 39 ss.

[212] In tal senso G. D'AMICO, *Vendita dell'immobile da costruire*, cit., p. 246.

Finito di stampare nel mese di maggio 2024
nella Stampatre s.r.l. di Torino
Via Bologna, 220